教育部人文社会科学研究青年基金项目(批准号:15YJC760134)最终成果
"暨南社科高峰文库"出版资助

暨南社科高峰文库

吴中海岳
祝允明人生与书学考论

朱圭铭◎著

As Mifu Reborn in Soochow:
Zhu Yunming's Life and Calligraphy

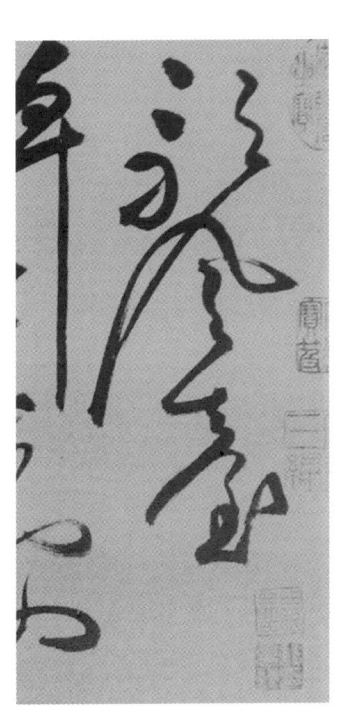

中国社会科学出版社

图书在版编目(CIP)数据

吴中海岳:祝允明人生与书学考论/朱圭铭著. —北京:中国社会科学出版社,2020.8

(暨南社科高峰文库)

ISBN 978-7-5203-6741-7

Ⅰ.①吴…　Ⅱ.①朱…　Ⅲ.①祝允明(1460-1526)—人物研究 ②祝允明(1460-1526)—书法—研究　Ⅳ.①K825.72②J292.112.6

中国版本图书馆CIP数据核字(2020)第113448号

出 版 人	赵剑英
责任编辑	史慕鸿
责任校对	张依婧
责任印制	戴 宽

出　版	中国社会科学出版社
社　址	北京鼓楼西大街甲158号
邮　编	100720
网　址	http://www.csspw.cn
发行部	010-84083685
门市部	010-84029450
经　销	新华书店及其他书店
印　刷	北京明恒达印务有限公司
装　订	廊坊市广阳区广增装订厂
版　次	2020年8月第1版
印　次	2020年8月第1次印刷
开　本	710×1000　1/16
印　张	21
插　页	2
字　数	292千字
定　价	118.00元

凡购买中国社会科学出版社图书,如有质量问题请与本社营销中心联系调换
电话:010-84083683

版权所有　侵权必究

目　录

序 …………………………………………………………… 曹宝麟（1）

导论 ……………………………………………………………………（1）

上编　祝允明的家世、生平事迹及主要交游

第一章　内外皆魁儒，续繁校遗文：祝允明之家世 …………………（11）
　　第一节　前辈 ………………………………………………………（11）
　　第二节　同辈及后人 ………………………………………………（18）

第二章　祝允明生平事迹 ……………………………………………（25）
　　第一节　自晋归苏台　常侍前辈游：祝允明少年时期的生活
　　　　　　（天顺四年至成化十三年）………………………………（25）
　　第二节　力倡古文辞　书文噪吴中：祝允明青年时期的生活
　　　　　　（成化十四年至弘治四年）………………………………（27）
　　第三节　虽举应天府　七试却不第：祝允明中年时期的生活
　　　　　　（弘治五年至正德九年）…………………………………（31）
　　第四节　远赴岭南道　弃官逐沧浪：祝允明晚年的仕宦生涯与
　　　　　　归隐生活（正德十年至嘉靖五年）………………………（37）

目 录

第三章 祝允明主要交游考述 …………………………………… (50)
 第一节 与沈周、吴宽、王鏊 ……………………………… (50)
 第二节 与文徵明、唐寅 …………………………………… (62)
 第三节 与王宠 ………………………………………………… (75)
 第四节 与金陵四家 …………………………………………… (80)
 第五节 与谢雍 ………………………………………………… (88)
 第六节 与施儒 ………………………………………………… (92)
 第七节 与顾应祥 ……………………………………………… (96)
 第八节 与郑敬道、张天赋 …………………………………… (106)

下编 地域、风尚与祝允明的书学

第四章 南宋以降江南地区文化及书法发展的阶段性特征 ……… (115)
 第一节 从杭州到苏州：文艺中心的转移 ……………………… (116)
 第二节 道统与世俗之间：从士商关系的渐变看江南
      地区文士风尚 …………………………………………… (121)
 第三节 复古与新趣：南宋以降两百年左右文人书法发展的
      基本特征 ………………………………………………… (134)

第五章 祝允明的书学思想 ………………………………………… (149)
 第一节 "书理"说：极乎张王钟索，后人则而象之 ………… (150)
 第二节 鉴于昔而豫于来：祝允明《奴书订》一文中关于继承和
      革新的辩证精神 ………………………………………… (159)
 第三节 博习诸家 神爽冥会：祝允明的书法师古观 ……… (169)
 第四节 法趣兼具 遒古纵逸：祝允明的书法创作观 ……… (181)

第六章 祝允明书法的来源、风格特征及传承 …………………… (190)
 第一节 正书 …………………………………………………… (190)

目 录

第二节　行书 …………………………………………………（208）
第三节　草书 …………………………………………………（231）
第四节　祝允明书法的传承及受其书风影响的书家 ……………（256）

第七章　余论：由时人及后世评价的异同重新审视祝允明书学的贡献及历史地位 ………………………………………（279）
第一节　时人较为一致的高度推崇与赞誉 ……………………（279）
第二节　晚明书家对祝允明书学的四种不同评价声音 ………（283）
第三节　清人的评价及其与明代其他书家的比较 ……………（288）
第四节　祝允明书学贡献及其历史地位的重新审视 …………（293）

参考文献 ……………………………………………………（296）

附录　祝允明年表 …………………………………………（304）

后记 …………………………………………………………（328）

序

曹宝麟

不可否认，一个艺术家从艺的发轫以及学术的兴趣，很大程度受到环境的影响。朱圭铭虽出生于苏北连云港下的一个县城乡下，但江苏是全国书法大省，以书法普及而彰显其大。又以北邻中原和齐鲁，有着深厚的文化土壤。省城南京坐落一所以书法著称的艺术院校——南京艺术学院。圭铭最幸运的是得以拜在黄惇教授门下，并以其艺术天分，得到黄教授的充分赏识和悉心栽培。黄教授是著名的明代书法史专家。圭铭的创作和研究都与明朝有关，正显示了学术的一脉传承。

圭铭在图南之前，一直在南京艺术学院得到黄教授的亲炙。他从本科的偏重创作，逐渐转向硕士课程的学术研究。在黄教授的学生中，创作上能达到较高水平者，圭铭可算一个。他专意草圣，游心晚明，枝山青藤，腕底有鬼，豪侠使气，愈大愈奇。老师的高明，体现在能因势利导充分发挥学生之所长，鞭辟入里地从一种社会现象中分析出成因，并上升到理论高度，这应是作为明师和名师的慧眼所在。圭铭的硕士学位毕业论文《从掌指之法到肘腕之法——运笔方法的转换与晚明书风的丕变》，正是在黄惇先生的指导下完成的。可喜的是，论文又获得全国第七届书学讨论会的一等奖，表明学术界对这一创获的肯定。

圭铭的在职博士学位是在暨南大学艺术学院繁重的教学和行政工作中，花了近五年时间修读完成的。他的博士学位论文依然延续明朝的路子。他发现祝允明曾在广东兴宁当过县令。鉴于广东本地乡邦文化的发

序

掘，他预感到这个选题或许大有可为。作为他的博士研究生导师，尽管本人学术专长为宋代，但研究书家个案，不外乎需要具备如下条件，即本人的文集及尽量丰富的书作图版、较容易寻得的师友交游资料。有了这些，那么将其置于特定的时代背景之下，他的地位就凸显出来。圭铭对祝允明的研究，从其家世、事迹和交游三方面进行了较为全面的史学考察，发现了一些新的史料，在很多方面皆能发前人之未发，弥补了以往研究的不足；对于祝氏的书学，则能立足于时代和地域的大背景，进行由书学思想到书法创作的探讨，学术观点亦有较多创新；最后能从不同时代的评价入手，对祝氏的贡献与地位进行再次审视，可见其在研究中一以贯之的广阔、连续的历史视野和求全求善、面面俱到的考察视角。尽管国内学界对祝允明已有不少的研究成果，但圭铭仍能在前人研究基础之上多有创见，体现较高研究水准，达到新的学术高度，故其在毕业答辩时以全票获得通过，并被推举为本届博士生优秀学位论文。

最近，欣闻圭铭的博士学位论文又通过了暨南社科高峰文库项目的评审，即将出版，作为他的博士导师，我为他感到高兴，并表示祝贺！圭铭的气质是一个艺术家，寄情狂草也使他迹近颠张醉素的恣性状态。但我更加希望圭铭在书法创作方面不断进取的同时，能在明代书法史上继续不懈探索别人尚未开垦的领域，取得更多丰硕成果！

2019 年 5 月于羊城

导　论

一　本课题研究目的及意义

个案研究乃艺术史研究领域的一个重要方面，书法史亦然。书法史研究的起点是一些具体的书法现象，而书家的个案研究则是学者无法回避的基本出发点和重要课题。近三十年来，就国内之书法研究状况而言，以荣宝斋出版、刘正成先生总主编，国内众多著名学者参与编撰的《中国书法全集》为一个重要的阶段性的开端，书家的个案研究可以说越来越为学界所重视，并且正在逐步走向深入与综合，很多学者在这方面的研究都取得了突破性的进展。传统的书家个案研究主要集中在人物研究、作品研究及影响等几个方面。而近年来的书家个案研究，在关注上述几个问题的基础之上，往往将书家置于一个广阔的历史背景之下，跳出通常的将书法作为艺术研究的狭隘视野，统合多学科的研究成果，进行多角度、全方位的剖析，这些研究可以说提升了书学研究的品格，拓宽了书学研究的范围，如旅美学者白谦慎所著《傅山的世界：十七世纪中国书法的嬗变》、旅日学者祁小春所著《迈世之风：有关王羲之资料与人物的综合研究》等。

明代十五、十六世纪之间，是中国思想史又一次重大突破时期，其时出现的标志性人物即为王阳明（1472—1528），阳明"心学"对中晚明之思想界、学术界等很多领域皆产生了极其深刻的影响。如果说晚明是一个相当复杂而且多变的时代，实际上诸种现象在明代中叶已出现端倪。如文学、书法、绘画等领域，在明代中期也悄然发生着各种转变，而在这一时

导 论

期,商品经济的发展,官方意识形态对江南等地钳制的放松,使苏州等城市不仅迅速成为全国的经济重心,也成为文人荟萃的文化中心,文人书法重新抬头,祝允明正是这个时期的杰出代表和书坛领袖。

祝允明(1460—1526),生于明天顺四年,卒于嘉靖五年,明苏州府长洲县人。字希哲、晞喆,因多生一指,故自号支指生、枝指生、枝指山人、枝山、枝山居士、枝山樵人等。祝允明另号还有畅哉、畅哉道士、畅哉居士等①,又因其曾官至南京应天府通判一职,故世人亦称其为"祝京兆"。当然,史上对其字号称呼最多还是要属"祝枝山"、"祝希哲"两种。非常巧合的是,祝允明生卒年和王阳明相差无几,可以说是同一时代的人物。明代文学"后七子"代表人物王世贞曾云"天下书法归吾吴,而祝京兆允明为最"②,此语可谓对祝氏之历史地位给予了充分肯定。祝氏可以说是自元代赵孟頫之后,晚明松江董其昌等人出现之前,在书坛上引领吴门书家崛起的关键核心人物,在整个明代书法史上有着承前启后、举足轻重之地位。

台湾学者刘莹在《文徵明诗书画艺术研究》中云:"明代的文人,多以文墨为尚,视文艺本身的价值高于学术或者事功,形成'纯文人'的阶层。明代'纯文人'的产生,一则由于经济蓬勃的发展,使文人有闲暇着眼于各式美感的追求,再加上明代哲学思想强调心境上的唯心与自得,更增强了文人从自我性灵出发的艺术观。所以,明代'纯文人'集诗书画艺术一身,和为文须涉强济事功的'儒家文人'分庭抗礼。"③ 是说确然,祝、文二人确与传统之"儒家文人"略有不同,他们的一生于大的事功方面皆无甚建树,但却以其自身的才、学、艺对明代中期吴中文艺的发展、

---

① 关于祝允明别号"畅哉"、"畅哉道士"、"畅哉居士"等,一直以来并未引起学界的广泛注意,但这些称号在其部分传世作品中确实客观存在,故今人沈培方有撰《仅见款、印为"畅哉"的祝允明墨迹考述》,载华人德等主编《明清书法史国际学术研讨会论文集》,上海古籍出版社2008年版,第41页。

② (明)王世贞:《艺苑卮言》,载崔尔平选编《明清书法论文选》,上海书店出版社1994年版,第145页。

③ 刘莹:《文徵明诗书画艺术研究》,台北:蕙风堂笔墨有限公司1995年版,第11页。

壮大及其延续作出了重大贡献，并且对后世也产生了深远影响。基于此，本书拟对祝允明的书学成就、书学观念以及其他诸多问题展开综合、具体并更深入一点的研究，同时借此厘清明代中期书法发展的若干史实与现象。

在现今学界，对祝允明的书法成就、书学观念及其影响等诸多问题的研究，还显得远远不够，或者说存在着很多不足。当今学界对历史上某些书家的研究不足，大致有两个方面的原因，一为书家自身留存的文字资料和作品太少，其同时期及后世文献对其记载描述不够，换句话说即因史料匮乏，故令研究者无从下手；再就是明清时期很多的杰出书家，因其传世作品与史料文献太多，令研究者难以在短期内做到竭泽而渔的程度，反而增加了研究难度，故对其研究必然会存在很多不足，祝氏显然是属于这一类型。早在三十年前，傅申先生在《祝允明问题》一文中即已指出，对祝允明书法的研究之所以困难，有几个方面的原因，其中主要为：一、祝氏非常多才多艺，本人兼工多种书体，风格多样；二、祝氏还能模仿许多书法家的不同书体；三、祝氏去世不久后，就出现了伪造他的作品问题，且大部分伪作皆产生于明朝覆灭以前，其伪作之多，使得研究问题进一步复杂化了。[①] 然而，我们认为，祝氏书法风格的多样化，伪作传世的复杂化，却也给后人了解祝允明真正的艺术风貌带来了很多误读，而这种历史误读，无疑又会给我们今天的研究带来另一层面的探讨空间，此亦正可谓本书研究意义之另外所在。

二　本课题研究现状

在祝允明书法研究领域，现在已有成果主要有以下两类：

1. 考证辨伪类，举其要者有傅申《祝允明问题》（《海外书迹研究》，耶鲁大学出版社1977年版，紫禁城出版社1987年版）、肖燕翼《祝允明赝书的再发现》（《故宫博物院学术文库·古书画史论鉴赏文集》，紫禁城

---

① [美] 傅申：《海外书迹研究》，葛鸿桢译，紫禁城出版社1987年版，第91页。

出版社2005年版），论述几件祝允明《怀知诗卷》的真伪问题。刘九庵《祝允明草书自书与伪书辨析》（《收藏家》1999年第6期）通过对用笔和字形结构的分析，指出几件吴应卯、文葆光等人作伪，而一直被认为是祝允明真迹的作品，包括行草书《醉翁亭记》《阿房宫赋》等。戴立强《祝允明书法作品辨伪九例》（《中国古代书画艺术国际学术讨论会论文汇编》，辽宁省博物馆编，2004年11月）借助文献资料考察著录或传世的20件伪作，考察了祝枝山作伪作品的一般情况；《祝允明书法作品辨伪的几点思考》（《中国文物报》2008年5月7日第7版）分析祝允明伪作的考察在现阶段碰到的一些困难；《〈祝允明草书自诗卷〉辨伪》（《中国文物报》2006年7月5日第7版）、《再谈祝允明草书辨伪问题》（《中国文物报》2006年8月2日第7版）根据款识并和他同时期的作品相对比，指出了嘉靖二年（1523）的《草书歌风台等诗卷》为伪作（今藏北京故宫博物院），并对嘉靖四年（1525）的《草书七言律诗》提出怀疑（今藏台北故宫博物院）。林霄《祝允明书法真伪标准讨论》（《美术史与观念史》XII，南京师范大学出版社2011年版）在参照傅申先生等人研究基础上，以独特的视角对祝允明的真伪作品进行细致的对比考量，建立起祝氏作品不同的真伪"标准样组"，且对刘九庵、戴立强等人之前的研究提出了个人不同的意见。潘深亮《祝允明书法辨伪面面观》（《中国名家书画鉴识》，万卷出版公司2008年版）谈及笔法特点、款识、印章等方面，鉴定和辨别伪作。

2. 书法史及综合性著述类，黄惇《中国书法史·元明卷》（江苏教育出版社2002年版）中，较为详细地谈到了祝允明的书法成就。绝大多数其他的书史编著中也会提到祝允明，如祝嘉的《书法史》、王镛的《中国书法史》、沃兴华的《中国书法史》等。还有一些专门评述祝允明的书，如葛鸿桢主编《中国书法全集·祝允明卷》等（荣宝斋出版社1993年版）。上述研究往往概括性较强，尚不具有系统性，同时对祝氏的书法渊源、书法交游、处世思想、书法审美观及对后世的影响的研究还比较薄弱。陈麦青《祝允明年谱》（复旦大学出版社1993年版），详尽客观地介绍了祝允明的生平，内容广泛。包括家庭背景、交游、科考、升迁、生活、诗文、书法，还涉及他的思想和心理变化，为研究祝允明提供了线索依据。

3. 书法硕士学位论文及诗文研究类论文，王卫民《祝允明狂草艺术研究》（硕士学位论文，河南大学，2006年）对祝氏狂草之成因及艺术特色作了一定程度的探讨。杨坤衡《祝允明书法思想与实践研究》（硕士学位论文，首都师范大学，2007年）主要从祝允明书法思想的渊源、书学主张、对历史的认识以及艺术成就等几个方面进行讨论，并有一定创见。董舒展《祝枝山书法》（硕士学位论文，中国美术学院，2010年）对祝枝山的思想及书法成就也进行比较全面的考察，认为祝枝山针对当时书坛法度缺失，提出"沿游晋唐"，对二王法度重新呼吁，并由宋人上追二王的观点，认为其晚年的小楷和草书都达到了一定的高度，并且在草书作品中流露出对心性的解脱也启发着晚明书家的创作。李振松《祝允明诗文研究》（硕士学位论文，暨南大学，2006年）则主要对祝氏的为人，诗、文创作，文学思想和其他思想进行分类评析研究。同时结合祝允明的文学创作、主张，来比较他所发起的"古文辞"运动与前七子复古运动的异同，并探讨其在文学史上的地位。徐慧《祝允明的古文观》[《苏州大学学报》（哲学社会科学版）2009年第5期]以祝氏55岁罢试就选为界，对其仕隐观、古今论、古文观等呈现出较为明显的前后期变化作比较探讨。祝氏早期对古文写作的偏好与吴中博古、家学传统等有关，其文复秦汉意识甚至早于弘治末才开始起事的前七子十几年，由于科举仕进的需要，其时对时文亦采取务实包容的态度，古今观中并无崇古卑今的思想；后期放弃科举仕进的道路，开始厌弃时文，文章复古观中趋古论思想明显，尤其体现在其"文极乎六经而底乎唐"（《祝子罪知录》卷八）的文统观中。徐慧《祝允明著述考辨》（《古籍整理研究学刊》2009年第4期）一文，又对祝氏著述作了整体考辨，对于研究祝允明的资料收集大有裨益。

最后，还需特别指出的是，在本书的撰写过程中，台北故宫博物院于2013年举办了"祝允明书法特展"，并出版《毫端万象：祝允明书法特展》图录，何炎泉先生在书中撰写《祝允明的书法、书论与鉴赏》一文，对祝氏书学相关问题作了梗概钩沉论述。笔者因未能亲临台北目睹学习此次特展，遂委托上海博物馆黄朋女史代购了该展的图录。这一重要的、最新的祝氏书法成果汇编，无疑为本书的顺利撰写提供了极大的方便。

总而言之，上述已有研究祝允明之主要成果，或为本课题之研究提供借鉴，或存在诸多不尽如人意之处，需要进一步在广度和深度上仔细挖掘。

三 本课题研究重点及研究方法

本课题研究以明代中期代表书家祝允明为中心，结合地域环境、时代背景、历史评价等诸多因素，并合理借鉴、利用当前学科前沿的一些最新研究成果，对祝氏的家世、生平事迹及主要交游、书学思想、书艺风格、传承影响和历史评价等多方面多角度的问题展开综合深入的研究，借此在一定程度上弥补目前学界对祝氏研究的不足。

至于研究方法，毋庸讳言，书法史论研究工作的第一步，当为开掘、收集、整理史料工作。资料问题看起来是一个基础性工作，但关系到我们进行书法研究的核心和中心问题。史料的开掘可以说是史学研究的传统，当代学者来新夏认为：中国的史学传统是重视史源，史源是研究历史者必须随时注意发掘和开拓的重要方面。当前学界对祝允明的研究虽乏深入，但也不可谓不是显学，因祝氏本人乃为明代中期吴门文人群体中的重要代表人物，关于祝氏的文献资料，无论是文字方面，还是存世作品方面，可以说都是非常之多，有些资料前人已作整理，故本课题的开展，除了利用、收集、整理已被人所熟悉的很多研究资料之外，发掘出一些新的或者被人忽视的文献资料，则显得非常重要。

史料的开掘和整理仅为第一步，在对任何一个书家的个案研究中，考据与阐释的结合则是需要进一步关注的方法。清代朴学的研究方法是很有价值的。即便在当今的话语世界，乾嘉学派的研究方法仍然应当占据相当的位置,"E"时代的到来,更为这一传统研究方法注入很多新的血液,使得考据变得更加便捷而实用。注重历史事实的考辨,反对学术研究上的空、虚是朴学的最初动机。而乾嘉末流的偏执于细碎、烦琐的考证,为考据而考据,则是其弊病。相反,偏重于阐释的研究方法注重对于历史的当下思考和解读,强调"一切历史都是当代史",这种研究亦易流于空谈,任心立论。本课题的研究将注意到两种方法的优劣,力求较好地把握研究中虚(阐释)与实(考据)的关系,努力将思想家的冷静和艺术家的感悟结合起来。即史从论入,论从史出,史论结合。

以图证史是当代史学研究的重要方法。对于书法艺术史的研究而言,以图像形式出现的作品本身在很大程度上起着比文字史料更为直观的作用,同时,作品本身也为艺术史研究的中心。故本课题研究中,将大量收集整理祝允明传世作品的图片资料,以期弥补文本文献对研究带来的不足。

接受美学作为20世纪文学研究领域出现的一种方法论,在当代的文艺研究领域也发挥着重要作用,起到革故鼎新、拓宽视界的作用。它将文艺研究的重心从作者和作品本身移到了读者审美接受和审美经验的研究上,使文艺研究进入一个更广阔的领域。本课题在研究祝枝山作品及其书学的历史接受方面,将充分利用、借鉴这一研究方法,以期对历史文本的解读更为丰富。

上 编

祝允明的家世、生平事迹及主要交游

第一章 内外皆魁儒,续繁校遗文: 祝允明之家世

第一节 前辈

祝氏家族占籍吴门长洲（今苏州），乃始于祝允明七世祖祝碧山。根据吴宽所撰《明故太中大夫资治少尹山西等处承宣布政使司右参政致仕祝公神道碑铭》中记载："逮元，有曰碧山者，自松江来，为海道都漕运万户府经历，升平江路总管。英迈有文，卒，葬吴中，子九鼎，遂着籍长洲。九鼎生子潜，子潜生景章，皆不仕。景章生焕文，材敏行修。在国初以瞶疾，不在察举，惟务树德。"[①] 由此可知，祝允明先祖祝碧山是在元时从松江迁职于吴门，后代遂居于此，祝碧山在元时所任之"万户府经历"、"平江路总管"，可谓皆地方要职，然其身后九鼎、潜、景章、焕文诸世皆未能仕。逮至允明祖父祝颢出（焕文子），方得以举于仕途并显吴门。

祝颢（1405—1483），字惟清，正统四年（1439）进士，时列二甲第五名，累官至山西布政司右参政，故后人有称"祝大参"。天顺八年（1464），年甫六十即致仕归吴，并时常与徐有贞、沈周、刘珏、吴宽、史鉴、李应祯等吴中士林宿学诗酒唱和，安享晚年，后卒于成化十九年（1483）十二月，享年七十九岁。

---

① （明）吴宽：《匏翁家藏集》卷七十七，《文渊阁四库全书》电子版，上海人民出版社1999年版。

上编　祝允明的家世、生平事迹及主要交游

祝颢少时有大志，其未举之前，即以善于"易学"名于吴中郡学，为诸生师，然其为人笃实，志向方面似乎也并不太多苛求于仕途，故每有人劝其出世为官皆不从，甚至领了"乡荐"之后，也一度不赴省试。后，祝颢举高第之后，内官曾传旨试能文者四人，祝为其一，但当他得知将获一教授小太监读书识字之职时，竟拂袖而去，不应而出，足见其性格耿直及志向之一斑。① 祝颢后被选授刑科给事中，此任虽多纠劾之事，但其惟责人以大义，绝不以阴私攻讦于人，可见其公正廉明之君子之风。代宗时，祝颢曾被召为都御史，但因值"孝期"未满之故，未能上任。稍后，到山西任参议一职，专督粮储，然而其时"晋壤瘠，加以兵后益空竭，徙迁者众而征输故繁。颢姓鸠缮安，集绥缉，固和阜，财求厚给，赡为法评，公私赖之济"②。因其善政，故后来晋升为参政。祝颢的思想中有浓厚的儒家"仁者"之心，常平反冤狱，并善于以诗书礼法教化民风，兴学重教。王锜《寓圃杂记》中有载：

（颢）尝与使者同决崞县囚七人，已伏质者五人，二人者次当，遽发嗟叹，公急止问之。囚曰："我罪不当死，苦于恶刑而诬伏。今见公慈，故敢衔哀求辩也"。公语使者曰："几误杀二人矣！宜为别白。"使者不从，公称疾以缓之。使者问病，公曰："某以无罪者当死，故为腹心之病耳。"使者悟，因而亮囚得出。公之慎狱如此，若其政化之美，不可概举。③

正是因为祝颢官为人有厚德之美，颇得民心，故在其卒后，父母与夫人钱氏皆得以推恩赠封。

祝颢致仕归吴之后，多与雅士相集，寄兴于山林间诗酒唱酬，笔墨风

---

① 参阅（明）吴宽《明故太中大夫资治少尹山西等处承宣布政使司右参政致仕祝公神道碑铭》，《匏翁家藏集》卷七十七，《文渊阁四库全书》电子版，上海人民出版社1999年版。
② （明）刘凤：《续吴先贤赞》，载《纪录汇编》卷一百七，上海商务印书馆1938年版。
③ （明）王锜：《寓圃杂记》卷四《祝大参活人》，中华书局1984年版。

第一章　内外皆魁儒，续繁校遗文：祝允明之家世

流。李应祯曾云："吴中士林宿学与夫宦游而休者累十数辈，暇则寻山问水，择胜而游，其文章以缛丽自喜，诗亦典赡有思致，字爱作行草，远近求者，一皆应之无倦容，尽其风流文雅，最为人所爱慕。"①关于祝颢的诗文，刊有《侗轩集》行世，今台北"中央"图书馆有藏，而其部分诗文作品在《吴都文粹续集》《明诗综》等汇集中亦皆有收录。祝允明长子祝续于成化十五年（1479）出生时，祝颢还曾赋诗两首，诗云：

生平百拙无堪纪，独赖君亲覆育恩。七十五龄三品秩，眼前尤喜见曾孙。

眼前尤喜见曾孙，桂窦槐王敢自伦。但愿书香长似旧，绵绵清白保儒门。②

从诗中不难看出祝颢喜得曾孙的激动之情，同时他也冀望祝氏书香门第之家风能绵延长久。祝颢的书法，今传世之沈周四十三岁所作《魏园雅集图》（图1-1）上有其一段亲笔诗文题和，用笔清劲雅致，间有元人笔意。我们认为，祝颢晚岁悠然自得的生活方式及文艺自娱的人生态度，对于祝允明青少年时期的成长无疑会带来极大的影响，关于此，后文将另有详解。

祝颢夫人钱氏，亦系出吴中名儒之后，其父曾为靖安州同知。钱氏为祝颢生有子女四人，一男三女。三女后皆嫁入官宦之家。男曰祝瓛，即允明之父。祝瓛字信夫，别号仁斋。娶大学士武功伯徐有贞之长女为妻，生允明。祝允明年方十六岁亦即成化十一年（1475），生母徐氏先卒，祝颢遂为祝瓛于成化十五年（1479）图得继室陈氏。③祝瓛之生平事迹多不显，恐其一生并未踏入仕途，于文艺一道亦无成就可言，故历史记载甚少。祝瓛卒于成

---

① （明）李应祯：《大明山西等处承宣布政使司右参政祝公墓志铭》，载（明）钱毂《吴都文粹续集》卷四十二，《文渊阁四库全书》电子版，上海人民出版社1999年版。
② （明）祝颢：《喜允明生儿二首就以曾孙名孩己亥七月三日》，载（明）钱毂《吴都文粹续集》卷五十一，《文渊阁四库全书》电子版，上海人民出版社1999年版。
③ 参阅（明）祝允明《先妣陈氏夫人墓志铭》，载《怀星堂集》卷十五，《文渊阁四库全书》电子版，上海人民出版社1999年版。

化十九年（1483）七月，早其父祝颢五月而逝。又，祝颢去世时为七十九岁，而允明后来言其父"不及中寿"，可知祝瓛去世时当不到花甲之年。①

图1-1 沈周《魏园雅集图》（辽宁博物馆藏）

---

① 参阅（明）祝允明《先妣陈氏夫人墓志铭》，载《怀星堂集》卷十五，《文渊阁四库全书》电子版，上海人民出版社1999年版。

第一章 内外皆魁儒，续繁校遗文：祝允明之家世

祝妙靖，生于洪武三十二年（1399，建文元年），卒于成化二十一年（1485），为祝颢姐，允明祖姑，嫁长洲王成。其卒后，祝允明在为之所撰《王府君妻祝氏硕人墓志铭》中赞曰："资志颖敏高朗，多才艺，涉猎传记甚富，通书数，善筹画，记藏聘竺经典，富习深通，盖心一于善而已。"①字里行间溢美之词在所难免，然也可见祝妙靖实是位才德兼备的女子，此恐又多为祝氏家风所致。祝妙靖中年因疾失明，后寡居甚久，祝颢致仕归里后，时接回同住，故允明得以随侍其左右，聆听教诲。

祝允明外祖父徐有贞（1407—1472），初名珵，字元玉，后改名有贞，号天全翁，苏州吴县人，其为明代中叶正统、景泰年间政坛的风云人物，同时也是祝允明、文徵明等吴门书家群体在书坛崛起的先导。徐氏是宣德八年（1433）进士，精于星历、运度、数象等术，并善诗文书法。正统十二年（1447），徐有贞晋中官侍讲，土木之变后，因倡议南迁，为太监金英，朝臣陈循、于谦等力叱，致使后来一度升迁受阻，故改名有贞，希冀能有晋用之时。

景泰八年，因代宗病危，徐有贞与石亨等大臣密谋迎英宗朱祁镇复辟，大功告成后，徐氏遂也得以荣升，官至兵部尚书并兼华盖殿大学士，封武功伯，掌文渊阁事，赐号奉天翊推试宣力守正文臣，禄千石，世袭锦衣卫指挥使，权倾一时。然而，徐有贞掌权后，因念与于谦等人之旧恶，故曾诬杀于谦、王文等若干朝臣，为人所不齿，此也为其仕途中最大污点。徐有贞甚至企图铲除昔日同党曹吉祥、石亨二人，结果反遭诬陷下狱并谪云南。曹、石二人后来因为谋反被诛，英宗感悟前非，遂诏其归家。归乡之初，徐曾一度期望能被重召返朝，当知并无希望时，就放浪山水之间，消遣余生。《续吴先贤赞》中述其云：

> 贞既得返，屏居一室，谢绝知友宾客，自以于《易》有所诣，愈

---

① （明）祝允明：《怀星堂集》卷十五，《文渊阁四库全书》电子版，上海人民出版社1999年版。

· 15 ·

上编　祝允明的家世、生平事迹及主要交游

益玩之；其有会亦不以语人，既精占候，一旦观天文云："曹、石当败，其被乃祸不但若所中我者已！"果相继即其罪。至宪皇帝初，赐之章服，晚始纵寻山野，随所之，流连不舍，俛仰慷慨，时游于酒人中，酣歌狼藉，酒数行已往，起舞相属，虽寓之窅冥怳惚，而忠国之念惓惓不忘。①

徐有贞归乡后，因其曾位显一时，故吴门地区立碑刻石每每请其撰书，"书法古雅雄健，名重当时"②。王世贞称"徐天全真书法欧阳率更，而加以飘动，微失之弱；行笔似米南宫；狂草出入素、旭，奇逸遒劲，间有失之怪丑者"③。可见徐有贞的书法楷学欧阳询，行书学米芾，草学张旭、怀素，而祝允明少时多受其熏陶并得亲授，对他后来的书学道路也产生了重要影响。

成化十四年（1478），祝允明娶吴门前辈李应祯之长女为妻，李遂亦成为允明之岳父。李应祯（1431—1493），初名甡，字应祯，后以字行，并更字贞伯，苏州府长洲县人。景泰四年（1453）举乡试，会试礼部时因中乙榜而不就，后入太学。成化元年（1465），得授中书舍人，后升南京兵部武选司员外郎，因丁继母忧未任。弘治元年（1488）迁南京尚宝司卿，弘治四年（1491）升南京太仆寺少卿，两个月后即力陈致仕。

李应祯生性耿直，为官时不谄媚权贵，清正廉洁。其入太学时，因文名颇盛，内官牛玉想请他为塾师，被其严词拒绝。任中书舍人一职时，因直文华殿，其同事多借他途幸进，李却耻与为伍，要求调职教官，但未被采纳。上有诏命抄写佛经若干卷，其答曰"孔氏五经臣所书，若此非臣职也"，结果因拒诏而被罚，而其言行自被传为一时之佳话。④李应祯博学好古，尤善

---

① （明）刘凤：《续吴先贤赞》，载（明）沈节甫纂辑《纪录汇编》卷一百六，上海商务印书馆1938年版。
② （明）朱谋垔：《续书史会要》，《文渊阁四库全书》电子版，上海人民出版社1999年版。
③ （明）王世贞：《弇州四部稿》卷一百五十四，《文渊阁四库全书》电子版，上海人民出版社1999年版。
④ （明）王锜：《寓圃杂记》卷四《李中书不奉诏》，中华书局1984年版。

第一章　内外皆魁儒，续繁校遗文：祝允明之家世

书法，《苏州府志》言其"篆楷俱入品格，文词简健，喜面折人过，人多畏之"①。朱谋垔《续书史会要》评曰："少卿真、行、草、隶，皆清润端方，如其为人。"② 客观来看，李应祯早期书法必在明代"台阁"范畴，但其晚年重视学习古法，逐渐摆脱时风的羁绊，自得尤多，并极其反对"随人脚踵"的"奴书"，强调创新，这些书学理念自然会影响到其女婿祝允明。

祝允明的另一位外祖父，即继母陈氏之父陈绅，在以往的祝氏研究著述中甚少提及，个中原因恐多出于其对允明的仕途及艺术无甚影响，然本书基于对祝允明的人生与书法作一综合考察，故自当有所交待，以期对其家世能有比较全面的了解。陈绅，字用章，生于宣德元年（1426），卒于弘治四年（1491），享年六十六，苏州吴县人。陈绅弱冠之年从进士习举业，然经五试皆未能售，遂入太学，后，得授江西安福县丞。在任四年，颇有政绩，故深得百姓爱戴。③ 陈绅育有三男二女，其中长女即为允明继母陈玉清。台北故宫博物院现藏有祝允明原迹《先母陈夫人手状》，从中可以得知，陈玉清嫁为祝瓛之妇时，已年到三十，诚谓大龄女子，并在成化十六年（1480）生一女，即允明妹，然其与允明之父同室仅四载即过上寡居生活，长达四十一年，嘉靖三年（1524）卒，终年七十有六。陈氏为人具贤德之美，恪守妇道，勤俭持家，性格温和，对子女不轻詈一言，此也必然与其父陈绅对其有良好的家庭教育有关。陈氏卒时允明也已六十有五并致仕还乡，念及其为祝家所付出之辛劳与恩德，允明老泪潸然，悲从心生而视如生母。④

徐铸，字嗣勋，又名世良，别号味雪居士，为徐有贞子，即允明舅父。生于正统十一年（1446），卒于弘治十五年（1502）。及其葬时，允明为撰墓志铭。徐铸于仕途未举，后以荫授锦衣卫指挥使一虚职，祝允明在

---

① 载（清）冯桂芬总纂《苏州府志》卷八十六，清光绪九年（1883）刊本。
② （明）朱谋垔：《续书史会要》，《文渊阁四库全书》电子版，上海人民出版社1999年版。
③ 参阅（明）祝允明《外祖迪功郎江西安福县县丞陈公志铭》，载《怀星堂集》卷十五，《文渊阁四库全书》电子版，上海人民出版社1999年版。
④ 参阅（明）祝允明《先母陈夫人手状册》，载何炎泉编辑《毫端万象：祝允明书法特展》，台北故宫博物院2013年版。

为其所撰墓志铭中谓"载佩国章,沐浴皇治,咏歌图绘,以寄其尚"①。徐铸先娶陕西按察使刘瀚女,因其早殁,故继娶太常卿昆山夏昶之女为妻,夏昶与其弟夏昺为明代前期宫廷著名书画家。

在祝允明《怀星堂集》中,还收有其为姑父汤瑄所撰墓志铭,在此也一并稍作交待。汤瑄,字文瑞,苏州吴县人,生于正统六年(1441),卒于弘治十一年(1498),享年五十八岁。据祝允明所述,汤姓原籍中原,南宋迁至江阴,后入吴门,祝汤两家为邻里,关系甚近,几世交往已逾百年。②汤瑄二十五岁时娶允明姑,未有举业,却善于书画,后来即因工书而得授鸿胪寺序班一微职,允明祖母钱氏六十寿辰时,其亦曾绘制麻姑赴宴图为贺,并请吴宽书序记之。③

第二节　同辈及后人

祝允明家族中与其同辈的亲属,不论是祝氏本门,还是与祝氏有姻亲关系的徐氏、李氏二族,事迹多皆不显,此恐也缘于其中并无杰出人物出现。因此,本书在此主要就《怀星堂集》中所提及的几位同辈亲属及后人稍作钩沉。

史臣,字在野,生于成化十四年(1478),卒于正德十五年(1520),吴县人,为允明妹夫。允明妹为继母陈氏于成化十六年(1480)所生,后嫁史臣,史父曾为随州太守。史臣生平事迹不详,允明述其不曾踏入仕途,居家勤营业居,经营点小商业为生。④台北故宫博物院今藏有一札,

---

① (明)祝允明:《昭武将军上轻骑都尉锦衣卫指挥使徐公碑》,载《怀星堂集》卷十五,《文渊阁四库全书》电子版,上海人民出版社1999年版。
② (明)祝允明:《登仕佐郎鸿胪寺序班汤府君墓志铭》,载《怀星堂集》卷十五,《文渊阁四库全书》电子版,上海人民出版社1999年版。
③ 参阅(明)吴宽:《山西参政祝公夫人钱氏庆寿图序》,载《家藏集》卷四十五,《文渊阁四库全书》电子版,上海人民出版社1999年版。
④ (明)祝允明:《史在野墓志》,载《怀星堂集》卷十五,《文渊阁四库全书》电子版,上海人民出版社1999年版。

第一章　内外皆魁儒，续繁校遗文：祝允明之家世

疑为致在野，惜字迹模糊，已不能释读全文。

蒋焘，生卒年不详，生前为苏州府秀才，允明表弟。蒋焘当为徐有贞次女之子，父为乐亭知县蒋廷贵，甚聪慧，九岁即能治四书、易经等学，十四岁中秀才，十七岁早夭，其遗文家人集为《东壁遗稿》。《四库全书总目提要》中称其"大抵才气溢发，有苏氏父子遗意，而神锋太隽，意蕴未深，则天限其年，学问未足副也"①。祝允明对这位表弟之才华欣赏，故为其遗文所作序中，每以唐代著名诗人李贺为喻。② 蒋焘早逝之后，允明痛心不已并赋诗哭之："白玉楼中长吉去，芙蓉城里石郎归，煌煌柱国平生念，看到诸孙内外微。"③ 诗中所谓"内外微"，无非是他们这代人在功名成就等方面很难超过其外祖父徐有贞的慨叹罢了。

蒋烨，字允晖，为允明表弟，生卒年及事迹不详，亦应是徐有贞次女之子。允明与蒋烨之兄弟之情应甚笃厚，允明致仕归田后，与其有诗歌往答，其离世前不久所作《怀知诗》一组，缅怀平生知己，蒋烨也列于其中，咏其诗曰：

> 风雨床空坐独栏，分襟两见岁华残。萧条鸥鹭江湖阔，寂寞宫商草书寒。王谢风流君子在，武功中外老夫单。怀君有句君应笑，不向沧浪共钓竿。④

徐美承、徐美朝、徐美爵，三人皆为允明母舅徐铸之子，生卒及事迹不详。祝允明尝为三人作文《名字训》，又为徐美承作《号怀海生序》，均

---

① 《四库全书总目提要》集部《别集类存目三》之《东壁遗稿》二卷，转引自陈麦青《祝允明年谱》，复旦大学出版社1996年版，第67页。
② 参阅（明）祝允明《表弟蒋秀才遗文序》，载《怀星堂集》卷二十九，《文渊阁四库全书》电子版，上海人民出版社1999年版。
③ （明）祝允明：《哭表弟蒋焘》，载《怀星堂集》卷七，《文渊阁四库全书》电子版，上海人民出版社1999年版。
④ （明）祝允明：《怀知诗》之《表弟蒋烨允晖》，载《怀星堂集》卷七，《文渊阁四库全书》电子版，上海人民出版社1999年版。

收于祝氏《怀星堂集》之中。①

关于祝允明之后人,据王宠在其卒后为之所撰行状中称:"子男二人:曰续,由进士官给事中,累升广西左布政使;次侧出,幼未名。女一人,嫁潮州府经历王榖祯。孙女三人。"② 又,祝允明正德十四年(1519)底在广州在曾得一子,惜数日夭折,令其十分悲痛,祝氏有一诗《伤》述及哭亡儿之事,恐系此子。③

祝允明长子祝续,生于成化十五年(1479),约卒于嘉靖三十八年(1559)前后。其正德二年(1507)秋举于应天乡试,正德六年(1511)与父同赴京城会试,登进士第,而其父允明再次名落孙山。虽然祝允明自己会试连连受挫,自嘲"迂迟失马中",而儿子祝续能得以高中,顺利步入仕途,也足以令其喜出望外、万分欣慰了,故其有诗感叹"幸有丹衷世世存"④。祝续于仕途之政绩,现囿于史料原因不得而知,但其后来能够累升至广西左布政使,此职属从二品,从品阶上看已经高过其曾祖父祝颢,因此,就这个层面来说其亦算是青出于蓝、光宗耀祖了。祝允明曾给祝续写过一帧书牍,未署年月,但应是其晚岁另一幼子祝繁未出生前所作,由此牍可窥其胸中饱含对前世祖先的感恩,以及对祝续并家族未来的种种殷切嘱托,今日读之,令人动容。祝允明曰:

> 自吾以上,二世单传,汝若终鲜兄弟,则三世矣。同曾祖之族即麟之儿,有二人,麟既不肖,二孺漂落远外,亦终当收之,此外无一人矣。吾家以善积望乡郡迨二百年,仕显相袭,天之祐荫过厚,吾等

---

① (明)祝允明:《徐氏三外弟名字训》《表弟号怀海生序》,均载《怀星堂集》卷二十九,《文渊阁四库全书》电子版,上海人民出版社1999年版。

② (明)王宠:《明故承直郎应天府通判祝公行状》,《雅宜山人集》卷十,载《四库存目丛书》集部之79册,齐鲁书社1997年版。

③ (明)祝允明:《伤》,载《怀星堂集》卷六,《文渊阁四库全书》电子版,上海人民出版社1999年版。

④ 祝续正德六年(1511)登进士第后,祝允明大喜,曾陆续作《儿子续入对大廷感激因赋》《儿子召试馆职》《儿子召试后忝窃收录蒙钦改庶吉士留翰林》诸诗为纪,载《怀星堂集》卷六,《文渊阁四库全书》电子版,上海人民出版社1999年版。

第一章　内外皆魁儒，续繁校遗文：祝允明之家世

侥幸逾分多矣。独惟枝叶单薄，殊为可戚，吾既已老，所望于汝倍于他情，乃复弥甚，将若之何，此固自天意，人不与力，然予年至此际，西岫高而羲轮下，曷胜惘惘之怀也。作好官、建勋名固是门户大佳事，要是次义，只是不断文书种子至要至重，苟此业不坠则名行自立，势必然也。大率今人处世，唯应随所赋质，成就得一二可名于人，便是不忝其祖，足为孝人善士，要必实成无忝于志，乃始是了，盖立志固要高尤贵乎？实不必过甚开口圣贤也，每言及先公前后积累至于吾身，却顾委担息，肩独尔茕茕，未始不心折气沮，吾壮强贫苦，斥弛濩落，使其时不幸死，则一荒逸无成之鬼耳。晚暮粗立门墙，支拄世业，素日所立文业成名，聊以持之下见先人，最是一□。作善之心，直献于皇穹后壤，塞空神明，吾能之也。尔盛年幸猎华膴，伟业兹声，皆可基致，然切勿失祖宗以来传家仁厚本子及方册行墨间也，此予素衷。因念嗣息，遂言及此嗣息事，吾既无不用情者，至如祷祈弓韣以降，思欲无不为之，今尚未遑，尝研观古人论议，凡求昌后必以阴德，为冠务方，以此镌切肠膈，亦未得下手处，不胜焦烦，与尔天性之切，沥髓莫喻，偶少暇笔，此伺遇，便且聊写致之。①

在祝允明看来，"作好官、建勋名固是门户大佳事"，但最关键的还是要不断"文书种子"，保持儒学家风、积善立德方是重中之重，"此业不坠则名行自立"。信中还述及祝氏家族"枝叶单薄"，几世单传，故论"嗣息"一事亦应以积德为要，而其辞世时唯有孙女三人，未见男孙，此对于身处五百年前那个重男轻女的社会的祝允明来说，可能是一生中最大的遗憾了。通过这封书牍，使我们对祝允明晚年的思想及家世、家风又有了更进一步比较直观的认识。

祝允明次子祝繁，据王宠所述，为允明偏室所生，生卒年与事迹皆不

---

① （明）祝允明：《示续》，载《怀星堂集》卷十二，《文渊阁四库全书》电子版，上海人民出版社1999年版。

详。祝允明去世时,其甚年幼尚未及命名,后家人以"繁"为之名,恐也遵允明心中希家族"枝繁叶茂"之遗愿。现仅知其曾协助兄长祝续一起致力于收集校正先父祝允明遗稿,名为《祝氏集略》,后于嘉靖三十九年(1560)由张景贤出资刊印。① 祝繁在跋《祝氏集略》中称其父祝允明"著述为多,或每劝入梓,先公未以为然,唯自诠次成帙以藏而已。先公捐养,吾兄方伯公检辑遗稿得十之六七,多出先公手录,然涂抹改注处他人不能识也。吾兄……唯先公之集是校,以力不任梓,徘徊又三十年,乃嘉靖戊午蜀明崖张公来抚江南……索先公集甚恳,惠然任刻,又为之序,以成厥美。繁侍吾兄相与校其缮写,蚌伪未竟而兄以寿考终矣。繁孤陋何知,谨为刊落字谬"②。此跋文即写于嘉靖三十九年(1560)《祝氏集略》最早刊刻本之后,由此,我们不仅可知允明遗稿《祝氏集略》成书始末,还可知其兄长祝续大致之辞世时间。

关于祝允明的女儿,姓名及生卒皆已无考,但可知她嫁于苏州望族王氏后人王榖祯为妻。③ 王榖祯曾任潮州府经历,其父为王观。根据祝允明为王观所撰墓志铭中所述,可知王观字惟颙,初号杏圃,后更款鹤,生于正统十三年(1448),卒于正德十六年(1521)。王观为当时吴中之名医,曾入太医院,后归乡丁忧而不复再出,其少时曾从文徵明祖父文洪学习,文洪中进士第后,王观遵其父愿改习医术。④ 在祝允明的文集中,与王观交往之事迹颇多,如弘治三年(1490)两家应尚未结为姻亲之时,王观即曾邀请祝允明为其重刻之先人之《王著作文集》以及《震泽纪善录》二书作序文;弘治十八年(1505),祝允明再次应王观之邀请撰书并篆《王氏复墓记

---

① 关于《祝氏集略》的成书经过,(明)皇甫汸撰《祝氏集略序(代张中丞景贤作)》一文有述,载《皇甫司勋集》卷三十八,《文渊阁四库全书》电子版,上海人民出版社1999年版。又,今人邸晓平曾撰《祝允明诗文集版本考辨》一文详述,并认为目前所见《祝氏集略》《怀星堂集》实为一书。载《古籍整理研究学刊》2004年第6期。

② 转引自邸晓平《祝允明诗文集版本考辨》,载《古籍整理研究学刊》2004年第6期。

③ (明)王宠:《明故承直郎应天府通判祝公行状》,《雅宜山人集》卷十,载《四库存目丛书》集部之79册,齐鲁书社1997年版。

④ (明)祝允明:《款鹤王君墓志铭》,《吴都文粹续集》卷四十,《文渊阁四库全书》电子版,上海人民出版社1999年版。

第一章 内外皆魁儒,续繁校遗文:祝允明之家世

碑阴》。今故宫博物院还藏有祝允明手迹《致款鹤札》(图1-2),未署年月,然已尊称王观为亲家,故此札定是两家已结为姻亲之后所为了。

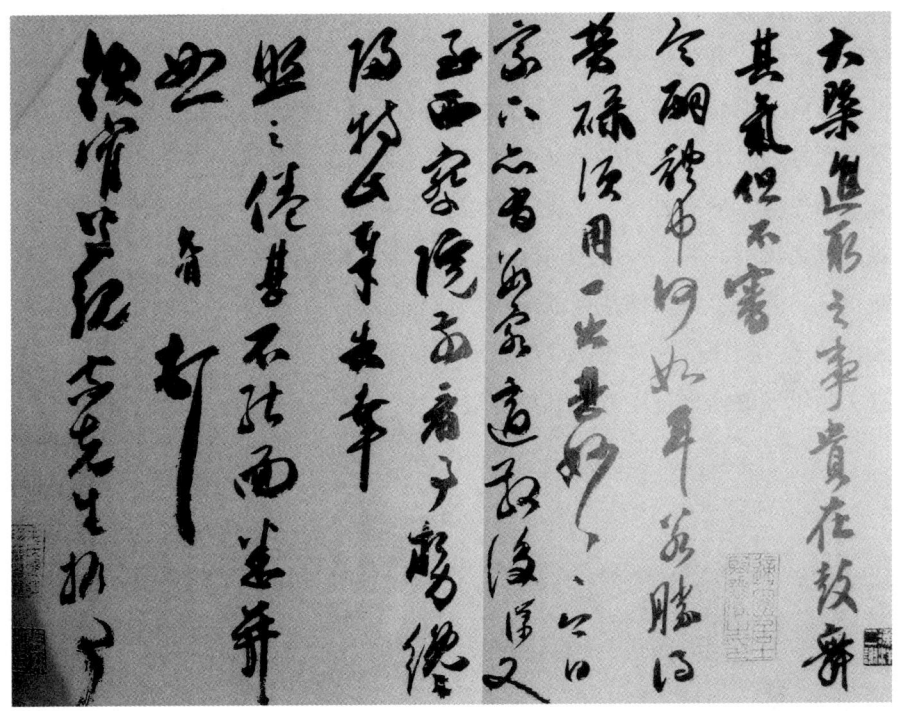

图1-2 祝允明《致款鹤札》(故宫博物院藏)

祝允明另有一外孙吴应卯,字三江,无锡人,生卒年不详。字学祝允明,可以乱真,刘九庵先生认为传世祝允明之伪作,恐有部分多出吴氏之手笔。①然据王宠为祝氏所撰行状及陆粲所撰《祝先生墓志铭》中所载,皆未提及祝氏另有一女嫁与吴姓族人之说,则不知吴应卯之生母实为祝家何人也?唯王宠所撰行状中言及祝允明去世时有孙女三人,则吴应卯是否为祝允明孙女所生就不得而知了。

通过前文之勾勒,我们对祝允明的家世可谓有了相对比较具体的了

---

① 刘九庵:《祝允明草书自书诗与伪书辨析》,载葛鸿桢《中国书法全集·祝允明卷》,荣宝斋出版社1993年版,第11页。

解。从祝允明的家世来看，祝氏家族自七世祖祝碧山占籍吴门后，其身后几世并未步入仕途，然家族之"重儒学"文脉未断，迨及允明祖父祝颢出时，祝氏家族声望复又重于吴门。而与祝氏结为姻亲关系的，亦多吴中名儒仕宦之家，其外祖父徐有贞、岳父李应祯为其中代表，上述这些，可以说皆为后来祝允明能够名满吴门提供了相当重要且无法忽视的历史铺垫。祝允明自少时文、书即名满吴中，固然有其天赋异禀的一面，众多家族成员、师长等人的厚爱与广泛宣传恐也至关重要。同时，我们也发现祝允明对后世之冀望，并非一定要求仕途之显赫，其强调关键在于"文脉"不断，只要此业不坠，则成就能得一二而可名于人，便是不忝其祖，足为孝人善士了。祝氏的这一思想，既是其家族前辈思想之传承，也为吴中文士重文艺风气的体现，还有为其晚岁对政治一途的看法等综合因素所致。

第二章 祝允明生平事迹

第一节 自晋归苏台 常侍前辈游：祝允明少年时期的生活（天顺四年至成化十三年）

祝允明出生于天顺四年十二月初六（1460年1月17日），此时其祖父祝颢正在山西布政使右参政任上，而祝允明亦有少时自太原归苏之辞，故疑祝允明出生地为太原而非苏州。①

无论祝允明是出生在太原还是苏州，其幼时曾与父亲祝瓛陪同祖父在山西度过一段光阴，随侍祖父左右，应是不争的事实。祝允明曾在《太行歌》中赋云：

> 上客坐高堂，听仆歌太行。六岁从先公，骑马出晋阳。遥循厚土足，忽上天中央。但闻风雷声，不见日月光。狐兔绕马蹄，虎豹噪树旁。衡跨数十州，四面殊封疆。童心多惊栗，壮气已飞扬。自来江南郡，佳丽称吾乡。邈哉雄豪观，寤寐不可忘。人生非太行，耳目空茫茫。②

---

① （明）祝允明《饭苓赋》中有云："仆少自三河归苏台，过首阳道，且来陟降崇岩，经行乔林，憩息旅痛，因逐幽寻。"载《怀星堂集》卷二，《文渊阁四库全书》电子版，上海人民出版社1999年版。

② （明）祝允明：《怀星堂集》卷四，《文渊阁四库全书》电子版，上海人民出版社1999年版。

上编　祝允明的家世、生平事迹及主要交游

诗中"晋阳"即为太原旧称，此诗不知作于何时，然从中可以得知，祝允明是在幼时六岁，即成化元年（1465）随祖父及家人自山西南归吴门，归途中之所见所感实足令其震撼不已，非常难忘。杨永安先生则认为"南方的温柔绮丽、北地的豪情胜景，对祝允明一生介乎书生与侠客间的性格实在有很大的影响"①，此应为中肯之论。

祝允明随祖父祝颢回到吴门时，其外祖父徐有贞也已得诏返乡，而其内外二祖因曾身居高位，于文艺一途又多具造诣，故在吴中之声望甚重，一时吴中俊彦若杜琼、刘珏、沈周、吴宽等多相过从游，幼年时期的祝允明亦得以在内外祖父及众多前辈的呵护教育下成长。祝允明聪颖早慧，因而深得吴门很多前辈的赏识器重，吴宽后来尝记述：

  祝生允明七八岁时，其大父参政公一日适为文成，请客书之。予时亦在座，见生侍案旁，嘿然竟日，窃疑之，因指文中难字以问，无弗识者，益奇之，且料其他日必能事此也，然亦安知其能至此哉？昔欧阳文忠公著《鸣蝉赋》，其子棐侍侧不去，公谓其后必能为此赋，棐竟以文名。盖人于事，惟无所好，好必成。如生幼已知好，加以静嘿不露，宜其成之至也。生尝具书，以杂诗文一卷投予。予既叹赏，今日其妇翁职方李公复示此册，于是阅之，则生之进于文，其势殆不可御，而予将避之也。②

龆龀之年的祝允明，竟能识得其祖父所作文中的诸多难字，无怪吴宽心中那么惊叹了，直以欧阳修三子欧阳棐相喻。同时，我们也可以看出祝允明幼时所接受的良好家庭教育，而其自小对文艺所表现的浓厚兴趣，除了家族基因的遗传因素，与当时内外祖父致仕归乡后与众多文人雅士相互唱酬的环境熏陶也密不可分。祝允明后来回忆童年的情形时曾言："外祖武功

---

①　参阅杨永安《吴中四才子——祝允明之思想与史学》，香港：先锋出版社1987年版。
②　（明）吴宽：《跋祝生文稿》，载《家藏集》卷五十一，《文渊阁四库全书》电子版，上海人民出版社1999年版。

公为此游此词时,允明以垂髫在侧,于斯仅五十年矣。当时缙绅之盛,合并之契,谈论之雅,游衍之适,五十年中,予所接遇皆不复见有相似者,真可浩叹。"① 先天的禀赋加之良好的家庭教育,以及日处"谈论之雅,游衍之适"的文艺环境当中,史料记载祝允明九岁时即能作诗而名声隐起吴中,似乎也就不足为奇了。

少时祝允明于书法一途,也表现出了过人的天赋,陆粲称其"五岁作径尺字"②,而其在祖辈的指引下,自幼即走上了"取法乎上"的正确学书道路。祝允明曾言:"仆学书苦无积累功,所幸独蒙先人之交,自髫卯以来,绝其令学近人书,目所接皆晋唐帖也。"③ 祝允明的幼年时代,朝野的书风当仍以"台阁体"为主流,而其能不学近人书,"目所接皆晋唐帖",一方面是其有良好家庭氛围所致,一方面也反映出其祖辈比较先进的艺术观念,这些又皆为祝允明日后于书法一途超越时人并引领吴门文人书法的崛起创造了条件与可能性。

第二节　力倡古文辞　书文噪吴中:祝允明青年时期的生活(成化十四年至弘治四年)

祝允明于成化十四年(1478)娶吴门前辈李应祯之女为妻,次年即成化十五年(1479)入学为生员,后因才学出众,深受学官赏识,得补廪生,自此步上了漫长而坎坷曲折的求取功名之路。阎秀卿《吴郡二科志·文苑》中言祝允明:

---

① (明)祝允明:《跋葛汝敬书武功游林岩山词后》,载《怀星堂集》卷二十六,《文渊阁四库全书》电子版,上海人民出版社1999年版。
② (明)陆粲:《祝先生墓志铭》,载《陆子余集》卷三,《文渊阁四库全书》电子版,上海人民出版社1999年版。
③ (明)祝允明:《写各体书与顾司勋后系》,载《怀星堂集》卷二十六,《文渊阁四库全书》电子版,上海人民出版社1999年版。

上编 祝允明的家世、生平事迹及主要交游

> 初在郡学,御史山阴司马垔按直隶,檄郡学有博学能为古文辞者,免课书,更殊礼遇。郡以允明当。垔按吴,允明从诸生中擢行相见礼。侍郎徐公贯尝读允明所为文,爱之,数加存问。由是延誉两都,知与不知,莫不曰允明天下士也。①

司马垔、徐贯二人的赏识,使得祝允明之名声一时享誉南北二京,为天下名士,然而令人可叹甚至颇具戏剧色彩的是,祝允明在学业上并未因此而一举取得功名,甚至连乡试皆连续四次不售。

青年时期的祝允明虽然在功名方面无甚成就可言,但其诗文书法却在吴中名声日隆。这一时期的祝允明大抵博学众长,凡天文地理、释老方技、稗官杂家、幽遐鬼琐之书,无所不览,发为文章,则茹古涵今,无所不有。祝允明此阶段与友人都穆并以古文辞名于吴中,致使后来比其年龄稍小的文徵明、唐寅、张灵等皆追随其中,文酒唱酬,作书绘画,共倡"古文辞",不间时日,深相契合,彼此建立了深厚的友谊,而祝尤以"古邃奇奥"的文风,为时所重。文震孟云:"(祝)于古载籍靡所不该洽,自其为博士弟子,则已力攻古文词,深湛棘奥,吴中文体为之一变……蓄古法书、名籍……缘六经而旁饬之,庀材复古。"②祝允明的友人王锜亦曾记述祝氏在青年时期成名后,一时门户常满而应索其文的情形:

> 希哲作文,杂处众宾之间,哗笑谭辨,饮射博弈,未尝少异。操觚而求者,户外之厅常满。不见其有沉思默构之态,连挥数篇,书必异体。文出丰缛精洁,隐显抑扬,变化枢机,神鬼莫测,而卒皆归于正道,真高出古人者也。自著有《蚕衣》《浮物》《心影》《吴材小纂》《南游录》等书,共百余卷。所尊而援引者五经、孔氏。所喜者

---

① (明)阎秀卿:《吴郡二科志》,载(明)沈节甫纂辑《纪录汇编》卷一百二十一,上海商务印书馆1938年版。
② (明)文震孟:《姑苏名贤小记》,《四库全书存目丛书》史部之115册,齐鲁书社1997年版。

第二章 祝允明生平事迹

左氏、庄生、班、马数子而已。下视欧、曾诸公，蔑然也。余闻评之曰："秦、汉之文，濂、洛之理。"自谓颇当。希哲方二十九岁，他日庸可量乎！①

随着祝允明的成长及其名望的提升与确立，其在吴门文化圈中也越来越扮演着比较重要的社会角色，而这种角色转变应该首先来自家族内部。祝允明的外祖父徐有贞，在其十三岁时即成化八年（1472）就已去世，而祖父祝颢与父亲祝瓛同于成化十九年（1483）去世，其时祝允明亦仅二十四岁。前文已有所交代，祝颢至祝瓛再及祝允明，祝家已两世单传，从这个层面来讲，随着祖父与父亲的离世，年轻的祝允明作为其家族中唯一的传宗接代之男性，无形中成为家族与社会联络的最重要的角色。少了内外二祖的庇护，青年时期的祝允明已从少时被动的不自觉的陪同内外二祖与吴中众多前辈相互交往，转变为主动的自觉担当。祝氏后来与友人的信中，曾言及青少年时期一些生活情形：

仆之少也，窃幸生于贤邦仁里，而出乎诗礼之庭。当是时也，恬然不知米布之价，况余事乎？日惟从先人求纸笔耳，暗室独坐，每自泰然而喜，以为生得内外尊长之诲迪，若不是二三十粗成人也，忽而受室，俟而抱子，曾未转首而继遭大罚，群美顿革，霍然如电掣星过，凡举其所恃以泰然者，邈不知所在也。②

家庭所遇到的客观情况，迫使青年时期的祝允明必须尽快地转变角色，从而维护与保持与家族相关的复杂的社会网络，传承诗礼儒学家风，而这种角色的转换，也可以说是他的义务和责任。关于这一点，祝允明传世的这一时期所撰的诗文皆可充分印证。成化二十一年（1485），祝允明祖姑祝

---

① （明）王锜：《寓圃杂记》卷五《祝希哲作文》，中华书局1984年版，第37页。
② （明）祝允明：《与施别驾书》，载《怀星堂集》卷十三，《文渊阁四库全书》电子版，上海人民出版社1999年版。

妙靖逝世，祝允明为撰墓志铭；弘治四年（1491），祝允明的另一个外祖父陈绅卒，亦是祝允明为撰墓志铭。如果说这两篇墓志铭的撰写为祝允明分内之事，那么另外一篇为其先人所撰的墓志铭似乎更能说明祝允明在整个大家族中地位与角色的变化，此即为其外祖母蔡妙真于成化二十二年（1486）去世时，祝允明代母舅徐铸为撰墓志铭。祝允明为什么会代母舅作外祖母的墓志铭，似乎也不难理解，无外乎其母舅不善诗文，或者是徐氏族人中擅诗文者已甚少，再就是祝允明其时已为整个大家族在吴门文化圈中最有社会影响的人物了。

不仅仅在诗文方面，祝允明青年时期的书法才能在吴门也得以逐渐彰显。明代中期吴中文士之雅集交往，除了游历山水、诗酒唱酬之外，书画乃为其中一个极为重要的内容与媒介。在当时的文艺环境中，即席挥毫以书画相赠，或共品前贤书画，咏题颂赞，也是培植或维系友情的重要方式。从祝允明现在传世的书法作品及历代著录的有关作品来看，其青年时期的作品也占据相当重要的比例，这些作品对我们今天研究其早期的书法风格可谓至关重要。祝允明青年时期的书法作品和相关墨迹，大抵以楷书和行书为主，有部分作品或墨迹正是其与吴中诸多前辈雅集交流时，应请而完成的。如成化二十二年（1486）夏，是年祝允明二十七岁，应吴宽之请作小楷《林酒仙诗》卷，卷后并有吴宽、沈周、唐寅等唱和题咏，同年，还应沈周之请，为其撰书《秋轩赋》。弘治元年（1488）立夏，沈周为乡人郑景顺绘《训子图》，祝允明赋诗题其后，同年，沈周的妻子去世，李应祯为撰《沈启南妻陈氏墓志铭》，而楷书此铭者也为祝允明。弘治三年（1490）十月，祝允明有小楷诗和吴宽所题倪瓒《秋林远岫图》（图2-1），吴宽原题时间为成化十六年（1480），此卷上另有文徵明、彭昉等人题和。从上述作品可以看到祝允明少时即于书法一途表现出的天赋与所受到的良好教育，到了青年时期，这一特长在吴门开放的人文环境中得到充分发挥。他在沈周、吴宽、王鏊等前辈及同辈友人的提携推重之下，进而成长为吴门书家群体中新一代的领袖。

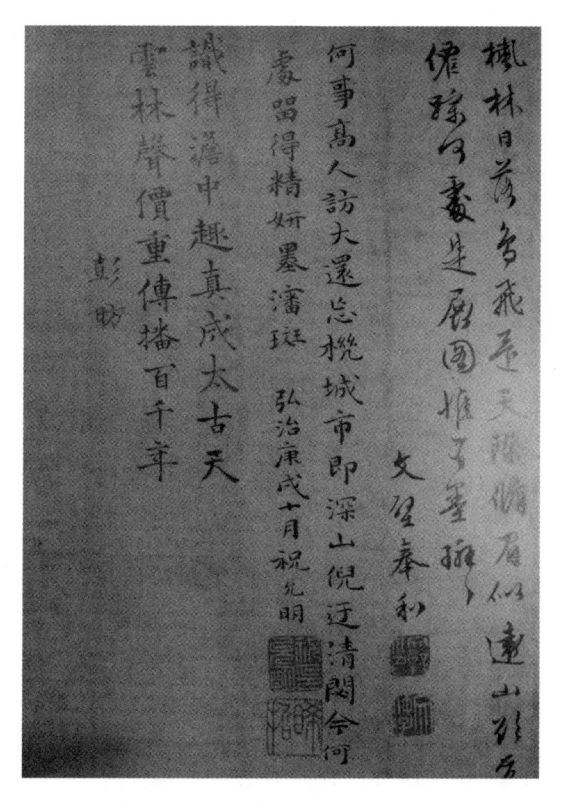

图 2-1　祝允明和题倪瓒《秋林远岫图》（台北故宫博物院藏）

第三节　虽举应天府　七试却不第：祝允明中年时期的生活（弘治五年至正德九年）

弘治五年（1492）八月，已经第五次参加乡试的祝允明，终于得举应天府，而允明此时已三十三岁。参加此次乡试的考生共二千三百余人，合格者一百三十五人，祝氏以《易经》应考，榜列第一百一十五名。[①] 此次

[①] 见（明）王鏊等编《弘治五年应天府乡试录》，载《明代登科录汇编》，台北：台湾学生书局1969年版。

上编　祝允明的家世、生平事迹及主要交游

乡试的主考官为吴门的王鏊，其对祝允明的答卷深加赞赏，认为祝是可造之才。① 中举之后，祝允明的文名更盛，沈周曾赋诗称其"君今文名将盖代，踪迹所至人争迎"②。然而令人惋惜甚至悲哀的是，祝允明自此之后赴京的会试却屡次不售，科举之途频频受挫。这对祝允明中年时期的生活方式与思想等方面也造成了多维度的深刻影响。

祝允明中年求取功名之路的前半阶段，思想上大抵仍是积极向上的。这一时期，允明与唐寅、文徵明、徐祯卿等常常相聚谈文论艺，祝允明在年龄上要稍长于唐、文、徐等人，然与他们相互砥砺、相互提高，时人号为"吴中四才子"。祝允明乡试中举后一年，亦即弘治六年（1493）腊月，其在立春之际曾即兴抒怀，从中颇能管窥他该时的心境，兹选录数首如下：

今年文气似荒凉，想是韩家五子殃。只愿文随春气长，更穷些子也无妨。

十年憔悴苦难禁，一寸书生不死心。纸上逐年添墨字，床头何日有黄金？

季子无谋不种田，功名劳碌奔韩燕。算来也是迟迟客，先受凋零过少年。

千古寥寥绝大音，崎岖长向暗中寻。寒灯半盏三更后，照破一生迂阔心。

说地谈天口不闲，功名只在指麾间。十年磨破儒林传，始信英雄如此难。③

---

① （明）陆粲《祝先生墓志铭》中言："岁壬子，举于乡。故相王文恪公主试事，手其卷不置，曰'必祝某也'，既而果得先生，文恪益自喜，曰'吾不谬知人也'。"载《陆子余集》卷三，《文渊阁四库全书》电子版，上海人民出版社1999年版。

② 弘治七年（1494），亦即祝允明中举后两年，沈周曾作《林壑幽深图》赠予祝氏，上有题诗云："疏林叶尽秋日晴，与子把手林中行。萧条此地不足枉，贲我一来林壑荣。君今文名将盖代，踪迹所至人争迎。……弘治甲寅十月二十四日，希哲冒寒过访，申谢此卷，不足磬怀，沈周。"载《石渠宝笈》卷三十三，《文渊阁四库全书》电子版，上海人民出版社1999年版。

③ （明）祝允明：《癸丑腊月二十一日立春口号十五首》，载《祝枝山全集》之《诗集》卷上，台北：汉声出版社1972年版。

第二章 祝允明生平事迹

经过十多年的寒窗苦读，祝允明在求取功名之路上可谓尝尽辛酸冷暖，虽然取得了"举人"身份，其名声亦于士林得到了广泛的传播，但较之高第而言只能说刚刚成功了一半。对于追求功名一事，祝氏自叹很"迂迟"，然而对于那个时代的知识分子或者祝允明来说，他们若想真的建功立业，扬名立万，实现自己的经世之梦，科举实在是一条无法绕过的必由之路。弘治十年（1497），祝允明友人唐寅虽从父命习科举业，入学为生员，然在其父殁后，却落落不屑于场屋之事，允明依然劝其曰："子欲成先志，当且事时业；若必从己愿，便可褫襕幞，今徒籍名泮庐，目不接其册子，则取舍奈何？"① 唐寅后来则听从了允明的规劝，用一年时间闭户不出，专心读书，第二年乡试即高中解元。正德三年（1508），祝允明已经是第五次进京会试不第后，曾有人推荐其入中书执事笔札，参修《孝宗实录》，因这份工作大抵只是文字誊录工作，故其感恩之余力辞不就。② 而允明之所以不就，很大程度上恐为此职并非其志向所在，他还是期冀通过正常的会试步入仕途，以实现自己人生更为远大的政治抱负。

以祝允明的博学多才，其取高第本不应是什么太难事，至于其后来会试却屡战屡败，实在有些令人费解。个中原因虽比较复杂，但有一点可能不容忽视，即祝氏于文学方面的创作观念与应科举之八股"时文"之间可能存在着一定的矛盾，关于这一点，其又与另一位友人文徵明在科举之途遭遇的困境大体相似。③ 前文已有交代，祝允明青年时期曾与都穆、文徵明等人在文学创作上力倡"古文辞"，名重吴中，然而吴中文士的古文写作却与科举"时文"之间形成日益激烈的冲突。其实，祝允明起初对"时

---

① （明）祝允明：《唐子畏墓志并铭》，载《怀星堂集》卷十七，《文渊阁四库全书》电子版，上海人民出版社1999年版。

② （明）祝允明《上巡按陈公辞召修广省通志状》中有述："追戊辰年，会试下第，朝廷纂修孝宗实录，伏蒙当时元相欲荐允明入中书执事笔札，允明自审，力辞不就，惟默感恩而已。"载《怀星堂集》卷十三，《文渊阁四库全书》电子版，上海人民出版社1999年版。

③ 台湾石守谦先生在《嘉靖新政与文徵明画风之转变》一文中称："文徵明之场屋困顿，根本上可能与其文章在本质及形式上，皆深受古文之影响，而不为考官所喜有关。文徵明显然并非不知此中道理，但却执意地不肯屈从于流俗。"载石守谦《风格与世变》，北京大学出版社2008年版，第265页。笔者以为，以此论来观照祝允明的遭遇，其实亦应大致相合。

文"的学习和写作还是颇费心思的,其曾就贡举制度发长篇议论《贡举私议》,就科举三场考试相关事宜的合理完善出谋划策,提出了切实可行的改良措施,表现出一种接纳和务实致用的态度。① 四十五岁时,祝允明欲刻唐张鹫撰《龙筋凤髓判》云:"余益思有以助仕学者,谓是书其一也,将取而刻之。"后乡人沈津刊刻此书,其为此事作序。② 在《烧书论》中,祝允明详举了二十一类可烧之书,包括"所谓古今人之诗话者,所谓杜甫诗评注过誉者……所谓诗法、文法、评诗论文识见卑下僻缪党同自是者"等,而举业之书和科举之文被祝氏排除在可烧之外保留下来。③ 但是,祝允明作为古文辞坚定的钟情者与倡导者,在后来第七次应试不第并决定罢试就选后,即将个中原因归结为对"时文"的厌恶,祝氏在《答人劝试甲科书》中言:

> 天下之务,求在得之。得在行之,必然者也。如使求之而无方,得之而不易行,则竟亦空耳,何以徒劳为哉？求甲科之方,所业是也。今仆于是,诚不能类,漫读程文,味若咀蜡,拈笔试为,手若操棘,则安能与诸英角逐乎？协良货而往者,纷纷之场,恒十失九。况柅橐钝手,本无所持,乌有得理？斯亦不伺智者而后定也。又况年往气瘁,支体易疲,寒辰促答,安能任此剧劳哉？窗几摹制,尤恐弗协时格。矧于苟且求毕,宁能起观？劳而罔功,何必勉强？此所谓求之无方也。故求而弗得,弗若弗求。借使以幸得之,尤患行之不易。④

由于骨子里面对时文的不屑,故祝允明虽然也对时文学习研究,并能"摹

---

① （明）祝允明：《贡举私议》,载《怀星堂集》卷十一,《文渊阁四库全书》电子版,上海人民出版社1999年版。
② （明）祝允明：《新刻龙筋凤髓判序》,载《怀星堂集》卷二十四,《文渊阁四库全书》电子版,上海人民出版社1999年版。
③ （明）祝允明：《怀星堂集》卷十,《文渊阁四库全书》电子版,上海人民出版社1999年版。
④ （明）祝允明：《怀星堂集》卷十二,《文渊阁四库全书》电子版,上海人民出版社1999年版。

第二章 祝允明生平事迹

制"一二,然终归仍是与时格不调,加之年高体衰,场屋之苦实已难以承受,无奈之下只能罢念就选。科举之途的失意,使祝允明内心深处有种怀才不遇之感,他在《宝剑篇》中颂吟:

> 我有三尺匣,白石隐青锋。一藏三十年,不敢轻开封。无人解舞术,秋山锁神龙。时时自提看,碧水苍芙蓉。家鸡未须割,屠蛟或当逢。相望张壮武,揄扬郭代公。高歌抚匣卧,欲哭干将翁。幸得留光彩,长飞星汉中。①

在此,祝允明乃以剑喻人,慨叹宝剑之美好品质无人能识、能用,这就好比自己数十年来的怀才不遇,伯乐难求,而其志向也并非若封官拜爵的世俗般要求,实是欲通过科举实现自己献身济世,解民倒悬的人生抱负。在饱受挫折之后,祝氏一方面感叹人生年华易逝,富贵难成;另一方面,当其看到身边诸多友人皆能取高第入仕途,心中难免认为这是命中注定之事,遂而放任自我、知天乐命了,诚如他借唐人白居易《浩歌行》一诗所咏叹"古来如此非独我,未死有酒且高歌。颜回短命伯夷饿,我今所得业已多。功名富贵须待命,命苟不来知奈何"②。

祝允明中年阶段于仕途的失意,也促使他从追求功名、胸怀经世治国之梦想的传统儒家知识分子,逐步转向崇尚老庄哲学,放浪形骸,游戏人生而喜酒色六博的狂放不羁的文人,民间广泛流传的祝允明酒馆歌楼买醉寻欢诸种逸事,大概有很多皆为这一时期所为。除却酒色六博,祝允明只能把内心的情感转移到笔墨当中,通过诗文书法来发泄胸中愤懑失落的情绪,表现他不流于时俗的卓越才华和高深的艺术造诣,故这一阶段也是祝允明艺术创作渐趋成熟的时期,同时也是其成长为吴中书家群体中领军人

---

① (明)祝允明:《怀星堂集》卷四,《文渊阁四库全书》电子版,上海人民出版社1999年版。
② (清)张大镛《自悦怡斋书画录》卷三《祝枝山草书》为书此诗,转引自陈麦青《祝允明年谱》,复旦大学出版社1996年版,第88页。笔者考,《浩歌行》一诗原为唐人白居易作,然祝氏书此诗,实也可作为其本人当时的心理观照。

物的历史时期。从祝允明目前传世的手迹且有明确纪年的作品来看，其中年的前半阶段，具体说来就是在弘治十八年（1505）以前，仍以正书和行草为主，而从正德元年（1506）之后，至正德九年（1514）罢念就选之前，除了之前常见的正书、行草以外，草书作品开始逐渐增多。这一时期比较有代表性的纪年作品主要有弘治八年（1495）为尧民孝廉书《千文册》，同年还有行书《在山记》，今皆藏台北故宫博物院；弘治九年（1496），行书书自作诗《北邙行》，今藏台北故宫博物院；弘治十年（1497），行书《可竹记》，今藏台北故宫博物院；弘治十八年（1505）行书《育斋记》，今藏上海博物馆，同年还有小楷书书《招凤辞》于友人唐寅《南游图》后，今藏美国弗利尔美术馆；正德元年（1506）春，赠沈与文行草《虞姬曲》，今藏台北故宫博物院；正德二年（1507）春仲，小楷随录《宋玉诗赋》，又有草书《宋玉钓赋》及《兰花咏》，今皆藏美国小约翰·M.顾洛阜处，是岁允明还有《静女叹》《夜坐漫成》《丹阳晓发》等行草诗书作赠友人沈与文，今藏台北故宫博物院；正德二年（1507）仲秋，祝允明与东楼老先生游锡山，访钱氏家藏书画卷，见赵文敏书唐集数首，观其书法俊秀，得羲献之妙，笥中有素纸一卷，舟中寄兴忆摹七十首，今为美国克里斯蒂藏；正德四年（1509），祝允明于逍遥亭中作草书《赤壁赋》卷，另有草书《自作诗》，今藏故宫博物院；正德五年（1510）仲春之望，撰书《梦草记》，今为美国后真赏斋所藏，五月望前，作草书《秋日闲居赋》卷，今藏美国普林斯顿大学艺术博物馆，是岁另有草书《千字文》、行书《闲情赋》，今藏上海博物馆；正德七年（1512）楷书《江淮平乱诗什序》，今藏故宫博物院；正德八年（1513）楷书《东坡记游》，今藏辽宁博物馆。

综观祝允明中年时期的书法创作，可以看出其一方面对晋唐宋元之经典采取相当开放的学习态度，可谓博采众长而不拘泥于一家之似，同时具有自我个性特质的风格特征亦渐趋成熟；另一方面，其从正德年间开始，草书作品逐渐增多，晚年奇纵一路的大草在此阶段已渐露端倪。

第四节　远赴岭南道　弃官逐沧浪:祝允明晚年的仕宦生涯与归隐生活(正德十年至嘉靖五年)

一　关于祝允明仕宦岭南的具体时间及相关问题

今检诸家著述,笔者发现关于祝允明出仕岭南的前后时间,尤其是其何时离粤,后迁应天府通判而又致仕归隐的时间方面,众家所云每有不同,本书在此稍作辨析。

张慧剑《明清江苏文人年表》中载祝允明于正德十年(1515)任广东兴宁县知县,正德十四年(1519)自应天府通判职辞还。[1] 黄惇先生也认为祝允明在岭南约五年,由兴宁令升应天府通判,正德十四年(1519)以病辞归故里,此说应据《明清江苏文人年表》而来。[2] 陈麦青《祝允明年谱》中云祝氏正德九年秋(1514)赴京就选,得授广东兴宁知县,正德十年到任,正德十四年秋离开兴宁先至广州,次年早春离粤北上,先归吴门,后于正德十六年(1521)赴京考毕,得迁应天府通判,而于当年旋即辞官归里。[3] 周道振先生的观点与陈说相同,亦言祝允明于正德十六年自兴宁令迁应天通判,并于是年致仕。[4] 葛鸿桢言祝氏出仕时间与上述相同,唯称其乃于嘉靖元年(1522)迁任应天府通判,在南京近一年,后因病辞归故里,在致仕时间方面,与众说稍异。[5] 潘深亮《中国名家书画鉴识》中谈到祝允明时,述祝氏于正德九年(1514)授广东惠州府兴宁县知县,嘉靖元年(1522)转任应天府通判,嘉靖二年(1523)因病归里。[6] 杨坤衡在《祝允明的书法思想和实践》中,亦言祝

---

[1] 张慧剑:《明清江苏文人年表》,人民文学出版社2008年版,第167页。
[2] 黄惇:《中国书法史·元明卷》,江苏教育出版社2001年版,第268页。
[3] 陈麦青:《祝允明年谱》,复旦大学出版社1996年版。
[4] 周道振、张月尊纂:《文徵明年谱》,百家出版社1998年版,第32页。
[5] 葛鸿桢:《中国书法全集·祝允明卷》,荣宝斋出版社1994年版,第372页。
[6] 潘深亮:《中国名家书画鉴识》,万卷出版公司2005年版,第70页。

上编　祝允明的家世、生平事迹及主要交游

允明于正德十年（1515）被谒选为广东兴宁县县令，在正德十五年（1520）被荐为应天府通判，不几年，因看不惯官场的腐败，托病卸职，结束了仕宦生涯，返回故乡定居，此说在时间问题上，显然又与其他诸家多有不同。①

祝允明在正德九年（1514）第七次会试不第心灰意冷之后，罢念就选，于是年秋得授广东兴宁知县。祝氏在正德九年会试不第南返后，曾致书其好友朱应登述及此事，并于次年赴兴宁上任后致书《上巡按陈公辞召修广省通志状》中言"逮于甲戌，赴选天曹，乃得令命"②，皆可佐证其于是年得授一事。祝允明于正德十年（1515）初春南下赴任，途中曾赋《早春江行》一首，诗云：

> 五十六年行役身，又漂萍叶及初春。柏灯向壁吟残句，江雨敲窗梦故人。莺啭上林空倚醉，月生南浦几伤神。还家想得儿童笑，毛发苍浪绿绶新。③

从诗中可窥祝氏此时心中备尽感慨，多年来屡试不第，其于迈入高龄之时乃始得寄一县令，自当无半点喜悦可言，此番远行赴任，实迫于无奈，恐只当圆其一生之仕宦之梦而已，因亦感己若一无依之浮萍，刚离乡不久即已梦系故人。是年端午，祝允明行至江西庐陵，即今之吉安地区，与友人同观龙舟竞渡，从其赋诗"提刑玉洁照清江，客子游观喜大邦"、"国谋幸驻襜帷问，乡思微从俎豆降"等句来看④，心情似已有所好转。据此推测，大抵在正德十年（1515）六七月间，祝允明即已到达兴宁就任，赴任不久

---

① 杨坤恒：《祝允明的书法思想和实践研究》，硕士学位论文，首都师范大学，2004年。
② （明）祝允明：《怀星堂集》卷十三，《文渊阁四库全书》电子版，上海人民出版社1999年版。
③ （明）祝允明：《怀星堂集》卷六，《文渊阁四库全书》电子版，上海人民出版社1999年版。
④ （明）祝允明：《乙亥五月五日王金宪文明邀宴庐陵螺川驿楼观竞渡》，载《怀星堂集》卷六，《文渊阁四库全书》电子版，上海人民出版社1999年版。

第二章 祝允明生平事迹

后,即先平该地大帽山贼乱一事。①

关于祝允明离粤之具体时间,从其留存之诸多诗文中亦可窥得端倪。正德十四年(1519)秋,祝允明当离开兴宁来到广州。据《广东通志》载,宝应人衡準于正德十四年(1519)知番禺县②,此人事迹不见他传,而祝氏来到广州后即与之有过交往,曾为其补赋云:

> 皇都日日敞离筵,夫子分符岭海天。见面谩询为县谱,观诗遥想过溪贤。陀楼桂雾迷蛮堞,宓室秋涛杂雅弦。我愿君王明万里,岂宜重咏北山篇。③

由诗中"陀楼桂雾"、"宓室秋涛"诸语可知其时当在秋日。祝氏与衡準言别还另有一首《番禺留别衡明府公式》云:"风尘薄宦来南海,书计衰年走北畿。霄汉自怜知己少,天涯犹觉故人稀。芳菲桃李祥鸾集,重迭江山旅雁飞。为问微官是何物,相依无久又相违。"④公式为衡準之字,从此诗我们能得知两个消息,一为祝氏此时已决计北上,再就是从"霄汉自怜知己少,天涯犹觉故人稀"一语可推知,二人往昔在江苏时可能即已相识,故今遇于他乡,一者刚刚赴任,一者又将离任作别,故诗人心中颇有几分感慨。

正德十四年(1519)秋冬至次岁正月,祝允明当一直住在广州。正德十五年(1520)正月,祝氏在广州曾得友人张天赋书信并作答,此间言及因家事未能成行,并与去岁残腊得一子夭折诸语,并明确表示本月二十八日前后决定北上。⑤ 因此,我们知道祝允明自去岁秋日离任兴宁来到广州

---

① (清)罗献:《兴宁乡土志·兵事》,转引自陈麦青《祝允明年谱》,复旦大学出版社1996年版,第126页。
② 《广东通志》卷二十八,《文渊阁四库全书》电子版,上海人民出版社1999年版。
③ (明)祝允明:《宝应衡君公式授宰番禺,在都诸君为燕台春饯之什,君至粤出示,允明倩为补赋》,载《怀星堂集》卷八,《文渊阁四库全书》电子版,上海人民出版社1999年版。
④ (明)祝允明:《怀星堂集》卷七,《文渊阁四库全书》电子版,上海人民出版社1999年版。
⑤ (明)祝允明:《答张天赋秀才书》,载《怀星堂集》卷十二,《文渊阁四库全书》电子版,上海人民出版社1999年版。

后，之所以一直待着未去，实出于其妻居广怀孕生子一事所困。祝氏是岁正、二月间离广北上，二月二十七日于回程舟中酒醒后，曾即兴赋诗一首来抒发内心之惆怅及对于世事无奈之情，诗云：

> 世棋年矢两相催，绝岭春深与雁回。无限胸中未酬事，蓬窗灯枕酒醒来。①

祝允明在正德十五年（1520）离粤后，恐于是年春夏之交即已先归吴门，并当于今岁内赴朝觐见，应吏部之任期考察。而次岁四月，明世宗朱厚熜即皇帝位，随即颁诏天下，并以来年年号为嘉靖，是时，祝允明当仍在京或等待吏部之考察结果，抑或待新授。当其在京城邸馆读到嘉靖改元诏书时亦随之敬作一首："宫车昔晏驾，鸿宾归亲贤。元后上圣姿，神龙潜虞渊。乘乾奉天佑，皇极建冲年。百辟迎代来，凝命居清玄。皇风仁偃草，一日周九埏。……昔自尧舜来，神化无此前。声休度百王，九庙光蝉嫣。天禄永无疆，圣治终始全。臣诗属先驱，三灵赫临鉴。"②葛鸿桢先生认为此诗作于嘉靖元年，当为误解。从祝氏所作此诗来看，诗中充满对新帝即位及新政的期盼与称颂之情，可见其当下在京之心情应属不错，或此时已得新任而对自己未来宦途有所憧憬乎？而事实证明，祝允明此次通过考察确实也得升新任，随后所迁南京应天府通判一职乃为六品，较之前任兴宁县令已升一级，后人又称祝允明为"祝京兆"即据此。然此或说明朝廷对祝氏才能之肯定，抑或受惠于新帝登极之推恩。

祝允明正德十六年（1521）南还后，如前所述，周道振与陈麦青二人俱言在是年辞官归里，所据当俱为陆粲撰《祝先生墓志铭》中所云"初仕兴宁令……稍迁通判应天府。亡何乞归。又五年，卒，春秋六十有七"③。

―――――
① （明）祝允明：《庚辰二月二十七日晓宫窑舟中口号》，载《怀星堂集》卷十六，《文渊阁四库全书》电子版，上海人民出版社1999年版。
② （明）祝允明：《读嘉靖改元诏书并阅邸报臣敬作诗一首》，载《怀星堂集》卷四，《文渊阁四库全书》电子版，上海人民出版社1999年版。
③ （明）陆粲：《陆子余集》卷三，《文渊阁四库全书》电子版，上海人民出版社1999年版。

第二章 祝允明生平事迹

又，笔者发现祝允明在嘉靖元年（1522），曾为其同乡友人姜龙由建宁府同知迁云南按察副使作诗二首纪行，其中第二首云：

> 矫矫温州牧，清声范史云。当时称大老，今日有夫君。德用玉为器，胸盘锦作文。志行朝野庆，我独叹离群。①

史载姜龙在正德十四年（1519）官于礼部时，因忤武宗而遭贬建宁，嘉靖初方得以迁任云南。无论姜龙赴云南任是在该年之春夏抑或夏秋之际，我们从祝氏上述诗中所言及之"我独叹离群"一语，足以资证斯时其已绝对不在官场，而对友人之赴任亦只能徒添几分感叹罢了。

故结合陆粲所云，可以比较确定地说，祝氏辞官归里时间应为正德十六年（1521）底或嘉靖元年（1522）初。由此可知，若上述有言祝允明于正德十四年（1519）或嘉靖二年（1523）致仕归里者，诚皆与史实不符。

祝允明在正德九年（1514）第七次会试不第心灰意冷之后，罢念就选所获兴宁县令一职，虽达夙愿，然亦多出于无奈，唯以后汉刘梁相拟而自娱，故其尝戏赋曰："五十服官政，六十方熟仕。七十乃致政，古今固一致。吾年五十五，始受一县寄。七里剧弹丸，亦有社稷置。夙怀同刘君，今此幸谐志。所忧脚本短，时雕虞易踬。只应尽素衷，玄鉴不可悖。一区石湖水，渔舟早相伺。"②

祝允明任职兴宁令期间，事实上也做了许多颇有功绩之事，若王宠在为其所撰《行状》中记载，祝氏上任后破迷信、易民风，课解诸生、平贼乱③，然而这些政事有无得到上司之完全认可就很难说了。他本欲将一腔之热血施展于仕途，实现自己由来已久的人生理想，恐终因其性格狷介不

---

① （明）祝允明：《送姜梦宾》，载《怀星堂集》卷三，《文渊阁四库全书》电子版，上海人民出版社1999年版。
② （明）祝允明：《五十服官政效白公》，载《怀星堂集》卷四，《文渊阁四库全书》电子版，上海人民出版社1999年版。
③ （明）王宠：《明故承直郎应天府通判祝公行状》，载《雅宜山人集》，见《四库全书存目丛书》集部之79册，齐鲁书社1997年版。

上编　祝允明的家世、生平事迹及主要交游

善趋奉，以及为政之思想观念与时政多有不合，故虽有顾应祥等上司对其厚爱有加，郑敬道这样的挚友与其时常讨论为官之道，而其做人为道之原则颇为坚定，故亦难免早就心生归隐之意。如此看来，其于后来得迁应天府通判一职不久后即致仕归田，恐也全非如往昔所言因病而归，实际上多半是其心意与官场已绝！

仕宦岭南的几年光阴中，祝允明在公务之余偶有闲暇，仍不忘翰墨一事，或以其遣兴消磨光阴，或应友人索请。若其在正德十一年（1516）所书旧作《拟诗外传》后所述"偶在县属之念兹斋，畏暑独坐，检得旧作《拟诗外传》数篇，遂书之素卷，不特谓作字忘暑，亦可征县治之可罗雀也"①。而祝氏作为少时即已名满天下的才子，至岭南之前实际上已为吴中书家群中的领袖，故在这一阶段岭南的同僚、友人亦时常向其取宝墨珍藏留念。较之吴中而言，岭南之地往往笔劣纸恶，佳墨匮乏，然为应好友一时之请，以书酬答，故祝允明此阶段所作之书多率性而为，全然不顾笔墨之优劣，其在《为王提醒索墨》中戏言"荆溪麝煤重似铁，岭外羊管弱于绵，婺州伪剂宜恶札，且望分来用一年"②。祝允明还在为好友郑敬道所书一卷《墨林藻海》中云：

> 莆阳郑明府与允明为同寅，蒙教受爱，谊款日深。尝有鄙诗往复，君既过为袭藏，复粘缀素纸盈卷，索拙笔墨满之，且请举各家体貌为之。予素既无学力，又坐公事障塞。来使立阶下不去，乃勉为答之。文房四君，岭外惟陶泓名天下，而官舍初无良品，余三人则荒陋不可言。觅之箧中，间有苏浙毛颖数辈，遂取与错杂用事如右。西子邻姬，又无金翠膏沐，不觉加丑，信不得已耳。蛾眉辈见之，幸勿破颜。丙子十月廿二日，吴郡祝允明书于兴宁县斋。③

---

① （明）祝允明：《行楷书拟诗外传》，今藏北京故宫博物院，载中国古代书画鉴定组编《中国古代书画图目》第20册之京1—1224，文物出版社1993—2000年版。

② （明）祝允明：《怀星堂集》卷八，《文渊阁四库全书》电子版，上海人民出版社1999年版。

③ （明）祝允明：《墨林藻海卷》，载何炎泉编辑《毫端万象：祝允明书法特展》，台北故宫博物院2013年版，第230页。

第二章　祝允明生平事迹

祝允明此件作品亦书于正德十一年（1516），今藏于台北故宫博物院，其间所言"陶泓"当指岭外端州之砚，至于应请之各家体貌即为仿钟繇、王羲之、王献之、欧阳询、虞世南、颜真卿、苏东坡、米芾、赵孟頫等，而由于书写时笔、墨、纸等荒陋不佳，故祝氏称此作多有东施效颦之嫌，然其习古功力可从此卷得窥一斑。同时，祝氏能为郑敬道书如此长卷，足见二人关系之密切，感情之非同寻常。

根据祝允明后来的自述，其在岭南时期开始对宋代黄庭坚的草书进行深入的研究与学习，祝氏言：

>予旧草书不甚慕山谷，比入广，诸书帖皆不挈，独《甲秀堂》一卷在，日夕相对甚熟，略不曾举笔效之也。昨归吴，知友多索书，因戏用其法。得者辄谓之近，亦大可笑也。此为抑庵写，写过自视，殊不佳。然而抑庵亦且以为好也，知如之何。时为辛巳（1521年——引者注，下同）六月一日，在天津官舟雨中。①

抑庵究竟是谁已不得而知，但是这段话对我们甄别祝氏草书风格特点却颇有意义，亦即祝允明草书中凡带有比较强烈黄庭坚风格特征的作品，多应是正德十五年（1520）之后所为了。

祝允明在岭南时期的重要作品和手迹还有正德十一年书《正德兴宁县志》稿本，同年春日草书《滕王阁序并诗》，今皆藏苏州博物馆，八月，作草书《米元章论书卷》，今藏故宫博物院；正德十二年（1517）六月，允明为友人顾应祥作楷书书《越台诸游序》，同年尚有行书《秋兴诗》，今藏中国历史博物馆，行书《连昌宫辞等诗稿》，今藏北京荣宝斋，草书《太真外传》《行书诗》，今藏上海博物馆，草书《琴赋》卷，今藏故宫博物院；正德十四年（1519）三月，跋《徐熙花卉草虫卷》，今藏台北故宫

---

① （明）祝允明：《题草书后》，载《怀星堂集》卷二十六，《文渊阁四库全书》电子版，上海人民出版社1999年版。

博物院，同年草书《百花诗》卷，今藏美国普林斯顿大学艺术博物馆。从上述作品，我们大体可以了解祝允明书法在这一时期的创作风貌，关于此暂不赘言，容后详述。

二 晚归吴门的生活状态

嘉靖二年（1523），即祝允明辞职归苏的第二年，其于外祖父徐有贞日华里之旧宅筑新堂，初当无名，后取名"怀星堂"，"乃假昔人睹洛怀禹之意，著餐羹觊尧之义"①。清人编撰四库时，将其文集名为《怀星堂集》，即缘于此。关于祝允明晚年弃官归里后的具体生活状态，其曾在《次韵表弟蒋煜及门生翁敏见赠喜予归田之作四首》中有着比较生动的描述，允明诗云：

> 中条不改旧王官，犹喜书淫共士安。汉女红颜非自误，阮公白眼向谁看？农人问稼教多秋，道士裁筠赠作冠。日喜车来皆长者，只应姻旧倍添欢。
>
> 荷鉏欣种渊明田，坦腹还如懒孝先。登山自蜡平生屐，载酒时过远近船。焉知鱼鸟升沉性，齐得椿菌小大年。却笑人间心尚在，欲将青史订愚贤。
>
> 忙是挥毫静弈棋，雕阑日转梦回迟。时从王右军临帖，戏学张京兆画眉。傍水近开三益径，停云徐咏四愁诗。新来最满平生意，楼上看山独坐时。
>
> 高眠不怕唤当关，一月华胥游未还。意在可兼无可处，身居材与不材间。琼敷玉藻六七子，金雀雅头十二鬟。愧有金陵无李白，栖霞即是虎丘山。②

---

① （明）祝允明：《怀星堂记》，载《怀星堂集》卷二十六，《文渊阁四库全书》电子版，上海人民出版社1999年版。
② （明）祝允明：《怀星堂集》卷六，《文渊阁四库全书》电子版，上海人民出版社1999年版。

第二章 祝允明生平事迹

可见其归乡后的生活一方面读书著述,挥毫自娱,一方面与友人纵情于山水之间,诗酒为乐,放浪形骸,又回到了中年科场失意时的狂放状态。但是,祝氏退隐后与众多故友诗酒酬唱之不久,有些亲朋挚友相继驾鹤西归,而这对其精神上无形中又带来了沉重而又无法言喻的打击。若嘉靖二年(1523)十二月,挚友唐寅逝世,因感念其一生所遭遇,允明悲愤不已,恸哭再三并赋诗悼念,又为撰墓志铭[1],同年,友人盛俌亦卒,允明也为其撰写了墓志铭[2];嘉靖三年(1524)三月,当年相当赏识器重并提携允明的师长王鏊离世,允明撰文哭祭[3],同年,继母陈玉清亦卒,允明为撰行状并墓志铭[4];嘉靖四年(1525),祝允明的友人都穆、王韦亦相继而卒。

故友凋零,人生无常,促使晚年时期的祝允明在思想上、生活上愈加趋于放纵,以一种超脱、不羁、诙谐兼游戏的态度来面对人生。文震孟在《姑苏名贤小记》中述其"日张酒,召故所喜客,与剧饮歌呼,尽其橐中装乃已",又称其"性拓落,不问僮奴作业,又捐产蓄古法书名籍,售者故昂值欺之,弗算。至或留客饮,计无所出酒,窘甚,以所蓄易置,得初值一二耳"[5]。钱谦益亦言其"为家未尝问有无,得俸钱及四方饷遗,辄召所善客嚎饮歌呼,费尽乃已。或分与持去,不留一钱。每出,追呼索逋者相随于道路,更用为怃笑资。其殁也,几无以殓云"[6]。以上文、钱二人之语虽未言及具体年月,然从"其殁也,几无入殓"一语来看,如此旷达行径率多允明晚年所为。史传祝允明晚年所书杰作《古诗十九首》,即亦因

---

[1] (明)祝允明:《哭子畏二首》、《再挽子畏》及《唐子畏墓志并铭》,分别载《怀星堂集》卷七、卷十七,《文渊阁四库全书》电子版,上海人民出版社1999年版。

[2] (明)祝允明:《苏州府医学正科盛公墓志铭》,载《怀星堂集》卷十八,《文渊阁四库全书》电子版,上海人民出版社1999年版。

[3] (明)祝允明:《祭王文恪公文》,载《怀星堂集》卷二十,《文渊阁四库全书》电子版,上海人民出版社1999年版。

[4] (明)祝允明:《先妣陈氏夫人墓志》,载《怀星堂集》卷十五,《文渊阁四库全书》电子版,上海人民出版社1999年版。

[5] (明)文震孟:《姑苏名贤小记》,《四库全书存目丛书》史部之115册,齐鲁书社1996年版。

[6] (清)钱谦益:《列朝诗集小传》丙集《祝京兆允明》,上海古籍出版社1982年版,第299页。

其一时经济贫困,欲向文徵明之子文嘉告贷,被文嘉趁机索取而得,若王世懋所言:

> 昔闻祝京兆欲有所贷,文休承置茧纸室中。京兆喜,为书古诗十九首,大获声价。世以休承诳得此书,为艺苑一谑。①

文嘉此等做法颇有点乘人之危的意味,故成为吴中文士一时之笑谈,而祝氏此书也被文徵明、王宠、顾璘等友人大加称赞,纷纷于卷后作跋,奉若神品,王宠甚至借回去临摹数遍,把玩三四个月,甚至有不欲退还之想。文氏父子后来则把祝允明《古诗十九首》刻入了文家《停云馆帖》,足见珍爱之至。

祝允明晚年放纵不羁之生活,实为他内心深处洞透人生之后的一种强烈排遣,其虽不若一般人退隐之后所崇尚的淡泊明志、悠闲自适,但放歌傲啸、率性而为,又与庄子之逍遥何异?很大程度上与魏晋士人的精神不合而合。祝允明在晚年所作《口号》中言:

> 枝山老子鬓苍浪,万事遗来剩得狂。从此日和先友对,十年汉晋十年唐。
> 不裳不袂不梳头,百遍回廊独步游。步到中庭仰天卧,便如鱼子转瀛洲。
> 蓬头赤脚勘书忙,顶不笼巾腿不裳。日日饮醇聊弄妇,登床步入大槐乡。②

这三首诗歌语言通俗真率,直抒胸臆,寥寥数语即已将其晚年的心态和形

---

① (明)王世懋:《跋文嘉书后十九首》,载《王奉常集》卷五十,《四库全书存目丛书》集部之133册,齐鲁书社1996年版。
② (明)祝允明:《口号三首》,载《怀星堂集》卷六,《文渊阁四库全书》电子版,上海人民出版社1999年版。

第二章　祝允明生平事迹

象鲜活地勾勒出来。小隐遁迹名山，大隐居于朝市，祝允明一生中虽然摆脱不去传统士大夫立名的观念，但他所冀求的却非空为一时的荣华富贵、自跻于仁义道德的虚名。祝允明的个性是率直狂狷的，故其晚年退隐之后生活亦然如此。在他仕宦至退隐期间，虽然我们发觉他很多时候自嗟自怨和犹豫不决，不过我们更可发觉他的性格和志向正确的一面，这足以弥补祝氏其他方面的不足。

祝允明晚年归吴后创作的书法，尤其是大草，亦愈加奇纵豪放，个性风格强烈，完全跳出了师辈和时人的笼罩，迈宋元而直入晋唐，成为明代前中期，甚至是北宋黄庭坚之后最具创造力、开创性的一位草书大家。从祝氏在自己晚年书法的跋文来看，他有相当一部分作品是在酒后挥洒完成的，如其书于嘉靖二年（1523）《草书千文》的跋尾称：

> 余笔虽拙，素不书此。癸未闰四月望后过云壮楼，酒次，出经纸索书《千文》。余与云庄谊厚，勉为书此，诚为贻笑于大方也。枝山老樵允明。①

在同年所书的《草书自书诗卷》中又云：

> 夏日过王婿，酒边忽云庄至。数白后，袖出数扇。王氏笔墨精良，既书，又已展纸在案。虽颇有酒倦，奈复纸佳，不觉笔之跃跃。但苦纸长未能满，云庄八诵余旧作，皆长句如流，遂竟其兴。枝山允明。嘉靖癸未闰四月廿五日。②

在嘉靖四年（1525）所书《月赋卷》中再言：

---

① （明）祝允明：《草书千文卷》，载何炎泉编辑《毫端万象：祝允明书法特展》，台北故宫博物院2013年版，第152页。
② 中国古代书画鉴定组编：《中国法书全集》第13卷之明2，文物出版社2009年版。

· 47 ·

上编　祝允明的家世、生平事迹及主要交游

九畴酒次铺宋经笺索书,烂漫为此。试庄氏笔甚佳,然而旧笺有尽,书学此止矣,九畴谓何?乙酉七月,枝山居士六十岁书。①

酒精对人的神经有麻醉作用,同时也能激发兴奋人的一部分特别思维,从而达到正常情况下所无法具备的状态。而书写大草作品时尤其需要这种状态,故唐时张旭、怀素,北宋的黄庭坚都有借助酒力进行大草创作的情形,祝允明当亦深谙此道。然而与旭、素、黄山谷稍有不同的是,祝氏从中年后半阶段草书作品的逐渐增多,到晚年豪迈奇纵个人风格的形成,实乃一如其人生历程从拘于仕途、追求立功立名,进而洞透人生而颓然自放,换句话说,祝允明晚年的大草创作,既是其博学古人、肆力创造的结果,又与他的诗文创作一样,是其人生心态发生改变的另一种直观反映。祝允明很大程度上是在利用草书这一书法艺术中最畅情达意的书体,并借助酒力来宣泄自己心中的各种情绪,而这样的艺术创作本质上乃处于有意与无意之间、自我慰藉的精神状态。

嘉靖五年（1526）八月十六日,祝允明为其所居怀星堂撰文为记；十月望日,又以章草书写了自己的书法论著《书述》,对魏晋以降的书法历史作了概略的评述,并录米芾《海岳名言》于其卷后余纸,王宠后评此卷言:"吴中称祝京兆书为当今海岳,此卷尤为精绝,骎骎与钟、索抗衡。"②是岁,祝氏还在病中作《怀知诗》一组,缅怀平生知己同老者十人、往者八人。今日观之,上述这一切似乎都在冥冥中昭示着什么,抑或祝氏内心已经有预感自己的生命即将走到尽头。同年,允明还书有《嵇康琴赋》《后赤壁赋》《殷简亭记》《感知己赋》等作品。十二月二十七日,这位世人所公认的吴门书家群体中的杰出领袖,在贫病交迫中结束了他的晚年生活,与世长辞,终年六十七岁。后两年,即嘉靖七年（1528）冬闰十月十

---

① （明）祝允明:《草书月赋卷》,载（明）汪砢玉《珊瑚网》卷十六,《文渊阁四库全书》电子版,上海人民出版社1999年版。

② （明）缪曰藻:《寓意录》卷三《祝枝山书述》,载卢辅圣主编《中国书画全书》第八册,上海书画出版社1994年版,第926页。

六日，其被葬于横山丹霞坞并祔于祖父祝颢墓旁，祝氏的忘年好友王宠为之撰写了行状，另一位友人陆粲为之撰写了墓志铭，一代俊彦祝允明入土为安，其闪光的灵魂以及在文艺上所取得的成就，给后人带来了无尽的景仰与怀思。

第三章 祝允明主要交游考述

祝允明作为明代中叶吴门书家群体中的领袖人物，在整个明代书法史中有举足轻重之地位。祝氏一生之交游极为广泛，除了众多吴门友人外，其交游对象还广及南北二京、浙江、安徽、江西及广东等地。遗憾的是，迄今为止，学界对祝允明交游方面的研究成果颇显不足，偶有涉及祝氏与文徵明、唐寅等吴门好友的讨论，也多泛泛而谈，不够深入。鉴于上述原因，笔者在此通过钩沉梳理相关史料，对祝允明与沈周、吴宽、文徵明、唐寅、施儒、顾应祥等众多师友的交游状况进行一定程度的深入探讨，并希冀通过这样的研究，能对祝氏生平事迹及思想有着更进一步具体而清晰的认识，以补当前学界于该研究领域之阙失。

第一节 与沈周、吴宽、王鏊

祝允明晚年所作《怀知诗》一组，其在诗中充满深情地缅怀了平生知爱之同老十人、往者八人，沈周、吴宽、王鏊三位即为往者中之代表人物。[1]从年龄和辈分上说，沈周、吴宽、王鏊都是长于祝允明、文徵明等人的吴中先贤。沈、吴、王等人的思想、言行及文艺创作对祝允明等吴中

---

[1] （明）祝允明：《怀知诗》，载《怀星堂集》卷四，《文渊阁四库全书》电子版，上海人民出版社1999年版。

第三章 祝允明主要交游考述

后辈皆曾产生过重要影响,故讨论祝允明之交游,此三人应是一定不能绕过的。

沈周,字启南,号石田,生于宣德二年(1427),卒于正德四年(1509)。苏州人,居相城,因此又有人称"相城翁"。沈周一生为布衣,未入仕途,是一位比较纯粹的职业文人书画家,也为明代中叶吴门画派的奠基者、开启者。沈周之书法初受台阁书家沈度等人的影响,后转学宋代黄庭坚,舍圆熟之台阁宫廷气而追求文人意趣,其书名虽不及画名,然其在绘画上开宗立派之思想,以及对后学的培养,开启了苏州地区书画创作的良好风气,对祝允明、文徵明等吴门书家群体的崛起,实有重要的启发和推动作用。

成化元年(1465),允明随祖父祝颢由山西归吴后,即因祖父之关系,常朝夕伴沈周等先辈游,若其在《怀知诗》中言"维予二祖,式契且姻。亲公自髫,属于视听"[①]。而沈周对祝允明这位后辈亦一直厚爱有加,每每推举,视之犹忘年密友。祝允明在《刻沈石田诗序》中又云:

> 公始爱予深,其子云鸿又余表姊之家也,辱公置年而友,昔命云鸿持诗八编,倩为简次,皆公壮岁之作,纯唐格也。[②]

从祝允明言"其子云鸿又余表姊之家"一语可知,祝、沈两人除了为忘年之友外,另还有一层亲戚关系,关于这一点,在既往史家所述中,又多被忽略。沈周之子沈云鸿,字维时,生于景泰元年(1450),卒于弘治十五年(1502),尝为昆山县阴阳训术,其学长于考订,特好古遗器物书画,遇名品,摩拊谛玩,喜见颜色,往往倾囊而购之。其居家筑有"保堂",意在保有家传五代的基业不至败落,以及保有诗书礼乐的家风不至沦丧,

---

[①] (明)祝允明:《怀知诗》之《沈周先生》,载《怀星堂集》卷四,《文渊阁四库全书》电子版,上海人民出版社1999年版。

[②] (明)祝允明:《怀星堂集》卷二十四,《文渊阁四库全书》电子版,上海人民出版社1999年版。

并力图使之更加振兴，祝允明曾为其撰有《保堂记》一文。① 文徵明在《沈维时墓志铭》②中述其"娶徐，无所育"，结合祝允明称其为"表姊之家"，则可知沈维时所娶徐氏应为允明外祖父徐有贞孙辈之女，徐、沈两家亦有姻亲关系。祝允明另还有一诗题为《夏日斋居得沈维时姊丈使来因寄》似亦可证，该诗曰：

> 疏纵岂合滥垂知，润泽兼存骨肉私。国士在君休误眼，野人酬惠只除诗。槐阴展绿当庭满，葵萼分香入座迟。折取一枝君畔去，殷勤为我寄相思。③

明代中叶苏州文士间往往纠结着家族、师生、长幼、挚友等复杂的人际关系，此当为我们研究这段时期文艺现象诸种特征时必须要考察顾及并厘清的，而沈家与徐家的这种姻亲关系，亦使得沈周与祝允明二人的友情，变得更加特殊和深厚。

沈周与祝允明之间的交往，除了正常情况下与吴门众多友人一起雅集交流，诗酒唱酬之外，两人单独之间的互动亦非常多。成化二十二年（1486），祝允明曾为沈周撰文并楷书《秋轩赋》，张丑谓此作"虽循规矩，大饶风趣"④。弘治二年秋（1489），祝允明再次前往金陵参加乡试，住在其岳父李应祯家，然因不慎受寒染疾，又误饮表剂，课时加重使得他不得不放弃考试，病情稍缓后复归苏继续治疗，沈周知后遂赠诗慰之：

> 闻君早已振归珂，累信相从宜似多。托疾恐挽贤者路，养才知耻

---

① （明）祝允明：《保堂记》，载《怀星堂集》卷二十八，《文渊阁四库全书》电子版，上海人民出版社1999年版。
② 周道振辑校：《文徵明集》卷二十九，上海古籍出版社1987年版，第672页。
③ （明）祝允明：《祝枝山全集·诗集》上卷，台北：汉声出版社1972年版，第14页。
④ （明）张丑：《清河书画舫》皱字号第十二补遗《祝允明》，上海古籍出版社2011年版，第619页。

第三章 祝允明主要交游考述

少年科。盾郎济济皆循陛，织女盈盈独隔河。最是老夫无遣慰，桂花其奈月明何？①

这次考试本已是祝允明第四次参加乡试，而错过这次机会，则又须再等三年，因此其时心中定懊恼不已。沈周十分了解祝允明此际之心情，故言语中颇多安慰与激励之意。允明则和答曰：

拙抱心知玉异珂，只伤刑摈已经多。恩门疟鬼能包耻，关节山灵可决科。信我有心非转石，对人无口辨悬河。他年未必论封禅，争奈文园老去何？②

祝氏在此之前虽参加三次乡试不第，文名却早于成化、弘治年间即噪于吴中，求其文者甚众，然惟功名难成，实亦令之颇感无奈。

诗文互和、书画交流、题跋皆为明代中叶吴门文人之间交往和维系感情的重要方式与媒介，祝允明即经常就沈周的诗赋、绘画进行唱酬或发表自己的观感，体现了两位忘年挚友之间极其亲密的友情关系。若沈周曾赋诗戏说吴中另一位友人朱存理近视之疾：

朱子阿堵中，光晦视昏沉。只坐醉翁短，初非五色淫。只消理肝木，未须刮篦金。睇远野常雾，瞻晴天久阴。逢人昧真面，而从言语寻。欲比亢仓子，误名观世音。其疾止眊焉，岂废聋与瘖。体具聊乖用，譬如不调琴。一向甘懵懂，青白非所任。把卷睫着字，具服倒捉衿。对酒妄告止，既滟徒拒斟。出门皆通衢，长迷苍耳林。平生绝骑马，惴惴在临深。尚有能为者，千首日细吟。我知子不晦，

---

① （明）沈周：《奉慰阻试》，载《祝枝山全集·诗集》卷上祝允明《奉和沈先生垂慰之作》附原作诗，台北：汉声出版社1972年版，第16页。
② （明）祝允明：《奉和沈先生垂慰之作》，载《祝枝山全集·诗集》卷上，台北：汉声出版社1972年版，第16页。

· 53 ·

其明在诸心。①

朱存理与祝允明之间的友情也非常笃厚，乃为祝氏平生知己之一，而祝允明在得观沈周此诗后，遂亦奉和，并言"沈丈赠朱子，旁通亦已多，试更加括网，应可备全科"②，似可遥想朱存理当时见到沈、祝两位友人为其所作上述二诗，定捧腹而笑也。在祝氏诗文中，另还有许多和沈周之作，若《沈先生作寻闲四韵，俯契愚衷，辄逐高押一首》云："不分朝列与山栖，辛苦随人作笑啼。生老病为随众梦，贪嗔痴是自家迷。未消南郭形如木，且学襄阳醉似泥。若道愿从忙里得，五行不是者般题。"③《和沈先生迂行毗陵道中值雨之作》："漫卷浪花河水浑，百年官道雨纷纷。坡翁诗兴高千尺，只欠当时黎子云。"④ 在观赏沈周画作《西山观雨图》后赞之："高堂忽然元气满，沉云著雨不可断。恍从苍梧度溟渤，意定量之五尺短。"⑤

弘治六年（1493），沈周尝同郡友人沈汝融忆摹宋代米友仁《大姚村图》，同里吴宽、都穆、杨循吉并于卷后作跋，祝允明亦随跋云："重山凝远阴，江云映天湿。淋漓六尺素，满手泼秋色。模糊似是溟海图，何乃目之名五湖……元晖面目不可见，五湖之水清如练。"⑥ 弘治八年（1495）初冬，可能是出于多日不见之挂念抑或其他原因，祝允明冒寒过相城拜访沈周，沈周心中非常感念，因作《林壑幽深图卷》与允明为谢，并跋曰：

疏林叶尽秋日晴，与子把手林中行。萧条此地不足枉，贲我一来

---

① （明）沈周：《戏人短视》，《石田诗选》卷七，《文渊阁四库全书》电子版，上海人民出版社1999年版。
② （明）祝允明：《奉和沈先生戏赠性父短视之篇》，载《祝枝山全集·诗集》卷下，台北：汉声出版社1972年版，第76页。
③ （明）祝允明：《祝枝山全集·诗集》卷上，台北：汉声出版社1972年版，第12页。
④ 同上书，第34页。
⑤ （明）祝允明：《祝枝山全集·诗集》卷下，台北：汉声出版社1972年版，第73页。
⑥ （明）祝允明：《沈氏藏石田先生所拓大姚村图歌》，（清）卞永誉《式古堂书画汇考》卷五十五，《文渊阁四库全书》电子版，上海人民出版社1999年版。

第三章　祝允明主要交游考述

林壑荣。君今文名将盖代，踪迹所至人争迎。青袍猎猎风满袖，知者重者无公卿。老夫朽惫人所弃，子谓差长加其情。临分日落渺野水，扁舟南骛述孤城。①

从诗中可见，沈、祝二人一老一少无辈分尊卑、年龄长幼之分，携手畅谈，其情可贵，其景可咏，而沈周作为一名长者，对祝允明的才华应是非常肯定，并抱有殷切厚望的。文徵明曾述沈周为人"喜奖掖后进，寸才片善，苟有以当其意，必为延誉于人，不藏也"，"佳时胜日，必具酒肴，合近局，从容谈笑。出所蓄古图书器物，相与抚玩品题以为乐"②。应该说，明代中叶吴中文艺创作的勃兴，与沈周等众多贤士在该地域营造了良好的艺术氛围，以及对后辈们的不吝教导、勉励提携有着极大的关系。

吴宽，字原博，号匏庵，又号玉延亭主。苏州府长洲县人，生于宣德十年（1435），卒于弘治十七年（1504）。成化八年（1472）及进士第，且会试、廷试皆第一，得授翰林修撰，弘治八年（1495）擢吏部侍郎，弘治十六年（1503）迁礼部尚书，后卒于任上，赠太子太保，谥文定。吴宽擅诗文，工书法，因其在科举中连连拔得头筹，故其文风曾对苏州文风产生过一定的影响，文徵明即曾从其学习古文；其书法主要学习宋代苏东坡，从其传世作品来看似于苏字以外一步不窥，与他同辈友人沈周学习黄庭坚各得其趣，皆有别于台阁时风，为其时苏州书坛的创作吹入一股清新之风。

祝允明与吴宽之间交流、学习，也是从其少年时期即已开始。祝氏《怀知诗》之《吴文定公》中言"伊余小子，钦承在夙"、"扣户请益，拱肃趋隅。教曰勖旃，竭景劬书"③，可知允明幼时亦曾从吴宽学习过。而吴

---

① （明）沈周：《林壑幽深图卷》，载《石渠宝笈》卷三十三，《文渊阁四库全书》电子版，上海人民出版社1999年版。
② （明）文徵明：《沈先生行状》，载周道振辑校《文徵明集》卷二十五，上海古籍出版社1987年版，第593页。
③ （明）祝允明：《怀星堂集》卷四，《文渊阁四库全书》电子版，上海人民出版社1999年版。

宽对少时祝允明的聪慧亦曾深加叹赏，且料其他日必能成才。又于某日，允明之岳父李应祯曾将允明之文请吴宽观阅，吴宽赞其"势殆不可御，而予将避之矣"①。吴宽对祝允明的书法亦颇为称许，其曾跋祝氏书曰：

> 祝子希哲，弱冠即负诗书之名，继而远播海内，人争重之，笔下实尽古人之致，若此卷《琴赋》，卓荦不凡，起前人于今日当不过。是余齿长矣，自愧笔法已定，徒深望洋之叹耳！②

与沈周一直里居吴门不同，吴宽自成化八年（1472）高举及第后，其后半生大多时间均在京城身居要职。其间，成化十一年（1475），吴宽父卒，故曾归里丁忧三年，后于成化十五年（1479）还京复职。另外则是弘治七年（1494）至弘治九年（1496）这段时间，吴宽再回苏州丁继母忧。因此，祝允明与吴宽在一起相处的时间以及相互之间的诗文唱酬，较之沈周而言就少了许多。成化十六年（1480），吴宽曾于京师官舍赋诗题于元代倪瓒《秋林远岫图》之上，其诗曰：

> 听松庵里试茶还，第二泉头更看山。犹有去年诗兴在，云林青闷墨斑斑。③

倪瓒是元代后期江南隐逸画家的代表人物，苏州之著名林园"狮子林"即有其设计的功劳，而其简淡超逸的画风更为后世文人所推重，在明代中叶已被世人奉以为宝，甚至江东富贵人家以有无云林之画作为炫耀资本。沈周、祝允明、文徵明等吴中文人雅集时，即曾屡次题和倪瓒的作品，表现

---

① （明）吴宽：《跋祝生文稿》，载《家藏集》卷五十一，《文渊阁四库全书》电子版，上海人民出版社1999年版。

② （明）祝允明：《草书琴赋卷》，载中国古代书画鉴定组编《中国法书全集》第13卷之明2，文物出版社2009年版，第18页。

③ 倪瓒此图今藏台北故宫博物院，并载何炎泉编辑《毫端万象：祝允明书法特展》，台北故宫博物院2013年版，第22页。

第三章 祝允明主要交游考述

出对其绘画作品风格的高度景仰,若弘治二年(1489),祝允明即曾应乡人许朝向之邀请,与诸多友人一起追和其所得倪瓒之《江南春》手迹。在吴宽所题《秋林远岫图》之后,有诸多友人亦于其上和吴诗而题,若沈周、李东阳、杨循吉、祝允明、文徵明、彭昉等,祝允明题和的时间为弘治三年(1490),距吴宽初次所题时间已过去整整十年。祝氏诗曰:"何事高人访大还,忘机城市即深山。倪迂清閟今何处,留得精妍墨沈斑。"是作所用书体为小楷,结体扁方,笔法亦颇具魏晋钟、王之意,并已粗具个人面目,应是研究其早期小楷风格的重要参考作品。

弘治十七年(1504),吴宽屡次因疾求退,致仕归乡,然皆未能成行,后于是岁七月十日卒于任上,明孝宗震悼不已并遣官护还。祝允明在其殁后所撰《挽歌词》中有言"吾祖悬车日,知公释褐初。遂深鱼水分,亦有兔萝图。笑语儿童际,衣冠梦寐余,凄凉天下德,忍谓及门徒"[①]。其另有一首《追赋内相吴公邀往书石山中杂题》诗云:

上宰邀书睿制篇,幸从几席向林泉。晨陪松露翻闲语,夜傍贤星聚处眠。暂拂古风嘘故里,喜逢佳衲过山前。儿童日夹先公膝,说向当时屡泫然。[②]

从诗中"先公"一语,可知此诗亦为吴宽逝世后,祝氏追忆所作。而童年时期与祖父及吴宽等先辈友人在一起游玩的情形若历历在目,足见吴宽对少年时期祝允明的影响,是令其终生难忘的。

王鏊,字济之,别号守溪,人称震泽先生。苏州吴县人。成化十年(1474)举乡试并获头魁,成化十一年(1475)登进士第并再获头魁,廷试获探花,授编修,后累官至户部尚书、文渊阁大学士,加少傅,兼太子太傅。生于景泰元年(1450),嘉靖三年卒(1524)。赠太傅,谥文恪。从

---

① (明)祝允明:《吴文定公挽歌词》,载《怀星堂集》卷六,《文渊阁四库全书》电子版,上海人民出版社1999年版。
② (明)祝允明:《怀星堂集》卷六,《文渊阁四库全书》电子版,上海人民出版社1999年版。

上编　祝允明的家世、生平事迹及主要交游

成化八年（1472）到成化十一年（1475）三年之间，吴宽与王鏊两人在科举考试中继中解元、会元、状元、探花等，使得苏州地区士人之文名一时鹊起，对其同郡之后辈亦影响深远，若《明史》中有言："吴中自吴宽、王鏊以文章领袖馆阁，一时名士沈周、祝允明辈与并驰骋，文风极盛。徵明及蔡羽、黄省曾、袁袠、皇甫冲兄弟稍后出。"① 吴宽、王鏊以其特殊的地位和声望，对明代中叶成化、弘治、正德、嘉靖数十年间苏州的诸多文士皆有积极影响，亦使得该地文艺风气之盛一时冠于东南。

王鏊作为祝允明的座师，对其可谓有知遇、提携之恩，二者相识、相交的具体时间似很难确定。成化元年（1465），王鏊十六岁时即随父亲北上京师，习业于国子监，相继师从陆怡、叶盛诸师。成化四年（1468），别叶盛南归应试，于县、府、乌台俱为第一。成化十一年（1475）赴京会试并及高第后，遂在京任职，此时祝允明十六岁。成化十四年（1478）八月，王鏊曾上疏乞假还乡，后其母于十一月卒，遂守制在家，直至成化十八年（1482）方还朝复职翰林，而这段时间，其居家亦多闭门读书，远避权贵，与其弟王铨自相师友，诗兴至，则相倡和之，故时人有二苏之目。② 成化十八年（1482）后，王鏊则一直在京为官，直至弘治五年（1492），其至应天主考应天乡试，得允明卷，赞不绝口，置列优等，然据陆粲所记："故相王文恪公主试事，手其卷不置，曰'必祝某也'，既而果得先生，文恪益自喜，曰'吾不谬知人也'。"③ 似亦可知在此之前王鏊对祝允明其人或其文已非常熟悉了。王鏊与沈周、吴宽的来往一直比较密切，故祝允明与之虽不及沈、吴二人自幼即已非常熟识，然亦应不会太晚。

王鏊对祝允明的才华一直是非常欣赏并器重的，凡有能够提携帮助祝允明的机会，定会积极引荐推举。弘治十八年（1505）七月，王鏊借在苏

---

① 《明史》卷二百八十七《列传文苑》三之"文徵明"，《文渊阁四库全书》电子版，上海人民出版社1999年版。

② 参阅张海瀛编《王鏊年谱》，载王春瑜主编《明史论丛》，中国社会科学出版社1997年版，第93页。

③ （明）陆粲：《祝先生墓志铭》，载《陆子余集》卷三，《文渊阁四库全书》电子版，上海人民出版社1999年版。

第三章 祝允明主要交游考述

丁父忧之暇，应当时苏州知府林世远之请，主修《姑苏志》。根据王鏊自己在《姑苏志序》中所言，此次修志实也为完成吴宽之遗稿①，而参与修志人即为祝允明、蔡羽、文徵明、朱存理等七位吴门后辈贤士，祝允明负责分修的是沿革、守令、科第诸表志，参修城池、风俗、世家、平乱，完成后共约二十二卷。②该年秋天在修志馆，王鏊曾就庭中一盆白莲，遂即兴《晚秋白莲》一首，诸多名士遂附王公和之甚重，勍敌罕殊，然唯祝允明一诗为字险媚，句句贴题，深得王鏊称赏。祝氏诗云：

宾馆秋光聚曲池，玉杯承露阁凉枝。孤寒未必遗真赏，开布何须怨较迟。长恨六郎殊不肖，徒闻十丈亦何为。徐摇白羽开新咏，想对薇花独坐时。③

正德元年（1506）四月，王鏊被以吏部左侍郎召回，后以翰林院学士入阁，逾月即进户部尚书、文渊阁大学士、国史总裁、同知经筵事。王鏊是年已经五十七岁，能够得到机会再度为朝廷重用，吴中诸多友人自当为其高兴不已，与祝允明同为其门生的唐寅特为绘制《出山图》卷，祝允明在卷后题和云：

东南赤舄上明光，百辟迥班待子长。事业九经开我后，文章二典纪先皇。春风夜雪门墙梦，秘洞灵丘杖履将。敢道托根偏树拔，例随芳草逐年芳。④

---

① （明）王鏊：《姑苏志序》，载《震泽集》卷十二，《文渊阁四库全书》电子版，上海人民出版社 1999 年版。
② （明）祝允明：《上阁老座主太原相公书》，载《怀星堂集》十二，《文渊阁四库全书》电子版，上海人民出版社 1999 年版。
③ 参阅（明）俞弁《逸老堂诗话》卷下，转引自陈麦青《祝允明年谱》，复旦大学出版社 1996 年版，第 82 页。
④ （明）张丑：《清河书画舫》皱字号第十二《唐寅·王济之出山图》，上海古籍出版社 2011 年版，第 602 页。

上编　祝允明的家世、生平事迹及主要交游

在这件作品的后面还相继有徐祯卿、张灵、吴奕、卢襄、朱存理、薛应祥等众多王鏊的门生友人附和赋咏，该作可以说是诸人"集体性"创作赠给王鏊以示庆贺的画卷。而这类"集体性"创作的画卷在当时吴门非常盛行，我们今天来看，此体现了当时吴门文人艺术活动的一种方式，同时还促成了书画杂陈的新艺术形式的形成。薛龙春则认为无论一画一题，还是书画长卷，在其传播过程中，苏州文人因为这种"集体性"获得更多露面的机会，吴门书画家给观众留下的社群与流派印象，与这一书画创作的样式或许不无关系。①

正德三年（1508）祝允明第五次进京参加会试时，再次不售，时王鏊为国史总裁，故欲推荐祝氏参与修撰《孝宗实录》，然允明似志不在此，遂力辞不就。祝氏后来在《上巡陈公辞召修广省通志状》中言："迨戊辰年，会试下第，朝廷纂修孝宗实录。伏蒙当时元相欲荐欲入中书执事笔札，允明自审，力辞不就，惟默感恩而已。"② 正德四年（1509），王鏊乞休归乡里居，遂不复预闻世务，每天耽玩于书史，操觚挥翰，暇则与乡里名士登临山水，遨游园林寺观。《莫厘王氏家谱卷》卷十三《王文恪年谱》正德七年（1512）条记载当日从游者甚众：

在山则有隐士东冈施凤、林屋蔡羽、五湖张本、弟秉之等，入城则又门下诸生祝允明、文徵明、唐寅、陆粲、黄省曾、王守、王宠、陈怡、杜璠等，相与谈说古今。③

在日常的游山玩水、谈说古今之外，王鏊与祝允明师生二人还经常以"文书合璧"的面貌呈现给观众。《吟香仙馆明人法帖》中即摹刻有正德四年（1509）祝允明行草王鏊《天平》《一云》《金山》《南峰》诸诗，正德七

---

①　参阅薛龙春《雅宜山色——王宠的人生与书法》，上海书画出版社2013年版，第40页。
②　（明）祝允明：《怀星堂集》卷十三，《文渊阁四库全书》电子版，上海人民出版社1999年版。
③　（清）王季烈修：《莫厘王氏家谱》卷十三，民国二十六年铅印本。

年（1512），祝允明还曾书写并篆王鏊《尧峰山寿圣寺重建大雄宝殿记》。书写同郡或者同时代的文章诗歌，在传世祝允明的作品中并不是很多，而此从侧面也可体现王、祝二人友情之亲密。王鏊本身亦善书法，以行草为主，取法晋唐，风格清劲峭拔，与时风及元人皆不相类。因其官位显赫，故吴中名胜多有其题咏石刻，从传世的《金山寺诗轴》《七言律诗轴》等作品来看（图3-1），明显从怀素《自叙帖》出，然有其独特的个性，而他于书法的这种书写创作观念，势必也会影响到祝允明等门生后辈。

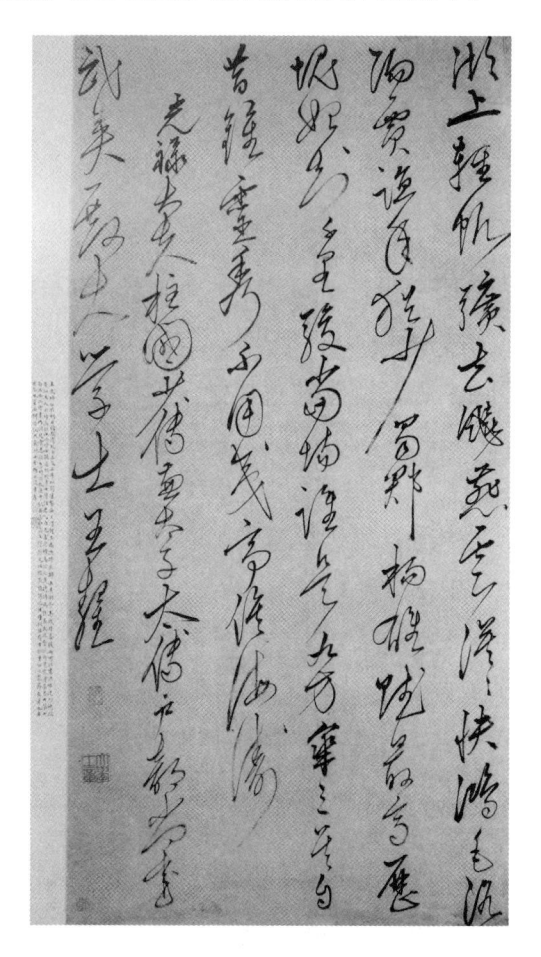

图3-1 王鏊《七言律诗轴》（苏州博物馆藏）

嘉靖三年（1524）三月十一日，王鏊因病卒于里第，作为门生的祝允明痛心不已并撰文哭祭，"将哭公以私也，铸金百冶，擢桂千枝，赐也奔走，商也赞辞。何戚于吾师与？惟士之节，报死于知"，想及王鏊一生对己之知遇及提携，祝氏深感"所最痛者，生无所立，以光公之教；又不即能死，以从公之游。怅进退以无据，徒衔知而弗酬"①。所谓"生无所立"，无非是祝氏自觉在功名及仕途成就远未达及其心中固有之期望而已，似有愧师恩，然今日看来，此一切又宛若烟云，所剩者唯王、祝二人之文艺、精神及名声永不朽耳！

第二节　与文徵明、唐寅

明代中叶弘治年间（1488—1505），祝允明先与都穆以古文辞名吴中，稍后则有文徵明、唐寅亦追随其中，几位友人不间时日、诗酒唱酬，悠然自得而又深相契合。②大约至弘治十年前后（1497），吴中另一位青年才俊徐祯卿亦加入了他们的群体，相从谈艺，时人遂有将祝、文、唐、徐号为"吴中四才子"之说，众人的名声在这一阶段可谓日盛于吴中。祝允明于年龄上长文徵明、唐寅十岁，长徐祯卿十九岁，然他们之间皆以同辈相交，无年龄之隔，其中徐祯卿于弘治十八年（1505）及进士第后，即于京师任职并从李梦阳等人游，与允明之交往日少，后，又因早卒于正德六年（1511），故其与祝允明之间的交往具体事迹，从现存的文献资料来看，并不是很多。而文徵明、唐寅则大为不同，他们是祝氏一生中交往时间长久、来往频繁且相知颇深的两位重要友人，祝、文、唐等人亦为明代中叶吴门书画家群体之崛起并引领时代发展主流的核心力量。

---

① （明）祝允明：《祭王文恪公文》，载《怀星堂集》卷十三，《文渊阁四库全书》电子版，上海人民出版社1999年版。
② 参阅（明）文徵明《题希哲手稿》，载《甫田集》卷二十三，《文渊阁四库全书》电子版，上海人民出版社1999年版。

第三章　祝允明主要交游考述

文徵明，苏州府长洲县人，初名壁，字徵明，四十二岁即正德六年（1511）后，以字行，并更字徵仲，因先世为衡山人，故又自号衡山。生于成化六年（1470），卒于嘉靖三十八年（1559）。文徵明一生在诗文、书画等方面皆取得了很高的成就，名满海内外，当代英国学者柯律格先生在《雅债：文徵明的社交性艺术》中将其与西方文艺复兴时期的巨匠"米开朗基罗"相比拟。① 然而，文徵明却与他的亲密友人祝允明一样，在科举之路上受尽挫折，屡战屡败，甚至比祝氏更加失意的是，从弘治八年（1495）亦即二十六岁起，到嘉靖元年（1522），其已五十三岁高龄时，先后九次乡试皆落第，连个举人身份皆未取得。嘉靖二年（1523）因有友人荐之于朝，通过吏部考试得授而得授翰林待诏一微职，参修《武宗实录》。文氏在京师，每受朝廷礼仪约束，又因出身卑微而受阁僚排斥甚至嘲讽，深感党争丑陋、仕途险恶，遂于嘉靖四年（1525）三月起，三次上疏乞归，后于次年十月得准致仕，并于嘉靖六年（1527）三月回到苏州。②

文徵明幼年时，大多数时间应皆随侍其父文林于永嘉、博平等地，成化二十一年（1485），返吴后先与唐寅、都穆等友人订交，并从都穆学诗。成化二十二年（1486）至二十三年（1487），又随父文林于滁州，弘治元年（1488），其十九岁时归吴，并入学为邑生。弘治二年（1489），文氏与祝允明、都穆、唐寅等倡古文辞，故于允明之相交，即应在此之前不久。

与祝允明、唐寅等友人的任诞自放全不相类，文徵明秉性端方，乐淡薄，不饰容仪，不近女妓。祝允明、唐寅、钱同爱等往往跅弛自喜，数次强嬲之，文氏皆不为所动，然异规齐尚，亦无间言。由于文、祝等人之间有着共同的文艺趣尚，各有才华且相互推服，故他们身上存在的性格及生活小节差异，并未影响到他们的相互交往及友情。文嘉为其父所撰《先君行略》中记述：

---

① [英]柯律格：《雅债：文徵明的社交性艺术》，台北：石头出版社2009年版，第9页。
② 关于文徵明任职翰林时受人排挤一事，何良俊《四友斋丛说》卷十五《史十一》中曾有描述："衡山先生在翰林日，大为姚明山、杨方城所窘，时昌言于众曰：'我衙门中不是画院，乃容画匠处此耶？'惟黄泰泉佐、马希玄汝骥、陈石亭沂与衡山相得甚欢，时共酬唱。乃知薰莸不同器，君子小人固各以类也。"中华书局1958年版，第125页。

上编　祝允明的家世、生平事迹及主要交游

时南峰杨公循吉、枝山祝公允明，俱以古文鸣，然年俱长公十余岁，公与之上下其议论，二公虽性行不同，亦皆折辈行与交，深相契合。或有问先君于祝君者，君曰："文君乃真秀才也。"①

另外，祝允明的岳父李应祯曾为文徵明的书法老师，与祝氏交往密切的其他几位长辈若沈周、吴宽、王鏊等人同时也为文徵明的书画或诗文老师，这些特殊的客观因素与人际网络，促使祝、文二人的友情从交往之始即非同一般。从事实情况来看，祝允明、文徵明也正是在这些长辈的共同教导、庇护及影响下，加之自身的禀赋及努力，共同成长为明代中叶吴门书画家群体中新一代的领袖人物。

祝允明与文徵明之间还有一层特殊的关系在既往的史家论述中从未提及。前文有言允明舅父徐铸尝娶昆山夏昶之女为继室，而文徵明之妻吴氏为昆山吴愈之女，吴愈之妻亦即文徵明的岳母夏氏，亦为夏昶之女。吴宽所撰《吴叙州妻安人夏氏墓志铭》中云："叙州太守吴君惟谦有贤配曰安人夏氏，太常卿仲昭之女。……女五人，长适承事郎王铭，次适乡贡进士陆伸，次适长洲县学生文璧，皆安人出。"② 黄佐为文徵明卒后所撰墓志铭中亦言："夫人昆山吴氏，河南参政吴愈之女，其母夏氏，出太常夏昶。"③ 故而，祝允明的舅母与文徵明岳母本是姊妹，由家族辈分而论，祝允明、文徵明实亦同辈之人。本书之所以在此交待此事，主要还是为说明明代中叶吴门文人之间关系着实错综复杂，而我们考察他们的生平事迹及当时整体的文化氛围时，则必须要考虑到这些客观关系所带来的影响。

在日常的游宴唱和或书画酬酢中，祝允明、文徵明或与长辈及其他好友一起频繁出入于当时吴门的各类交游场合，或二人单独诗文唱答，

---

① 周道振辑校：《文徵明集》附录二"传记志文"，上海古籍出版社 1987 年版，第 1618 页。
② （明）吴宽：《家藏集》卷六十九，《文渊阁四库全书》电子版，上海人民出版社 1999 年版。
③ （明）黄佐：《将仕佐郎翰林院待诏衡山文公墓志铭》，载周道振辑校《文徵明集》附录二"传记志文"，上海古籍出版社 1987 年版，第 1629 页。

第三章 祝允明主要交游考述

佳作互赠，奇文共赏，或应友人之邀联袂出场，共同为之作书绘画。若弘治十八年（1505），允明曾与文徵明会于城南，互有诗歌赠答，其中文徵明诗云：

其一

胜游何幸托诸君，野鹤山鸡漫着群。凉逐暑光随雨退，笑将乐事与忙分。剧谈未可无车胤，识字还应愧子云。忽见新篇传座上，墨痕狼藉散清芬。

其二

闲品清真诧竹君，纵谈书法到鹅群。眼中文物轻千载，座上舣船放百分。寒砌点霜余短菊，秋空阁雨有微云。莫言邂逅匆匆事，一段风流久更芬。①

此次别后不久，祝允明又寄诗怀之，而文氏再答并乞允明书法：

墙外车音寂不闻，闲缘谁解病中纷？凉风着意吹芳树，落日含情咏碧云。高谊乍违黄叔度，青篇先枉沈休文。秋来定有临池性，拓得鹅群傥见分。②

另若正德二年（1507）丁卯，文徵明为叶芝庭写《芝庭图》并赋，祝允明为其作《芝庭记》③；正德三年（1508），文徵明有墨笔画卷赠许州通判施文显，允明等皆有诗赋题赠④；正德四年（1509），文徵明为乡人王闻绘

---

① （明）文徵明：《秋日会于城南祝希哲有诗次韵二首》，载周道振辑校《文徵明集》卷八，上海古籍出版社1987年版，第182页。
② （明）文徵明：《次韵答希哲见怀兼乞草书》，载周道振辑校《文徵明集》卷八，上海古籍出版社1987年版，第182页。
③ （明）祝允明：《芝庭记》，载《怀星堂集》卷二十八，《文渊阁四库全书》电子版，上海人民出版社1999年版。
④ （明）祝允明：《送别赋并序》，载《石渠宝笈》卷六《明文徵明江天别意图一卷》，《文渊阁四库全书》电子版，上海人民出版社1999年版。

上编　祝允明的家世、生平事迹及主要交游

《存菊图》，允明为撰《存菊解》①；正德五年（1510），文徵明为友人钱尚仁画《洛神赋》，四月十八日，祝允明楷书《洛神赋》于其上②。祝、文二人诸如上述种种情况下的合作，另还有很多不同形式的书画作品得以传世，此处暂不一一标举，这些作品无疑俱为见证他们之间友谊之密切的直观体现。嘉靖二年（1523），文徵明从友人之荐举将赴京城，祝允明亦有诗赠别：

> 恭人当远别，思念畏寅送。讵惟离群怀，吴邦去光重。奇珍不横道，遄为宗庙用。君其保气体，询问慰寤梦。鄙夫谁向扣？日益守空空。时来玩鹓雏，颒仰见翔凤。怠赋李陵诗，愿为王褒颂。③

细读此诗，每一句皆耐人寻味，既有对文氏此去的祝愿和期盼，也表达了挚友离己而去后依依不舍之情，同时还显示出自己内心深处的那份无奈与孤寂。此时的祝允明已从应天府通判一职辞官归里一载有余，对于文徵明在科举之路上饱受二十余年挫折仍无所获，如今幸得友人荐举方有机会步入官场，祝氏心中定有一种感同身受且无法言喻的滋味。而祝、文二人可能都没有预想到的是，等到文徵明辞官再次回到吴门时，祝允明业已离世三个多月了，他们的这次分别实际上已是永别。两位老友为官的境遇亦比较相似，文徵明入京任职后不久，即明显表现出对官场的不适、无奈与厌恶，后本有机会迁官亦不欲为之，两载后数次乞书致仕，终于在嘉靖五年（1526）九月得以恩准。

随着祝允明、唐寅等友人的相继离世，文徵明离京归乡后也自然成为吴门书画文艺圈中领袖与盟主，主风雅三十余年，然其对故友祝允明等人

---

① （明）吴升：《大观录》卷二十《文徵仲存菊图卷》，载卢辅圣主编《中国书画全书》第八册，上海书画出版社1994年版，第573页。
② （明）缪曰藻：《寓意录》卷四《文衡山洛神》，载卢辅圣主编《中国书画全书》第八册，上海书画出版社1994年版，第931页。
③ （明）祝允明：《送徵明计偕御试》，载《怀星堂集》卷四，《文渊阁四库全书》电子版，上海人民出版社1999年版。

仍时常萦系于心,屡次在题跋中述及祝氏,若文徵明自跋《洛神图》云:

> 此幅往岁为德夫所作,抵今二十年矣。德夫复倩希哲书之,愧予技拙劣,乌足与希哲匹也。今又为补庵所得,览之不胜怆然。岁月已迈,精力日衰,不知去后更能作此否?①

嘉靖十三年(1534)《跋祝希哲草书赤壁赋》:

> 余往与希哲论书颇合,每向推让,而余实不及其万一也。自希哲亡,吴人乃以余为能书,过矣。昔赵文敏题鲜于太常临《鹅群帖》,所谓"无佛处称尊"者,盖谦言也。若余何敢望吾希哲哉!②

嘉靖十五年(1536)《题希哲手稿》:

> 此卷虽君少作,而铸词发藻,居然玄胜。至于笔翰之妙,亦在晋宋间,诚不易得也。③

再如嘉靖二十四年(1545),文徵明为沈演跋祝允明《沈氏良惠堂铭》中言:

> 右祝京兆所作《沈氏良惠堂铭》,古奥艰棘,读不能句,盖杨子云、樊绍述之流,非昌黎子莫能赏识,真奇作也。④

---

① (明)文徵明:《跋洛神图》,载周道振辑校《文徵明集》补辑卷第二十五,上海古籍出版社1987年版,第1392页。
② 周道振辑校:《文徵明集》补辑卷二十三,上海古籍出版社1987年版,第1341页。
③ 周道振辑校:《文徵明集》卷二十三,上海古籍出版社1987年版,第563页。
④ (明)文徵明:《跋祝希哲良惠堂叙》,载周道振辑校《文徵明集》补辑卷二十三,上海古籍出版社1987年版,第1355页。

上编　祝允明的家世、生平事迹及主要交游

从文徵明上述跋文中可以看出，一方面表现了自己对故友祝氏的缅怀之情，另一方面也体现其对祝氏在书法和诗文方面所取得的成就极尽推崇与钦慕之意。明代中叶吴中文人相互推举的同时也相互学习，祝、文二人当然亦不例外，葛鸿桢先生即认为文徵明尝从祝允明超绝的书法模拟能力与学习方法中得到启示与借鉴，因而也创作了不少规模宋元乃至晋唐的书迹，甚至在同一件作品中拟数家书体。如纽约博物馆藏文氏《东林避暑图卷题诗》、朵云轩藏《（四体）西苑诗四首》等作品，即有效仿祝允明作法的迹象。①

唐寅，初字伯虎，后更字子畏，别号很多，有桃花庵主、逃禅仙吏、六如居士、江南第一风流才子等。生于成化六年（1470），卒于嘉靖二年（1523），苏州吴县人。与祝、文等出身于儒学世家不同，唐寅父广德为开酒食店之商人，但其殷实的家底却为唐寅少年时期即接受良好的教育提供了物质保证。唐寅九岁时便从师习举业，十五岁入县学为生员，十七岁补府学生员。弘治十一年（1498）二十九岁时，乡试第一，中应天府解元。次年赴京会试，又得梁储、程敏政、吴宽等在京的许多大臣、名士宣扬，闻名京师。然才高招妒，竟因举子徐经贿赂主考官程敏政的家童窃取试题一事而牵连下狱，罢黜为吏。经此沉重打击，遂绝意进取。其本秉性高洁，不甘受辱，于是寄情翰墨，筑室于桃花坞，以诗文书画终其一生。

由于唐寅聪明绝殊，故其一入学便引起了时人广泛的关注，祝允明述之"童髦中科第，一日四海惊称之"②。尤侗《明史拟稿》中亦云："童髦入学，才气奔放。"③因此唐寅少年时不仅很快受到了吴门文士文林、沈周等长辈名人的重视，也结交了祝允明、都穆、文徵明等稍长或年龄相仿的同辈友人。恐因个性颇为相投且同属科场失意之人，唐寅一生与祝允明之感情皆极为笃厚，二人订交的时间约在成化十九年（1483）左右，时允明

---

① 参阅葛鸿桢《论吴门书派》，荣宝斋出版社 2005 年版，第 143 页。
② （明）祝允明：《唐子畏墓志并铭》，载《怀星堂集》卷十七，《文渊阁四库全书》电子版，上海人民出版社 1999 年版。
③ 周道振、张月尊辑校：《唐伯虎全集》附录二，中国美术学院出版社 2002 年版，第 532 页。

第三章　祝允明主要交游考述

二十四岁,唐寅十四岁。祝、唐二人初识或在唐寅父所开之酒肆,其时祝允明文名已盛吴中,见唐寅聪慧,故"访之再",唐寅也得以所作诗文请教。祝允明后来忆及二人相交时言唐寅:"幼读书不识门外街陌,其中屹屹,有一日千里气。不或友一人,余访之再亦不答,一旦以二章投余,乘时之志铮然,余亦报以诗,劝其少加宏舒,言万物,转高转细,未闻华峰可建都聚,惟天极峻且无外,故为万物宗。子畏始肯可,久乃大契。"①

祝允明对唐寅的才学一直颇为服膺称许,甚而每每认为其有越己之处。祝氏在为唐寅所撰的《梦墨亭记》中赞其"天授奇颖,才锋无前,百俊千杰,式当其选,形拔而势孤,立峻则武狭"②。在《与唐寅书》中祝氏亦云:

> 足下泽我厚矣!夙昔见足下才峻志退,力量又捷,意钝敝者后必为所遗。每讨论顷,辄不尽所词,意足下越吾也。至其后,足下峻者益峻,退益退,捷益捷,仆之所深畏而终不迁者,计特足下一人耳!③

关于这封信札,陈麦青先生认为当为祝氏于唐寅在应天府领解之前所作,笔者亦赞同其说。④ 纵览祝氏文集,被祝允明从内心深处如此真诚赞许的时人,尤其是同辈中人其实并不多见。成化、弘治年间,本是祝允明与都穆倡导古文辞在先,唐寅、文徵明等友人尾随唱和在后,但从诸人应举的实际情况来看,抑或是祝、文二人创作观念上对古文辞的坚守,抑或另有其他原因,唐寅在科举应试方面所体现出的睿智及临场才华的发挥,似乎明显要优于祝、文二人。明孝宗弘治七年甲寅(1494),即唐寅二十五岁前后,其父、母、妻子,蹑蹑而没,不久其妹妹又嫁而早卒。家人的相继去世,给唐寅内心着实带来巨大的打击,悲痛之余其生活亦益发放宕无

---

① (明)祝允明:《唐子畏墓志并铭》,载《怀星堂集》卷十七,《文渊阁四库全书》电子版,上海人民出版社1999年版。
② 《祝枝山全集》补遗,台北:汉声出版社1972年版,第104页。
③ 同上书,第105页。
④ 参阅陈麦青《祝允明年谱》,复旦大学出版社1996年版,第64页。

羁,甚而因忧心过度,致使年岁尚轻便头生白发,其曾有《白发》诗言:

> 清朝揽明镜,元首有华丝。怆然百感兴,雨泣忽成悲。幽思固逾度,荣卫岂及衰。夭寿不疑天,功名须壮时。凉风中夜发,皓月经天驰。君子重言行,努力以自私。①

今日读此诗,尚可遥念唐寅其时痛苦之状,内心之酸楚亦油然而生。文徵明之父文林曾就唐寅此诗和答一首,以对这位晚生的不幸表达自己的安慰之情,而文徵明看到好友唐寅因家庭之变故,愈加放纵自己,不问生产,不事学业,亦曾作诗微讽激励。至弘治十年(1497),祝允明见唐寅犹落落不屑事场屋,未遵其父之遗愿,遂诚言相劝:"子欲成先志,当且事时业,若必从己愿,便可褫襕幞,烧科策。今徒籍名泮庐,目不接其册子,则取舍奈何?"此次唐寅听从了祝允明的劝导,并与祝氏言"诺,明年当大比,吾试捐一年力为之。若弗售,一掷之耳"。因而"堇户绝交往,亦不觅时辈讲习。取前所治毛氏《诗》与所谓《四书》者,翻讨拟议,只求合时义。戊午,试应天府,录为第一人"②。真可谓才高难掩,至于其来年会试受人牵连而致下狱一事,个中真相虽有扑朔迷离之处,我们似乎也只能用天妒其才或命运乖舛来形容了。

弘治十二年(1499),唐寅因科场案被谪为吏后,耻不赴任,遂与仕途绝缘。其归而益加放浪,心灰意冷之余而转好佛氏,且取佛经中语,自号"六如居士"。正德三年(1508)前后,唐寅于桃花坞相继谋筑桃花庵、梦墨亭、学圃堂、寐歌斋诸室,祝允明等吴中诸友遂经常宴饮其中,以诗酒书画为乐,前文已引祝允明为唐寅所撰《梦墨亭记》,当亦成于此时。唐寅、祝允明等友人在桃花坞中宴饮雅集的一些情形,于唐氏本人及其他诸位友人的诗文中皆每有述及。若唐寅《桃花庵与祝允明黄云沈周同赋五

---

① 周道振、张月尊辑校:《唐伯虎全集》卷一,中国美术学院出版社2002年版,第15页。
② (明)祝允明:《唐子畏墓志并铭》,载《怀星堂集》卷十七,《文渊阁四库全书》电子版,上海人民出版社1999年版。

第三章　祝允明主要交游考述

首》中有诗云：

> 茅茨新卜筑，山木野花中。燕婢泥衔紫，狙公果献红。梅梢三鼓月，柳絮一帘风。匡庐与衡岳，仿佛与梦同。①

在《桃花庵与希哲诸子同赋三首》中又有诗云：

> 傲吏难容俗客陪，对谈惟鹤梦惟梅。羽衣性野契偏合，纸帐更寒晓未开。长唳九皋风淅淅，高眠一枕雪皑皑。满腔清思无人定，付与诗篇细剪裁。②

很显然，通过这些诗歌，我们也可以比较直观地了解唐寅于当时的一些具体心境。祝允明另曾有一札致唐寅，未知年月，其文如下：

> 不肖心事支离，勉强出山。虽未知所之遂否，然深忧疏纵，涉世牵掣之际，遂并失平生。伯虎英朗，所谈类能中人肯綮，于此行，能以一文归助否？忉怛。③

从该札陈述之内容来看，所谓"勉强出山"，应为祝氏于正德九年（1514）七试礼部不第后罢念就选一事，而又言"并失平生"，则指其时有友人劝之再试，唯允明心愿已定而不欲为之，恐有违友人之厚望，故其书写时间多在正德九年间（1514）。然由此札，可见祝允明在出仕之前心情因多种问题所致而起伏不定，故欲从挚友唐寅处讨得些许劝慰勉励之语，同时也可再度管窥祝、唐之间那种超乎寻常的信赖与亲密之情。

---

① 周道振、张月尊辑校：《唐伯虎全集》卷二，中国美术学院出版社2002年版，第45页。
② 同上书，第52页。
③ （明）祝允明：《与唐寅》，载《怀星堂集》卷十三，《文渊阁四库全书》电子版，上海人民出版社1999年版。

上编　祝允明的家世、生平事迹及主要交游

对于唐寅的绘画才能，祝允明无疑同样是极为佩服并常叹自愧不如，祝氏在《戏题子畏墨竹》中云："唐郎写竹如写字，正以风情韵度高；我解平章不能写，未曾分得凤凰毛。"① 在《唐寅画山水歌》中祝氏又赞曰："杜陵一匹好东绢，韦郎上植松两干，唐寅今如曹不兴，有客乞染淞江绫。"② 曹不兴为三国时吴兴地区的著名画家，有"佛画之祖"的美誉，而祝允明将挚友唐寅与之相喻，除却存在感情成分的高度溢美之词，某些程度上亦可说明其对唐寅绘画艺术成就的认可与赞叹。与文徵明等友人一样，祝、唐二人的书画合璧之卷轴、册页、扇面等作品非常多，这些作品或为他们二人之间的相互唱和之作，或因酬答、送行、庆贺之需而与众多友人一起共同而作。今日观之，这些作品无疑又皆成为见证他们之间友谊的重要文献。兹据相关文献记载及目前传世作品，唐、祝二人共同参与的书画合璧之作主要有：

弘治十三年（1500），唐寅为新安吴氏兄弟写《椿树秋霜图》，祝允明作序并有题诗。

弘治十五年（1502），唐寅曾为友人丘舜咨作《黄茅小景图》，祝允明与文徵明、张灵、钱贵、陆南等友人题诗于后。

弘治十八年（1505）二月，唐寅画《南游图》卷赠琴师杨季静往金陵，祝允明有楷书《招凤辞》题于后，吴奕、文徵明、钱同爱、徐元寿、王涣、刘布、黄云等友人亦并有题。

正德元年（1506）四月，王鏊起左侍郎入京，唐寅为写《王济之出山图》，祝允明与徐祯卿、张灵、吴奕、卢襄、朱存理、薛应祥等七友人题咏其后。

正德二年（1507）初，唐寅写《高士图》，并请祝允明书赞语于其画上。

---

① （明）祝允明：《怀星堂集》卷八，《文渊阁四库全书》电子版，上海人民出版社1999年版。
② （明）祝允明：《怀星堂集》卷五，《文渊阁四库全书》电子版，上海人民出版社1999年版。

第三章　祝允明主要交游考述

正德二年（1507）谷雨，唐寅作《山静日长图轴》，祝允明并有楷书《山静日长记》于其上。

正德三年（1508）八月，唐寅同沈周、杨循吉、祝允明、文徵明等于垂虹桥送休宁戴昭归家，均有赠诗，戴冠作叙。唐寅作《垂虹别意图》，祝允明题卷首，后并有诗歌题赠。

正德四年（1509）四月，唐寅写《竹炉图》，与祝允明和吴宽竹炉诗合璧。

正德五年（1510）七月，唐寅为古溪黄翁作寿图，后并有祝允明撰文。

正德十二年（1517）夏，唐寅于石湖临李公麟《饮中八仙图》。后有祝允明跋文，然题跋时间恐当为自岭外归吴后。

正德十六年（1521）五月，唐寅仿宋郭熙法写一山水手卷。祝允明于唐寅逝后两年跋此卷，不胜感慨。

嘉靖元年（1522）正月，唐寅写《千山万木图》及一扇页，祝允明有诗题。

嘉靖二年（1523）四月，唐寅赠祝允明《画牛扇》，祝允明遂楷书和答其上。

嘉靖二年（1523）八月十五，唐寅摹杜堇写《绝代名姝册》，共十幅，每幅皆有祝允明和诗。

另有一些未纪年的作品若唐寅《烧药图》卷，祝允明有楷书《医师陆君约之仁轩铭》连缀于后；唐寅《对竹图》卷，祝允明与沈周、黄云、文徵明、都穆等友人题诗和跋于后；唐寅《班姬团扇》轴，祝允明与文徵明、王榖祥等友人题诗于上。

唐、祝二人的书画合璧之作，应远不止本书在此所列举之数，有很多作品当然已在历史长河中由于各种原因或毁坏或散失了，另外还有一些作品笔者目前尚未及见，须待日后补充整理。

嘉靖二年（1523）十二月二日，唐寅不幸因疾离世，年五十四，令老

友祝允明悲痛不已。祝氏想及唐寅一生才华之横溢及所遭遇的各种不幸,恸哭至再并赋诗数首为祭,其《哭子畏》云:

其一

天道难公也不私,茫茫聚散底须知。水衡于此都无准,月鉴由来最易亏。不泯人间聊墨草,化生何处产灵芝?知君含笑归兜率,只为斯文世事悲。

其二

万妄安能灭一真?六如今日已无身。周山既不容神凤,鲁野何须哭死麟?颜氏道存非谓夭,子云玄在岂称贫。高才剩买红尘妒,身后犹闻乐祸人。①

《再挽子畏》云:

少日同怀天下奇,中来出世也曾期。朱弦并绝桐薪韵,黄土生埋玉树枝。生老病余吾尚在,去来今际子先知。当时欲印枢机事,可解中宵入梦思。②

上述诗中,充满了祝氏对唐寅人生所遭遇之厄运的深刻同情与悲叹,他用周公得凤而国兴、孔子悲世而哭麟这两则典故,意在把唐寅比作"麟"、"凤",像他这样的有高尚人格与才华的人为世所不容,乃是世道的不幸。

唐寅及葬,祝允明又应其弟子之请,为撰《墓志铭》述其一生行迹。嘉靖四年(1525)八月,亦即唐寅逝世两年后,祝允明在跋唐寅《仿宋郭河阳手卷》中再忆:"唐居士子畏,坦夷疏旷,漫负狂名。举业之余,益任放诞。托情诗酒,寄兴绘事。务去尘俗,冥契古人。有所临摹,辄乱真

---

① (明)祝允明:《怀星堂集》卷七,《文渊阁四库全书》电子版,上海人民出版社1999年版。
② 同上。

迹。然所为率盈尺小景，少见其长卷大幅。今观此图，几长四丈，峰峦起伏，烟水云林，非胸中有万壑千岩，孰能运妙思于毫端哉？用笔全仿郭河阳，尤其专精擅场者，秀润可爱。且志在辛巳，距今五年。琴在人亡，岂胜怅慨！"①

祝、唐二人同为吴中才俊，名声重于士林乃至乡野，个性又皆放浪不羁、天真烂漫而有林下之风，故其时文献对其不拘形迹多有述记，在民间亦广为流传。如祝允明曾与唐寅、张灵等人在雨雪中化装成乞丐，鼓节高唱莲花落，得钱便痛饮野寺之中，边饮边感叹可惜李太白不知道他们在喝酒，颇为遗憾。②又如《玉剑尊闻》中记载："唐子畏、祝希哲浪游维扬，资用乏绝，谓盐使者课税甚饶，乃伪作道士玄妙观募缘。盐使者檄下长、吴二邑，资金五百为葺观费。唐、祝更修刺谒二尹，诈为道士关税，得金如数，乃悉召诸妓及所与游者，畅饮数日而尽。"③祝、唐二人的诸多放荡行为，不仅没有影响到他们的名声，反而益加宣传、凸显了他们的名士形象。而他们之间不同寻常的感情缔结，除却明代中叶吴门特殊的文艺氛围所致之外，与二者在性情方面的相似、文艺才华方面的相互推重以及彼此人生仕途上皆遭遇了一定程度的挫折打击等诸多方面的关系应尤为密切。

第三节　与王宠

王宠，字履仁，后更字履吉，号雅宜子、雅宜山人，颜其室为铁砚斋、采芝堂、御风亭等，后世又称"王贡士"、"王太学"。生于弘治七年

---

① （明）祝允明：《跋六如仿宋郭河阳手卷》，载《唐伯虎全集》之《唐伯虎轶事》卷四，转引自陈麦青《祝允明年谱》，复旦大学出版社1996年版，第162页。

② 参阅周道振、张月尊辑校《唐伯虎全集》附录三，中国美术学院出版社2002年版，第566页。

③ 《玉剑尊闻》卷九"假谲"，载周道振、张月尊辑校《唐伯虎全集》附录三，中国美术学院出版社2002年版，第566页。

上编　祝允明的家世、生平事迹及主要交游

(1494) 十一月八日，苏州吴县人。王宠本姓章，因其父亲"为后于王"，才改了姓。① 其一度曾想复姓归宗，然终未如愿。王宠一生于仕途，亦可谓受尽挫折而终生未能得志，其自正德五年 (1510) 参加乡试起，直至嘉靖八年 (1529) 四月，每遇乡试，从未缺席，屡战屡败，先后历七次皆不售。嘉靖十年 (1531)，王宠盼来了入太学的机会，然而，"礼部卒业，太学又试，辄斥"② 可见王宠入监读书后，依然未通过国子监的肄业考试。根据明代的典章制度，贡生在被地方选拔出来后，要参加礼部的会考，文理通顺者升入太学，荒疏者发回。回乡以后，王宠心中仍不罢休，于次年即嘉靖十一年 (1532)，其第八次参加乡试，此也为他生命中的最后一试，仍不第。嘉靖十二年 (1533)，年仅四十岁的王宠悒悒不得进用，恣于酒以卒。③ 而据其友人袁袠记述，王宠卒之前一日尝梦两只蝴蝶飞入衣袖，故其嗟叹："吾殆已矣！夫庄叟之言，殆谓我也，嗟乎，亦异矣！"④

王宠一生于功名虽不显，然其在诗文书法方面却取得了非常高的成就，得到时人及后世的高度标举。仅就书法而言，虽然明代中叶吴门人才辈出，然王宠却挤入了"吴门四家"之列。王世贞认为吴门书家以祝允明为最，文徵明次之，王宠又次之，三人外又有陈淳。⑤ 赵宧光（1559—1625）《寒山帚谈》法书七云："京兆大成，待诏淳适，履吉之韵逸，复甫之清苍，皆第一流书。"⑥ 亦四家并称。顾璘《祭王履吉文》则说："嗟嗟履吉，弱岁多文，金声玉色，四国流闻，乡岂乏才，巨细有伦，徐祝既

---

① （明）刘凤：《续吴先贤赞》卷六"王守"，《四库全书存目丛书》史部之95册，齐鲁书社1997年版。
② （明）文徵明：《王履吉墓志铭》，载（明）王宠《雅宜山人集》卷二十，《四库全书存目丛书》集部之79册，齐鲁书社1997年版。
③ （明）刘凤：《续吴先贤赞》卷十一，《四库全书存目丛书》史部之95册，齐鲁书社1997年版。
④ （明）袁袠：《雅宜山人集序》，载（明）王宠《雅宜山人集》卷二十，《四库全书存目丛书》集部之79册，齐鲁书社1997年版。
⑤ 参阅（明）王世贞《艺苑卮言》，载崔尔平选编点校《明清书法论文选》，上海书店1994年版，第181页。
⑥ （明）赵宧光：《寒山帚谈》，载崔尔平选编点校《明清书法论文选》，上海书店1994年版，第331页。

第三章 祝允明主要交游考述

丧，今逮于君，有失兴叹，谓大运存。"① 直接将王宠视为可接续徐祯卿、祝允明的才俊。刘凤在《续吴先贤传》中，亦指出吴中书学得魏晋法者，自宋克以来，只有祝允明与王宠。② 另外若张丑《清河书画舫》称祝允明《草堂诗余》与王履吉《尚书》《毛诗》"足称双璧"③。顾复《平生壮观》亦云："明之中叶书家，祝、王并称，有以也。"④ 杨宾认为，文徵明书宜小不宜大，宜真行不宜篆隶，而祝希哲王履吉则真草大小无不宜。⑤ 光绪间韩容光跋王宠草书《古诗十九首》也说："独枝山、雅宜二公专法二王，卓然自立家数。"⑥ 这些评论既说出了祝、王二人不同点，又说出了他们的一些共同点，不同点是趣味相殊，气质迥异，相同点是取法晋人，大小真草皆为擅长。王宠擅小楷与行草书，涉猎范围大抵为明人书法之典型，其清新、旷达的书法风格既表现了吴门书家群体特有的"士气"，又不染俗法、混同于一般，故其书法在明代中叶书家群中能占据重要的地位，具有特殊的价值。

祝允明与王宠相交始于何时，似无明确记载。我们可以通过一些文献资料来推算出大致时间。王宠少年时即颇得长辈抬爱，十四岁时为知府林廷㭿目为奇童。正德初年，其与兄王守以里俊选隶学官，媲声俪迹，趣然竞爽。王宠善为明经试策，被评价为"宏博奇丽，独得肯綮"，御史按试，辄褒然举名，一时声称甚籍。⑦ 因为王宠谦逊自爱而举止端雅，故其尚未弱冠，许多吴门名公与他成了忘年之交，正如文徵明在《王履吉墓志铭》

---

① （明）顾璘：《息园存稿文》卷六，《顾华玉集》，《文渊阁四库全书》电子版，上海人民出版社 1999 年版。
② （明）刘凤：《续吴先贤赞》卷十一，《四库全书存目丛书》史部之 95 册，齐鲁书社 1997 年版。
③ （明）张丑：《清河书画舫》皱字号第十二，上海古籍出版社 2011 年版，第 601 页。
④ （清）顾复：《平生壮观》卷五，上海古籍出版社 2011 年版，第 168 页。
⑤ （清）杨宾：《大瓢偶笔》卷五，载崔尔平选编点校《历代书法论文选续编》，上海书画出版社 1993 年版，第 535 页。
⑥ （清）韩荣光跋：《王宠草书古诗十九首》，载薛龙春《中国书法家全集·王宠》第四章"各家评论"，河北教育出版社 2004 年版，第 175 页。
⑦ （明）文徵明：《王履吉墓志铭》，载（明）王宠《雅宜山人集》卷二十，《四库全书存目丛书》集部之 79 册，齐鲁书社 1997 年版。

中所云:"余年视君二纪而长,君自丱角,即与余游,无时日不见。"游处之间,文氏还常以诗教。《皇明诗评》中:"徵明生少后于允明,而与徐祯卿、唐寅齐名友善。已尔又与蔡羽、王宠同倾一时。后来者倚以为重。徵明亦善接引,随所长称之。"①从上述材料可知,王宠少时即有声名隐于吴门,正德三年(1508)前后,文徵明折辈与其相交,文氏后来又将其引于身边诸多友人,王宠一时名声大噪,而祝允明与其相识、相交,当也在此前后。

祝允明与王宠交谊非常深厚,虽然他比王宠大三十四岁,但是这种忘年交得以维持,一个重要原因是二人惺惺相惜以及诗文书法方面相互推重。尽管二人秉性不尽相同,趋好也有差异,于书法的趣尚亦大相径庭,但二人的互补特性使得他们互相推举,互相欣赏。在后来者的眼中,也常将他们对举。正德十年(1515),祝允明将赴岭南任兴宁县令一职时,王宠曾赋诗相送,诗曰:

  饶歌鼓吹发吴门,玉节雅旗殿粤藩。总道旬宣光乃命,更传文采出先垣。
  先垣昔日回翔地,凤辇宸游簪笔侍。岭南争识岁星臣,海外惊看玉皇吏。
  尉陀城上望神京,只见台阶北斗横。桄榔树暗玄猿挂,荔子花开深翠鸣。
  丈夫黑发拥朱轮,出入明扬报主身。惭余偃卧沧江上,老作明时樗散人。②

在尚无功名在身的王宠看来,祝允明虽七试礼部不第,然现在能得授兴宁县令一微职,其总算也有了施展报国之志、发挥个人才能的机会了。嘉靖

---

① 转引自周道振、张月尊纂《文徵明年谱》卷三,百家出版社1998年版,第187页。
② (明)王宠:《送祝大参遥续之岭南》,载《雅宜山人集》卷三,《四库全书存目丛书》集部之79册,齐鲁书社1997年版。

第三章 祝允明主要交游考述

五年（1526），祝允明在病中作《怀知诗》，缅怀生平部分知爱友人十八人，人各一首，独王宠两首。王宠亦曾自称祝允明"知爱最深"。祝允明咏王宠云：

> 七十看花岁已残，始怜梅蕊照衰颜。河清可道遭逢易，驾俗深惭会合难。锦绣段间藏黼黻，骊龙珠抱媚江山。欲留光彩无穷事，心绪悠悠竹素间。
>
> 我居廛陌子沧洲，望隔江城各倚楼。共惜贾生违汉室，岂知王粲重荆州。青云尚恐终难附，白璧空怀未尽投。十载三都墙室满，不堪玄晏思悠悠。①

祝允明晚年回到苏州后，与王宠一居城市，一居石湖，二人见面不易，但却心心相印。这一年，王宠已是第六次参加乡试未能得举了，对于王宠的遭遇，祝允明自然有同病相怜之感。祝允明一方面感叹自己平生不能平步青云、尽情施展才华的遗憾，一方面又在劝慰王宠，并以建安七子之一的王粲期之，而这似亦可视为不达才人之间寻求新的心理与身份认同。

祝允明与王宠的交游过程中，王宠对祝允明的书法尤为服膺，祝允明的书学观念与方法、审美取向等诸多方面更是对王宠产生过比较深刻的影响。在这一点来说，祝允明可能远远超过了其另一位挚友，即文徵明对王宠的影响。关于此，本书在此也暂不赘述。而祝允明对王宠书法的十分推崇，王世贞在《跋王雅宜书杂咏卷》中曾记载说："友人王元肃云，履吉作诗时病已甚，然时时偃卧，以指画肚，曰'祝京兆许我书狎主齐盟，即死，何以见此老地下。'"②王宠在生命的最后尽头，还时时在病榻上以指画肚或是书空，

---

① （明）祝允明：《怀知诗》之《王文学履吉》，载《怀星堂集》卷四，《文渊阁四库全书》电子版，上海人民出版社1999年版。

② （明）王世贞：《弇州四部稿》卷一百三十二，《文渊阁四库全书》电子版，上海人民出版社1999年版。

可见其志于书法的决心，而这样的决心一定程度上也来自祝允明生前对他的厚望，可惜天靳其年，否则王宠的书法成就应该会更高。

第四节　与金陵四家

金陵作为明代初期京城之所在，也是其时全国政治、文化之中心。永乐十八年（1420），明成祖迁都北京之后，金陵则成为了明代的留都，其地位与初期虽不能同日而语，但仍然比较重要。明代统治者考虑到金陵乃"祖宗根本重地"，故其降为留都之后，官僚机构设置一仍其旧，基本完整保留原有的中央行政机构，只是职官与机构的性质发生了变化，留都官员的品秩、俸禄与京城北京政府机构相同，实际权力和职责大为削弱，约略等同于地方政府。即便如此，南京作为留都的地位，其行政职能虽较前有限，然于国家之重要性仍不容忽视，尤其在南方发挥积极作用。

明朝政府实行的两京制，南京畿辅有应天府、苏州府、松江府、徽州府、扬州府、广德州等十四府及四直隶州，称南直隶。因此，金陵实际上仍为明代中后期江南地区的一个重要的政治中心。从官场权力角度来看，金陵这个权力运行的场域对于热衷功名、喜好弄权的官员而言，因为权力重心的转移北上，其吸引力已然大打折扣，但从文人自身秉承的文化习性来看，金陵地处温文尔雅、富甲天下之江南，人文荟萃，为官金陵，享有留都的荣誉职位，虽无多少政治生活之实质，然于那些有着文化趣味的官员，却不乏吸引力。15世纪后半叶至16世纪初，随着吴宽、王鏊、沈周、祝允明、文徵明、唐寅等人物的出场，以他们在文化艺术领域特殊的成就和影响力，使得苏州再度成为江南非常重要的文化重镇。换言之，苏州与留都金陵一起成为明代中期长江中下游地区文化艺术活动的枢纽。而这一时期苏州文士与金陵文人、官僚之间的互动交游，雅集唱酬，是他们日常生活中甚为重要且不可忽视的内容，并一度引领左右着江南地区的文艺趣尚。明中叶金陵文人朱应登《凌溪先生集》卷十八《附录》载有祝允明的

第三章　祝允明主要交游考述

一组《四美诗》①，此诗在祝氏《怀星堂集》中未曾收录，诗云：

陈先辈鲁南

先辈万里姿，泽豹抱文质。兰荪丽春蕤，禾稷落秋实。曼倩未金门，谐调玩冥极。

顾司勋华玉

司勋挺高气，英迈横古今。其中列武库，旅楛光芒森。鹰扬遗金韬，千载肆幽寻。

朱升之太守

延平玉为器，不韬亦不炫。大韶张宫悬，九变尽美善。入室兰袭襟，立朝麟在甸。

王功曹钦佩

功曹心渊渊，自抱千金宝。坚白不缁磷，孑然风尘表。求路政方达，游夏文仍奥。

祝氏此诗所咏的四个人分别是陈沂、顾璘、朱应登、王韦，他们即被时人称誉的明代中叶金陵文坛"四大家"，《明史·文苑列传》载"初，璘与同里陈沂、王韦号金陵三俊。其后，宝应朱应登继起，称四大家"②，钱谦益《列朝诗集小传》亦称"于时大江南北文士，称朱、顾、陈、王四家。朱、顾皆羽翼北地，共立坛坫"③。而祝允明与此四人皆有比较深厚的

---

① （明）祝允明：《四美诗四首》，载朱应登《凌溪先生集》卷十八《附录》，《四库全书存目丛书》集部之51册，齐鲁书社1997年版。
② 《明史》卷二百八十六《文苑列传二》，《文渊阁四库全书》电子版，上海人民出版社1999年版。
③ （清）钱谦益：《列朝诗集小传》丙集《朱参政应登》，上海古籍出版社1982年版，第341页。

交情。

朱应登，字升之，宝应人，生于成化十三年（1477）正月，卒于嘉靖五年（1526）十二月，享年五十。弘治十二年（1499）进士，历官南京户部主事、知延平府，以副使提学陕西调云南，升迁为布政司右参政，所至以文学饰吏事。后因恃才傲物，中飞语，罢归。卒后李梦阳为作墓志铭，述其"童时即解声律，谙词章，十五尽通经史、百家言"①。朱应登著有《凌溪先生集》十八卷行于世。明末俞宪所辑《盛明百家诗》中将朱应登与朱曰藩诗作合并编成《二朱诗集》。子曰藩，嘉靖间进士，终九江知府。

顾璘，生于成化十二年（1476），卒于嘉靖二十四年（1545），字华玉，号东桥居士，先世吴县人，徙上元。弘治九年（1496）进士，授广平知县，仕至南京吏部尚书。璘少负才名，诗以风调胜。与同里陈沂、王韦号金陵三俊。后宝应朱应登继起、称四大家。虚己好士，如恐不及。历官有吏能，晚罢归，构息园，大治幸舍居客，客常满。有《浮湘集》《山中集》《凭几集》《息园诗文稿》《国宝新编》《近言》等。

陈沂，生于成化五年（1469），卒于嘉靖十七年（1538），字宗鲁，后改鲁南，号石亭，鄞人。正德十二年（1517）进士，由庶吉士授翰林编修，嘉靖中出为江西参议，历山东参政，以不附张璁、桂萼，改山西行太仆寺卿致仕。先祖"本建安人，宋昭化节度公申之实丞相秀国公升之之弟，有子泽，以言青苗贬明州，遂籍为鄞人，国初有名珏者，始以医征籍太医院，家南京"②。父陈钢，字坚远，号迟宜子，成化元年（1465）举人，授黔阳知县，体恤爱民，为官有政声，钢书法褚河南，所摹兰亭奕奕有致。陈沂善著述，有《皇明翰林志》《金陵图考》《金陵世纪》《畜德录》《诲似录》《花岩志》《游名山录》《晤言诗谈》总若干卷，诗文《拘虚集》若干卷，又《金陵志》《山东通志》《南畿总志》等。

---

① （明）李梦阳：《凌溪先生墓志铭》，载朱应登《凌溪先生集》卷十八《附录》，《四库全书存目丛书》集部之51册，齐鲁书社1997年版。
② （明）顾璘：《长沙通判陈公传》，《息园存稿文》卷六，《顾华玉集》，《文渊阁四库全书》电子版，上海人民出版社1999年版。

第三章 祝允明主要交游考述

王韦，生年不详，卒于嘉靖五年（1526），字钦佩，号南原，弘治十八年（1505）进士，由庶吉士授吏部主事，擢河南提学副使，以母老乞休，加太仆少卿。著有《南原家藏集》等。

弘治、正德至嘉靖年间，金陵四家与吴门诸多文人之间的文艺交流、互动皆非常密切，若祝允明、文徵明、唐寅、徐祯卿、蔡羽、王宠等，他们相互之间时常往返于金陵、吴门两地，或游山玩水，或诗文互和，或品茗论画。正德二年（1507），祝允明曾应顾璘之请，为其父六十寿庆《诗画卷》作序。① 正德四年（1509）冬，祝允明还曾与朱、顾、王、陈等六人雅集宴饮于友人史后（1468—1526）的知山堂，众人皆赋诗以记，允明并为作诗序，序曰：

夕拜溧阳史君，缨冕世华，烟萝自性。含香南舍，飞襟北山。乃筑知山堂于长安东陌，藏林谷于皇州，夺声色于艺圃。来往偕适，朋游共之。乃巳之岁，子之月，笋舆复寓，兰宾还集。斜阳来而合座，宵桥半而分襟。宾凡六人：吏部郎建业王、顾二公，新除延平使君淮海朱君三进士，秣陵陈、罗二先辈，吴门祝允明也。各成诗一篇，又近体联句四篇，通十篇，列书之。允明序之。②

关于此次雅集之诗歌，朱应登、顾璘之诗在其文集中皆有收录，祝允明之诗于《怀星堂集》卷三亦可见。应该说，从年龄上看祝允明应皆稍长于朱、顾、王、陈诸人，然如前《四美诗》，祝允明为何称陈沂为先辈，需待考证。而朱、顾等金陵文士屡次延请祝允明为诗画雅集等活动作序，足见他们对祝氏的尊崇与推重。何良俊《四友斋丛说》即记载顾璘"甚重祝枝山文。其所作《观云赋》，盖手书以赠东桥者。东桥每遇文士在座，即

---

① 《吟香仙馆明人法帖》之"司封顾公祝寿诗画叙"有述此事，参阅陈麦青《祝允明年谱》，复旦大学出版社 1996 年版，第 92 页。
② （明）祝允明：《知山堂雅集诗序》，载《怀星堂集》卷二十二，《文渊阁四库全书》电子版，上海人民出版社 1999 年版。

出之展玩,甚相夸诩"①。从上述祝氏《知山堂雅集诗序》,我们也可知,其友人朱应登于是年得迁延平知府一职,而赴任之前,文徵明还曾为其绘制《剑浦春云图》②,祝允明与众多吴门友人赋诗送行,道分别之情,祝氏诗曰:

> 西北有高山,东南有大海。生我延平民,居中百千载。远在天南头,去圣人万里。欲得无灾害,只赖贤守宰。圣人念远人,赐我慈父母。辍其股肱佐,来为赤子乳。我望朱夫子,如望汉召父。请为召父歌,女知召父不。召父善治田,从横正疆亩。始予我钱铚,以及奄铚艾。耦耕并牛犁,秔稌诸种艺。田功多方理,要领在水利。广开沟门阏,处处广灌溉。均水作约束,刻石防决泛。劲农走阡陌,止舍即野次。召父善教人,颁训从幼艾。孝弟正家族,勤谨不弛息。趋役赴公事,和孙于社火。有禀特秀异,使结衿带佩。入学共弦诵,学古壮而仕。召父善阜财,民产加丰大。召父善听讼,无情不哗哄。饥渴召父食,寒裸召父被。召父善使人,随时各分代。召父善事神,水旱不为厉。人口岁增倍,讼盗悉衰止。召父去已久,循良风声在。惟有朱夫子,甚与召父似。凡此召父善,朱夫子尽备。夫子来毋迟,百姓日候伺。凡此召父事,于今益有赖。一一速施行,惠我起我瘥。上戴天子恩,夫子还入拜。愿为公孤贵,名与召父配。③

召父即西汉名吏召信臣,对于朱应登此次赴任,祝氏以"召父"相期,希冀友人能于一方多有善政而为人称道。同年,另一位友人顾璘由南京吏部郎中出守开封,允明亦曾有诗送行:

---

① (明)何良俊:《四友斋丛说》卷二十三,中华书局1958年版,第211页。
② (清)陆心源:《穰梨馆过眼录》卷十八"明人送行诗文衡山补剑浦春云卷",载卢辅圣主编《中国书画全书》第14册,上海书画出版社1992年版。
③ (明)祝允明:《召父歌送朱版曹(升之)守延平》,载《怀星堂集》卷三,《文渊阁四库全书》电子版,上海人民出版社1999年版。

第三章 祝允明主要交游考述

皇舆百郡首开封，良牧分符开治功。参庭属吏衣冠满，饶郭编入未耜丰。河山郏鄏千秋固，云雨乾坤万物同。悬知政化平如水，共看汉室美吴公。①

正德三年（1508），祝允明尝与陈沂、徐祯卿、唐寅、都穆、文徵明、张灵、邢参等十余人雅集，并共题钱贵小像；是年，祝允明还曾应朱应登之请，为其家所新建之"宜禄堂"作铭文②。正德四年（1509），祝允明得观陈沂家藏欧阳修《付书局帖》，欧书不易得见，故允明大为快慰，反复敬览，若得见欧阳公面目，并欣然于卷后作跋（图3-2）。正德七年（1512），祝允明又与陈沂、王韦，以及文徵明、薛章宪、王宠等众多金陵、吴门友人追和王冕画梅原韵，即书于画幅四周绫上，该图今藏于上海博物馆。正德十五年（1520）暮春，刚由岭南归吴不久的祝允明，即与友人唐寅、陈沂、杨一清、张寰等修禊于丹阳孙育所居之南山石壁下，吟诗作画，其乐融融，可见友谊之笃厚，而此次雅集在清姜绍书《韵石斋笔谈》卷上亦有记述：

外大父七峰孙君，吾阳高士也。与唐六如、祝希哲、杨邃庵、陈石亭、张石川诸名彦称莫逆交。相思命驾，群贤毕集，往往见之图咏，流传人间。孙氏所居之南山，石壁奇峭，屹立江湄。正德庚辰岁，七峰与诸君修禊于石壁之下，题名岩表，镌之以纪胜游。其悬崖挥翰者，乃杨文襄也。唐六如图之，兼题长歌于帧首。虽西园雅集，不是过也。余追慕渭阳，遣人拓之。其磨崖之刻，半湮于风雨，惟六如图咏，尚焜耀于天壤间。七峰之藉以不朽者，不在金石，而在缣缃矣。石壁题名诗，六如集中未载，今录于此，以俟桑梓之彦，如葛常

---

① （明）祝允明：《送顾司封（华玉）守开封》，载《怀星堂集》卷六，《文渊阁四库全书》电子版，上海人民出版社1999年版。
② （明）祝允明：《宜禄堂铭》，载《怀星堂集》卷九，《文渊阁四库全书》电子版，上海人民出版社1999年版。

之著《韵语阳秋》者采焉。①

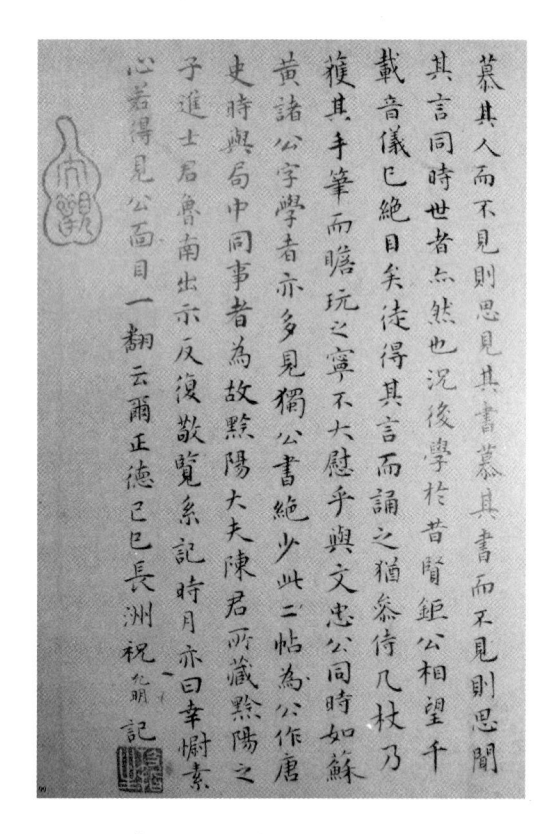

图 3－2　祝允明《跋欧阳修〈付书局帖〉》（台北故宫博物院藏）

正德九年（1514），允明第七次会试不第由京南返，在松江曾致书朱应登，信中慨叹自己未能如朱应登对其之期嘱，并言拟于秋日赴京就选，同时还请朱应登为其编定之集作序，规附以远。② 然不知何故，朱应登似并未为祝氏作序，而祝氏文集于其在世时应并未得以刊行。尽管如此，

---

① （清）姜绍书：《韵石斋笔谈》卷上之"石壁题名"，《文渊阁四库全书》电子版，上海人民出版社1999年版。
② （明）祝允明：《与朱宪副书》，载《怀星堂集》卷十二，《文渊阁四库全书》电子版，上海人民出版社1999年版。

第三章 祝允明主要交游考述

祝、朱二人友谊甚为深厚应是不争的事实，在祝允明晚年所作《怀知诗》中谓朱应登为生平知己之一，由祝氏所言"曾指松篁能晚节，共抛簪绂向明时"、"惭愧从人说桑梓，只如黄卷对光仪"①，可知朱应登此时也已致仕里居。然而祝允明无论如何也没想到的是，就在该年，即嘉靖五年（1526），他与两位金陵友人朱应登、王韦竟然同年而逝。

顾璘、陈沂、王韦等金陵文人亦皆善书法，王世贞《艺苑卮言》评顾璘书"翩翩有晋人意"②。《金陵琐事》则称"东桥真、草书皆清澈可爱"，"石亭陈鲁南法苏眉山，评者谓不减吴匏庵，篆隶亦佳"，"王钦佩真草清雅有法"③。何乔远《名山藏》称"鲁南少好苏氏学，人谓其笔势烂溢，殊类东坡，亦自号曰小坡，中岁再变其格"④。另如顾璘嘉靖十三年（1534）中秋所作《行书册》即得法于王羲之《圣教序》，又明显深受黄庭坚用笔之影响，笔法结字峭拔舒展，纵横挥洒，不计工拙。若喜允明之文，顾璘对祝允明的书法亦然十分推崇，赞誉有加，其尝跋祝氏《古诗十九首》云：

> 书法初见笔阵图，至姜白石尽矣，大抵拘则乏大趣，纵则无法度。加之矜持，又生俗气，不可观。须完字具于胸中，则下笔之际自然从容中道，今人唯祝枝山、文衡山得此法，知音者希也！今观休承所请枝山书《古诗十九首》，为之怃然，自恨骨格已定，爱之不能学，在休承诸君勉之耳！⑤

很显然，在顾璘看来，祝允明的书法是宋以后将情性与法度完美结合的典范。

---

① （明）祝允明：《怀知诗》之《朱提刑升之》，载《怀星堂集》卷四，《文渊阁四库全书》电子版，上海人民出版社1999年版。
② 马宗霍：《书林藻鉴 书林记事》，文物出版社1984年版，第180页。
③ （明）周晖：《金陵琐事》上卷《字品》，《中国方志丛书》本，台北：成文出版社1970年版。
④ （明）何乔远：《名山藏》第七册"臣林记 文苑"，江苏广陵古籍刻印社1993年版，第5338页。
⑤ （明）顾璘：《跋枝山所书古诗十九首藏文寿承家》，《息园存稿文》卷九，《顾华玉集》，《文渊阁四库全书》电子版，上海人民出版社1999年版。

明代前期的金陵文艺趣尚，很大程度上是以贵族文化审美情绪为主导的，而从顾、陈等金陵文人的书法学晋、宋来看，此时他们已逐渐脱离了明代前期台阁体贵族趣味，并跳出元代赵孟頫的笼罩，注重情性挥洒之文人意趣，这种态度的转变也应是受到成化、弘治以后吴门士人新的文艺审美情趣的影响所致。

金陵因其地理位置及历史原因，作为明代中后期的留都及江南的一个政治中心，在某些方面有着优于吴门的社会资本。以顾璘等为代表金陵文人因其身处位置及官场品阶，其权力话语资源，也要稍重于吴门祝允明、文徵明、唐寅等人。祝允明等吴门文士与金陵文人之间的互动交游，一方面缘于互相欣赏，趣味相投，使得苏州、金陵两地的文艺趣尚能得到及时交流；另一方面，则又为自己建立起更加广泛的交游网络和社会关系，从而获取诸多的社会资本与文化资本，不仅才识、历练上得以拓展与磨砺，而且在声名传播上亦得益良多，扩张了吴门地区文艺创作的影响力度。

第五节　与谢雍

在祝允明传世的手札中，有几幅手札书风面貌截然不同，一则为藏于故宫博物院之《致元和札》（图3-3），另则为藏于台北故宫博物院之《致元和道义札》及《致云庄老兄札》（图3-4）。从信札的内容，我们现在已很难确定其书写的具体时间，而此三札之收信人"元和"、"云庄"，即为与祝允明一生交情极为深厚的谢雍。

谢雍，字元和，号云庄等，生于天顺八年（1464），卒年不详，苏州府长洲人。根据祝允明的记述，祝、谢两家为几代世交，谢雍之祖父谢会，曾受业于允明祖父祝颢，"以府学增广生，中正统甲子乡试。会试，两得教职，逊不就，继在家居，朝廷特起为御史，命下而先一日病死矣"[1]。谢会殁后，

---

[1] （明）祝允明：《容庵集序》，载《祝枝山全集·文集》卷下，台北：汉声出版社1972年版，第44页。

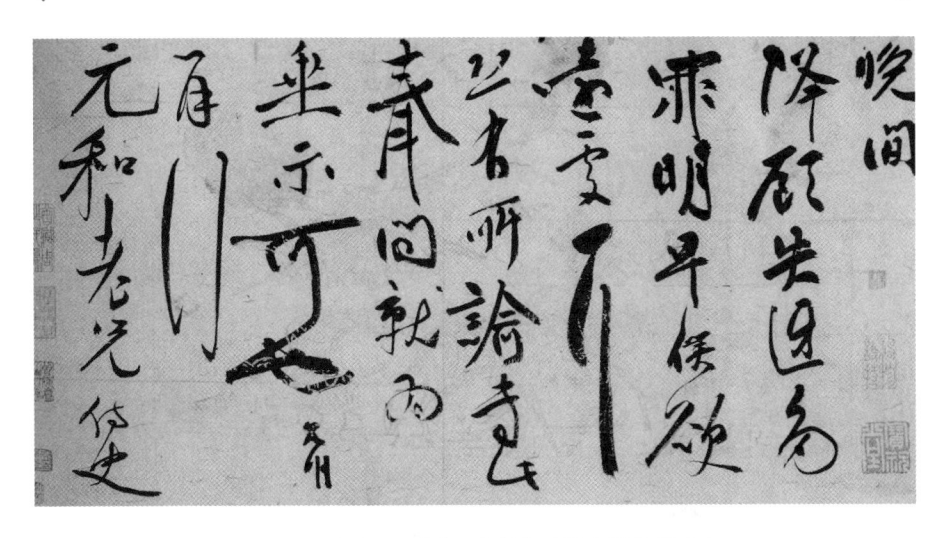

图 3-3　祝允明《致元和札》（故宫博物院藏）

其子谢昺及孙雍、睦，将其遗文校而为《容庵集》，并延请吴宽与祝允明为之作序。谢昺及其子谢雍、谢睦并未于科举一途有所功名，然家风不坠，尊儒道重孝义，与祝家一直过从甚密。关于谢雍的为人品行，祝允明极为称誉，故引其为知己，曾赞曰：

> 予谓谢子有君子之道六焉：孝其亲，友其昆，朋党任恤，族戚睦姻，景风之温，醍醐之醇，金玉作体，锦絮为文。遁操先引而遥遥，贵显后来以振振。予与子为四世师友，子在邦为七叶同门。彼呈子真，予写子神。子实君子，吾非佞人。①

谢雍资质聪秀，却未能参加科举而施展自己的才能，作为挚友的祝允明心中亦颇为其感到遗憾，即便如此，祝允明仍以孔子"惟孝友于兄弟，施于有政，是亦为政"之典来勉励老友，并谓："历史所列孝义文苑，其间地

---

① （明）祝允明：《谢云庄夫妇像赞》，载《祝枝山全集·文集》卷下，台北：汉声出版社1972年版，第55页。

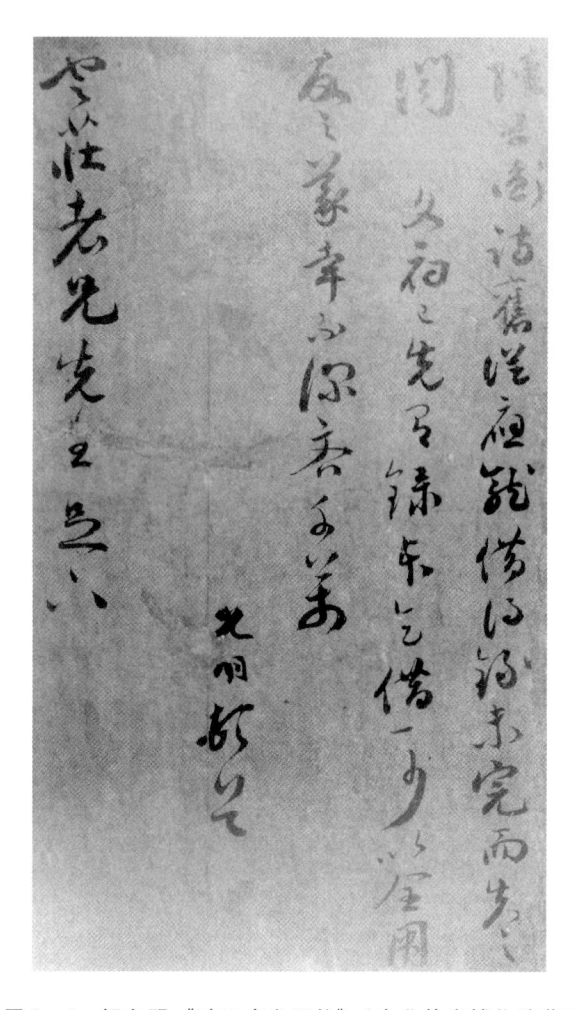

图 3-4 祝允明《致云庄老兄札》（台北故宫博物院藏）

在山林者何限？千载而下，与辅世立勋者同传焉，然则人果以不仕而自贬邪？元和惟以予斯言自策，它日德业大成，则元和与我，不失所图，而孤陋者，少亦酬元和之知乎？"① 祝允明心中希冀谢雍其人虽不仕而处山林乡野之间，然亦可如历史上德业有成之人千古流芳，与辅世立勋者同传。

---

① （明）祝允明：《赠谢元和序》，载《祝枝山全集·文集》卷下，台北：汉声出版社1972年版，第45页。

第三章 祝允明主要交游考述

在《怀星堂集》与《祝枝山诗文集》中,祝氏与谢雍唱答之诗文有数篇之多,足证二人关系之亲近。如《三畅咏》诗之附记:"姑苏祝某与同郡谢雍等为友,岁五月,十日之间,乃得三会,咸畅真抱,遂就三篇。"①在《为谢元和索酒》一诗中向其慨叹"如今不是三闾世,愧我缘何每独醒"②。《寄谢雍》云:"谢家兰树有清芬,每诵澄江却忆君。想得山庄长夏里,石床眠看度墙云。"③ 祝氏忆及其在谢雍山庄避暑的逍遥之境,不胜怀念。在祝允明晚年回到吴门生活的岁月里,谢雍更是成为其身边形影不离、无话不谈的密友之一,若其在《怀知诗》中咏《谢处士元和》所言:"薰茗清谈午夜陪,诗筒拂旦又飞来。应怜去日来多日,却见千回似一回。"④ 在另一首诗中又云:

元和爱结过深,晤言之余,复投长句思予,和汝乃就二章,意局情饶,聊复尔尔。

枝山磊落倚东山,雪桧霜松许共攀。文字虚名今且愧,疏慵物议古来艰。平生肺腑篇章内,身外金兰梦寐间。万卷旧书千石酒,两人相对白头闲。⑤

祝允明将其与谢雍喻为品性贞洁之松柏,而能有谢雍这样的金兰之友陪度晚年时光,终日诗酒以对,互诉衷肠,袒露心扉,对一生受尽各种挫折与荣辱之祝允明来说,不啻一种极大的心理安慰吧!嘉靖二十三年(1544),亦即祝氏去世十八年后,谢雍以其八十一岁之高龄,亲自整理手录《枝山诗文集》赠另一位友人文徵明,可谓以一种特殊的方式,表达了自己对故

---

① (明)祝允明:《三畅咏三首》,载《祝枝山全集·诗集》卷上,台北:汉声出版社1972年版,第41页。
② (明)祝允明:《祝枝山全集·诗集》卷下,台北:汉声出版社1972年版,第82页。
③ (明)祝允明:《怀星堂集》卷七,《文渊阁四库全书》电子版,上海人民出版社1999年版。
④ (明)祝允明:《怀星堂集》卷四,《文渊阁四库全书》电子版,上海人民出版社1999年版。
⑤ 祝允明此诗为和谢雍所作,无具体诗名,载《怀星堂集》卷七,《文渊阁四库全书》电子版,上海人民出版社1999年版。

友祝允明的深厚缅怀之情。

祝允明晚年曾多次应谢雍之请,为其书写各种形式之作品。如正德十六年（1521）为之章草《闲情赋》,允明题识记曰:"冬日,余拥炉于小阁,适云庄至,袖出素纸,索书钟繇张（疑为'章'之误——引者注）草,勉为呵冻书之,似不足以入目也。"该作今有刻本藏于苏州博物馆。嘉靖二年（1523）祝氏又为之书《千字文》,款曰:"癸未闰四月望后过云庄楼,酒次,出经纸索书《千文》。余与云庄谊厚,勉为书此,诚为贻笑于大方也。枝山老樵允明。"同月下旬,祝允明在其女婿王穀祥处,酒边谢雍再至,并应请为之书扇。谢雍后又吟诵允明旧作八首,祝允明遂亦趁兴为其书之。嘉靖四年（1525）春仲,祝允明再于谢雍楼中,为书《离骚》,并给予《离骚》极高之评价,其述曰:"三闾大夫忠而见放,作《离骚》以见志。离者罹忧也。《国风》好色而不淫,《小雅》怨悱而不乱,《离骚》兼之矣。三百篇后,以名为经,夫子所谓可以怨者,非耶?"

第六节　与施儒

施儒,字聘之,号西亭,吴兴人。生于成化十七年（1481）,卒于嘉靖十八年（1539）。正德二年（1507）举于浙江乡试,正德三年（1508）举于会试,然"时逆阉瑾方窃权柄,播弄人事,号正直者多遭斥逐编成之祸"[1]。施儒便托疾而归,教授于吴门,与祝允明、都穆、文徵明等人相友善,结社赋诗,优游自乐。正德六年（1511）,宦官刘瑾被诛后施儒进京入奉廷对,并得赐进士出身,同年七月,得授山西道监察御史,后历迁广东按察司佥事、福建布政司参议、广东按察司副使等职。

祝允明比施儒大十八岁,但引其为知己,二人情感甚笃,在施儒隐于

---

[1] （明）张元:《广东按察司副使施公儒墓志铭》,焦竑《皇明献征录》卷十九,转引自陈麦青《祝允明年谱》,复旦大学出版社1996年版,第105页。

第三章 祝允明主要交游考述

吴门执教那几年中，祝允明与其交往应该比较密切。正德六年（1511），施儒入京奉对廷试之时，吴门众友人与之叙别，允明亦为撰《苏台春望赋》饯行，并记述："苍龙集于重光协洽，郡国宾荐士会，考言于春曹。吴兴施子，先三载已奏名春曹，而未投策于天子庭。兹往道苏台，乐多贤友，居久之而行。苏之同人饯以言，曰《春望之什》。允明年当首，乃为赋。"① 正德九年（1514）春，祝允明第七次赴京参加会试时候，时施儒适亦在京，两位故友因而于京师得以一聚，宴饮于东郭草亭。② 祝允明此次会试仍未能售，考虑到自己年岁已高、体力不支及对时文的厌恶等，其欲罢试就选，而作为挚友的施儒仍鼓励其再试，不要半途而废。施儒对祝氏言："得且未必遄及于行，临事而思，循次而作，固不为晚，曷其滞乎？"又曰："昔既累干，今曷中沮？苟希野逸，胡不凤隐乎？"③ 施儒劝慰祝允明不要仓促做出罢试就选的决定，万事皆须三思而后行，何况已经努力了这么多年，怎能半途而废？祝允明坚持欲罢试就选，然以举人之身份也只能谋一微职而已。祝氏此番决定着实令施儒一时费解，换言之，或许在施儒看来，以好友祝允明的才华完全可以再努力一下，实无必要屈就，但若如此，"然则曷不遂行道？"祝氏则辩曰："夫不仕无义，度力而趋。乘田委吏，莫非王臣。如曰徇放逸之曲怀，猎高尚之浮誉，岂吾心哉？"④ 很显然，儒家传统之入世思想在祝允明心中仍占据非常重要的地位，出仕乃其对自己、对家族也是对社会要实现的一种人生抱负和义务。他本无意于去作一个放浪形骸、纵情山林之高士，既然不能通过举会试而得高位，那么即便是"乘田委吏"亦无关紧要，此正所谓"率土之滨，莫非王臣"。

祝允明与施儒在正德九年（1514）春于京师会晤之后，两人即已甚少会面。祝允明在正德九年秋得授兴宁县令一职后，即于正德十年（1515）

---

① （明）祝允明：《怀星堂集》卷二，《文渊阁四库全书》电子版，上海人民出版社1999年版。
② （明）祝允明：《三月三日施侍御邀宴姚将军旧宅即旧名东郭草亭遗址三首》，载《怀星堂集》卷七，《文渊阁四库全书》电子版，上海人民出版社1999年版。
③ （明）祝允明：《答人劝试甲科书》，载《怀星堂集》卷十二，《文渊阁四库全书》电子版，上海人民出版社1999年版。
④ 同上。

上编　祝允明的家世、生平事迹及主要交游

春前往岭南赴任，而施儒于正德八年（1513）由山西道监察御史改巡山海关，后于正德九年（1514）改巡应天，以微罪夺职，得还侍太夫人，躬奉养三年。嘉靖初年新帝即位后，施儒得以复官并任广东按察司佥事，而祝允明此时也已离开广东。即便如此，祝、施二人的交往却一直未断，他们之间时有诗书往答，互诉心声。若祝允明有赋云："昨日闻公入朝列，相思一夜肠欲绝。古人一可见，今人多交面。古人千载只可慕，今人可慕难再遇。"[①] 诗中对施儒可谓极尽相思之情，并叹见面之不易。祝氏晚年另有一札致施儒，信文如下：

不肖获事四方君子亦多矣，过荷甄收亦不少矣。然而私心投注，窃为见知之深，谓无前于执事者，故昔者有固交之陈，执事固亦不以为过为弃，然而比岁形迹则亦阔矣。不审焦烂残薪，犹不绝于中郎大雅之傍乎？自甲戌都门一别，又更一甲，且一纪矣。中间浊迹升沉，幸不幸皆不足向高明道之，独索居断梦之际，每一念君子，即如玉山在座，弥久弥至也。非谰辞献谀，执事固能谅之矣。嗟乎！人生有几一纪耶，当时劝试之举，执事将成就仆之心何心也，此当雕肝琢肠，唯恨当时拙劣，执志不终，竟两失之，徒负君子渊崇之德，惶恐惶恐耳。执事向来凛秋霜之操，今日需春阳之泽，明良既翕，云龙方腾，位业烜当代，风声鼓青史。后世因以知公之友有一祝允明，其亦幸甚也已。由兹以后，公之巍勋仁绩，当得之邸牍口碑，高篇大制，当得之邮筒崖刻。唯面教杯欢，不容易而得，良用耿耿，抑人生萍梗浮踪，亦何用意，必其为知为益，但得心不如金可镕、石可泐耳。……聊引远念，兴宁志附上，恐亦已有之，闻后政颇有增益，或得命印一二本寄下，尤幸仆在都，有怀赠执事鄙诗三篇，"崇堞倚紫冥"云云，又谢邀游东郭草亭三篇，"共传修禊事"云云者，拙稿具在，又有奉

[①]（明）祝允明：《怀施侍御儒遂赠三首》，载《怀星堂集》卷五，《文渊阁四库全书》电子版，上海人民出版社1999年版。

第三章　祝允明主要交游考述

赠七言律一首失稿，全忘其词，倘恶札或在行橐，暇时命小史录寄益佳。旧作济阳登太白楼寄公一首，不记曾写呈否，漫录并上，周时得值斋中丞乃婿陆子余手书并什一简图，欲达之，然非执事为之先容，则徒持万里之书至而不能达也。统望丙裁。不肖居忧中，不敢用月仪颂祝常礼，伏惟台亮，允明荒迷不次。①

此信未署年月，然观其间有"自甲戌都门一别，又更一甲，且一纪矣"诸语，甲戌即为正德九年（1514），由此可推知书写时间当为嘉靖四年（1525）。祝氏在此信中再叹"面教杯欢，不容易而得"，同时对当年施儒婉言劝试一举，可谓刻骨铭心，感念不已。至若"两失之"，盖言自己未听施儒之真诚劝告，而所任几年微官，亦无甚政绩可言，故感有愧于挚友之期。又，祝氏信中提及"济阳登太白楼寄公一首，不记曾写呈否，漫录并上"，而今贵州博物馆即藏有一诗札《济阳登太白酒楼却寄施湖州》（图 3-5），无年月款，葛鸿桢先生疑为正德九年（1514）自京师南返途中所作。②然依笔者拙见，若从书风方面判断，此作已多山谷笔意，应为祝氏自岭南北归后所作。正德十五年底至正德十六年（1521）初，祝允明当由吴门赴京觐见，应吏部之任期考察并待新授，后得迁南京应天府通判南归，故此诗很有可能作于此次赴京或南还途中，抑或补书于嘉靖四年（1525）的这次寄书互答之时？

嘉靖五年（1526），祝允明在《怀知诗》中咏施儒云："行藏踪迹只云萍，一种神襟尔我行。清角痛悲铭晋鄙，黄钟力挽向虞廷。丹山凤去尼丘叹，紫府龙归宵水灵。昨日书来泪满把，南溟心语到东溟。"③ 人生若浮萍，有很多时候实乃身不由己，祝、施两位挚友虽一别多年不得相见，然心灵却时时相通，情谊不减，诚所谓"海内存知己、天涯若比邻"，人世

---

① （明）祝允明：《与施聘之金宪》，载《怀星堂集》卷十三，《文渊阁四库全书》电子版，上海人民出版社 1999 年版。
② 参阅葛鸿桢《中国书法全集·祝允明卷》之作品考释，荣宝斋出版社 1993 年版，第 345 页。
③ （明）祝允明：《怀知诗》之《施侍御聘之》，载《怀星堂集》卷四，《文渊阁四库全书》电子版，上海人民出版社 1999 年版。

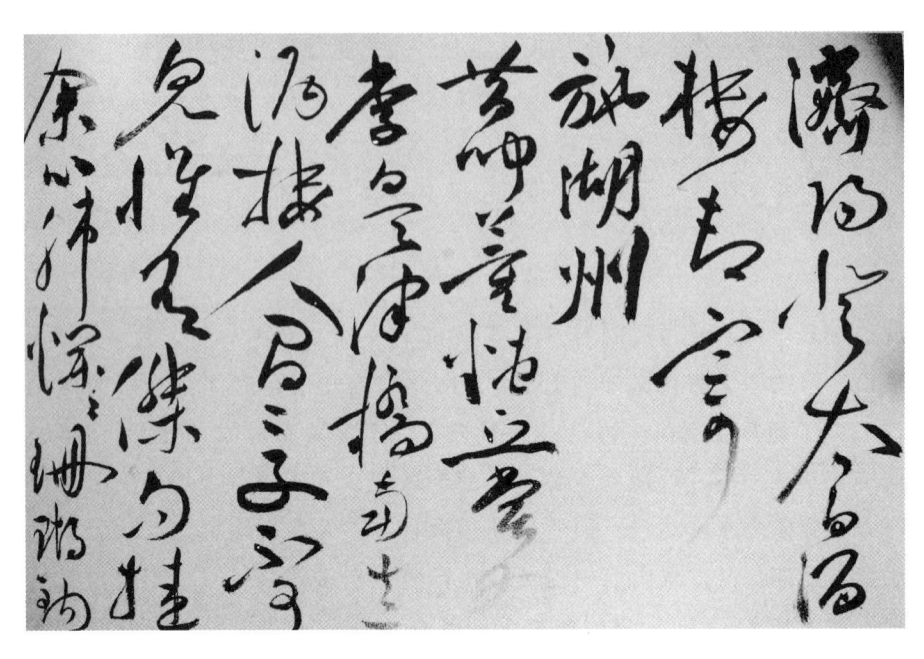

图 3-5　祝允明《济阳登太白酒楼却寄施湖州》（贵州博物馆藏）

间友情之贵，大抵莫过于此吧！

第七节　与顾应祥

  顾应祥（1483—1565），字惟贤，号箬溪。生于成化十九年（1483），卒于嘉靖四十四年（1565）。浙江长兴人，祖籍长洲（今江苏吴县）。明徐中行《明故资善大夫南京刑部尚书赠太子少保箬溪顾公行状》载："顾公讳应祥，字惟贤，号箬溪。其先苏郡长洲人也。高祖寿一生伯通，伯通生克升，凡三世，世居长洲浒墅镇，然皆隐约弗著。自公考恬静翁，成化间挟扁仓术行游湖间，悦长兴山水，遂占籍焉。"[①] 顾应祥于明弘治十八年

---

① （明）徐中行：《天目先生集》，《四库全书存目丛书》集部之 121 册，齐鲁书社 1997 年版，第 755 页。

第三章 祝允明主要交游考述

(1505)登进士第,可谓年少得志。登第后又奉诏参与修纂《孝宗实录》,后于正德三年(1508),得授江西饶州府推官。后,其曾历任广东按察佥事、江西按察副使、山东右布政使、云南巡抚等职。嘉靖三十二年(1553),于南京刑部尚书任致仕还乡。嘉靖四十四年(1565)卒于长兴,享年八十三岁。

顾应祥不仅是明代中叶著名的政治家,同时也是数学家、思想家、文学家。其一生勤奋好学,手不释卷,九流百家,无所不窥,在诸多方面俱有建树,有《测圆海镜分类释术》《测复算术》《惜阴录》《传习录疑》《崇雅堂集》《致良知说》《唐诗类抄》等多种著述行世。顾氏亦兼善书法,以行草见长,书风类赵孟頫,若朱谋垔《续书史会要》中述其"好学不倦,百家九流,无所不窥,善行草,人谓其诗文似白太傅,奏表似苏文忠,笔札似赵文敏"[①]。今故宫博物院藏有其行书《彰南八咏》诗卷,是作笔法精致,书风秀丽典雅,颇得松雪韵致(图3-6)。

《广东通志》卷二十七"职官志二"载顾应祥出任广东按察佥事乃在正德十一年(1516),祝允明《越台诸游序》中则言其是年秋日来到广东。又据前引徐中行《明故资善大夫南京刑部尚书赠太子少保箬溪顾公行状》云其:"(正德)己卯,入贺万寿,至京,而江西宁庶人事起,乃擢公江西副使,分巡南昌道。"正德己卯即正德十四年(1519),江西宁庶人事起一事即宁王朱宸濠是年在江西率众叛乱之事,而据《明史纪事本末》四十九卷所载此事发生在该年六月。由此可知,顾氏应在正德十四年(1519)春夏之际即已离粤赴京贺万寿节,转而迁任江西副使,则其仕粤前后时间亦不足三年。

从祝允明传世的诗文和书札来看,其与顾应祥的交往事迹,当主要为正德年间二者同仕岭南这段历史时期。正德十一年(1516),祝允明曾两至广州,一在夏秋之际,应奉来广州为时任广东布政使的方良节赴京朝觐送行,祝氏并撰有《奉饯方公朝觐序》一文,再就是冬十二月,应御史陈

---

① (明)朱谋垔:《续书史会要》,《文渊阁四库全书》电子版,上海人民出版社1999年版。

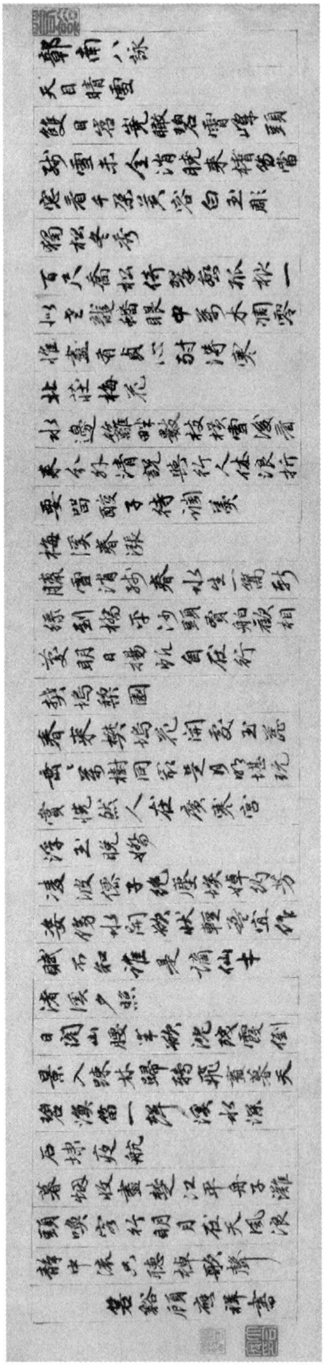

图3-6 顾应祥《彰南八咏卷》（故宫博物院藏）

第三章 祝允明主要交游考述

言之召赴广参修《广省通志》一事。因此，在顾应祥于是年来粤不久后，祝允明即与之有过会面。《怀星堂集》载有祝允明致顾氏一札，亦可资证：

> 小子鄙猥无似，伏辱大君子俯赐纳爱，又获收荫桑梓之末，荣幸何胜。寓京时受教深厚，方愧不能仰报。今又得与节钺之属，所谓二天独有者。古人以私而小子以公，其欢踊激切诚不虚也。在省复承召欸，弥隆感恋，今以刷卷吏去，辄敢具帖申稟。小子不敢离所守，以躬谒麾下。吏往即与生同载，傲余宠百凡公务中切，觊包荒霁威，垂赐骿懞一二，小子不特有光而已。外调士兵，缘府中文移十一日方到，兼以民壮，粮户四散，不能速办。糇粮之费，虽上司有止给行粮之谕，此辈单赤，若使窘薄，安能奋厉用命，以此少缓启行，统惟钧鉴海容，不任幸甚，冰霜之上，不敢以仪物冒突，统惟台略万万。①

此札无年款，但被收在祝氏《怀星堂集》中，仔细品读，诚有诸多消息可寻。从"寓京时受教深厚，方愧不能仰报"一语，我们应该比较肯定的一点即祝顾二人往昔在京就已相识，而二人相识究竟始于何时，文献所囿似很难考知。笔者推测，他们的认识可能与一人相关，那就是对祝氏极为赏识的吴门前辈王鏊。正德元年（1506），王鏊以吏部左郎召回，并在同年很快晋升为户部尚书、文渊阁大学士，除此还有一重要身份即为国史总裁，负责《孝宗实录》的修纂。② 前云，顾应祥于明弘治十八年（1505）登进士第，登第后即奉诏参与修纂《孝宗实录》，故他实为王鏊之属吏。正德三年（1508）春，祝氏在京第五次会试时再次不售，曾有人荐举其以中书舍人身份参与修撰《孝宗实录》，他力辞不就，而顾应祥也正是在这

---

① （明）祝允明：《呈分巡顾金宪帖》，载《怀星堂集》卷十三，《文渊阁四库全书》电子版，上海人民出版社1999年版。
② 张海瀛：《王鏊年谱》，载王春瑜主编《明史论丛》，中国社会科学出版社1997年版，第101页。

上编　祝允明的家世、生平事迹及主要交游

一年得以转迁江西饶州府推官一职。因此，祝顾二人则很有可能就在该年顾氏尚未离京时，经王鏊等人介绍而相识。祝氏所言"寓京时受教深厚"，恐也是这位年少得志之顾应祥，尝对屡战屡败之老将祝允明畅谈自我应考及第之心得罢了。顾应祥来粤后，对这位在年龄上属于自己长辈而职务为下级，少时即名满江南的旧识祝氏似乎也比较关照，未忘旧情，而祝允明对顾应祥的到来也非常欢欣激动，甚而以东汉苏章之典喻二者关系，述己感恩之心。上引札中祝氏又有述及"糇粮之费"之事，是言该年冬暮，祝允明因在省忙于修志，误了秋税而被夺俸禄。其另有一首七言诗《归与》记云：

> 予丙子冬暮入广，上司以拙于催科，秋税后期，停给俸米，文移在县，而予身在广也。
>
> 炎州闭户赋归与，县尹何妨委巷居。夺禄浪言耕有代，旅行谁信出无车。空惭河上深藏贾，却笑关门强著书。莫道文章误公事，文章今误复何如。①

该诗首句中之"炎州"，盖指广州，"归与"则言延误之赋税上缴一事，后面几句又诘问自己，如果是不答应上司之召唤，而误了修志一事又将如何呢？祝氏是时心中极度郁闷然又难以启齿之情可谓溢于言表。而前面那封《呈分巡顾金宪帖》应也正为此事而作，顾应祥此时所任之按察金事，本属于司法部门职位，因此时顾氏恐督兵在外，不在广州（详下文），所以，作为下属、旧识的祝允明，向其陈述此事原委，实属情理之事，中言"不敢离所守，以躬谒麾下"，恐即指因修志一事而不能侍顾氏于左右。据此，我们也可以确定此信书写之具体时间当在正德十一年（1516）前后。

祝允明于正德十一年（1516）冬来到广州后，应该一直到至次年九月方得以返归兴宁，在此期间，遵上司之命，他还得以兼职南海县令。祝氏

---

① （明）祝允明：《怀星堂集》卷六，《文渊阁四库全书》电子版，上海人民出版社1999年版。

· 100 ·

第三章 祝允明主要交游考述

《上巡陈公辞召修广省通志状》中有"蒙委署摄南海，此系公法，不敢违抗"[1]，而王宠在祝殁后，为之所撰行状中亦有"尝摄令南海，治之如兴宁"诸语[2]，综其在粤时间与事迹，恐此事正在这段时期。而顾应祥在正德十一年（1516）秋来到广州后，不久即因粤东贼寇扰乱一事，奉命率兵督讨。祝允明《越台诸游序》中记曰："顾公丙子秋来佥广东提刑按察事，至旬日，即往潮州督捕漳州贼。帐筹戎衣，月七朒朓而贼平，归于台一日，即往视清远贼，见其情授略于裨校。"[3] 邵松年《古缘萃录》著录祝氏此文书于正德十二年六月二十七日，并有文徵明跋尾全文，故应比较可信。综合祝氏此文前后所言时间，我们可知顾应祥从潮州驻地征讨回到广州的时间应在正德十二年（1517）三四月间。又，据《越台诸游序》中记载，顾应祥回到广州后，祝允明即以吏部规矩登门拜见，二者相谈甚欢，顾便择日携允明畅游越台诸境，故方有祝氏斯文。

邵松年《古缘萃录》卷五还著录有祝允明致顾应祥另外二札，此二札无具体书写年月，今为北京荣宝斋所藏，与前引祝氏所书《越台诸游序》为上下册，书体皆为小楷。葛鸿桢编《中国书法全集·祝允明卷》亦将此二札俱收入书中，然未作详考，其只是大略言其书于正德十年至十六年间（1515—1521）。因此二札亦关祝、顾之间具体交游事迹，故现将书札全文引录如下：

> 允明伏蒙宠赐高篇，珍顿箱笥三复之余，辄也勉强和得三章。谨缮写奉呈，伏丐垂教改正，获遂终赐，不胜幸愿。《督兵至饶平午饭道傍及登箭灌山一首》，饶平午饭道旁边，箭灌朝天破贼年。挟纩才同甘苦地，覆盆便启太和天。平生食前十八种，报国袖头三尺泉。安

---

① （明）祝允明：《怀星堂集》卷十三，《文渊阁四库全书》电子版，上海人民出版社1999年版。
② （明）王宠：《明故承直郎应天府通判祝公行状》，《雅宜山人集》卷十，见《四库全书存目丛书》集部之79册，齐鲁书社1997年版。
③ 邵松年：《古缘萃录》卷五，见《续修四库全书》子部艺术类第1088册，上海古籍出版社2001年版。

上编　祝允明的家世、生平事迹及主要交游

得如公遍南北，犹闻塞士枕戈眠。《班师用张少参韵一首》，去日箪壶接道行，来时犹是旧人迎。一筹挥笔七擒速，万甲载胸单骑轻。凋敝不徒因小丑，功名非喜用佳兵。知君别有匡时策，会使炎荒咏太平（康误作匡）。《梧州谒都宪韩公祠堂一首》，拔地洪材构帝家，倚天雄度眇虫沙。诚归魏阙心悬石，血饮匈奴胆破瓜。半夜昆仑枢密宴，三言薏苡伏波车。当时利口今何在，老树闳祠日又斜。里晚生祝允明顿首百拜，箬溪老大人先生阶下。

不肖违逖教范，愈久满意，次日深密侍奉，觊塞虚往实归之愿，淹延三日，亦不为速，而终不遂愚下之愿。事多不偶固然，而不肖何数奇也。感恋之悃则镂肝脾间矣。脾仪垂贶，益添惭愧。及使人周旋之助，尤极受惠。诘朝张帆，更不得一奉辞，战汗战汗，不揣再启，江右管内所有书籍、碑刻，此后倘获垂赐，深望于左右也，毕所有，益多益善，石刻尤切，幸不谴其黩与贪也。三司诸公甚辱殷勤，不肖殊多疏简，有似惰慢，此实迫于事势，踪迹牵掣尔，奈何奈何？会次载幸鼎言，为陈踽踳之忱，至祷至祷。昏暮船窗局窄，申牍不谨，统求仁察恕谅，万万。里晚生祝允明顿首百拜，箬溪老大人先生台墀下，谨空。①

为方便下文叙述，我们姑且将第一札称为《伏蒙宠赐札》（图3-7），而次札则为《违逖教范札》（图3-8）。这两通手札的书风特点与祝氏在正德十一年（1516）所书之《正德兴宁志稿本》颇为相类，整体用笔虚和灵动而不失精致，气息则多有晋人韵致，相较而言，亦正如祝氏在信中所云，因《违逖教范札》乃在旅途舟中所作，囿于环境材质因素，故亦偶有失笔之处。《伏蒙宠赐札》的内容全为次韵答顾应祥之诗作，诗文内容亦皆为顾氏来粤后率兵征讨贼寇的沿途之事，不乏对这位旧识上司的奉承之

---

① 邵松年：《古缘萃录》卷五，见《续修四库全书》子部艺术类第1088册，上海古籍出版社2001年版。

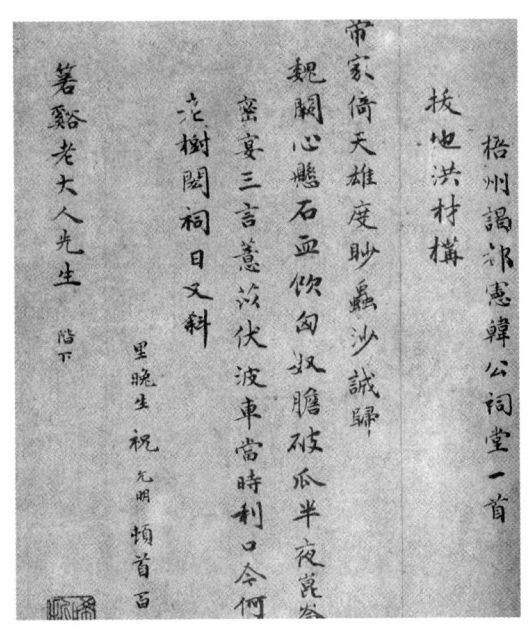

图 3-7 祝允明《伏蒙宠赐札》（荣宝斋藏）

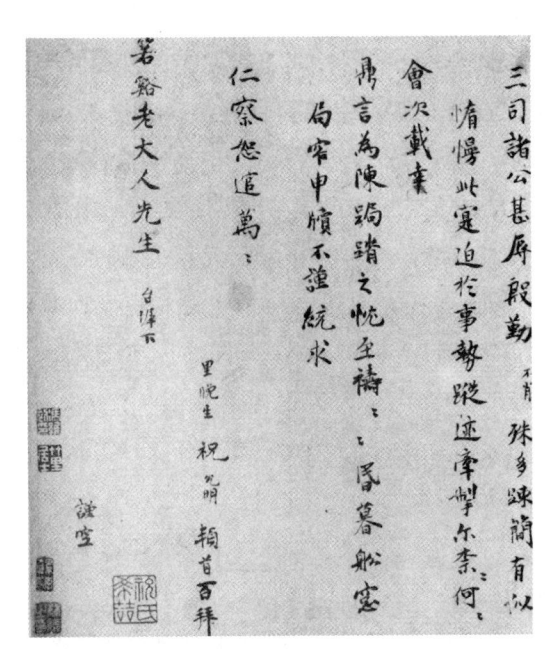

图 3-8 祝允明《违逊教范札》（荣宝斋藏）

辞，而从《班师用张少参韵一首》之内容，我们则可以明确知道书写时间应为顾氏在正德十二年（1517）荡寇凯旋之后所作。因此，我们推断此札之书写恐与其作《越台诸游序》前后时间大致相同，即在正德十二年（1517）三四月至同年九月祝氏返归兴宁间。

关于《违逊教范札》的书写时间，祝氏言此札乃在其归程舟中书写，然而究竟是哪趟归程，则需稍加辨析。正德十二年（1517）九月，已在广修志大半载的祝允明将只身返回兴宁，而妻室则仍留在广州。该月二十七日夜，祝允明想及慈亲在吴，妻室在广，而儿子则远在燕京，夜幕之下、形单之余内心顿生无限感慨，即兴赋曰：

老龙渡头秋欲归，炎州霜轻叶不飞。江东游客未授衣，拥衾支枕歌式微。自余之来日三北，燕吴万里稀消息。高堂梦转眼冥冥，山围蛋船天泼墨。南溟有龙不可屠，北山有虎不可诛。鸳鸯相望怀慈乌，况又岭南多鹧鸪。①

那么，《违逊教范札》书写时间是否即为此次归程当中呢？信中述及顾应祥使人为祝氏周旋一事，使其受惠颇多，故祝氏对其心中满怀感激，此事究竟为何事呢？难道还是为误税罚俸一事吗？考于次年，也即正德十三年（1518），祝允明任兴宁令已满三年，根据《明史》所载官员职场考察制度，满三年者需初考，六年为再考，九年为通考，故是年正为祝允明任职初考之年。② 辞世在祝允明的诗文中也多有提及，其撰《兴宁县城隍庙碑》中载"戊寅之岁，予初考将盈，每谒祠，见颇有未葺饰处，稍以私钱整之，因文于碑"③。而戊寅即为正德十三年（1518），祝允明大概于是年春夏之交因初考之需，而再次来到广州，至六月下旬即考察完毕，其曾

---

① （明）祝允明：《将归行》，载《怀星堂集》卷五，《文渊阁四库全书》电子版，上海人民出版社1999年版。
② 参阅《明史·选举三》，《文渊阁四库全书》电子版，上海人民出版社1999年版。
③ （明）祝允明：《怀星堂集》卷二十一，《文渊阁四库全书》电子版，上海人民出版社1999年版。

第三章 祝允明主要交游考述

另有一封与友人郑敬道的信札言及此事,该札原文为:

> 六月廿四日,河源柬郑尹自修。贱迹考满,今始成行。殊当大乐,然竟乐少而慨多,唯公知之,必欲候谒,行色稍急,又此中情事匆匆一相对亦安能了,公亦不怪,在两心悬照耳。县志二册附上,未能忘言者,悉伺后讯即解维矣。允明万罪万罪。①

很显然,信中所言之时间乃为正德十三年(1518)六月二十四日,由信文可知祝允明对于初考一事心中并不十分痛快,故其虽然是通过了考察,但似无更多欢欣可言。个中原因,虽未详说,恐仍与上次延误秋税而被罚俸一事多少有点关联,抑或另有隐情。结合《违逖教范札》中的内容来看,我们认为祝氏在该札中所言之事恐也多就初考而论,或许也正是因为顾应祥于三司之间为之左右周旋,方使得其在此次初考中能够得以顺利通过,故祝氏对这位上司感念万分,甚而言之日后"倘获垂赐,深望于左右也"。综合所述,我们基本可以判断,《违逖教范札》之书写时间应为正德十三年(1518),祝允明赴广初考之后的返程途中。

顾应祥在正德十四年(1519)离粤后,一直在江西、陕西、山东、云南等地任职,加之祝允明在两年后即已致仕归隐吴门,故二者在日后之来往当不是很多,而当顾氏于嘉靖三十年(1551),调任南京刑部尚书再次返归江南时,祝允明也早已谢世多年了。他们虽然之前在京城即已相识,但正德年间同仕岭南的这段经历,成为二人一生中交往最为难得、最为密切的一段时期。而从上述诸札中我们亦可知二者情感之笃,可以说,顾应祥对年长于自己、博学多才,但同时又为自己下属的祝允明确实是爱护有加的。

---

① (明)祝允明:《六月廿四日河源柬郑尹自修》,载《怀星堂集》卷十三,《文渊阁四库全书》电子版,上海人民出版社 1999 年版。

第八节　与郑敬道、张天赋

祝允明在正德年间任职兴宁县令的几年中，除了与顾应祥等上司之间有很多交往应酬之外，还有一些与同僚好友的交往诗文也收存在其《怀星堂集》之中。这些好友之中，每有被祝氏引为平生知己者，郑敬道、张天赋可谓是其中之代表。他们二人在历史上皆为不显，甚而我们今天对其生平事迹恐都很难厘清，但是，在祝允明与他们的来往诗文中，却屡述其为官、为人及为文之道，而这些诗文，对于我们了解祝氏在这段时期的内心思想也极有帮助。故本书对此亦须聊费笔墨予以交待，以期能对祝氏在岭南为官之思想与事迹能有一个比较全面的认识。

郑敬道，字自修，据《广东通志》所载，知其为福建莆田人，举人，正德九年（1514）知河源县令，他是祝允明于正德十年（1515）来到兴宁后，不久获交的一位挚友。祝允明《河源尹郑侯旌奖政绩序》中云："正德乙亥，予来长兴宁，获与知河源莆阳郑君游，君始以公事一至敝邑，承颜色，接辞令，甚幸得君子为僚。"① 郑敬道大概比较善于为政，故其上任仅两年，政绩颇佳，后因捕获盗寇一事而得上司嘉奖，因嘱祝氏为之作文以记。《河源县志》中亦云郑敬道"博学能文，爱民如子。县廨圮坏，自为营建。一堂一室，不费公帑，不派里甲，其节操类是。见邑志未有完书，力为纂辑，成十余卷，刻之"②。祝允明与这位勤勉廉洁的同僚大概颇为投缘，其在粤的短短几年中，二人曾数次往来，并书牍相与，或共讨为官为人之道，或致彼此怀思之情。正德十一年（1516）十月，祝允明尝为郑敬道书一杂体诗册，书尾自识云："莆阳郑明府与允明为同寅，

---

① （明）祝允明：《怀星堂集》卷二十二，《文渊阁四库全书》电子版，上海人民出版社1999年版。

② 参阅《河源县志·宰绩》，转引自陈麦青《祝允明年谱》，复旦大学出版社1996年版，第125页。

第三章 祝允明主要交游考述

蒙教受爱，谊款日深。尝有鄙诗往复，君既过为袭藏，复粘缀素纸盈卷，索拙笔满墨之，且请举各家体貌为之。"① 而前文所引祝氏致郑敬道一札，言及初考之事，亦足可证二者关系之密切。祝允明另有一诗寄郑敬道，诗云：

> 莆田郑自修宰河源，故厚予，四月三日舟过县城，君以诖误不在，予亦以文法行，一时风雨大作，小泊沙口而去，怅然怀君，口占一诗期后寄之。河源西郭夕阳过，不见美人将奈何。雷压船头蓬底坐，一时风雨乱风波。②

此处所言之四月三日究竟为何年不得而知，郑敬道究竟受到何事牵连呢？诗中有语以"文法行"，此又为何呢？是否与上司下达之初考一事相关呢？如果事实真是如此，那么此诗的写作时间即为正德十三年（1518）四月了，亦即为是年祝氏赴广州途中所作。祝允明还有《答郑河源敬道》一文，应也书于正德十三年（1518），其间语云：

> 得侍仪诲仅三岁，其间会晤数十。荷爱慕德，如自平生。然使许时仅一二接颜面，为荷与慕，固亦当如是。如异执事者，虽一日三接，不能强合也。如是者区区衷素，无假颊牙矣，比承汗简，已略答报，亦必既辱洞亮之，已而肺膈翻复，累日弗自休，故复欲申敷焉，而势须以书。大凡世人，莫不有志，志正邪愿良殊，而皆自愿遂之。其为邪愿者无论，即为正而良，其负性布行，每恒难乎中庸。或务恢拓，至轩驰跌荡，其究圣人，谓之狂。或颛擎敛，至刻峭孤绝，其究圣人，谓之狷。此皆自由其性，知务从道而不得大中，然必将务达

---

① 《石渠宝笈》卷十三《明祝允明墨林藻海一卷》，《文渊阁四库全书》电子版，上海人民出版社1999年版。

② （明）祝允明：《寄莆田郑自修》，载《怀星堂集》卷六，《文渊阁四库全书》电子版，上海人民出版社1999年版。

上编　祝允明的家世、生平事迹及主要交游

焉。以至于遂有若仆者，狂乎狷乎，每自揆量，亦每自贰且笑焉。①

祝允明在该文中畅谈其做人之志，同时慨叹为官、为人之难于中庸之道，而若他这般正直、狷介之士于官场似乎是难上加难。他又言"独求不逆我道，不反我志，不羞我心，不负我天，故冒焉往为之，如使君子且不容，则吾未如之何也已矣"②，此语可谓将其为人、为志之心昭然若揭。想及其在广州修志，然又因延误秋税而被罚俸，恐与其性格多少有点关联吧！祝允明自弘治五年（1492）秋即举于应天府乡试，后七试礼部皆未见录，实也正与他那种耿介性格，一任己志而不趋时文相关。此在他与张天赋等人的文书中也有表述。祝氏此种经历与其同时之文徵明亦颇为相类，然文氏更为不幸的是，终其一生连乡试都未能得售。

从祝允明的诸多言语来看，其满腔之才情与抱负，仿佛因与时政不甚相合而难以施展，唯有慨叹"有物解将王路塞，何人填得宦途平？拙谋果是因微禄，好傍吴田晏起耕"③。故而他与挚友郑敬道云："今若遂置刀笔，长还丘林，毕志史业，斯文苟就亦不谓千年无知已也。"④ 其在仕途上知音难觅，心中那种抑郁苦闷，加以几分无奈之情可谓溢于言表。祝允明在《春夜怀郑河源》一诗中再次赋云：

> 传里诗简两度过，河源君子近如何。甘棠昼永迷青野，芳杜春深覆绿波。两地颇同多枳棘，九州何处奏弦歌。唯应知己情难舍，早晚疏踪入薛萝。⑤

---

① （明）祝允明：《怀星堂集》卷十二，《文渊阁四库全书》电子版，上海人民出版社1999年版。

② 同上。

③ （明）祝允明：《县斋早起》，载《怀星堂集》卷十二，《文渊阁四库全书》电子版，上海人民出版社1999年版。

④ （明）祝允明：《答郑河源敬道书》，载《怀星堂集》卷十二，《文渊阁四库全书》电子版，上海人民出版社1999年版。

⑤ （明）祝允明：《怀星堂集》卷七，《文渊阁四库全书》电子版，上海人民出版社1999年版。

第三章 祝允明主要交游考述

祝氏在诗中以"枳棘"来喻政事之不顺，又以"薜萝"暗示自己的归隐之心。而"唯应知己情难舍"一句，似在告诉我们，若不是郑敬道这位知己对自己屡加开导，其情难舍，祝允明来到岭南不久后恐就有归去之意！然而，我们通过祝允明与郑敬道交往诗文中也能看出，祝氏对官场之厌倦不满之情早已积于胸中，而这种情绪在祝氏这一时期其他诗文也偶有表露，此皆为其离粤后，不久即致仕归隐早早埋下了伏笔。

较之郑敬道而言，我们现在能够看到的祝允明与张天赋交往的诗文不是很多。张天赋自号爱牧道人，别号汝德，惠州府秀才，明嘉靖壬辰岁（1532）拔贡，曾任湖南浏阳县县丞，嘉靖三十四年（1555）卒于家，终年六十七岁，一生著作不少，现仅存《叶岗诗集》四卷，1976年被客家学学者罗香林选进《兴宁先贤丛书》。在祝允明心中，张天赋也应为祝氏在岭南期间得以获交的一位挚友，祝氏对其欣赏有加，甚而在其晚年所作组诗《怀知诗》亦曾忆之，足见二者感情之一斑。祝允明在嘉靖五年（1526）去世前不久咏及张天赋诗云：

> 文征屡北道空南，云锦才华织女惭。宗庙岂能瑚琏舍，蛟龙未许土泥龛。襟期天合胶投漆，光彩神惊玉在函。不见书来诵书序，相望浑欲泪毵毵。①

据祝允明自述，张天赋应为祝氏在编修《正德兴宁志》时，授意其与其他诸人一同参与编修而获交。② 祝允明在上述诗中对这位老友的才华给予了高度评价，不知这位张秀才是否也是怀才不遇，祝氏对他有种感同身受之特殊情感，想及其久未致书以答，诗人竟不禁老泪潸然。祝允明在正德十四年（1519）秋离开兴宁到达广州后，曾致书张天赋，述及对其感念之

---

① （明）祝允明：《怀知诗》之《张秀才天赋之》，载《怀星堂集》卷四，《文渊阁四库全书》电子版，上海人民出版社1999年版。

② 参阅（明）祝允明《正德兴宁志序》，载葛鸿桢《中国书法全集·祝允明卷》，荣宝斋出版社1993年版，第346页。

情，并谈及县志一事，该札云：

> 仆出县时猝猝，不能叙别，鄙怀已大不堪，敬承远饯郊，留连不舍，此自足下高义。然独见此，愚不能不愧，且感且叹重也。方拟大倾倒于省邸，然期前不遂，后不遂，果何为然邪？皆理之不宜有者，释氏谓缺陷世界诚然，然此叹何时而已也，适遣人便漫致此讯，岂能尽言。外县志一册附去，板在殷处，欲用可往问，南征稿亦寄去，其间多不足观……①

祝允明此后与这位张秀才应未再谋得一面，正德十五年（1520）正月，兴宁主簿来到广州，转呈一封张天赋致祝允明的书札，此札内容我们已不能尽知，根据祝允明的回信推测，当多与科举及道德文章相关。而祝允明拆观之后，亦顿时感慨良多，并致书以答，文章内容竟长达数千字，足见此时其心中对当下士风、道学之诸多不满情绪，这封长信也成为我们今天研究祝允明晚年思想的重要史料。他批判道学时言："然由仆论之，最非美者道学也。道学奚不美乎？为之非诚，其病不胜，故为不美之冠。"②如此言论，真可谓让人有耳目一新、振聋发聩之感。祝允明誉张天赋曰："幸足下务其实，毋尸其名。"直言时下为士者"高则诡谈性理，妄标道学，以为拔类；卑则绝意古学，执夸举业，谓之本等，就使自成语录，富及百卷，精能程文，试夺千魁，竟亦何用"③。他还批评晚宋以来科举之文曰：

> 今观晚宋所谓科举之文者，虽至为狷浇，亦且猎涉繁广、腐绮伪珍、纫缀扣镂、眩曜满眼。以视近时，亦不侔矣。其不侔者，愈益空欸。至于蕉萃萎槁，如不衣之男、不饰之女，甚若纸花土兽，而更素

---

① （明）祝允明：《与张天赋秀才书》，载《怀星堂集》卷十二，《文渊阁四库全书》电子版，上海人民出版社1999年版。
② 同上。
③ 同上。

第三章　祝允明主要交游考述

之，无复气彩骨毛，岂壮夫语哉？而况古之文章本体哉？而又况乎圣贤才哲为己之学之云哉？①

其辞若山洪之爆发，虽有偏激之嫌，然亦可见祝允明晚年推崇的乃经世致用的实际才能，提倡踏实的学风，其对时下士林华而不实之风的厌恶，也表露得痛快淋漓。明代官方以"述朱"为核心的思想、教育政策，不仅导致士人思想迂腐、僵化，而且在潜移默化中亦将士风引向空疏，祝氏之思想亦正是弘治、正德前后之几十年中，明代思想、文化界出现新变的一个反映。诚如祝允明对张天赋寄予厚望言"以平生所得一二继之，以极所望，不负心契"②。

---

① （明）祝允明：《答张秀才天赋书》，载《怀星堂集》卷十二，《文渊阁四库全书》电子版，上海人民出版社1999年版。
② 同上。

下 编

地域、风尚与祝允明的书学

任何一种文化现象的出现，必定基于政治、经济、思潮、风尚等诸多客观因素综合影响所致，书法艺术当然也不例外。明代中叶，以祝允明为代表的吴门书家群体在书坛的崛起，既有他们个人所必须具备的天资秉异、酷爱文艺等主观因素，更与吴门地区的文化传统的积淀与传承、政治上的相对自由、经济上的繁荣及当时的文艺环境密不可分。关于此，当代众多学者在论述明代中叶吴门书家群体或祝允明个人书学成就的成果中每有论及，并且不乏诸多真知灼见，值得笔者借鉴与学习。

　　上述某些问题，笔者于前文讨论祝氏生平、家世及交游时，也已有了一定程度的交待，下文则着重将祝氏置于南宋以降的江南地区，尤其是吴门区域文化变迁的大环境中进行考察，并结合时代风尚的嬗变来对祝氏书学作更进一步的研究。① 换句话说，本书即将要讨论的祝允明的书学观念及其成就，旨在将其放入南宋以来江南地区书法史发展的长线中考察，而非仅仅局限于其对明代前期书法发展的突破。我们将首先就南宋以降三百年左右的时间里，与江南地区书法艺术发展关系比较密切的相关问题进行一定程度的探讨，借此来彰显祝允明于书学一途对前代的继承和突破，以及历史地位与贡献。

---

　　① "江南"是个变动不居的概念，依据不同的划分标准，其地理范围则各不相同。单就字面而言，应指长江以南地区，然而在历史上，人们使用"江南"一词，却赋予它不同的地域内涵。从历史演变的情形看，"江南"无论是自然空间还是行政区域，都有一个由西到东、由大到小、由泛指到特指的变化趋势。南宋时期，随着政治中心转移到临安，同时太湖流域的水利、经济空前发展提高，人们观察"江南"的视野聚焦到以苏州、湖州、杭州为中心的太湖流域及附近地区。至于明清时期，随着太湖流域在全国经济文化重心地位的进一步提升，"江南"的空间指向也日渐明确为太湖流域。参阅徐茂明《江南的历史内涵与区域变迁》，载徐茂明《互动与转型：江南社会文化史论》，上海人民出版社2012年版，第3页。至于"吴门"，则是江南经济重镇苏州的别称，也称三吴、吴中、姑苏等，本书主要使用的"吴门"、"吴中"等概念，指向即为相同地域。

第四章 南宋以降江南地区文化及书法发展的阶段性特征

纵览中国书法史，无论是远及春秋战国时期的群雄争霸所致之地区差异、汉末西州书家群体、魏晋南北朝时江南的文人书法与北方的碑刻书法，还是近古宋元明清时期的书法艺术的发展，由于时空及信息交流方面的原因，地域性的发展特征与风格差异客观程度上一直存在，而其形成与演变也相当复杂。其实，再观人类文明史，非但书法，可以说所有的艺术风格皆有其必然之地域性特征，若建筑、文学、绘画、雕塑、戏剧等等，莫不皆然。

当然，以整个中国书法史而论，区域性也不是能永远维持其不变性。由于书法家和他们的书法作品都具有流动性，随着时间的推衍，区域性就会有所突破。如王羲之、颜真卿的书风几百年间遍及全国，甚至到达韩国、日本。再如现代人口的急速流动，以及印刷术的不断改良，其影响在今日业已遍及全球，随着当今信息化社会的加速，艺术创作的地域性特征终将逐渐泯灭。[1]

近二十年来，随着书法史研究的逐渐深入，以地域为视角或切入点的书学研究成果逐渐增多。比较有代表性论著主要有黄惇《从杭州到大都——赵孟頫书法评传》（上海书画出版社2003年版），傅申《书法的地

---

[1] 参阅傅申《书法的地区风格及书风的传递——以湖南及近代颜体为例》，载浙江博物馆编《中国书法史学国际学术研讨会论文集》，西泠印社2000年版，第373页。

区风格及书风的传递——以湖南及近代颜体为例》(《中国书法史学国际学术研讨会论文集》,西泠印社 2000 年版),唐锦腾《元末明初书法概论》(《中国书法史学国际学术研讨会论文集》,西泠印社 2000 年版),葛鸿桢《论吴门书派》(荣宝斋出版社 2005 年版),陈永正《岭南书法史》(广东人民美术出版社 1994 年版),林亚杰、朱万章主编《岭南书学研究论文集》(广东人民出版社 2004 年版),蔡清德《十五至十六世纪金陵书法的区域性考察》(博士学位论文,南京艺术学院,2008 年),张佳杰《明末清初福建地区书风探究——以许友为中心》(硕士学位论文,台湾大学,2002 年),刘洋名《笪重光(1623—1692)及京口地区的收藏与书风研究》(硕士学位论文,台湾大学,2004 年),衡正安《镇江古代书家研究》(天津人民美术出版社 2005 年版),吴慧平《魏晋南北朝时期书法文化地理研究》(博士学位论文,中山大学,2003 年)等。

徐茂明还曾撰文论述江南苏州文化发展的阶段性特征,认为从先秦到 19 世纪中叶,苏州先后成为江南地区的政治中心与经济中心、文化中心,苏州文化始终主导着吴文化的发展方向。本书在此要讨论的,主要是南宋以降至明代中叶这段三百年左右的时间里,江南地区以苏州为中心的书法发展的历史背景及相关话题。①

第一节 从杭州到苏州:文艺中心的转移

宋钦宗靖康二年(1127),北方女真族建立的金国大兵南下中原,占领了北宋都城汴京(今河南开封),徽宗、钦宗父子被俘并押解至北方,北宋就此宣告灭亡;同年五月,徽宗之子康王赵构在南京(今河南商丘)即位,改元建炎,建立了南宋政权。之后,南宋朝廷又在金兵势如破竹

---

① 参阅徐茂明《区域交往与苏州文化发展的阶段性特征》,载徐茂明《互动与转型:江南社会文化史论》,上海人民出版社 2012 年版,第 36 页。

第四章 南宋以降江南地区文化及书法发展的阶段性特征

的压迫之下，不得不继续南迁，终定都于临安（今浙江杭州）。这一天崩地坼的大事件，给当时国家的政治、经济、文化都带来了极大的创伤与转变。

高宗赵构南渡后，国家的政治中心转移到了江南地区，随之而来的是成千上万的中原民众也纷纷南下。有学者统计，宋室南迁前后，由北方南迁的人口大约在150万—200万。这些南迁的人口最集中的就是以太湖流域为中心的两浙地区，正如《宋史·郑毅传》中所言："天下贤俊多避地吴越。"这一系列的条件使得南宋时期中国文化重心的彻底南移。此时南方的文学成就，北方已难望其项背；哲学为南方人的天下，北人几无立足之地；地理学也以南方为中心；史学则南方远胜北方；美术中的书画、建筑等，更以南方为特盛。[①] 而南宋都城临安即杭州，无疑又是这一文化重心中之中心，在南宋政权维持的一百五十余年的时间里，此地成为数代士大夫贵族的生息之地。南宋文人林升的那首名诗："山外青山楼外楼，西湖歌舞几时休。暖风熏得游人醉，直把杭州作汴州。"其描述当为南宋政权、经济稳定之后都城临安的景象。

13世纪初，以成吉思汗为首领的蒙古贵族迅速崛起，先统一蒙古各部，后相继灭掉西夏与金国，占据中原，继而向南进军，势不可挡。宋度宗咸淳七年（1271），成吉思汗孙子忽必烈登位，取《易经》乾元之义，改国号大元，定都大都（今北京），至元十六年（1279）灭南宋，统一中国，结束自宋代开国以来三百年左右国内各个政权并存的局面。

元以后，由于政府对士人并不重视，文人大多专注文艺，而作为南宋旧都的杭州，则延续着江南文化重镇的地位。元政府曾两次设杭州为江浙行省等处的行政首府，统辖范围包括今江苏南部、浙江、福建及江西、安徽部分地区。因此南方士人仍多以杭州为据点，其中有数位领风骚于一时的书画家和收藏家，如赵孟頫、鲜于枢、周密、仇远、白珽、牟巘、牟应

[①] 参阅徐茂明《区域交往与苏州文化发展的阶段性特征》，载徐茂明《互动与转型：江南社会文化史论》，上海人民出版社2012年版，第45页。

龙、方回、戴表元、邓文原、郭天锡、乔篑成、高克恭等人。他们延续着宋代汉人的生活方式,观书赏画,赋诗唱酬,品鉴把玩,形成了以杭州为中心的文化圈,赵孟頫即以其显赫的地位及超群的艺术才能成为杭州文化圈的主导人物。赵孟頫之后,隐居杭州的赵孟頫弟子张雨(1283—1350)成为杭州文化圈的核心人物,这时的杭州,集中了许多著名文人和书画家,与张雨来往密切,如陈旅(1287—1342)、黄溍(1277—1357)、张翥(1287—1368)、李祁(1299—？)、杨维桢(1296—1370)、危素(1303—1372)、康里巎巎(1295—1345)、黄公望(1269—1354)、倪瓒(1306—1374)、吴叡(1298—1355)、俞和(1307—1382)等。他们或在杭州定居,或来往于苏松地区,文艺活动频繁,并带动了比邻苏松地区的文化亦渐趋繁荣。

至正十一年(1351)八月,彭莹玉、邹普胜、徐寿辉在蕲、黄间领红巾军起义,十月,蕲州罗田(今属湖北)的徐寿辉在蕲水称帝。次年三月,徐寿辉部将项普略、彭莹玉攻克饶州(今波阳)、徽州、信州(今上饶),七月,项普略等从昱岭关(今杭州临安区西的皖浙交界)进克杭州。红巾军在城中称弥勒佛出世以惑众,招民投附,不杀不淫。元将董抟霄从濠州奔援江南,袭陷杭州,项普略、彭莹玉战死。元军"举火焚城,残荡殆尽"①,于是,浙江文人纷纷躲避战祸,如金华的胡翰(1307—1381),见天下大乱,遂隐居长山不出。青田的刘基《旅夜》诗"客愁常突兀,今夜灯花生"之句很能表达元末战乱频繁,文人在旅途中心绪起伏不定的情形。② 战乱由杭城向江淮地区蔓延,而苏松地区并无大的影响。此地经济富庶,延续着南宋以来的文化渊源,不少文士迁徙进来,寄情于艺文,逃离连绵的战火。如浙江黄岩的陶宗仪,即"避兵三吴间,有田一廛。家于松南,作劳之暇,每以笔墨自随,时以辍耕,休于树阴,抱膝而叹,鼓腹而歌"③。他

---

① (元)陶宗仪:《南村辍耕录》卷二十八《刑赏失宜》,中华书局1959年版,第355页。
② 刘基(1311—1375),字伯温,为明开国功臣,明代著名诗人。《旅夜》诗共四首,此为其第三首。原诗为"客愁常突兀,今夜灯花生。虽知无喜报,愁亦暂时平。解襟成独寝,留灯待天明,喜固不可求,客心恒畏愁",诗中无愁即喜的曲折心理,正是元末战乱给人们造成的影响。
③ (元)陶宗仪:《南村辍耕录》之孙作《序》,中华书局1959年版。

第四章　南宋以降江南地区文化及书法发展的阶段性特征

的《南村辍耕录》三十卷正是此期写成。

至正十六年（1356）张士诚据吴时，苏州地区时局稳定，张氏礼贤下士，对文人待遇优厚，如《元史·文苑传一》中所说的："士诚据吴，颇收召知名士，东南士避兵于吴者依焉。"杭州地区的文人流寓吴中，杭州所凝聚的文艺力量及发展起来的书画风尚，亦带入吴中，于是苏州取代杭州成为新的文艺中心。除杭州文人外，外地文人亦不断到苏松地区避兵。如江阴的王逢在元末迁徙至松江，"筑草堂于松之青龙江上，以吟咏自娱"[1]。并与杨维桢、陶宗仪等隐逸之士交好。杭州文人和外地文人不断迁入苏松地区，促进了这一地区文化的进一步繁盛。

元代末期，以苏州为新的文艺中心的松江、昆山、无锡等江南诸地，名家交游往还、诗歌唱酬、书画鉴藏等各种文化活动频繁，诚如台湾学者石守谦所论述的那样："创造了个不安定时代所能想象到的最为蓬勃的文化景观。"[2] 从至正八年（1348）到至正十六年（1356），流寓苏州的外地文人和苏州本地文人的活动主要集中体现在昆山顾瑛的"玉山草堂"之中。玉山草堂"园池亭榭，饩馆声伎之盛，甲于天下，四方名士若张仲举、杨廉夫、柯九思、李孝光、郑明德、倪元镇，方外若张伯雨，于彦成琦元璞辈常主其家，日夜置酒赋诗"[3]。李祁序《玉山名胜集》称："四方之来与朝士之能为文辞者，凡过苏必之焉。"[4] 玉山草堂的大小雅集达五十余次，顾瑛编《草堂雅集》十三卷收入雅集者凡七十余家，诗凡千余首，雅集虽以诗文酬唱为主，但雅集者多擅书画，除上述人物外，还有如张

---

[1]（元）王逢：《梧溪集》之周伯琦《序》，《丛书集成初编》本，中华书局1985年版。
[2] 参阅石守谦《〈雨余春树〉与明代中期苏州之送别图》，载《风格与世变：中国绘画十论》，北京大学出版社2008年版，第246页。
[3]（清）顾嗣立编：《元诗选》初集卷六十四《玉山主人顾瑛》，《四库文学总集选刊》第二册，上海古籍出版社1993年版，第660页。顾瑛（1310—1369），字仲瑛，别字阿瑛、德辉，号金粟道人，筑玉山草堂，聚四方名士，诗酒唱和，名闻东南，张士诚义军占领吴中后，曾两次拒张氏之招，尝自题小像"儒衣僧帽道人鞋，天下青山骨可埋"，又有"爱汝玉山草堂静"，都表明其归隐思想。
[4]（元）李祁：《草堂名胜集序》，载顾瑛辑《玉山名胜集》上册，中华书局2008年版，第7页。

鬻、郭翼、顾瑛、于立、周砥、张简、殷奎、陈基、秦约、陆仁、卫仁近、袁华、张渥、顾敬、聂镛、熊梦祥、卢熊、王蒙、朱珪、谢应芳、杨基、高逊志，缪侃、李元珪、王祎、赵原、黄溍、高明、王冕等。玉山雅集中，顾瑛、倪瓒、杨维桢扮演着重要的角色，带动了苏松文坛的勃兴。如王世贞所说："吾昆山顾瑛，无锡倪元镇，俱以猗卓之姿，更挟才藻，风流豪赏，为东南之冠，而杨廉夫实主斯盟。"① 因此可见，顾瑛虽为玉山草堂主人，然取代张雨领袖文坛的，当为杨维桢，他的思想在元末直至明初苏州一带产生了深远的影响。

元代末年苏州地区文艺活动除了"玉山雅集"引人注目外，以高启为首的"北郭雅集"亦十分活跃。高启（1336—1373）与杨基（1326—?）、张羽（1333—1385）、徐贲（1335—1380）称四杰，又与王行、徐贲、高逊志、唐肃、宋克（1327—1387）、余尧臣、张羽、吕敏、陈则号"北郭十友"，另外尚有周砥、杜寅、张宪等人也经常参与他们的雅集。高启赠唐肃诗序曾云：

> 十余年来，徐幼文（贲）自毘陵，高士敏（逊志）自河南，余唐卿（尧臣）自永嘉，张来仪（羽）自浔阳，唐处敬（肃）自会稽，各以故居吴，于是北郭之文物遂盛矣。②

"北郭雅集"自至正十一年（1351）始，历时十年，"以诸州之秀，萃于一乡"，"或辩理诘义以资其学，或赓歌酬诗以通其志，或鼓琴瑟以宣堙滞之怀，或陈几筵以合宴乐之好"③。他们这群人亦皆多擅书画，推动了苏州地区书法的发展。

元末苏州地区蓬勃发展的文艺局面到了明王朝成立后，原张氏所占据

---

① （明）王世贞：《艺苑卮言》卷六，《弇州四部稿》卷一百四十九，《文渊阁四库全书》电子版，上海人民出版社1999年版。

② （明）高启：《送唐处敬序》，见《凫藻集》卷二，《文渊阁四库全书》电子版，上海人民出版社1999年版。

③ 同上。

第四章 南宋以降江南地区文化及书法发展的阶段性特征

的苏州地区被采取了空前的钳制政策,该地域的文人亦被朱元璋迁怒于张士诚,遭受到猛烈的打击和各种迫害。明初吴中文艺界遂有一度沉寂之势,苏州文化发展亦陷入低潮,这种状况到明中期政治环境的放宽才恢复以往的活力。即便如此,仅就书法而言,苏州地区因其深厚的文艺积淀,还是代不乏人,书家辈出。黄惇先生在其所著《中国书法史·元明卷》中对明代洪武至成化年间的主要台阁书家作一统计表,人数共为96人,而笔者从中发现,这批人里为苏松籍贯的书家竟然有35人,占三分之一多。[1]由此,似亦能得窥该地区书法艺术的发展实在有着深厚的传统基础。

元代后期江南地区以苏州为中心的文化圈的重新建立,无论是"玉山雅集"还是"北郭雅集",诗文书画仍然为他们活动的主要内容。而此无疑又为明代中叶吴门文化的再度繁荣奠定了极为坚实的历史基础。他们的文艺观念和生活方式对该地域的后人不仅仅具有启迪和示范的意义,甚至在文、祝等人的身上都比较明显地体现了文化发展的地域性的历史传承特征。到了明代中晚期,江南地区乡邦师友结社唱和的风气日盛,成为文士活动的一大景观,并直接带动该地域文人社群的崛起,其滥觞应该正是在上述南宋以降这段历史时期。

第二节 道统与世俗之间:从士商关系的渐变看江南地区文士风尚

如果说社会的动荡、政权的更迭,迫使一个国家的政治中心、文化中心不自主地变动迁移,同时使得士人的精神状态也在悄然发生改变,而一个时期或一个地域的经济状况,往往也决定着新的文化中心的生命力是否可持续发展,并会影响其发展动向。正如19世纪法国文学艺术史家丹纳所

---

[1] 参阅黄惇《中国书法史·元明卷》之"明洪武至成化年间主要台阁书家一览表",江苏教育出版社2001年版,第217页。

说："要了解一件艺术品,一个艺术家,一群艺术家,必须正确设想他们所属的时代的精神和风俗概况。这是艺术品最后的解释,也是决定一切的基本的原因。这一点已经由经验证实,只要翻一下艺术史上各个重要的时代,就可看到某种艺术是和某些时代精神与风俗情况同时出现,同时消灭的。"① 苏州作为元明时期江南乃至全国的文化中心,其影响力不仅仅表现在上层社会的诗文书画等雅文化,还表现在经济的繁荣及士人日常生活中的各种观念。

一 士商亲融 异业同道

很多经济史、文化史著作论述了明代中后期商业发展与商人逐渐赢得社会尊敬,继而说明经济的繁荣及商人对文化发展带来了深刻影响的历史事实,此当然无可非议,然若作进一步深入研究,又可发现这一现象其实于宋代已露端倪。迨及元代,江南地区士商之间的关系已是相当亲密和融洽,而明代中叶士商关系的发展变化,实为承宋元之绪,并有了更进一步的突破。

中国历史传统"士农工商"四民观的等级划分可谓根深蒂固,不论先秦,最起码自秦汉以降,"重农抑商"的社会发展特点,使得商人的社会地位一直比较低下。而迨及北宋,商业的加速发展,使得社会风尚较之以前发生了变化,对传统的"义利观"产生了冲击,士商界限开始逐渐变得模糊,士商关系亦随之悄然发生了一些改变。个中原因,史家每引清人沈垚在《费席山先生七十双寿序》中所说的那段话来佐证:

> 宋太祖乃尽收天下之利权归于官,于是士大夫始必兼农桑业方得赡家,一切与古异矣。仕者既与小民争利,未仕者又必先有农桑之业方得给朝夕,以专事进取,于是货殖之事益急,商贾之势益重。非父兄先营事业于前,子弟即无由读书以致身通显。是故古者四民分,后

---

① [法]丹纳:《艺术哲学》,傅雷译,人民文学出版社1963年版,第7页。

第四章　南宋以降江南地区文化及书法发展的阶段性特征

世四民不分。古者士之子恒为士，后世商之子方能为士。此宋、元、明以来变迁之大较也。①

沈垚认为宋以来的"士"多出于商人家庭，虽失之笼统，但从某种程度上说，也的确反映出宋元明以来，士商合流已成为引人瞩目的社会现象，且逐渐为世俗所接受。另外，我们从传世的北宋名迹《清明上河图》似亦能窥其时城市商业的繁荣程度，士商关系从北宋时已发生变化恐并非沈氏主观上的臆断。

史载南宋大儒朱熹的外家祝氏善于经商，"世以资力顺善闻于州乡，其邸肆生业几有郡城之半，因号'半州祝家'"②，朱熹曾为号称"半州祝家"的外祖父祝确立传，丝毫不为祝确的商人背景讳，可见他并不排斥商贾。有研究者依据朱熹曾经刻书出售以赚取利润的事实，认为在朱熹本人的身上也体现了士商合流的趋势，是可信的。③ 当然，在与朱熹同时代的陆游身上，我们似又看到不同的状况，其在《家训》中就郑重叮嘱："子孙才分有限，无如之何，然不可不使读书，贫则教训童稚以给衣食，但书种不绝足矣。若能布衣草履，从事农圃，足迹不至城市，弥是佳事。……仕官不可常，不仕则农，无可憾也。但切不可迫于食，为市井小人之事耳，戒之戒之。"④ 陆游对经商的看法和态度，亦可视为其时文人价值观的普遍反映，同时足见两宋时期商人的地位虽有了变化，然在深厚的传统观念及强大的社会舆论面前，处于"四民之末"的商人显然还无力打破积淀已久的世俗偏见。

到了元代，随着商业经济的进一步发展，商人的地位开始缓慢提升，士商关系逐渐变得比较亲融，甚而发生了历史性的转折。江南地区作为全国经济的中心区域，在这一方面所体现出的风尚当然亦比较明显。早在南

---

① （清）沈垚：《费席山先生七十双寿序》，载《落帆楼文集》卷二十四，吴兴嘉业堂刊本。
② （宋）朱熹：《外大父祝公遗事》，载《晦庵集》卷九十八，《文渊阁四库全书》电子版，上海人民出版社1999年版。
③ 参阅李泽纲《徽商述略》，载《江淮论坛》1982年第1期。
④ （明）叶盛：《水东日记》卷十五"陆放翁家训"条，中华书局1980年版，第150页。

下编　地域、风尚与祝允明的书学

宋时期，随着政治、文化的重心的南迁，江南地区经济遂亦得到迅猛发展，成为整个国家的中心，都城临安（今杭州）与苏州甚而在民间赢得了"天上天堂，地下苏杭"的赞誉。顾颉刚先生曾言："自隋炀开运河，苏州已趋繁荣，惟以唐代都长安，相去太远，联系不紧，故不能太盛。自钱镠国吴越，北宋都汴梁，南宋都杭州，物资取给于苏州者日多，故末世遂驾唐而上之矣。"① 入元以后，江南政治核心区的地位虽然丧失，但作为故宋的统治腹地，其天下财富之辐辏的经济地位并未发生大的变化。陈建华先生在其所著的《中国江浙地区十四世纪至十七世纪的社会意识与文学》一书中认为，元末江浙地区由于商业经济的繁荣，商人在社会生活中显示其重要作用，文士在厌弃政治现实与传统道德的心理驱使下，向商人和市民社会靠拢，遂使士商关系出现变动，并形成一种历史趋势，这种关系在明清时代得到了进一步发展。②

前文提及的元末江南文士"玉山雅集"的主人顾瑛，即是一位有儒商双重身份的人物，而当时江南另一位著名画家，后被祝允明等吴中人士极尽推崇的倪瓒，也曾经营过商业，至于其晚年卖去田产，不作富翁，大抵靠卖画已足够维持生计。如果说顾、倪二人的身份首先应为文人，而元末另一位巨富陈彦廉，则是一位靠海外贸易致富的纯商人，其原籍泉州，后迁居太仓，交往多一时名流，江南名士倪瓒、黄公望、张昱、徐一夔、张宣、袁华、朱右、高启、王彝、王行、释道衍、张适等都曾为他题诗赠画，此可充分说明当时文士与商贾之间关系的亲密。③ 元末江南文士对商人的态度，已经突破了传统四民观的局限，袁华即曾赋诗讥讽"胸蟠万卷不疗饥，谁言工商为末技？"④ 对传统置"工商"为末位的四民观提出责难。另若杨维桢歌咏盐商："人生不愿万户侯，但愿盐利淮西头。人生不

---

① 顾颉刚：《苏州史志笔记》，江苏古籍出版社1987年版，第105页。
② 陈建华：《中国江浙地区十四世纪至十七世纪社会意识与文学》，学林出版社1992年版，第77页。
③ 参阅彭茵《元末江南文人风尚与文学》，博士学位论文，南京师范大学，2006年。
④ （元）袁华：《送朱道原归京师》，载《耕学斋诗集》卷七，《文渊阁四库全书》电子版，上海人民出版社1999年版。

第四章　南宋以降江南地区文化及书法发展的阶段性特征

愿万金宅，但愿盐商千料舶。大农课盐析秋毫，凡民不敢争锥刀。盐商本是贱家子，独与王家坼富豪。"① 足见其时商人地位之显赫。他还在《游庵记》中言：

> 古者四民各有所处，士处闲燕，工处官府，商处市井，农处田野。②

杨维桢的排列无意间反映出当时社会对四民地位高下的一般看法，与袁华的观点是比较一致的。

若言元末时期的商人势力的发展还是初步的、局部的状况，那么到了明代，尤其中期以后，随着商品经济的空前发达，商人阶层已形成一股新兴的社会力量，深深地渗透于社会的政治、经济、文化等多个层面当中。尤其是对于中国特殊的历史文化背景而言，商人阶层的社会地位的提高和物质优势的展示，有力地冲击着儒家关于"重本抑末"、"崇义绌利"等传统思想，使得人们人生的价值取向出现种种新的动向。反映在哲学领域，王守仁即曾说：

> 古者四民异业而同道，其尽心焉，一也。士以修治，农以具养，工以利器，商以通货，各就其资之所近、力之所及者而业焉，以求尽其心。其归要在于有益于生人之道，则一而已。③

上述所谓"异业而同道"，即指出士农工商只是因分工不同造成社会角色的差异，而没有高下之分，王守仁的这一观点较之元人而言，无疑又更进一步，直入社会心理和文化意识的本体，当时这种观点也已为很多江南士

---

① （元）杨维桢：《盐商行》，载《铁崖古乐府》卷五，《文渊阁四库全书》电子版，上海人民出版社1999年版。
② （元）杨维桢：《东维子集》卷二十一，《文渊阁四库全书》电子版，上海人民出版社1999年版。
③ （明）王守仁：《节庵方公墓表》，载《王阳明全集》卷二十五，上海古籍出版社1992年版，第941页。

下编　地域、风尚与祝允明的书学

人所认同。

事实上，明代弘、嘉前后，士、农、工、商的界线在有的地方，有的人身上，已经开始消失。如祝允明的挚友唐寅、王宠等，本即为市井小商人家庭出身，祝允明的妹夫史臣、友人谢雍等，也乃靠经商为生，而沈周、祝允明、唐寅、文徵明、仇英等吴中文人书画家，他们或终生未仕，或短暂出仕，其日常的生活主要当靠卖字、卖画、卖文来维持，皆直接或间接与商人、商业活动有着很多联系。关于这一点，史载文献之记述亦颇多，姑以祝允明为例：

> 凡书各有稿，体式不同，如一之字，则千万为态，变化弗拘。由选举广东某县令，于是书学愈进，恒作老树交萝翔鸟斗兽飞龙腾蛇之状，得一卷者即售于市，伪作者有数家焉，或可以厚获直金也。吴郡文艺冠天下，而首可征其实者，枝山耳。郡守南岷王公，清素如贫士，眇忽无取于官，私衙至严冬不炉，而独爱枝山书，购一卷，随装以去，曰："琴鹤不如也。"①

> 弘治戊午，太仓建州成。巡抚彭公礼曰："不可无书，然书所以垂后，必得祝允明。"允明有一黑貂裘，欲市去。或曰："青女至矣，何故市之？"允明曰："苍头不言，我何以识。"②

李诩《戒庵老人漫笔》卷一"文人润笔"条，也提到祝允明等文人卖文事：

> 嘉定沈练塘龄闲论文士无不重财者，常熟桑思玄曾有人求文，托以亲昵，无润笔。思玄谓曰："平生未曾白作文字，最败兴。你可暂

---

① （明）杨循吉：《吴中往哲记》，《四库全书存目丛书》史部之89册，齐鲁书社1997年版。
② （明）阎秀卿：《吴郡二科志》，载沈节甫纂辑《纪录汇编》卷一百二十一，上海商务印书馆1938年版。

第四章 南宋以降江南地区文化及书法发展的阶段性特征

将银一锭四五两置吾前,发兴后待作完,仍还汝可也。"唐子畏曾在孙思和家有一巨本,录记所作,簿面题二字曰:利市。都南濠至不苟取,尝有疾,以帕裹头强起,人请其休息者,答曰:"若不如此,则无人来求文字矣。"马怀德言,曾为人求文字于祝枝山,问曰:"是见精神否?"(原注:俗以取人钱为精神)曰:"然"。又曰:"吾不与他计较,清物也好。"问何清物,则曰:"青羊绒罢。"①

上述几则材料,只是祝允明等吴中文人鬻书画卖文字的一个缩影,在他们个人的文集中还留存有许多为商人所撰的《墓志铭》以及相关诗文。从上述材料同时也能看出,他们的作品作为商品交换的价值,随意性很大,这些随意性,往往受着各自立身处世准则、兴趣、生活状况的好坏等诸多因素所左右,而不是完全依据其作品的艺术价值和市场需求来决定。祝允明、文徵明等吴中文人接受了商人牟利的观念,正因为这一点,他们与商人为友,与市民往来,其许多行为也与商人、与市民并无区别,而他们的人生取向无疑更趋于世俗化一些。

从艺术社会学的角度来讲,宋元以降到明代中叶,商品经济的逐步发展及士商之间关系所发生的各种渐变,对艺术发展所带来的影响无疑是多个层面的。一是商人们对文化、艺术的爱好和需求,使得文人艺术家得到了发挥才能的机会,同时也为他们提供了物质基础,从这个层面讲,他们的关系也应是对等的,正所谓"异业而同道";二是商人与士人之间关系的亲融,使得这些商人往往成为文人、艺术家的赞助者,新的文艺典范的影响者和参与者,换句话说,由于商人的参与及文人对商人观念的改变,文人艺术家的创作内容、形式甚至审美情趣,都有可能受到一定程度的影响;三是在艺术家和商人的双重推动下,艺术经济亦随之蓬勃发展,艺术市场得以愈加繁荣,艺术家与商人互相利用,各取所需,名家的艺术应酬作品顺势逐渐增多,而名家作品的鉴藏、作伪等

---

① (明)李诩:《戒庵老人漫笔》卷一,中华书局1982年版。

下编　地域、风尚与祝允明的书学

风气当然亦益盛。

如果以上述层面的影响，来观照这一时期书法的发展，暂且不论书风、观念等方面的内容，仅从书法形式的变化来看，恐很难说与之完全没有关联。元代后期到明代前中期，书法的样式有了空前的发展和突破，在这一时期以前，文人书法的样式主要为手卷和册页，间有团扇、条幅等，而从元代后期，尤其是明代开始，手卷发展为高头长卷，团扇外又增加折扇，传统的条幅和中堂样式逐渐展大为高堂大轴，再到后来对联亦开始出现，我们今天所能见到的书法样式大体完备。为什么会如此呢？这与商品经济的发展及士商文化之间到底有什么样的关系呢？

笔者以为，艺术品作为一种文化商品，每一种新的样式的出现，除了为文人艺术家内心深处的自我审美诉求所导致外，与社会的整体需求、经济、文化层面的清玩风气当密不可分。大约自元末开始，因商品经济的繁荣，职业性的文人书画家开始出现并逐渐增多，如"只把梅花索高价"的王冕，以画墨梅著称，隐居于绍兴城郊，"求者肩背相望，以缯幅短长为得米之差"[1]。高士倪瓒则"雅趣吟兴，每发挥于缣素间，苍劲妍润，尤得清致，奉币贽求之者无虚日"[2]。吴鹏曾就折扇文化在明代盛行作了仔细的考察，并指出扇面书法应酬烈甚于前的原因，其指出商品的流通自然带动整个社会的流动，进而推动了人际交往的频繁，应酬日渐增多，同时也愈加考究，而由明代中前期以来就已开始为众人所使用的折扇，自然也容易成为充当这种文化中介的角色。[3] 至于元末至明代高堂大轴书法的盛行，除却家居环境布置的需要，书家所书写大幅书法，若按尺幅和效率论价，当更易谋利，亦应是不争的事实。

---

[1] （明）宋濂：《王冕传》，载《文宪集》卷十，《文渊阁四库全书》电子版，上海人民出版社1999年版。

[2] （元）周南老：《元处士云林先生墓志铭》，载《清閟阁全集》卷十一，《文渊阁四库全书》电子版，上海人民出版社1999年版。

[3] 参阅吴鹏《晚明士人生活中的书法世界》，博士学位论文，南京艺术学院，2008年。

第四章 南宋以降江南地区文化及书法发展的阶段性特征

二 依隐玩世 崇尚真率

中国历代都不乏隐士文人，三代时即有巢父、许由、卞随、务光等，后来春秋战国时期隐逸文化被进一步发扬光大，老庄无疑是隐逸文化集大成的代表，形成中华文化独到之道家文化，到了六朝时期的陶渊明、陶弘景等人更是家喻户晓、耳熟能详的隐士文人。促使历代一些文人退隐的原因，尽管各种各样，如不能入仕，或入仕后畏于艰险，或因家破人亡、在人生道路上遭受重大打击等等，但其归隐后则大多遵循老庄和释家的出世思想，不愿担负任何社会的义务，而以强烈的个体精神，追求自己的自由向往。隐士文人的诗文书画因此涂上了浓厚的出世色彩，他们多以超脱、清逸、放怀不羁表现自己的人生追求，畅情写意、不求形似、强调个性则成为他们最重要的审美观。

赵宋政权为蒙元替代之时，江南地区的许多文人即退隐而不仕，闭门著书，乐游山水田间，比较有代表性的如郑思肖、周密、谢翱等人。元书坛领袖赵孟頫，初亦为隐逸之士，程钜夫受元世祖忽必烈的派遣数下江南搜访遗逸，赵孟頫则被三次推荐方出仕。尽管如此，在赵氏入仕的次年，便有归隐之心，并悔恨出山，以后那种欲仕欲隐的矛盾心态则始终伴随了他的一生。赵孟頫的书法虽不可避免的有一种贵族的色调，然其追求晋韵、典雅而秀逸的风格，其中实也隐藏着其憧憬隐逸生活的内质。①

元代后期，由于政治、社会环境的动荡，以及经济的发展、士商关系的亲融及文人心理趣尚的改变，江南地区出现了一批非常有代表性隐士文人，如吴镇、杨维桢、陆居仁、倪瓒等。在他们的身上和文艺作品中，既有传统隐逸文化之特质，同时又赋予了一定程度的不同于既往的新的时代内涵。元代后期江南地区文人隐逸的生活方式并不完全同于中国历史上早

---

① 参阅黄惇《中国书法史·元明卷》之"赵孟頫生平及思想"，江苏教育出版社2001年版，第13页。

期文人的"苦隐",他们往往过的是有佳境与良朋的隐居生活。如果说离群索居式的纯粹隐遁还属于符合传统的规范化生活方式,那么,伴随雅集而凸显出来的"市隐"的生活样态,已经成为此时江南众多文人一种重要的价值取向和生活方式。

元末江南一带士风的一个明显特点即为道德的成分在淡化,物欲的要求与享乐思想在滋长,正从宋儒"存天理、去人欲"的精神枷锁中挣脱出来,回归到人的自身。隐逸文化和士风有了很大的转变。究其原因,商人阶层应该是起到了某种催化剂的作用。[①] 如富商顾瑛主持的"玉山雅集"中,诗文书画、清谈等当然是文士雅集的主要内容,但是他们似乎又并不排斥市井文化且乐于接受积极参与,诗文作品中的表述更接近人性的真实,而较少伦理掩饰。即便像倪瓒那样被后世构建为隐逸绝俗的"高士",其日常生活中也时常陶醉于宴集之乐当中,若张羽即称其:"门车常自满,尊酒无时空。乘兴写沧洲,古人未为工。"[②] 如果将顾瑛主持的"玉山雅集"和魏晋名士的"兰亭"集会相比较,他们身上则显然多了许多世俗化的特征。顾瑛有一首诗云:

> 高堂梧与竹,霭霭排空青。琼飚忽飞来,落我生色屏。为君燕坐列绮席,吴歌赵舞双娉婷。菰香翠缕雪齿齿,蔗浆玉碗冰泠泠。人生良会不可遇,况复聚散如浮萍。分明感此眼前事,鬓边白发皆星星。华亭夜鹤怨明月,何如荷锸随刘伶。中山有酒十日醉,汨罗羁人千古醒。葡萄酒,玻瓈瓶,可以驻君之色延君龄。脱我帽,忘吾形,美人听我重丁宁。更借白玉手,进酒且莫停。酒中之趣通仙灵,吹月声玲玲,与尔同蹑双凤翎。[③]

[①] 参阅陈建华《中国江浙地区十四世纪至十七世纪社会意识与文学》,学林出版社 1992 年版,第 83 页。

[②] (元)张羽:《题云林竹枝》,载《清閟阁全集》卷十二,《文渊阁四库全书》电子版,上海人民出版社 1999 年版。

[③] (元)顾瑛辑:《玉山名胜集》上册,中华书局 2008 年版,第 181 页。

第四章 南宋以降江南地区文化及书法发展的阶段性特征

细读此诗,感觉似比盛唐诗仙李白的《将进酒》更为放纵不羁,李白毕竟还高声吟叹"天生我材必有用",言语之间并未丧失用世之志。而顾瑛诗中所表现出完全是一种及时行乐的世俗之想,袒露了人的自然的欲望,甚而对陆机、屈原等先贤的生活道路在价值观上彻底否定。我们认为,这种文化心理也应该是元末江南文人的普遍性特征,从本质上说乃是一种"依隐玩世"的人生心态。而元末江南文人的这种心态,导致了他们在文艺创作中崇尚主体情性的表露,追求真率的艺术风格。就书法而言,无论是吴镇的萧散古淡、杨维桢的奇古冷峭,还是倪瓒的清古瘦劲、苍润姿媚,若以清人所言"尚态"观之,恐又不唯笔墨形构之态,更多的是其人生与审美趣尚的直接体现。

入明后,朱元璋的酷政使得江南吴中地区文人的生存环境受到了空前的钳制,很多文人甚而被迫害致死,情形惨烈,许多江南文人为求自保,纷纷退隐。然而,这种与时政不合作的态度与消极的逃避,同样引起朱元璋的猜忌,其在诏诰中怒言:"率土之滨,莫非王臣。……寰中士夫不为君用,是外其教者,诛其身而没其家,不为之过。"[①] 江南文人被置于一种出处皆危的窘境,无论是出仕还是退隐都不安全。

尽管如此,该地域仍有部分文士力求保持元末那种风雅蕴藉的传统,崇尚隐逸自娱的士风。若沈周的祖父沈澄,即对元末顾瑛等人充满追怀并效仿之,其"恒著道衣,逍遥池馆,海内名士,莫不造门。居相城之西庄,日数筵酒食以待宾客,饮酒赋诗,或令人于溪上望客舟,惟恐不至,人以顾玉山拟之"[②]。沈澄晚年之时"因观元人顾仲瑛玉山雅集图","想象其人物与其景趣,移入丹青,曲极其妙,题曰西庄雅集图"[③]。他把元末的雅集题材绘画直接引入吴门画家群体中,参与群体的构成也与玉山雅集亦颇为相似。沈周的父亲沈恒、伯父沈贞亦善诗文工绘画,然皆不乐仕

---

① (明)朱元璋:《大诰二编·苏州人材第十三》,载《全明文》卷三十一,上海古籍出版社1992年版,第706页。
② (清)钱谦益:《列朝诗集小传》乙集,上海古籍出版社1982年版,第217页。
③ (明)杜琼:《西庄雅集图记》,《吴都文萃续集》卷二,《文渊阁四库全书》电子版,上海人民出版社1999年版。

进。沈周终生隐于吴中，以文艺自娱，既为其家风之影响所致，亦是该地域自元末以来人、文、地、景、产等各方面条件汇聚的时代产物。姜绍书在《无声诗史》中描述沈周游戏自适的生活方式曰：

> 先生世其家学，精于诵肄，自坟典丘索以及百代杂家言无所不窥，一切世味，寡所嗜慕，惟时时眺睨，揽撷云物，洒翰赋诗，游于丹青以自适，追踪晋唐名家，及宋元而下，无弗探讨。山水则与董源、巨然、黄子久、梅花道人，尤善出蓝之美，王元美称先生画为国朝第一，文徵仲亦称吾石田为神仙中人云。①

从上述文字可以看出，沈周醉心艺苑的隐逸生活，其精神世界无疑是极为丰富的。沈周后被列入《明史》"隐逸传"中，可能出于沈周是那段历史中吴门最为典型文化性格的旗帜式的领袖和代表人物。其实，在与沈周同时代的吴中文人群体中，许多士人的人生价值取向与之大体相似。若沈周的亲家史鉴（1433—1496）亦是位大隐士，其恪守祖训坚决不肯出仕，然"其学与书无所不读，而尤熟于史论"②。年龄上比沈周稍小一点，与沈周、祝允明、唐寅等私交皆很密切的朱存理（1444—1513），亦"不业仕进，又不随俗为廛井小人之事，日惟挟册呻吟以乐"，"性闲慢，待人无钩距，晚岁嗜酒婆娑，益事闲旷，或时乘醉忤人，人亦不以为异"③。即便若祝允明的祖父祝颢，初以"易学"名于吴中郡学时，于仕途方面也并无甚苛求，每有人劝其出世为官皆不从，甚至领了"乡荐"之后，也一度不赴省试，个中原因，恐亦多与吴中地区自元末以来的士人风尚有所关联。

诚然，15世纪中期以后，苏州士人在科举上获得成功的人数，不论是

---

① （明）姜绍书：《无声诗史》卷二，载卢辅圣主编《中国书画全书》第四册，上海书画出版社1994年版，第842页。
② （明）吴宽：《史鉴墓表》，载《西村集》卷首，《文渊阁四库全书》电子版，上海人民出版社1999年版。
③ （明）文徵明：《朱性甫先生墓志铭》，载周道振辑《文徵明集》卷二十九，上海古籍出版社1987年版，第678页。

第四章 南宋以降江南地区文化及书法发展的阶段性特征

乡贡或是进士,都有了稳定而急遽的增长,给人造成一种地域文化复苏的强烈感觉。弘治三年(1490)进士黄暐就在他的《蓬轩吴记》中曾不无自豪地记述:

> 近岁天下举人会试礼部者,数逾四千,前此未有也。自成化丙戌至弘治庚戌九科,而南畿会元七人……七人吾苏四人焉,盖当时文运莫盛南畿,而尤盛吾苏也。①

但是,即便如此,若以该地域参加科举总体人数来观照,真正能够获得成功的肯定还是少部分人。关于此,有学者曾经有过统计,笔者不再赘述。② 值得关注的是,当一部分苏州文人在科举之途屡屡不售而遭遇打击之后,他们的思想必然会发生某种改变,而该地域文人崇尚"隐逸"之传统思想,亦在他们的身上继续发酵,同时也必然会影响到他们的文艺创作。祝允明尝言"浮生只说潜居易,隐比求名事更艰",似可作为明代中叶苏州地区部分失意文人内心深处及人生价值取向的另一种注解。

山水游乐、宴饮赋诗、书画往来、入青楼、蓄声伎,以放荡为快,以侈靡相高,依隐玩世,在思想上追求放纵自我、任性自便、及时行乐,崇尚真率而极具个性化甚至世俗化的一端,成为明代中叶弘治至嘉靖年间吴中部分失意士人之风尚,继而形成重文艺、轻事功,既有传承又有新变的地域性文化性格。祝允明、唐寅、文徵明、王宠、蔡羽等人,无疑是这一氛围中的代表人物。他们身上那种不问生产、不拘行检而放荡不羁、玩世不恭、天真烂漫的林下之风,一方面缘于他们的人生际遇曾遭受过各种各样、不同程度的打击;另一方面则应该是元代以来江南地区文化场域中一直存在的崇尚"隐逸",或者说是"市隐"思想与商业文化、市井文化等

---

① (明)黄暐:《蓬轩吴记》卷上,台北:新兴书局1983年版。
② 石守谦先生在《〈雨余春树〉与明代中期苏州之送别图》曾对15世纪中期以后苏州科举的成功人数、乡贡数目、进士数目等作了比较详尽的统计分析,载《风格与世变:中国绘画十论》,北京大学出版社2008年版,第248页。

多方面因素综合作用影响下的产物。他们此时的"隐",其着眼点往往是在心志,而不拘形迹,以志驭迹,心隐身不隐。

第三节 复古与新趣:南宋以降两百年左右文人书法发展的基本特征

审视中国书法数千年的发展历程,有几个重要转变阶段所发生的现象应特别值得重视。一为战国中期前后,"隶变"现象出现,致使汉字就此由古文字系统逐渐向今文字系统过渡,同时衍生出中国书法笔法系统中另一最为重要的、几可与中锋用笔并驾齐驱的笔法形式——侧锋用笔;二是汉魏时期,在这一阶段汉字字体本身的演变就此结束,随后历代书法艺术的发展主要体现为文人化之风格史阶段,而该时期钟繇及"二王"等名家的书法遂亦成为后世书家规模取法的圭臬;三是北宋初期,历五代之乱,文物摧落,艺事匡阙,缥缃散佚,晋唐书法发展过程中的"口传手授"式笔法传承谱系因此断裂,致使笔札无体,古法湮灭,因而刻帖之风应运而生,帖学大行,后世书法发展的基本遵此道而为。至若清人标举"碑学"大旗,上溯秦汉甚而三代,尊碑抑帖,不过是趁帖学末流之弊,另辟蹊径,今日观之,似亦无可厚非。而南宋以降文人书法的发展,在崇尚"帖学"之大背景下,体现在某些具体书家的身上,又呈现出一些不尽相同的阶段性的发展特征。

一 "当则古"——从赵构到赵孟頫

北宋书法历经百余年的发展,至神宗、哲宗朝时,苏轼、黄庭坚、米芾诸人相继出场,由唐溯晋,转得晋意,方将"尚意"这一新风演绎得有声有色,使得宋代书法的发展出现了几欲与唐人争一席之地的良好趋势。惜好景不长,随着金人铁蹄的南下,"靖康之变"后北宋政权即被覆灭。神州板荡,使文明遭到了重创,皇室百余年的积聚尽数为金国掠夺。书法

第四章　南宋以降江南地区文化及书法发展的阶段性特征

刚刚繁荣了不到五十年，至此则受到了比党祸远为酷烈的毁坏。南宋前期书法的代表人物，都是在南北交替之际活跃在书坛上的，他们饱经兵荒马乱、颠沛流离之苦。南渡之后，他们不仅失去了家园和收藏，而且失去了研习书法的条件和氛围，但是最可悲的莫过于书法进取精神的失落。[①] 关于此，南宋高宗赵构《翰墨志》中曾言：

> 书学之弊，无如本朝。作字只记姓名尔，其点画位置，殆无一毫名世。先皇帝尤喜书，致立学养士，惟得杜唐稽一人，余皆体仿，了无神气。因念东晋渡江后，犹有王、谢而下，朝士无不能书，以擅一时之誉，彬彬盛哉![②]

诚然，若从政治角度而言，赵构内心深处以东晋政权自况，似亦能略得几分安慰，毕竟赵宋江山尚存半壁，祖宗基业并未全失，而其以晋室东渡后之王、谢风流来观照南宋初期书法发展之状况，实无法同日而语。整个南宋时期，其一百五十余年间再没有产生第一流的书法家，应该最能说明这一阶段书法发展总体上趋于式微的客观状况。

关于南宋书法发展总体特征，方爱龙曾在研究中指出，从传世的南宋书法史料，包括书家、书作、书论以及其他大量的材料出发，通过钩稽、排比和客观分析，可以发现南宋书法史实际上存在着一种"双线"发展形态。即一方面在文人士大夫阶层延续了北宋书法主流的"尚意"风潮，另一方面以赵构为代表形成了"以钟、王为法"的"复古"思潮。前者是表流，而后者是暗流，两者交汇——这就是南宋书法的历史之河。[③]

方爱龙的概括堪谓体现了南宋书法发展之主要脉络。进而察之，即便宋高宗赵构本人，其学书之始亦初从黄庭坚，再学米芾。楼钥在《恭题高宗赐胡直孺御札》中云：

[①] 参阅曹宝麟《中国书法史·宋辽金卷》，江苏教育出版社1999年版，第255页。
[②] （宋）赵构：《翰墨志》，见《历代书法论文选》，上海书画出版社1979年版，第369页。
[③] 方爱龙：《南宋书法史》，上海古籍出版社2008年版，第4页。

下编　地域、风尚与祝允明的书学

> 高宗皇帝垂精翰墨，始为黄庭坚书，今《戒石铭》之类是也。伪齐尚存，故臣郑亿年辈密奏（刘）豫方使人习庭坚体，恐缓急与御笔相乱，遂改米芾字，皆夺其真。①

岳珂亦云：

> 中兴初，思陵（高宗陵寝——引者注，下同）以万几之暇垂意笔法，始好黄庭坚书……后复好公（米芾）书，以其子敷文阁直学士友仁侍清燕，而宸翰之体遂大变，追晋蹑唐，前无合作。②

大抵赵构在学书过程中逐渐意识到须追本源的重要性，遂从智永上追钟、王，其越到晚年越沉迷于魏晋法度当中，从而走上一条复古之路。赵构后来总结自己的学书经历时说：

> 余自魏、晋以来至六朝笔法，无不临摹。或萧散，或枯瘦，或遒劲而不回，或秀异而特立，众体备于笔下，意简犹存于取舍。至若《禊帖》，则测之益深，拟之益严。姿态横生，莫造其原，详观点画，以至成诵，不少去怀也。
>
> 余每得右军或数行，或数字，手之不置。初若食蜜，喉间少甘则已；末则如食橄榄，真味久愈在也，故尤不忘于心手。③

赵构这种以回归魏晋而图书法变革的思想，对时人及后人产生了一定程度的影响。可惜他的这种书学理念因时代发展的多种原因所囿，未能再进一步拓展。赵构自己的书法，亦由于自身天分稍弱，在精神气度上与北宋

---

① （宋）楼钥：《攻媿集》卷六十九。
② （宋）岳珂：《米元章书简帖下》，见《宝真斋法书赞》卷十九，载《中国书画全书》第二册，上海书画出版社1992年版，第293页。
③ （宋）赵构：《翰墨志》，见《历代书法论文选》，上海书画出版社1979年版，第365页。

第四章　南宋以降江南地区文化及书法发展的阶段性特征

苏、黄、米及其父徽宗赵佶皆相去较远,其"详观点画,以至成诵"的学书观点,不免给人一种过于强调功力的感觉。

北宋苏、黄、米所开"尚意"之风,以意运法,表现出强烈的文人写意特征,在南宋书家群中着实有着比较广泛的影响。但是,其在南宋却又走向了另一种不合理的方向,即单纯模拟苏、黄、米的因袭之风成为一种突出现象,而并非是他们在书学"尚意"精神上的传承。马宗霍在《书林藻鉴》曾中借宋人文献记述:

> 南渡而后,高宗初学黄字,天下翕然学黄字,后作米字,天下翕然学米字,最后作孙过庭字,而孙字又盛,此见于《玉海》及《诚斋诗话》。盖一艺之微,苟倡之自上,其风靡有如此者。①

南宋著名的爱国诗人,兼为书坛"中兴四家"之一陆游亦曾云:

> 近岁苏、黄、米芾书盛行,前辈如李西台、宋宣献、蔡君谟、苏才翁兄弟书皆废。②

其实,苏、黄、米书法在南宋的风行,无论是上行下效的惯例所致,还是诸多文人书家在骨子里面对他们书法的真正认可,有一潜在的原因当不可无视,即古代的书法遗产经过北宋末年的动荡,再一次蒙受了浩劫。本已稀有之物,又被皇家巧取豪夺。到了南宋,不用说魏晋,即使是唐代的名帖,在民间业已难再保存。周密后来所称高宗在位时"访求法书名画,不遗余力","四方争以奉上无虚日"③,仿佛大家都是心甘情愿奉上,真实的历史情形恐并非如此。若曾敏行《独醒杂志》中有记:

---

① 马宗霍:《书林藻鉴　书林记事》,文物出版社1984年版,第116页。
② (宋)陆游:《跋蔡帖》,转引自曹宝麟《中国书法史·宋辽金卷》,江苏教育出版社1999年版,第268页。
③ (宋)周密:《齐东野语》卷六"绍兴御府书画式"条,见《唐宋史料笔记丛刊》,中华书局1983年版。

下编　地域、风尚与祝允明的书学

  番阳董氏藏怀素《千文》一卷，盖江南李主之物也。建炎己酉，董公迨从驾在维扬，适敌人至，迨尽弃所有金帛，惟袖《千文》南渡。其子弅尤极珍藏。一日朱丞相（胜非）奏事毕，上顾谓曰："闻怀素《千文》真迹在董弅处，卿可令进来！"丞相谕旨，弅遂以进。①

  基于这样的一种历史背景和现状，南宋文人于书法一途的追求，则诚如曹宝麟先生所指出的，一般的操觚之士完全丧失了赖以沿波讨源的借鉴依托，他们只能因地制宜，随着时风的好恶改变其价值取向。② 南宋书家中之一二杰者，若赵令畤、孙觌等人之于东坡，米友仁、王升、吴琚等人之于米芾，虽承衣钵，然多有规模形貌之嫌，神理情趣实远不可逮。吴说、陆游、张孝祥等人稍度新声，下笔追古人笔意，意欲高远，却总给人一种器局略小的感觉，此恐与山河破碎、外侮欺凌、民族危亡对文人内心深处的折磨和压抑不无关系。而这种文化心理，体现在绘画层面之马远的"马一角"、夏圭的"夏半边"无疑最能与之呼应。

  南宋末年至元代初期，以杭州文化圈中赵孟頫、鲜于枢、邓文原等人的相继出现为标志，书法的发展似乎随着政权的更迭也出现了另一个转向，一百多年前赵构的书学"复古"思想，竟然在他们的身上爆发，衍而成为时代的主流。赵孟頫作为赵宋宗室后裔，其书学思想受赵构的影响颇深，并将赵构的"复古"思想进一步拓展发挥，托古改制，将这种思想应用到诗文、书、画、印等多个文艺领域。

  站在崇古的立场上，赵氏于书法明确提出"当则古，无徒取于今人也"③。所谓"则古"即以古法为准则；所谓"今人"则显然是针对南宋以本朝书家为法的风气而言。赵氏的书法实践以晋人为尚，再由魏晋上溯

---

① （宋）曾敏行：《独醒杂志》卷六，转引自曹宝麟《中国书法史·宋辽金卷》，江苏教育出版社1999年版，第267页。
② 曹宝麟：《中国书法史·宋辽金卷》，江苏教育出版社1999年版，第267页。
③ （元）韩性：《书则序》，见崔尔平选编《历代书法论文选续编》，上海书画出版社1983年版，第196页。

·138·

第四章　南宋以降江南地区文化及书法发展的阶段性特征

两汉、先秦，所以他广涉行、楷、今草、章草、隶书、小篆乃至古籀文，习古之广，实为有宋三百年间所无，而他的成就对时人及后世产生了极大的影响。由于赵孟頫的影响，各种书体在元代均得到了充分的发展，若吾衍、吴叡、周伯琦等许多书家以篆隶名世；章草一体，唐宋罕有人作，而在赵的影响下元代不乏好手，鲜于枢、邓文原、康里巎巎、俞和等均擅章草，至元末宋克法前人而创造性地将章草与今草糅合，使章草发展到一个新的高峰。此外小楷的振兴，也与赵氏的身体力行有关。终元之世，许多书家或曾得其亲授，或为其再传弟子，为其余绪，鲜有不受其沾溉者，形成风格鲜明的赵派书家群。受他影响的书家不仅有同代友人鲜于枢、邓文原等，还有学生辈的书家如虞集、郭畀、柳贯、钱良佑、朱德润、柯九思、揭傒斯、康里巎巎、张雨、俞和等，而且其亲属一脉也都以赵氏书法为宗，如其胞弟赵子俊，其妻管道昇，其子赵雍、赵奕等在元代均有书名。

由赵氏崇古思想导致的元代书风，以其典雅、秀逸的书卷之气，为文人书法的发展注入了新的血液。赵孟頫的书法及书学观念甚至一直影响到明代，明代中叶吴门书家若祝允明、文徵明等人对其皆比较推重，特别是文徵明，其一生于书画之诸多方面皆以赵孟頫为师事对象，诚如其子文嘉在《先君行略》中称："公平生雅慕赵文敏公，每事多师之，论者以公之博学，诗、词、书、画，虽与赵同，而出处纯正，若或过之。"[①] 一直到晚明个性解放思潮的兴起，赵书之风靡方有所减弱，但他的书法仍然受到许多士人的喜爱。

二　清遒古媚　自有一种风气——从张雨到宋克

晚明董其昌有言："晋人书取韵，唐人书取法，宋人书取意，或曰意不胜法乎？宋人自以其意为书，非有古人之意也。然赵子昂则矫宋之弊，

---

① （明）文嘉：《先君行略》，见周道振辑校《文徵明集》附录二，上海古籍出版社1987年版，第1618页。

虽已意亦不用矣，此必为宋人所诃，盖为法所转也。"① 董氏在此一方面总结了晋、唐、宋、元几个时代书风的总体特征，一方面又点出了宋人取意及赵氏复古所存在的不足，旨在强调要想追求晋人的"韵味"，则必须做到"意"、"法"统一方可。赵孟頫所倡导的复古书风，本为矫南宋末流之弊，其诸体兼为的书学实践客观上亦有旨在恢复古法的历史贡献。然究其个人的艺术风格而言，赵氏主要取法二王平正一路书风，魏晋书风以二王为代表的那种情驰神畅、风情万种、不拘一格之艺术特点，在他笔下并未也不可能得到充分演绎，故董其昌批评其"虽已意亦不用"。赵氏入元后官位显赫，加之其本为宋皇室后裔，所以其书法又不可避免地充斥着一种贵族色调，而其有许多追随者更是将这一路书风演化为平正圆熟、含蓄婉丽的习气。因此，如欲突破赵氏藩篱，似又应另寻他径。元代中后期，在赵氏的传人以及江南隐逸书家群中，一批有识之士在尊崇"复古"理念的大旗之下，书学魏晋，兼及唐宋，纷纷对古风重新加以演绎，尚意率情，自我意识强烈，走出一条别开生面之路，同时也对吴中地区的书法发展带来了积极深远的影响。张雨、杨维桢、倪瓒、吴镇、宋克等书家即为这群人中的代表。

张雨（1283—1350）别号贞居，于书学初从赵孟頫，得其指授，转而习李邕《云麾将军碑》、张从申《茅山碑》等，并又从欧阳询之书中汲取养分，草书则取法怀素大草豪迈一路，此外，其还得到六朝陶隐居等清逸之风的沾溉。此正如元明诸家所论，元末高启云：

> 贞居早学书于赵文敏公，后得《茅山碑》，其体遂变，故字画清遒，有唐人风格。②

文徵明曰：

---

① （明）董其昌：《容台别集》卷二《书品》，南京图书馆古籍部藏本。
② 马宗霍：《书林藻鉴 书林记事》，文物出版社1984年版，第162页。

第四章　南宋以降江南地区文化及书法发展的阶段性特征

> 贞居书法先学松雪，后入陶隐居，稍加峻厉，便自名家。①

明李日华言：

> 伯雨书性极高，人言其请益赵魏公，公授以云麾碑，书顿进，日益雄迈。魏公平日学泰和，得其舒放雍容，而伯雨得其神骏，所以不同。②

何良俊在《四友斋丛说》中亦云：

> 贞居师李北海，间学素师，虽非正脉，自有一种风气。③

根据诸家所论可以看出，张雨虽曾师事赵孟頫，但又能不为其囿，化古为己有。

张雨曾入茅山学道，思想上又受到同时期杨维桢、倪瓒等人的影响，其书中自然溢出隐逸文人孤傲不群的气息，故《书史会要》又称其"字画清逸"，倪瓒更评其"诗文书画，皆本朝道品第一"④。从张雨传世的代表作品即故宫博物院所藏的《题画二诗卷》来看，其作品中去掉了赵孟頫的雍容、平和，增之以神骏、清遒的艺术特征，结构也没那么圆熟，饶有趣味。

需要引起重视的是，张雨书法的取径对象似乎已非仅仅局限于晋唐诸名家，而是有重新向宋人米芾等学习的迹象。"北郭十友"之一的张羽在论及张雨书风时曾言："贞居真人生平慕米南宫之为人，故其议论襟度往往类之。其诗句字画清新流丽，有晋唐人风流，不蹈南宫狂怪怒张之

---

① 马宗霍：《书林藻鉴　书林记事》，文物出版社1984年版，第162页。
② 同上。
③ 同上。
④ 同上。

习。"① 虽然张雨"不蹈南宫狂怪怒张之习",然因其爱慕米芾之为人,故其书法在潜意识中多少会受到米芾的一些影响,亦应是情理中的事情。从张雨的另外一件经典作品《登南峰绝顶诗轴》来看,用笔率真自然,静动起伏,若不经意而又变化自如,激越跳荡处即颇有米字遗韵。张雨在杭州作为艺坛盟主时,交游甚广,与之交谊颇深的吴中地区的书家亦甚多,影响且深,故有学者甚至称其为元明之际吴中书法的奠基者。

倪瓒(1306—1374)是元末江南隐逸文人的代表人物,其与张雨、黄公望、王蒙、杨维桢等皆多有交往。倪瓒书法瘦劲超逸,意境高古,可以看出其主观上对元代赵孟頫典雅平正一路书风的刻意回避,故后人曾赞许其"无一点俗尘"。我们今天能够看到的倪瓒书作均为楷书,关于其书学取法,顾复《平生壮观》中称其:

> 早岁学欧,《水竹居》、《惠山图题》、《题过秦论》是也;中岁大变,如有一注冰雪之韵,沁人心肺间。②

明徐渭评倪瓒书云:

> 瓒书从隶入,辄在《荐季直表》中夺舍投胎,古而媚,密而疏。③

清笪重光则云:

> 云林书法得笔于分隶,而所书《内景黄庭经》宛然杨、许遗意,可想见六朝风度,非宋元诸公所能仿佛。④

---

① 马宗霍:《书林藻鉴 书林记事》,文物出版社1984年版,第162页。
② (清)顾复:《平生壮观》,上海古籍出版社2011年版,第125页。
③ (明)徐渭:《评字》,见《徐渭集》卷二十四,中华书局1983年版,第6795页。
④ 马宗霍:《书林藻鉴 书林记事》,文物出版社1984年版,第161页。

第四章　南宋以降江南地区文化及书法发展的阶段性特征

无论是赵构还是赵孟頫，他们虽然倡言"复古"，但他们个人取法的主要对象实以二王为主，保留至今的赵孟頫论书文字，也以论二王为最多，《兰亭十三跋》堪谓代表。黄惇先生亦曾指出，影响赵孟頫最深的，当首推二王、智永、李北海、宋高宗诸家。① 向比二王更早一点的钟繇学习，不仅是笔法层面，在审美上亦以其更加古质拙朴的气息特征为指归，应是元代中后期崇尚"复古"大背景下的一种风尚，倪瓒的小楷书法堪谓重要代表。至于笪重光所谓杨、许即指东晋时期的杨羲、许迈，可知倪瓒虽然师法晋人，但却并非赵孟頫提倡的二王，反而与张雨吸收陶隐居（弘景）的情况比较相似，属于偏师独出，从而摆脱赵的影响。又，晚明董其昌还曾评倪瓒书法云："人谓倪书有《黄庭》遗意，此论未公，倪自作一种调度，如啖橄榄，时有清津绕颊耳。"② 董氏强调了倪瓒书法创造性，而倪氏书中的"自作一种调度"，其实又与何良俊评张雨的"自有一种风气"大体相同，皆为个体情性的抒发与表现。

元末时期杨维桢（1296—1370）的书法亦以其放逸奇古的风格特征引人注目。杨维桢字廉夫，别号铁崖，比张雨小十三岁，比倪瓒大十岁，与他们亦皆交往密切。在元末江南文化中心由杭州向苏松地区转移的过程中，杨维桢其实为继赵孟頫、张雨之后江南文化圈的又一代领袖人物，此正如明王世贞所说："吾昆山顾瑛，无锡倪元镇，俱以猗卓之姿，更挟才藻，风流豪赏，为东南之冠，而杨廉夫实主斯盟。"③

杨维桢的传世书迹主要为行草与楷书。其行草多掺入章草笔法和结体，应曾受到其前辈书家康里巎巎的影响，同时又能远师汉晋张芝、索靖，所书《张氏通波阡表》（日本东京私人收藏）为这类书作的代表。与赵孟頫学习章草的书法作品相比，其去秀润、婉约而增拙拗、冷峭，在书风上显露出特有的狷直个性。杨维桢的楷书如其五十八岁所作《周上卿墓

---

① 黄惇：《中国书法史·元明卷》，江苏教育出版社 2001 年版，第 22 页。
② （明）李日华：《味水轩日记》卷七《董其昌仿倪迂山水图》，上海远东出版社 1996 年版，第 474 页。
③ （明）王世贞：《艺苑卮言》卷六，《弇州四部稿》卷一百四十九，《文渊阁四库全书》电子版，上海人民出版社 1999 年版。

志铭》，书风有刻意效仿唐代欧阳通《道因法师碑》的痕迹，刚峭之态，一反元代所崇尚的魏晋风韵，走险绝之路，同样反映了他在书法上的革新与创造精神。杨维桢的书法虽没有成为元末文人普遍模仿学习的对象，然而其意义在于突破了赵孟頫的书学藩篱，其充满个性、尚意抒怀的风格特征，扩阔了书法艺术美感的表现。同时，杨维桢作为元末吴中文坛的主盟人物，其观念必然会对身边的人产生重要影响，这一点也是必须要肯定的。百年以后，同样强调个性、提倡尚意抒情的明中叶吴门书家恐与其思想上仍有共鸣，故对其书法的评价甚高，若徐有贞尝言："铁崖狂怪不经，而步履自高。"① 吴宽则云："大将班师，破斧缺斨，倒载而归，廉夫书或似之。"②

宋克（1327—1387）字仲温，自号南宫生，是元末明初吴中书坛承前启后式的重要人物，在明初诸书家中影响最大，成就也最高。关于宋克之书学师承，解缙《春雨杂述》中述其受业于饶介，而饶介则又得于赵孟頫之弟子康里巎巎，为赵之再传弟子。③ 宋克最为擅长的书体为小楷、章草及狂草与章草相结合的糅合体草书。宋克的小楷作品如《七姬权厝志》，结体微扁，用笔瘦劲，遒丽疏朗而又显淳朴古质，从风貌上看当源自魏晋钟、王，其中更多当得益于钟繇。吴宽《跋宋仲温墨迹》称其：

书出魏晋，深得钟王之法，故笔墨精妙，而风度翩翩可爱。④

都穆《寓意编》云：

乡先生宋仲温氏书法师钟元常，后竟以是妙绝天下。其书今人间往往有之，余所阅殆不止此，独元常书世远罕传，并刻石者亦不多

---

① 马宗霍：《书林藻鉴　书林记事》，文物出版社1984年版，第161页。
② 同上。
③ （明）解缙：《春雨杂述》，见《历代书法论文选》，上海书画出版社1979年版，第500页。
④ （明）吴宽：《家藏集》卷五十三，《文渊阁四库全书》电子版，上海人民出版社1999年版。

・144・

第四章 南宋以降江南地区文化及书法发展的阶段性特征

见,曩成化间尝观元常荐季直表真迹,始知仲温之诚有得于元常,而今岂易得哉?①

又,王世贞《古今法书苑》卷七十六云:

《七姬志铭》,为浔阳张羽撰,东吴宋克书。文既近古,而书复典雅,有元常遗意,足称二绝,第其书大奇而不情。②

可见明人评价宋克小楷书风的来源多为钟繇,并指出其不仅能得钟之古朴典雅,且能于书中蕴之以"奇",因此他的小楷已经较远地离开了赵氏一路的风格。宋克的小楷书风影响了吴中地区很多同时期及后世书家,后世对其评价亦极高。诚如王世贞所云:"吾吴诗盛于昌谷(徐祯卿),而启之则季迪(高启)。书盛于希哲(祝允明)、徵仲(文徵明),而启之则仲温(宋克)。"③ 清翁方纲甚至推许"有明一代小楷宋仲温第一",并有诗赞曰:"东吴生楷有明冠,儿视枝山孙孟津。"④ 从祝允明的一些小楷作品来看,确实受宋克影响颇深。如东京国立博物馆藏其《小楷前后出师表》,与宋克的《七姬权厝志》相类,点画清刚丰腴,体势宽绰。翁方纲曾跋此卷云:"祝京兆书以小楷为上乘,有明一代,小楷书能具晋法者,自南宫生(宋克)开其先,惟枝生得其正脉也。"⑤

宋克擅长的章草及糅合体草书,在明初亦影响甚大。其章草名特重,

---

① (清)王原祁等:《佩文斋书画谱》卷八十《历代名人书跋十一》,第五册,中国书店1984年版,第2286页。
② (明)王世贞:《古今法书苑》,见卢辅圣主编《中国书画全书》第五册,上海书画出版社1992年版,第711页。
③ (明)王世贞:《三吴楷法二十四跋》,孙鑛《书画跋跋》,见崔尔平选编《历代书法论文选续编》,上海书画出版社1993年版,第392页。
④ (清)翁方纲:《复初斋论书集萃》,见崔尔平选编《明清书法论文选》,上海书店出版社1994年版,第721页。
⑤ (清)翁方纲:《跋祝允明小楷前后出师表》,转引自朱天曙《宋克书法研究》,硕士学位论文,南京艺术学院,2003年。

下编　地域、风尚与祝允明的书学

时人李诩云："近世学书者，知有宋克体，不知有章草，然非重头曲脚之法也，善隶者知之。"① 由此可见其时宋克章草之盛名；而他的糅合体草书特色尤显，他将章草、今草及旭素狂草的用笔、结体糅合得浑融无迹，在赵孟頫、康里巎巎等人探索的基础上有了进一步发展。宋克的章草作品以临写《急就章》为主，今故宫博物院、天津艺术博物馆、北京市文物局均有皮藏；糅合体草书如《唐宋诗卷》（上海博物馆藏）及《杜甫壮游诗卷》（台北故宫博物院藏）。从其作品所呈现的整体风格特征来看，笔力劲健，笔势流畅圆浑，点画精到而气势磅礴，既有使转之迅疾，又见波磔之高古。

宋克的草书尤其是糅合体草书，客观分析乃是其学章草、二王草书、旭素草书及受到康里巎巎一脉草书书风的影响之后，于深层体悟笔法所得的结果。解缙评其草书曰："鹏抟九万，须杖扶摇。"② 点出了宋克草书的劲健之姿，磅礴之气。祝允明评价宋克书则"如初筵见三代卣彝，盖有天授，非人工也"③，盖指宋克书中蕴藏着一种人为难及的高古之意。当然，后世有些评论家站在保守的立场，对宋克亦颇有微词，如王世贞在肯定其成绩时，也批评他"波险太过，筋距溢出，遂成侻下"④。詹景凤更讥为"气近俗，但体媚悦人目尔"⑤。公允论之，如以宋克的草书与明代中后期祝允明、徐渭等人的作品相比较，其草书中更多地强调法度，表现出"理性"的色彩，使转丰富而多变，在字势上呈纵势，并以字末收笔之波磔表现苍古之意。而祝、徐草书中之个人"情性"的表现似乎更加强烈，更加豪纵不羁，风骨烂漫，天真纵逸。但是，相较于同时代的许多书家而言，宋克的创造尽管不十全十美，但与赵氏书风笼罩下的东施效颦者当有天壤之别。所以一般认为元末明初杨维桢与宋克的书法，都能远离赵氏，故而

---

① （明）李诩：《戒庵老人漫笔》卷三，见华人德《历代笔记书论汇编》，江苏教育出版社1996年版，第154页。
② 马宗霍：《书林藻鉴　书林记事》，文物出版社1984年版，第166页。
③ 同上。
④ 同上。
⑤ 同上。

第四章　南宋以降江南地区文化及书法发展的阶段性特征

也是最具个性和胆识的两位书家，以至有人将宋克视为元末隐逸书风向明代浪漫书风过渡的典型书家。

三　小结

综上所述，从南宋政权的建立到宋克的出生恰巧为两百年时间，而在这两个世纪左右的时间里，书法的发展大体经历了对北宋之苏、黄、米三家书风的因袭效仿与赵构的"复古思想"相并行，到赵孟頫承继赵构思想，高举"复古"大旗，回归晋人，并在元代蔚然成风，形成庞大的赵派书家群，影响深远，再到元代中叶以来张雨、倪瓒、杨维桢、宋克等许多江南地区的书家在书学复古之大背景下，又能突破赵氏的书学藩篱，尚意率情，重新诠释传统而彰显自我个性的阶段性特征。就具体的书法取法和创作观念而言，从张雨到宋克等一些具有创新意识的书家，他们所体现出的几点现象也应特别值得关注。

1. 对钟繇的取法学习。钟繇在书法史上与王羲之并称"钟王"，历代书家书家对其皆极为推崇，然而实际情况是自唐宋以来，钟繇书风蕴涵的"古质"特点似并未得到深入挖掘，众多书家所着力学习的对象应是以二王为主。就本书提及的赵构或者赵孟頫而言，他们学习晋人及王羲之，其取法和表现的也主要是王羲之不激不厉之平正、典雅、秀逸一路书风，这一点亦正如前述，从他们对《兰亭序》的推崇即可管窥。而倪瓒、宋克等人小楷作品，无论是笔法、结体还是气息特征，都更加接近钟书古质雅逸。同时，学习钟书在元代中后期已然成为一种风尚，而明代中叶吴门地区祝允明、王宠等人在小楷上师法钟繇可视为这种风气再度延续和承传。

2. 对初唐大小欧阳的取法。欧阳询作为初唐楷书大家，其书风本身体现了南北交融的风格特点，结体峭拔，笔势方折居多，尤其是其子欧阳通之书，似较其父更加凌厉险绝，而若杨维桢竟然向其取法学习，与赵孟頫笔下之晋韵明显不合，反映了其不随时俗的个性以及在书法上的革新与创造精神。

3. 出现重新向北宋苏、米等人学习的迹象。赵氏之复古本为矫宋人末流之弊,回归晋人,兼及唐法,但是到了元代中后期以后,张雨、杨维桢等人却表现出对苏、米为人个性及书风的再度膜拜,其笔端的激荡跳跃似亦颇有宋人意趣,并对身边诸多友人产生影响。①

4. 众多书家学习唐代张旭、怀素大草书风,追求一种气势奔放、酣畅淋漓而更加抒情率意的书风。宋克无疑应为其中成就颇高的代表人物,江南苏松地区受其影响者亦甚众。而这种学习旭、素连绵大草的风气,可视为开明代中后期祝允明、徐渭等更加纵逸烂漫大草书风之先河。

元末明初,随着江南的文化中心由杭州向苏松地区的转移,该地域的许多书家虽然在思想上都尊崇赵孟頫,亦重视师古,甚至很多人在师承关系上与赵氏还存在着直接或间接的渊源,然而落实到各自个性化的创作,却表现出与赵氏并不完全合辙的特点。加之这些文人的思想和生活方式不同程度地存在一些隐逸色彩,故而"古法"在他们的笔下又得到重新演绎,赋以新趣,与赵氏的典雅平和书风拉开了较大的距离,对后世颇具启迪意义,在整个书法史上也奏响了颇具特色的一个篇章。但是,随着明代前期政治环境的改变,江南吴中地区许多文人受到了残酷的迫害,创作个性亦因此受到了极大钳制。与台阁诗文、院体绘画一样,书法于明永乐至成化年间形成了朝野盛行的台阁体,雍容典雅、婉丽遒美的书风成为时代的主流,文人书法诸种情趣表现的个性特质急剧衰弱。这样一种文化景观,要等到明代中叶吴中地区祝允明、文徵明、王宠等人出现方得以再度改变。在祝、文等人的书学观念和艺术创作中,有很多方面也体现了元代以来该地域既有的书学传统与文人精神的承传。

---

① 关于张雨、杨维桢等人有向米芾学习的迹象,本书已作交待,至于学习苏轼,唐锦腾在《元末明初吴中书法概论》一文中有一定的论述,并指出苏轼在元末吴中文人眼中,地位特别高,其才情固然为文人士子所欣赏,儒家所要求之品德,以及道家所追求的超脱和真率,都同样集于一身。参阅浙江博物馆编《中国书法史学国际学术研讨会论文集》,西泠印社 2000 年版,第 248 页。

第五章　祝允明的书学思想

　　毋庸置疑，讨论祝允明的书学思想，应主要从祝氏本人传世的书论材料中探寻。祝允明书论资料之来源，主要有以下几个方面，一是《怀星堂集》卷十一所载之《奴书订》、卷二十四所载之《书述》。在这两篇论述中，祝氏就书学的某些具体问题阐述了自己的主张；二是《怀星堂集》卷二十五、卷二十六收入了祝氏对历代书家作品及自己书作的部分题跋，计有三十八条，另有画跋八条，数量不是很多，但题跋内容却广涉史事、鉴定、创作、审美、品评等多个方面；三是明清各类书画著录书籍及笔记史料中所记载、转述祝允明关于书法的部分言论；四是祝允明传世书迹中关于书法的一些言论，这部分内容有些已为部分明清书画著录书籍所记载，有些则没有被收录，故有一定的研究与参考价值。

　　祝允明的书学观念作为其整个文艺思想的一个方面，与其论道学、诗文、绘画等方面的内容在某些方面也存在着许多共通之处，因此，我们讨论祝氏关于书法方面的论述时，还应观照其于诗文、绘画等其他姊妹艺术方面的主张。祝氏书学之形成，应是南宋，尤其是入元以来赵孟頫主张复古一脉书学思想的进一步发展，故他的书学观念中既有对前人思想的继承，同时又有拓展，并表现出极具个性而又不同时流的特点。本书在此主要就祝氏书论中涉及的"书理"、"奴书"两个关键问题及其书学的师古观、创作观等方面的内容作一定程度的阐释和讨论，以期对其书学思想有清晰深刻的认识。

下编　地域、风尚与祝允明的书学

第一节 "书理"说:极乎张王钟索,
　　　　后人则而象之

　　祝允明《书述》一文撰述的具体时间不详,《怀星堂集》中所录与传世之章草拓本开篇俱言"检故草中有《书述》一段,不记谁作,或自作,戏录之"①,该文言语之表述方式与观念,与祝氏之书学思想应甚为吻合,故历来论家皆以此文即为祝氏本人所作,没有任何争议。而我们以《怀星堂集》中所载与传世之章草拓本相较(图 5-1),可知其后人将此文入编《祝氏集略》时,应正依据其手书。祝氏章草《书述》的书写时间为其去世前两个月左右,即嘉靖五年(1526)十月望日,并录米芾《海岳名言》于卷后余纸,似亦可见其对这篇论述的重视。祝允明在文中开宗明义即云:

　　　　书理,极乎张、王、钟、索,后人则而象之,小异肤泽,无复改变,知其至也。②

这句话立意简古,堪谓祝氏自我对书法艺术有了深刻体悟后所发出的心声。我们若仔细品读,其间每一个词汇皆能发人深省,而尤以"书理"一词值得体会。

　　祝允明所言"书理"之本义,首先从哲学层面来看,"理"在先秦诸家那里即每有描述。《庄子·秋水》篇谓:

　　　　道无终始,物有死生,不恃其成;一虚一满,不位乎其形。年不

---

① （明）祝允明:《书述》,载《怀星堂集》卷二十四,《文渊阁四库全书》电子版,上海人民出版社 1999 年版。
② 同上。

150

第五章 祝允明的书学思想

可举,时不可止;消息盈虚,终则有始。是所以语大义之方,论万物之理也。①

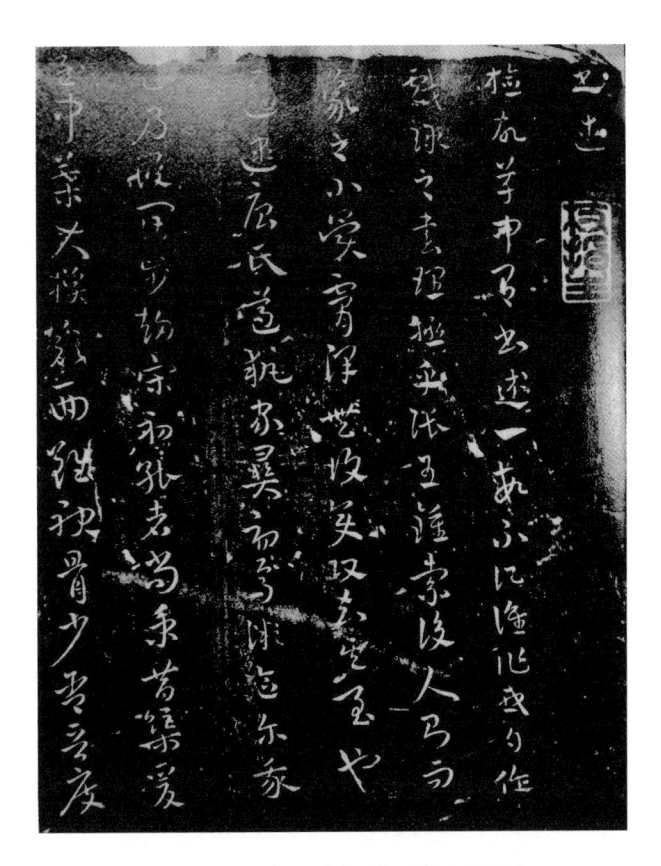

图 5-1 祝允明《书述》(停云馆帖)

《韩非子·解老》篇称:

> 道者,万物之所然也,万理之所稽也。理者,成物之文也。……物有理,不可以相薄,故理之为物之制,万物各异理。万物各异理而

---

① （清）郭庆藩:《庄子集释》卷六下,中华书局2006年版。

下编　地域、风尚与祝允明的书学

　　道尽稽万物之理，故不得不化。①

依先秦诸家的观点，"理"从一开始就是在描述客观自然世界之存在状况的意义上被使用。在"理"与"道"并提的情况下，"道"往往具有本源的超验的意义，"理"则是非常明确地用以指称"成物之文"即经验世界中某物之成为某物之特殊根据或"所以然"的。"理"作为用以指称物之所以成其为自己的特殊根据的范畴，是用以把握作为经验对象之外的外在世界之客观必然性的范畴。除了这种必然性，"理"还有表征规范性范畴，《礼记·乐记》又称：

　　乐者，天地之和也。礼者，天地之序也。和故百物皆化，序故百物皆别。乐由天作，礼以地制。过制则乱，过作则暴。明于天地，然后能兴礼乐也。②

　　乐也者，情之不可变者也。礼也者，理之不可易者也。③

"礼"作为"天地之序"，一方面是客观外在的，另一方面它对每个个别事物与行为又具规范性。所谓"礼也者，理之不可易者也"，显然是指规范性构成为"理的基本特征"。

　　到了宋代，随着道学的兴起，儒家思想的发展也进入了一个新的阶段。尤其是程朱的相继出现，"理"的范畴得到了升格，"理"作为经验对象的外在客观世界之必然性和这种必然性对相关事物与行为的规范性，衍而成为宇宙万物的起源和根本。从不同的角度认识，它又有不同的名称，如天、道等。朱熹曾说：

---

① 《韩非子》卷六，《文渊阁四库全书》电子版，上海人民出版社1999年版。
② 《礼记注疏》卷三十七，《文渊阁四库全书》电子版，上海人民出版社1999年版。
③ 《礼记注疏》卷三十八，《文渊阁四库全书》电子版，上海人民出版社1999年版。

第五章 祝允明的书学思想

> 未有天地之先，毕竟也只是理。有此理，便有此天地；若无此理，便亦无天地，无人无物，都无该载了。有理，便有气流行，发育万物。①

此即以"理"为天地万物之本。其还曾言：

> 如阴阳五行，错综不失条绪，便是理。②

> 理是有条瓣逐一路子。以各有条，谓之理；人所共由，谓之道。③

此盖云"理"为天地万物存在与发展的必然理则。我们要对事物有更加深刻的理解，则必然要探讨研究事物之本源和内在之"理"，所谓"格物致知"是也。

"理"作为古代书论的一个重要范畴，其意义亦本有多个层面，有同诸子哲学相通之处，也有其本身的一些特殊性。一般来讲，其广指书法艺术表现的道理、情理、条理、法理等规律和法则，为审美创造和审美判断的根本原则。书法艺术之内涵，如韵律、气势、力度、神采等，其中无不包含着"理"，故理又与"道"通，与"法"联，与"情"合。历代书家的书论中以"理"来观照书法者甚多，意义不尽相同。若汉代许慎《说文解字序》中云："黄帝之史仓颉，见鸟兽蹄迒之迹，知分理之可相别异也，初造书契。"④ 此处之"理"显然为仓颉造字之初乃依自然事物之理。又传晋卫夫人《笔阵图》中言：

> 夫三端之妙，莫先乎用笔；六艺之奥，莫重乎银钩。昔秦丞相斯

---

① （宋）黎靖德编：《朱子语类》卷一，中华书局1981年版，第1页。
② 同上书，第3页。
③ （宋）黎靖德编：《朱子语类》卷六，中华书局1981年版，第99页。
④ 崔尔平选编：《历代书法论文选续编》，上海书画出版社1993年版，第3页。

153

下编　地域、风尚与祝允明的书学

见周穆王书，七日兴叹，患其无骨；蔡尚书邕入鸿都观碣，十旬不返，嗟其出群。故知达其源者少，暗于理者多。①

卫氏之"理"应指书法应遵循"用笔为先"的基本原理。又，王羲之在《笔势论十二章》中云：

夫斫戈之法，落竿峨峨，如长松之倚溪谷，似欲倒也，复似有钧之弩初张。处其戈意，妙理难穷。②

其又在《记白云先生书诀》中曰：

书之气，必达乎道，同混元之理。③

王羲之所言之"理"，盖为书法应遵循的基本规律，应与天地自然之规律相通。到了唐代，孙过庭在《书谱》中亦言："任笔为体，聚墨成形；心昏拟效之方，手迷挥运之理。""至于诸家势评，多涉浮华，莫不外状其形，内迷其理。"④此中之"理"似又多指书法创作与欣赏的根本原理。

宋以后，由于受到理学的影响，以理入诗、以理入文、以理入画的现象都很普遍，文人在书论中言及"理"亦然很多，重视以理求趣，在基础上还出现了"理趣"、"意趣"等概念。宋明时期，书论中谈"道"的文

---

① 《历代书法论文选》，上海书画出版社1979年版，第21页。按，卫夫人《笔阵图》一文，张天弓先生考其为窜改旧传右军《笔势图》或《笔阵图》的伪作，而右军二文亦为唐人伪托之作。请参阅张天弓《王羲之书学论著考辨》，中国书法家协会《全国第四届书学讨论会论文集》，重庆出版社1993年版，第41页。笔者以为，卫夫人《笔阵图》虽为历代书论家所聚讼，然该文早在唐张彦远《法书要录》中就已收录，后代著录中记载的内容也大抵相差无几，而唐人去晋不远，且晋唐二王一脉之书家的发展传承有序，故此文即便为唐人伪托之作，其观点也应比较接近晋代卫夫人、王羲之等人对于书法的认识。
② 《历代书法论文选》，上海书画出版社1979年版，第21页。
③ 同上书，第37页。
④ 同上书，第124页。

第五章 祝允明的书学思想

字极为鲜见,大都以"理"、"法"、"趣"等并用,诚与程朱理学的强盛相关。如南宋姜夔在《续书谱》中论用墨曾云"用不同而理相似",论草书又言:"一字三体,率有多变,有起有应,如此起者,当如此应,各有义理。"① 此处之"义理"显然乃受理学家之影响。又,元人郑杓曾撰《衍极》一书,该书深层处之哲学思想,主要来自儒学易学,特别是宋元理学的影响,有评者谓其表现出了典型的理学化的书法美学模式,是一种正统的、卫道的、保守的、理学化了的复古主义书法美学。郑杓评初唐诸家书法时云:

> 欧、虞、褚深得书理,信本伤于劲利,伯施过于纯熟,登善少开阖之势。②

其在此明确标举"书理"这一概念,指出欧阳询、虞世南、褚遂良诸人虽深谙"书理"然又各有偏失。郑杓所讲的"书理"即为与理学相通的书法之本源,那么他推崇究竟是什么呢?其在该书之篇末方点题称:

> 或问《衍极》?曰:"极者,中之至也。""曷为而作也?"曰:"吾惧夫学者之不至也。"③

刘有定就此段注云:

> 谓"极为中之至",何也?言至中,则可以为极。天有天之极,屋有屋之极,皆指其至中而言之。若夫学者之用中,则当知不偏不倚、无过不及之义。子曰:"中庸之为德也,其至矣乎!民鲜久矣!"《衍极》之为书,亦以其鲜久而作也。呜呼,书道其至矣乎!君子无

---

① 《历代书法论文选》,上海书画出版社1979年版,第383页。
② 同上书,第402页。
③ 同上。

所不用其极，况书道乎！①

由此可见，郑杓所言"书理"的本源为儒家思想推重的不偏不倚之中和之美。其撰《衍极》之目的，乃意欲使学者易其恶，至其中，臻其极，无过无不及，唯此方与道合。

以上述所论来观照，我们再来看祝允明《书述》中的"书理"一词，其应该在很大程度上也是受到了宋代以来程朱理学的影响，体现了其书学观念中有着重本溯源、寻根问祖的思想特征。但是，他的思维却并非像元代郑杓那样着重强调书学也应遵循中庸之道、中和之美，而是讲"极乎张、王、钟、索"。张、王、钟、索即分别为汉代后期的张芝（？—192），东晋的王羲之（303—361），三国魏的钟繇（151—230），西晋的索靖（239—303），祝允明认为他们的书法即是本源，即是规则，后代许多书家以他们为则，外在形貌上可能会有所差异，实质只是"小异肤泽"而已，内在"书理"并未有多少改变。

张、王、钟、索作为汉末魏晋时期在书学方面取得极高成就的代表，他们每个人在书风方面都有一定的开创之功，且相互之间的艺术风格又并不相同。张芝善隶、行、草、飞白书，尤以草书影响极大，通过他的努力，草书向更加精美的方向发展，其个人成为汉末草书艺术发展的最高峰。如韦诞（179—253）称赞张芝"转精其巧，可谓草圣，超前绝后，独步无双"②。南朝羊欣亦云："张芝、皇象、钟繇、索靖，时并号书圣，然张劲骨丰肌，德冠诸贤之首。"③ 唐代张怀瓘认为张芝的草书"精熟神妙，冠绝古今，则百世不移之法式"④。钟繇与张芝并称"钟张"，与王羲之又并称"钟王"，可见其在书史上承前启后之重要地位。王羲之还曾言"顷寻诸名书，钟、张信为绝伦，其余不足存"。张芝殁时，钟繇已经四十多

---

① （元）刘有定：《衍极注》，见《历代书法论文选》，上海书画出版社1979年版，第402页。
② （唐）张怀瓘：《书断》卷上，见《历代书法论文选》，上海书画出版社1979年版，第163页。
③ 同上书，第177页。
④ 同上。

第五章　祝允明的书学思想

岁，其时张芝之弟张昶及众弟子的草书依然风行一时，钟繇同时代的卫瓘、索靖也都是张芝一脉的承递者。而钟氏则不走草书之路，独辟蹊径专攻行书和真书，既顺应了文字发展的潮流，又反映出其艺术上独立的自觉意识。唐张怀瓘称钟繇书法："真书绝妙，乃过于师，刚柔备焉，点画之间多有异趣，可谓幽深无际，古雅有余，秦、汉以来，一人而已。"[1] 索靖是张芝的姊孙，在书法渊源于张芝。索靖对后世影响最大的为章草，南朝王僧虔称其"传芝草而形异，甚矜其书，名其字势曰银钩虿尾"[2]。以虿尾形容其章草波磔短而有力，所谓"笔短而意长"。袁昂《古今书评》赞云："索靖书如飘风忽举，鸷鸟乍飞。"[3] 形容其章草变化无端，极富动势。张怀瓘《书断》将索靖的章草列为神品，并录前人语其与张芝草书相较曰："时人云，精熟至极，索不及张；妙有余姿，张不及索。"毋庸讳言，相较于张、钟、索三人，王羲之在历史舞台的出场时间最晚，但也是最集大成者，其在张、钟、索等人的基础之上，镕古裁今，楷、行、草诸体在他的笔下俱取得了巨大的突破性发展，迨其末年，更造其极，终成百代楷模。梁庾肩吾《书品》中将张芝、钟繇、王羲之三人书法列为"上之上"品，并称他们"若探妙测深，尽形得势，烟华落纸，将动风彩，带字欲飞，疑神化之所为，非人世之所学，惟张有道、钟元常、王右军其人也。张工夫第一，天然次之，衣帛先书，称为草圣；钟天然第一，工夫次之，妙尽许昌之碑，穷极邺下之牍；王工夫不及张，天然过之，天然不及钟，工夫过之"[4]。王羲之的书法兼得钟、张之美，并大大地向前迈进了许多，故其书圣地位自初唐为唐太宗李世民确立后，便无可撼动，成为"尽善尽美"的代表。祝允明在其《临王羲之帖册》跋尾中言：

> 古今书家辄称钟王，后世书家虽有作者，莫可企及。钟则专工于

---

[1] （宋）陈思：《书小史》，《文渊阁四库全书》电子版，上海人民出版社1999年版。
[2] （唐）张彦远：《法书要录》卷一，《文渊阁四库全书》电子版，上海人民出版社1999年版。
[3] 《历代书法论文选》，上海书画出版社1979年版，第75页。
[4] 同上书，第85页。

楷，而逸少独能兼善之，故其尺牍相传，等若球璧，即石刻流播，亦奉为模范。①

祝允明于书学对张、王、钟、索等人的推举，一方面是元代以来书学复古潮流下的进一步反映；另一方面也是出于其敏感觉察到当时书法的发展出现了"舍文武而攀成康"，或"并去根源"、"从孙枝中翻出己性"，取法不高而又别安眉目自喜的现象。祝允明曾言"今人但见永兴匀圆，率更劲瘠，琅琊雄沉，诚悬强毅，与会稽分镳，而不察其祖宗面貌自粲如也"②。正是基于这样的认识，祝允明表示学楷书"当以二王及虞《东方画赞》、《乐毅论》、《洛神赋》、《破邪论序》为则"③。学习行书亦应"以右军为祖，次参晋人诸帖及怀仁《圣教序》"④。对于学习草书及章草，则赞同米芾的说法，认为"草法必应从晋，此固通论"，同时还称："章草须有古意乃佳，下笔要重，亦如真书，点画明净，有墙壁，有间架，学者当以索靖、张芝、皇象、韦诞《月仪》、《八月帖》、《急就章》为模范也。"⑤

从祝允明上述所论也可以看出，祝氏强调的取法对象似乎又并非仅仅局限于张、王、钟、索四个人，说明这四个人只不过是他书学审美理想中汉魏时期书家群的典型代表。祝氏"书理"说真正的核心目的，乃是要使书法的发展回到继续尊崇汉末魏晋文人书法的道路上来，以古为则，在继承的基础上创新。实质上，祝氏本人于书学一途取法对象极为广泛，其对魏晋以后的唐、宋、元历代书家亦鲜有不学者，然其学习却并非仅仅是他们书法外在的面貌，而是要沿波讨源，最终求得汉末魏晋文人书家作品中的神理，例若其在《杂书诗帖卷》后所言："冬日烈风下写此，神在千五

---

① （明）祝允明：《临王羲之帖册》，载何炎泉编辑《毫端万象：祝允明书法特展》，台北故宫博物院 2013 年版，第 102 页。

② （明）祝允明：《奴书订》，载《怀星堂集》卷十一，《文渊阁四库全书》电子版，上海人民出版社 1999 年版。

③ （明）潘之淙：《书法离钩》卷三，《文渊阁四库全书》电子版，上海人民出版社 1999 年版。

④ 同上。

⑤ 同上。

百年前,不知知者谁也?"① 此语作为祝氏内心深处极其自负而又真切的表达,似又可为其"书理"说从另外一个角度作最好的注解。

第二节 鉴于昔而豫于来:祝允明《奴书订》一文中关于继承和革新的辩证精神

《奴书订》是祝允明另外一篇非常重要的书学论述,收于《怀星堂集》卷十一"论议"类中。该文篇幅不长,但与《书述》一样,是能体现祝氏书学思想的代表性书论。换句话说,讨论祝允明的书学思想,这两篇论述是绝对不可忽略的。相较两文,《书述》是从"书理"问题展开,对历代书法进行了概括性的评述,其核心目的是要使书法的发展回到继续尊崇汉末魏晋文人书法的道路上来;而《奴书订》则就"奴书"之论发表了自己的看法,其撰写缘由,大多论者普遍认为乃祝氏不同意历史上关于奴书的说法及其岳父李应祯的奴书论。那么,历史上关于"奴书"一说的内涵究竟是什么?李应祯的奴书论与历史上的说法有无不同?其又是在什么样一种历史背景下提出的呢?李氏所谓的奴书有无针对一些具体的书家?祝允明为什么会反对李应祯的奴书论?祝氏此文在本质上又反映了其怎样的书学观念?与其"书理"说之间有无关联?上述诸种问题,皆是我们应该关注并值得进一步探讨的。

一 书史上关于"奴书"一说的不同内涵

祝允明在《奴书订》开篇即言"觚笔士有奴书之论,亦自昔兴,吾独不解此"②。此处"觚笔士"乃书家之代称,而"亦自昔兴",则说明奴书之论古来有之。检索早于祝允明生活时代的书学文献,大抵唐宋时期的书

---

① 何炎泉编辑:《毫端万象:祝允明书法特展》,台北故宫博物院2013年版,第206页。
② (明)祝允明:《怀星堂集》卷十一,《文渊阁四库全书》电子版,上海人民出版社1999年版。

家对"奴书"即每有讨论。晚唐的释亚栖曾有"书奴"一说,其云:

> 凡书通即变,王变白云体,欧变右军体,柳变欧阳体。永禅师、褚遂良、颜真卿、李邕、虞世南等,并得书中法,后皆自变其体,以传于世,俱得垂名。若执法不变,纵能入木三分,亦被号为"书奴",终非自立之体。此书家之大要也![1]

此论乃站在"通变"的角度,盖言王羲之而下之历代书家未有通而不变者,强调书家须有"自立之体",若"执法不变"者当为"书奴",而"书奴"之书当然就是"奴书"。北宋《宣和书谱》卷十七著录有南朝书家陈伯智的草书《习读帖》,中有论曰:

> 雅意翰墨,无狗马之玩,作字劲举,而行草尤工,师其成心而自为家学,故名重于时。盖传习之陋,论者以谓屋下架屋,不免有"奴书"之诮。此伯智独能摆脱。[2]

此处则以晋人"屋下架屋"之典来喻"奴书",意即处处模仿别人、没有创意而极其乏味之书,内涵实则与释亚栖所论大体相同。北宋米芾亦曾在其《自叙帖》中云:

> 学书贵弄翰,谓把笔轻,自然手心虚,振迅天真,出于意外,所以古人书各各不同,若一一相似,则"奴书"也。其次,要得笔,谓骨筋、皮肉、脂泽、风神皆全,犹如一佳士也。又,笔笔不同,三字三画异,故作异;重轻不同,出于天真,自然异。[3]

---

[1] (唐)释亚栖:《论书》,载《历代书法论文选》,上海书画出版社1979年版,第197页。
[2] 《宣和书谱》卷十七,《文渊阁四库全书》电子版,上海人民出版社1999年版。
[3] 曹宝麟:《中国书法全集·米芾卷》卷一,荣宝斋出版社1992年版,第90页。

第五章 祝允明的书学思想

米芾所言"奴书"的含义似与上述两论则稍有不同，其强调的是书家作书时在用笔方面须善于变化，笔笔不同，并有振迅天真、出于意外之处。所谓用笔一一相似，即为笔法因程式化过多而缺乏变化，在米芾看来这样的书法即为"奴书"。米芾的书法本从"集古字"而成家，其尝自述"壮岁未能立家，人谓吾书为集古字，盖取诸长处，总而成之。既老，始自成家，人见之，不知以何为祖也"①。可见他并未把肖似古人之书当作是不可为之事，只不过其所模仿者非限于某一两家，且贵在能"取诸长处"，并最终皆能运于自己之笔下而浑融无迹，使人不知其以何为祖，表明其有着既学古而又能善于变化用笔的高超本领。米芾还曾讥笑唐代"欧、虞、褚、柳、颜，皆一笔书也，安排费工，岂能传世"②，其实主要是批评他们用笔变化不足而富程式化，由于过分注重法度的严谨使得意趣不足，斯言虽有过处，然亦可见米芾推崇的"古人书各各不同"，更多为不拘一格、风流蕴藉的晋人之书。元人张晏在《跋李白上阳台书》中则言：

> 谪仙书传世绝少，尝云欧、虞、褚、陆真"书奴"耳，自以流出于胸中，非若他人积习可到。观其飘飘然有凌云之态，高出尘寰，得物外之妙。尝遍观晋唐法帖，而忽展此书，不觉令人清爽。③

张晏借李白之口批评"欧、虞、褚、陆"等人为"书奴"，言下之意，他们的书法即为"奴书"，其观点偏激之处与米芾倒颇有几分类似。在张氏眼中，李白的书法更多自出胸臆，故方能轶出尘俗，有凌云之态，非积学所成者可比，因而深加叹赏。

从上述几家所言看出，由于各自所站立场的不同，书史上诸多论者对"奴书"的认识亦有差异。概括起来，大体有以下几个方面：其一，指执

---

① （宋）米芾：《海岳名言》，载《历代书法论文选》，上海书画出版社1979年版，第360页。
② 同上书，第362页。
③ 《石渠宝笈》卷十三，《文渊阁四库全书》电子版，上海人民出版社1999年版。

法不变而无自立之体,处处以模仿为目的之书法;其二,为非自出机杼而靠积学所成者;其三,指书家作品中的笔法程式化过多,随机变化不足而显得缺乏情趣者,这样书法可能虽有个人面目,若像欧阳询、虞世南、颜真卿等唐人的书法即因为过于讲究法度的严谨,也难逃米芾的质疑和讥讽。那么,到了明代中叶李应祯的"奴书"说又该如何解读呢?

二 李应祯"奴书"说的历史背景及其目的

从文林所撰《南京太仆少卿李公墓志铭》一文中可知李应祯的各类文稿,绝大多数被李氏在世时即取而焚之,未能传世,颇为遗憾。① 我们今天对李应祯生平思想及若干轶事的了解,多赖其时李氏于吴门的同辈友人和晚辈的记载传述。祝允明在《奴书订》一文中并未直言其针对李应祯的"奴书"说,但是在《书述》中却明确指责了李应祯反对"奴书"的不当之处:

> 太仆资力故高,乃特违众,既远群从(宋人),并去根源,或从孙枝翻出己性,离立劲骨,别安眉目,盖其所发"奴书"之论,乃胸怀自憙者也。②

祝氏在此认为李应祯的"奴书"说是胸怀自憙之论。文徵明曾应父命在李应祯晚年时期从其学书,文氏后来在《跋李少卿帖》中记曰:

> 盖公虽潜心古法,而所自得为多,当为国朝第一。其尤妙能三指尖搦管,虚腕疾书,今人莫能为也。
>
> 公既多阅古帖,又深诣三昧,遂自成家,而古法不亡。尝一日,

---

① 文林《南京太仆少卿李公墓志铭》中述曰:"盖公在官虽多所建白,而章疏之传录与人者,悉已取而焚之,而为诗若文亦不存稿。"载钱毂《吴都文萃续集》卷四十二,《文渊阁四库全书》电子版,上海人民出版社1999年版。

② (明)祝允明:《怀星堂集》卷二十四,《文渊阁四库全书》电子版,上海人民出版社1999年版。

第五章 祝允明的书学思想

阅某书有涉玉局（苏东坡）笔意，因大咤曰："破却工夫，何至随人脚踵？就令学成王羲之，只是他人书耳。"①

根据文徵明的记述，可知李应祯于书学一途是极力推崇"自得"创新的，反对随人接踵之书，而所谓"他人书"，实与"奴书"同义，即没有个性的模仿之书。由于李氏秉持这样一种书学精神，所以即便像元代赵孟頫那样"独振国手，遍友历代，归宿晋唐"，启一代新风并对后世影响深远的人，也逃不过其"奴书之眩"了。王世贞在《李贞伯游滁阳山水记》中曰："先生以书开吴中墨池，其腕法甚劲，结体甚密，而不取师古，往往诮赵吴兴以为'奴书'，故其玉润亦不尽满之。"②孙鑛在《书画跋跋》中亦云："司寇公称贞伯无千古，至目赵吴兴为'奴书'。"③

李应祯之所以重新提出历史上"奴书"说，并以此来讥讽赵孟頫的书法，一方面反映了当时吴门书家群中普遍存在的创新意识，一方面也缘于其对明代前期以来书坛一直盛行的"台阁"时风的严重不满。

书法上的台阁体与台阁诗文、院体绘画一样，是明代前期政治、文化、思想极其专制统一的社会背景下的产物，其形成流行的时间主要是永乐至成化年间。台阁体书法是以楷书为主体，兼及篆、隶、行、草诸体。台阁书风在明代前期不同阶段的代表人物主要有永乐年间（1403—1424）的滕用亨、程南云、沈度、沈粲、胡俨、杨士奇、杨荣、杨溥、夏昺、夏昶、陆友仁等；洪熙至正统年间（1425—1449）的谢祯期、沈藻、张天保、金湜、温良等；景泰至成化年间（1450—1487）的何观、林章、李应祯、姜立纲、汝纳、张骏、马绍荣等。

台阁体书家的总体审美特点是追求雍容典雅、婉丽遒美的风格特征，

---

① （明）文徵明：《跋李少卿帖二首》，载周道振辑《文徵明集》卷二十一，上海古籍出版社1987年版。
② （明）王世贞：《弇州山人四部稿》续稿卷一百六十二，《文渊阁四库全书》电子版，上海人民出版社1999年版。
③ （明）孙鑛：《书画跋跋》之《跋李范庵卷》，载崔尔平选编《历代书法论文选续编》，上海书画出版社1993年版，第269页。

此亦为了迎合帝王贵族的审美意趣，他们往往更加注重形式上的追求而缺乏个人情性，笔法、结体的表现皆非常圆熟。如《明史·文苑传》中称沈度书法"以婉丽胜"，杨士奇则评沈度书"婉丽飘逸，雍容矩度"①。王世贞评沈粲草书"行笔圆熟，章法尤精，足称宋南宫入室"②。孙鑛在《书画跋跋》中云："陈文东、二沈笔法大约圆熟二字尽之，宣、正间直两制诸公多用此法。"③ 詹景凤评胡俨书法言其"行书矫健而苍，楷书精熟而整"④。朱谋垔在《续书史会要》中评杨士奇书法"笔法古雅而乏风韵"，评杨荣"楷书姿媚动人"，评姜立纲"善楷书，清劲方正，今中书科写制诰悉宗之，议者未免板刻"⑤。当代学者黄惇先生认为书法的台阁体化，乃是帝王直接倡导干预下出现的必然结果。专为迎合帝王口味的台阁体扼杀了大多数人的艺术生命，也阻碍了书法艺术向书法情性方向发展，使明初书坛抹上了一层浓重的应制色彩。⑥

李应祯曾于成化元年（1465）得授中书舍人一职，故其初始亦为一名台阁书家，其早期书风也当在台阁体范围内。正因为有如此经历，使得李氏对台阁书风的陈陈相袭、缺乏个性特质、圆熟婉丽等多种弊端能有切身的感受和清晰的认识。但随着对书法的专研深入，他逐渐产生脱去台阁时风羁绊的想法。李应祯提出的不愿"随人脚踵"成"他人书"的书法观念，以及所谓的"奴书"一说，乃是对其对亲身经历过的台阁体书法的彻底反叛，而这在台阁时风盛行的年代，无疑有相当积极的意义。李氏之所以每每讥讽元代赵孟頫的书法为"奴书"，一方面当是其认为赵孟頫在书学上过于尊崇古人，"自得"甚少，此又正如晚明董其昌批评赵孟頫"矫宋之弊，虽己意亦不用矣，此必为宋人所诃，盖为法所转也"⑦；另一方

---

① 马宗霍：《书林藻鉴 书林记事》，文物出版社1984年版，第170页。
② 同上书，第171页。
③ （明）孙鑛：《书画跋跋》之《三吴楷法册》，载崔尔平选编《历代书法论文选续编》，上海书画出版社1993年版，第263页。
④ 马宗霍：《书林藻鉴 书林记事》，文物出版社1984年版，第170页。
⑤ （明）朱谋垔：《续书史会要》，《文渊阁四库全书》电子版，上海人民出版社1999年版。
⑥ 参阅黄惇《中国书法史·元明卷》，江苏教育出版社2001年版，第216页。
⑦ （明）董其昌：《容台别集》卷二《书品》，南京图书馆古籍部藏。

第五章 祝允明的书学思想

面，恐也因为赵氏于书学所倡导的复古观念及其雅逸平正的书风，为明代前期的众多台阁书家所广泛接受，并被演绎得更加圆熟流丽，以致多具俗态。究于此，李应祯无法对上层贵族的审美趣味作直接批判，故转而将矛头指向元明复古大潮及平正典雅一脉书风之领袖人物赵孟頫，毫不留情的斥责其书法为"奴书"。

三 继承与革新须辩证统一：祝允明反驳"奴书"说的本质原因

李应祯重提书史上的"奴书"说，反对书家作书"随人脚踵"，追求意趣，强调独创的重要性，其思想有针砭时弊的积极意义，却无意中走向另外一个极端，即因其过于注重"自得"，忽视了传统对于创新的重要性。换句话说，李氏的书学思想中没有将继承和革新辩证地统一起来，坠于一端而失之偏颇，故遭到了其婿祝允明的极力反对。

有鉴于此，在《奴书订》一文中，祝允明即就历史上及李应祯关于"奴书"一说的某些不当之处辩曰："艺家一道，庸讵缪执笔至是，人间事理，至处有二乎哉？为圆不从规，拟方不按矩，得乎？"祝氏认为人世间的一切事理皆应遵从一定的规矩，方圆亦然，艺术亦然！就书法而言，难道按规矩办的就应该是"奴书"吗？祝氏又言：

> 自粗归精，既据妙地，少自翔异，可也。必也革其故，而新是图，将不故之并亡，而第新也与？[①]

在祝允明看来，任何事物的发展应该有一个循序的过程，若由粗放归于精致，守本而稍变尚可，但是，如果是完全革去"故"而一味图"新"，这样的"新"可以吗？我们若仔细辨读祝氏的这番论述，实际上颇有点进化

---

① （明）祝允明：《怀星堂集》卷十一，《文渊阁四库全书》电子版，上海人民出版社1999年版。

论的意味，亦反映出一定的通变精神，而这一思想，在其研讨诗文时也曾有过类似的阐述。祝允明在《答张天赋秀才书》中言：

> 夫物必有则，亦必有容，有者则必定，久而小有变移趋时，其定者不可议而更正，应屡救以回旧贯。文章者，物之至精，必有则，必有容。有则有定，由时小变，正应屡救以归旧贯。要知若缝人为衣，举绮纨布粗精练殊，宽缩益损度制殊，及其成衣，一也。奈何论文者徇今并反乎古？①

祝氏由物及文章，大凡各类事物皆有则有容，由古到今，时是促成变化的客观因素，然容可有变，而则都是定而不可改变的。此又正如与人缝衣，粗精宽缩不同，量体而裁，最终目的应是一致的。祝允明在《古今论》中还曾曰：

> 谈者类判古今为歧途，吾恒患之，大校君子多是古而非今，细人多狃今而病古，吾以为悉缪也。茫茫宇宙，积今成古，古今非两世也。彼曰无古何以成今？予亦曰无今曷以为古也？②

在《为邦论》中又论云：

> 乃时徙其故以会于理，至于累变而愈异，甚有矫而翻之者焉。既益久而不胜其变，圣人亦不胜其矫矣，而万世之来方滔滔焉，乃鉴于昔而豫于来。③

---

① （明）祝允明：《怀星堂集》卷十二，《文渊阁四库全书》电子版，上海人民出版社1999年版。
② （明）祝允明：《怀星堂集》卷十，《文渊阁四库全书》电子版，上海人民出版社1999年版。
③ 同上。

第五章 祝允明的书学思想

从以上所论可以看出，祝允明认为古与今两者之间的关系实为辩证统一的，是可以调和的。古今而下，万物绵延，鉴古而豫今，是绝不可舍弃的。因此，祝氏心目中文学的发展当然亦必须遵循前后相承的规律，唯有如此，在创作上方可由学古而达到创新的目的。祝允明上述关于文学发展的诸种言论发表于其人生的不同阶段，其间之细节讨论恐因针对性的不同而小有差异，但是也不难看出其思想深处对古今事理、继承与革新等问题的认识，与论述书法的发展有许多颇为吻合之处，故当作同一观照。

诚然，正如李应祯的"奴书"说并非是其在书史上首创一样，祝允明关于继承与革新的辩证精神也并非其独创。祝氏正是很好地继承发扬了古人讨论文艺创作时关于革新、通变的正确观点，并以此来反驳"奴书"一说的盛行。中国古人早在《易经》中便有了"生生之谓易"的发展变化观，指出世界上的一切事物都在不断的发展变化中。文艺的发展当然不能例外，没有发展变化，艺术的生命也就停止了，所谓"若无新变，不能代雄"，指的便是此意。但是，在中国古代艺术思想史上，历来又强调文艺一途如欲创新，必须是在先继承前人优秀遗产的基础之上。如西晋的陆机在《文赋》中谓："收百世之阙文，采千载之遗韵，谢朝华于已披，启夕秀于未振。"盖言作文章要通会前代一切优秀成果，然前人之作毕竟如早晨已放的花朵，不能再加以重复，故又须自出新意，开出新鲜的花朵来。在此，陆机即意在强调"变"是主旨，同时又指出新变的基础是"通古"。南朝刘勰在《文心雕龙》中更是将"通变"列为专章，对"通"与"变"的关系作了更加详细的阐述，而其根本要旨亦在强调通古而变新。范文澜在《文心雕龙注》中说刘氏的通变之术，要在"资故实，酌新声"两语，缺一则疏矣。郭绍虞、王文生的《文心雕龙再议》中也谈到，关于继承与革新，在对待文艺传统，处理古与今的关系上，刘勰以"通变"来表述二者的正确关系，既反对"循环相因"，又反对"近附而远疏"；主张有继承又有革新，如果只有继承而无革新，则文学无所发展，如果只讲革新而无继承，则文学必然流于贫乏；"变则其久"、"通则不乏"，只有二者互相补充，才能"日新其业"。所谓"望今制奇"、"参古定法"，总的说来，刘勰用"通变"论来对继承与革新、古与今的关系,作了概括而又鞭辟入里的说明,包含着辩证法的思想。①

基于对继承与革新问题的辩证思维,祝允明认为文人书法的发展,从汉魏以降实乃一脉相承,故其在《奴书订》中又言:"自卯金当涂,底于典午,音容少殊,神骨一也;沿晋游唐,守而勿失。"② 此处的"卯金"指刘氏汉室,而"典午"则喻司马之两晋,在祝氏眼中,由汉至晋时期书法艺术的发展,虽然外在的形貌发生了变化而有一定的差异,但内在"神骨"亦即精神本质还是一致的。如若沿着晋人来看唐人的书法,发现他们仍然遵循坚守着这样的本质,因此,祝允明接着批评时人"但见永兴匀圆,率更劲瘠,琅琊雄沉,诚悬强毅,与会稽分镳,而不察其祖宗面貌自粲如也"。对于宋代苏、黄、米、蔡的书法,祝氏言蔡襄"恒守惟肖"、米芾"不违典型",即指他们的书法是很尊古并继承了前代的优秀成果,没有失却、违背书法一道的典型。至于苏轼、黄庭坚的书法,啮羁踶鞠,似欲挣脱法度之束缚,顾盼自得,以意为之,看不出他们的宗法对象,实际上东坡乃"骨干平原,股肱北海,被服大令",方成自家面目,而黄庭坚亦曾自称其草书得"长沙三昧",即从唐代怀素的大草中深悟得法。祝允明还认为后人对晋、唐、宋历代书法的认识,往往"泥习耳聆,未尝神访",不能深刻理解他们的书法所藏于形貌之内的精神本质,故其所持各种评论,例若"奴书"之说,当然会"执其言而失其旨也"。

综上所论,不论是李应祯所提的"奴书"说,还是李氏之前书史上即已存在的"奴书"说,其目的皆为反对学书者机械的因袭模拟,随人脚踵,泥于形式而缺乏情性,提倡创新并具自我面目。祝允明反驳"奴书"一说,并非是其不主张创新,而是强调创新必须与学古辩证地统一起来,并能正确、客观、深入地学习理解晋、唐、宋等历代书法的本质所在。正

---

① 郭绍虞、王文生:《文心雕龙再议》,转引自詹锳《文心雕龙义证》,上海古籍出版社1989年版,第1109页。
② (明)祝允明:《怀星堂集》卷十,《文渊阁四库全书》电子版,上海人民出版社1999年版。

第五章 祝允明的书学思想

是出于这样的立场,像元代赵孟頫那样以复古为革新,遍友历代、归宿晋唐,却被李应祯讥诮为"奴书",则是祝允明坚决不能赞同的。相反,祝氏在《书述》中,便将不学古人前规,而专学近人张弼的张骏给以痛斥,称之为"婢学夫人,咄哉!樵爨厮养,丑恶臭秽"。祝允明在《奴书订》中关于传承与革新的辩证思维,同时还反映出一定的尊古意识,与其论文学之发展亦颇有相通之处,这些思想应该说皆来源于传统,堪谓直击当时书坛一部分人盲目创新、不察本源之痛处,并对矫正"奴书"说盛行所带来的弊端亦有相当积极的作用。最为关键的是,祝允明本人对书法的学习与创作,正是按照他的这一辩证认识,以古出新,最终形成自己古雅纵逸的个性书风,与古人不合而合。

第三节　博习诸家　神爽冥会:祝允明的书法师古观

师古观反映的主要是书家如何学习古人,其大致涵蕴着两条线索可供探寻:一条是取法对象的变化,另外一条则是对古代书家经典作品临习方式的变化。师古观作为书家书学思想的一个方面,对书家作品的风格特征有着极其重要的影响,我们研究书家的书学思想,师古观应是不可或缺的。祝允明在《书述》和《奴书订》两篇论述中,很大程度上体现了其尊古、崇古的书学理念,以及对继承和革新的辩证认识,但是,关于其个人所学习的具体对象及方式,则并无特别详尽的描述。祝允明的师古观念,一者体现在其自书跋尾和对前人书迹的评述中,另外就是应从其本人书法及时人、后人对其书作的评价中去寻觅。而我们综合梳理上述材料,发现祝允明的师古观念至少有以下两个方面的特点。

一　取法对象极为广博,本质上与北宋米芾的"盖取诸长处"较为相似

前有所论,祝允明虽认为"书理,极乎张、王、钟、索",但在取法

下编 地域、风尚与祝允明的书学

对象方面，其又并非仅仅局限于这四家，而是对汉魏以降至唐、宋、元历代诸家，鲜有不学者，可谓取法极博。祝允明还曾褒奖元代赵孟頫"遍友历代，归宿晋唐"①，其个人的学书历程更是有过之而无不及，故其师古思想亦应是赵氏倡导书学"复古"思想在明代的传承和集中体现。但是，祝、赵二人在具体的路径方面有一个最大的不同之处，赵之复古是以矫正南宋末流之弊为出发点，故以排斥北宋苏、黄、米诸家为代价，而主张直接师法晋人并以其为指归；祝允明则对北宋诸家并不排斥，甚至其书学还深受苏、黄、米等人的影响。

笔者以为，祝允明的学书之路与师古观念，与北宋巨匠米芾的"盖取诸长处"倒颇为接近，虽稍有不同，然殊途同归。米芾在《海岳名言》中曾自述云："壮岁未能立家，人谓吾书为集古字，盖取诸长处，总而成之。既老，始自成家，人见之，不知以何为祖也。"② 由此可知米芾于书学走的是一条"集古出新"之路，至于其具体的酝酿过程，曹宝麟先生曾作比较细致的考察，并指出米氏集古成家的大体路线应为由近及远。③ 祝允明学书则自幼受祝颢、徐有贞两位内外祖父的影响，绝去时人书不学，入门直接以晋唐诸家为取法对象，祝氏曾言：

> 仆学书苦无积累功，所幸独蒙先人之教，自髫卯以来，绝不令学近时人书，目所接皆晋唐帖也。④

可见祝允明的书学路径从最初即取法乎上、取法乎古的，而这无疑又为其后来在书学一途取得很高成就奠定了重要的基础。祝氏同时代的友人及后人对其书学师承方面的论说，大多言其面貌极多，取法极博。祝允明好友

---

① （明）祝允明：《书述》，载《怀星堂集》卷二十四，《文渊阁四库全书》电子版，上海人民出版社1999年版。
② 《历代书法论文选》，上海书画出版社1979年版，第360页。
③ 参阅曹宝麟《中国书法史·宋辽金卷》，江苏教育出版社1999年版，第185页。
④ （明）祝允明：《写各体书与顾司勋后系》，载《怀星堂集》卷二十六，《文渊阁四库全书》电子版，上海人民出版社1999年版。

第五章　祝允明的书学思想

顾璘谓：

> 希哲书学精工，自急就以逮虞赵，上下数千年变体，罔不得其结构，若羲献真行，怀素狂草，尤臻笔妙。①

文彭在《跋祝枝山书东坡记游》中言：

> 我朝善书者不可胜数，而人各一家，家各一意，惟祝京兆为集众长，盖其少时于书无所不学，学亦无所不精，此卷乃全法钟太傅（钟繇），而用笔遒劲伟丽，出入清臣（颜真卿）、诚悬（柳公权）间，盖能用太傅指于大令腕者也。②

王世贞则云：

> 京兆少年楷法自元常（钟繇）、二王、永师（智永）、秘监（虞世南）、率更（欧阳询）、河南（褚遂良）、吴兴（赵孟頫）；行草则大令（王献之）、永师、河南、狂素、颠旭、北海（李邕）、眉山（苏轼）、豫章（黄庭坚）、襄阳（米芾），靡不临写工绝。晚节变化出入，不可端倪，风骨烂漫，天真纵逸，直足上配吴兴，它所不论也。③

无论是顾璘所称"数千年变体"，文彭所言"集众长"，还是王世贞遍举祝氏少时所取法的历代诸家，乃至晚年"变化出入，不可端倪"，他们对祝

---

① （明）顾璘：《国宝新编》，载《六艺之一录》卷三百六十七，《文渊阁四库全书》电子版，上海人民出版社1999年版。
② （清）卞永誉：《式古堂书画汇考》卷二十五，《文渊阁四库全书》电子版，上海人民出版社1999年版。
③ （明）王世贞：《艺苑卮言》附录三，载《弇州四部稿》卷一百五十四，《文渊阁四库全书》电子版，上海人民出版社1999年版。

下编　地域、风尚与祝允明的书学

允明于书学一途成家路数的描述，与上述北宋米芾自云其书法"盖取诸长处，总而成之。既老，始自成家，人见之，不知以何为祖也"是何等的相似。其实，祝允明书学取法的对象尚不止王世贞所列历代名家，甚而有一些在书史上屡被非议诟病的书家，亦每每成为祝氏笔底宗法的对象，若唐人李怀琳即为代表。李虽是唐人，却不在晋唐名家谱系之中，且因好作伪书致其声名狼藉。唐窦臮《述书赋》云："爰有怀琳，厥迹疏壮。假他人姓字，作自己之形状。高风甚少，俗态尤多。吠声之辈，或浸余波。"[①] 窦蒙注云："李怀琳，洛阳人，国初时好为伪迹，其《大急就》称王书，及《七贤书》假云薛道衡作叙，及《竹林叙事》，并卫夫人，咄咄逼人。《嵇康绝交书》，并怀琳之伪迹也。"[②] 在明代中叶以前，李怀琳及其书迹并不为人所留意，但明代中叶吴门祝允明等人却深受其沾溉。今故宫博物院藏有祝氏草书《琴赋》卷款识云：

> 嵇叔夜作《琴赋》，可谓能尽其至者也。李怀琳仿叔夜《绝交书》，甚善，余书此赋少假怀琳腕下布置，虚拟古人用意所在。怀琳为唐时书法宗匠，其立意自不虚也。[③]

李怀琳因制造《绝交书》等伪迹，被唐人讥为"俗态尤多"，但祝允明在此却盛赞其"甚善"、"书法宗匠"、"立意不虚"并效仿之，究竟为什么呢？祝允明可能认为，李氏既能仿魏晋诸家伪迹，笔底实多有古法，而窦蒙等唐人对李的诟病，很大程度上乃是出于对其作伪行为的不齿。祝氏学习李怀琳，赞其为"宗匠"，说明其抛却了唐人因人废书的看法，而纯从书法本体的层面认为李氏之书颇多可取法之处。祝允明对李怀琳的学习，也得到了其同时期人的认可与肯定，文彭跋祝允明晚年章草书《书述》时

[①] （唐）窦臮：《述书赋》，载《历代书法论文选》，上海书画出版社1979年版，第254页。
[②] （唐）窦蒙：《述书赋注》，载《历代书法论文选》，上海书画出版社1979年版，第254页。
[③] （明）祝允明：《草书琴赋卷》，载《中国法书全集》卷十三明2，文物出版社2009年版，第18页。

第五章 祝允明的书学思想

说:"京兆草书纯仿孙过庭,而时作李怀琳笔意。"① 因为祝允明于书学的取法极为广博,致使晚明张凤翼(1527—1613)评价其书法时云:

> 祝京兆作书多似曼倩(东方朔),高自许可,意在惊人,故每出入晋唐宋间,未免弄一车兵器。然投之所向,无不如意。②

史载汉人东方朔在写给汉武帝的自荐书中,炫耀自己读过的书,以及所懂得的兵法兵器,旨在惊世骇俗。在张凤翼看来,祝允明的书法出入晋、唐及宋,正如东方朔有炫耀所长之嫌,而祝氏一车之"兵器",正是其所取法并"集众长"之后的笔法特征,并最终能够做到"无不如意"。祝允明一生也留下许多模拟晋、唐、宋、元历代书家笔意的书作,从这些作品中我们更能非常直观地感受到他对前人书迹之笔法、结构、神韵等诸种特征的熟谙,如台北故宫博物院所藏的《墨林藻海卷》《为沈则山书六体诗赋卷》、上海博物馆藏《仿宋四家卷》、故宫博物院藏《三体杂诗卷》等。

祝允明书学观念中尊古、崇古思想,既得益于祝颢、徐有贞两位长辈对其自幼开始的教导,也有元代赵孟頫倡导书学复古思想对明代所产生的深远影响,而其最终在书法上所取得的成功,似乎很难说没有借鉴北宋米芾的"集古出新"之路。祝允明于嘉靖五年(1526)八月,亦即在他去世前不久所书的《书述》之卷后余纸,并录米芾《海岳名言》相缀连,从这一行为似亦可遥想其时祝氏对米老书学观念的推崇。王宠后来评此卷曾云:"吴中称祝京兆书为当今海岳,此卷尤为精绝,骎骎与钟、索抗衡。"③根据王宠所言,其时吴中士人之所以称祝允明书法为"当今海岳",以北宋米芾与之相喻,恐并非指祝氏书风与米芾有很多接近的一面,更多应为

---

① (明)缪曰藻:《寓意录》卷三《祝枝山书述》,载卢辅圣主编《中国书画全书》第八册,上海书画出版社1994年版,第926页。
② (明)张凤翼:《处实堂集》后集卷五,《续修四库全书》第1353册,上海古籍出版社1995年版。
③ (明)缪曰藻:《寓意录》卷三《祝枝山书述》,载卢辅圣主编《中国书画全书》第八册,上海书画出版社1995年版,第926页。

祝允明于书学一途的博习诸家，并能变化出入而形成自家面目，与米芾的"盖取诸长处"甚为相似。需要进一步说明的是，本书引"吴中海岳"为题，来源与原因亦正在于此。

二　学习方法上注重对古人作品的"神爽冥会"

书史上关于如何学习古人书法这一命题的讨论亦甚夥，但一般都集中在法度、意趣、形神等范畴。祝允明于书学极力主张须尊古、学古，提倡继承基础上的创新，并能博采众长。具体而言，他究竟是如何学习古人作品的呢？他在学习方法上强调或注重什么呢？与前人有无异同之处呢？祝允明在《跋山谷书李诗》中言：

> 双井（黄庭坚）之学，大抵以韵胜，文章、诗、乐、书、画皆然。姑论其书，积功固深，所得固别，要之得晋人之韵，故形貌若悬，而神爽冥会欤！此卷驰骤藏真（怀素），殆有夺胎之妙，非有若据孔子比也，其故乃是与素同得晋韵然耳！今之师素者，率卤莽，求诸其外，动至狂恶，又是优孟为叔敖，抵掌变幻，眩乱人鬼，只能惑楚坚子耳，亦独何哉！可恨可恨。[①]

在这则题跋中，祝允明通过对黄庭坚书法的评述，透露出其于书学方面某些非常重要的看法，祝氏认为黄庭坚的书法有晋人之韵，但不在形貌，而是精神深处与晋人之间有一种"神爽冥会"，学习怀素亦能不为其囿，活学活用，并能与之同得晋韵，关键亦在于此；祝氏借此还批评了一些时人学习怀素草书往往追求外在的狂怪怒张之势，未能内求于精神层面，犹春秋时优孟之扮孙叔敖，即便外在衣冠再像，亦不过是眩人一时耳目而已。由此可见，祝允明对前人或古代书法经典的取法学习，似乎更为注重

[①] （明）祝允明：《怀星堂集》卷二十五，《文渊阁四库全书》电子版，上海人民出版社1999年版。

第五章 祝允明的书学思想

"神"这一层面,而他的这一主张应多来源于唐宋时期一些书家的书学观念,有别于时人。

王羲之、王献之父子开创晋人书法新风后,南朝至隋唐的书家,由于他们得到口传手授的笔法,下笔自然合于前人。黄山谷谓"宋齐间士大夫翰墨颇工,合处便逼右军父子。盖其流风遗俗未远,师友渊源,与今日俗学不同耳"①。因此,他们在临习古人书法时尤为重视作品中"神"的表现。如唐李世民言:

> 今吾临古人书,殊不学其形势,惟在求其骨力,而形势自生焉。②

骨力者,书法之精神表现。这句话表明了李世民学习古人书法重在对其精神的领会与把握,精神既得,"形势自生焉"。张怀瓘曰:"深识书者,惟观神采,不见字形。"③形为外在状貌,"显而易明";神乃内在意蕴,"隐而难辨"。古人书法中的"神"只有在学习时心领神会而不能像笔法那样可以口传手授,故学习古人"然须考其发意所由,从心者为上,从眼者为下"④。北宋蔡襄亦曾云:

> 学书之要,惟取神气为佳,若象体势,虽形似而无精神,乃不知所为耳。⑤

黄庭坚云:

---

① (宋)黄庭坚:《题绛本法帖》,见《山谷题跋》卷四,上海远东出版社1999年版,第107页。
② (唐)李世民:《论书》,见《历代书法论文选》,上海书画出版社1979年版,第120页。
③ (唐)张怀瓘:《文字论》,见《历代书法论文选》,上海书画出版社1979年版,第209页。
④ 同上。
⑤ (宋)蔡襄:《论书》,见崔尔平选编《历代书法论文选续编》,上海书画出版社1993年版,第50页。

> 佳帖时时临摹，可得形似。大要多取古法，细看令入神，乃到妙处。用心不杂，乃是入神要路。
>
> 古人学书，不尽临摹，张古人书于壁间，观之入神，则下笔时随人意。①

可见蔡、黄二人都认为学习古人应求神似，与唐代李世民等人的主张似无甚区别。黄庭坚所云的古法即用笔之法，他曾言"古人工书无它异，但能用笔耳"②，而入神就是指要在精神上通会古人，把握古人作品的内在意蕴，否则，即使有形似也不知所为耳。

但是，自南宋以降，因去古渐远，古法湮灭，加之帖学盛行，刻帖所保留的古人书迹在神采方面又失却许多，在这种情况下学习古人、恢复古法，很多书家又极力主张学习古人当从规矩形模入手，强调形似过于神似。如南宋姜夔曰：

> 临摹之际，毫发失真，则神情顿异，所贵详谨。③

高宗赵构《翰墨志》中云：

> 余自魏、晋以来至六朝笔法，无不临摹。……至若《禊帖》，则测之益深，拟之益严。姿态横生，莫造其源，详观点画，以至成诵，不少去怀也。④

这种详谨深严、精熟成诵的学古态度及方法，深深影响了元代的赵孟頫。赵孟頫接受了赵构等人的书学思想，并且身体力行，学习古人以精熟逼真

---

① （宋）黄庭坚：《书赠福州陈继月》，见《山谷题跋》卷五，上海远东出版社1999年版，第147页。
② （宋）黄庭坚：《论书》，见《历代书法论文选》，上海书画出版社1979年版，第354页。
③ （宋）姜夔：《续书谱》，见《历代书法论文选》，上海书画出版社1979年版，第390页。
④ 《历代书法论文选》，上海书画出版社1979年版，第365页。

第五章 祝允明的书学思想

为能。诚如明方孝孺云：

> 子昂书如程不识将兵，号令严明，不使毫末出法度之外，故动无遗失。①

陆深云：

> 文敏临张长史京中帖，笔法操纵，骨气深稳，且不用本家一笔，故可宝也。闻公尝背临十三家书，取覆视之，无毫发不肖似，此公所以名世也。②

赵孟頫的书学思想影响深远，笼罩整个元代，一直延续到明代前中期，其间虽有书家提出学古当"在意不在形"，然真正不受赵氏思想沾溉者实无几人。明代前期的宫廷书家解缙在《春雨杂述》中言：

> 此不可以强为，亦不可以强学，惟日日临名书，无吝纸笔，工夫精熟，久乃自然。……对之仿之，如灯取影；填之补之，如鉴照形；合而符之，如瑞之于瑁也；比而似之，如睨伐柯；察而象之，详视而默记之，如七十子之学孔子也。③

解缙的思想是赵孟頫的学古方法在明代的进一步发展。"如灯取影"、"如鉴照形"，简直就是把学习古人作品的过程当作一种机械性的复制。因为古时没有我们现代社会的复印机，若有的话，恐怕解缙又要拿它作比方了。

事实上，学习古人作品时注重形似本无太多不妥，若唐孙过庭亦曾言

---

① 马宗霍：《书林藻鉴 书林记事》，文物出版社1984年版，第152页。
② 同上书，第153页。
③ 《历代书法论文选》，上海书画出版社1979年版，第498页。

· 177 ·

下编　地域、风尚与祝允明的书学

"察之者尚精，拟之者贵似"。但是，元代至明代前中期有一些书家在学古态度和方法上由于过分注重形似，遂又陷入了形式上拟古主义的沼泽之中，导致对晋唐乃至北宋书家作品中的精神内涵把握明显不足。祝允明敏锐地觉察到这一流弊，故在《奴书订》中即指出后人对待古代经典往往"泥习耳聆，未尝神访，无怪执其言而失其旨也"[1]。他还批评元人虞集"结束弄姿，稍远大雅"[2]。批评明代前期台阁书家沈度、沈粲兄弟"薄有绳削之拘"、"正书伤媚，行书伤轻，因成儇浮，自远大雅"[3]。祝允明个人对古人法书的学习态度，显然与上述李世民、张怀瓘、蔡襄、黄庭坚诸家非常接近，其在《跋定武兰亭》又曾言：

> 闻为定武刻，谓必神彩英艳发，阅乃如木本，大不然者。徐察之，然后见至神极彩在太素浑涵中，盖事物之圣者必如此。定武本有肥瘦，此或是肥者，又前有二郡名字，此无之，而名贤标记来自甚明，真当为世宝，今藏吾党良惠沈氏，屡观敬记。[4]

大抵自北宋刻帖盛行以来，一般学书者习帖易流于表面形质几成通病，米芾即曾严肃指出"石刻不可学，但自书使人刻之，已非己书也，故必须真迹观之，乃得趣"[5]。然在真迹难以得见的客观情形下，大部分人学书似又只能求之于刻帖，鉴于此，能否通过表象洞透古人书中之本质精神所在，似乎成为聪慧者与庸才之关键区别所在。若《兰亭序》这样的不朽经典，虽学之者众多，但真正理解把握其精神所在，并能通过其脱胎换骨者并不多，故黄庭坚

---

[1] （明）祝允明：《怀星堂集》卷十一，《文渊阁四库全书》电子版，上海人民出版社1999年版。

[2] （明）祝允明：《评胜国人书》，见崔尔平选编《明清书法论文选》，上海书店出版社1994年版，第75页。

[3] （明）祝允明：《书述》，载《怀星堂集》卷二十四，《文渊阁四库全书》电子版，上海人民出版社1999年版。

[4] （明）祝允明：《怀星堂集》卷二十五，《文渊阁四库全书》电子版，上海人民出版社1999年版。

[5] （宋）米芾：《海岳名言》，载《历代书法论文选》，上海书画出版社1979年版，第360页。

第五章　祝允明的书学思想

又曾言："世人但学兰亭面，欲换凡骨无金丹。"《定武兰亭》刻本向为宋元书家所重，而祝允明在此描述的读帖态度实值得我们重视，其言"徐察之，然后见至神极彩在太素浑涵中，盖事物之圣者必如此"，一者说明其观书非停留在形质，重在察其"至神极彩"，一者又反映出他的这种书学态度，诚与黄庭坚等人所主张的"细看令入神，乃到妙处"如出一辙。

基于这样一种书学精神，祝允明学习古代经典时，大多非拘泥于形质，而是直接从本质精神层面把握。因此，王世贞在论祝允明草书时有语云："祝京兆作旭、素书，是京兆旭、素书耳，佳处亦多大令笔意。"[①] 东晋王献之草书较其父王羲之而言，更加奔放骏逸，应是唐代旭、素狂草的重要滥觞。祝允明以王献之笔意作旭、素一路大草作品，无疑比元末至明代前期江南地区众多学习旭、素狂草的书家，如危素、饶介、宋克、宋广、陈璧、沈度、沈粲等人往往偏于形质上之"圆熟"要高出一筹，与明成化年间以草书擅名而流于狂怪的张弼亦迥然不同。祝允明一生还曾多次临写王羲之的小楷作品《黄庭经》，王穉登评云：

> 古今临《黄庭》者，不下数十家，然皆泥于点画形似，钩环戈磔之间而已，昔贤所以有脱骖之讥也。枝指公独能于矩矱绳墨度中而具豪纵奔逸之气，如丰肌妃子着霓裳羽衣，在翠盘中舞，而惊鸿游龙，徊翔自若，信是书家绝技也。[②]

上述所谓昔贤"有脱骖之讥"，典出赵孟頫对北宋书家薛绍彭规模古人形质之微词。王穉登在此则认为祝氏临书没有此弊，其能于规矩之中而又显露出豪纵奔逸之意，诚为书家绝技，叹服不已。而张凤翼对祝允明晚年所临之《黄庭经》评价更高，其曰：

[①] （明）王世贞：《跋祝枝山李诗》，载《弇州四部稿》卷一百三十二，《文渊阁四库全书》电子版，上海人民出版社1999年版。

[②] （明）王穉登跋：《祝希哲临黄庭经》，载（清）卞永誉《式古堂书画汇考》卷二十五，《文渊阁四库全书》电子版，上海人民出版社1999年版。

下编　地域、风尚与祝允明的书学

> 予尝见赵文敏所临《黄庭经》刻本，虽时一露妩媚，而右军堂室已称优入，盖不啻为叔敖之优孟、中郎（蔡邕）之虎贲而已。此卷为祝京兆晚年所书，不必点画惟肖，而结构疏密转运，遒逸神韵具足，要非得书家三昧者不能，第令右军复起且当颔之矣，岂独追踪文敏而已哉！①

张凤翼将赵孟頫临《黄庭经》与祝氏所临作了比较，认为赵孟頫所临虽堪优入王右军之室，不过是若优孟之效孙叔敖、虎贲之与蔡邕的形貌之似而已，祝允明却能于点画之外，更具神韵，即便王羲之复生，恐亦当点头称许。张凤翼此语虽有溢美之嫌，然也确实道破了祝允明善于学古的天机。关于这一点，晚明李登在跋祝氏《仿宋四家书卷》中之所论似乎相对客观一些，其言："近代书家，唯枝公善拟诸体，非为其兼诸体之为能为，其每作一家便得其神，无事迟回模拟而气韵乃宛相似，此所为不可及也。"②

通过上述考察，我们对祝允明的师古观念可谓有了比较清晰的认识。祝允明于书法一道尊古、学古，且师法极广，本质上走的仍是一条"上攀晋唐"的复古之路。晚明的项穆在《书法雅言》中站在正统道学的立场批判祝允明"晚归怪俗，竟为恶态，骇诸凡夫"，但又不得不承认其"令后学知宗晋、唐，其功岂少补邪？"③ 祝允明在学古态度及方法上，一方面能集众长，借鉴了北宋米芾的"集古出新"之路；另一方面又接受了唐宋时期李世民、蔡襄、黄庭坚等人的学书理念，临古时能正确把握古人作品中之神采，善于以"神"访之，从而避免了形式上的泥古主义。其思想观念对时人及晚明许多书家皆产生积极深远的影响。

---

① （明）张凤翼跋：《祝希哲临黄庭经》，载（清）卞永誉《式古堂书画汇考》卷二十五，《文渊阁四库全书》电子版，上海人民出版社1999年版。
② 见（明）祝允明《仿宋四家书卷》，今藏上海博物馆。
③ 《历代书法论文选》，上海书画出版社1979年版，第512页。

第五章 祝允明的书学思想

第四节 法趣兼具 遒古纵逸:祝允明的书法创作观

如果说师古观反映的主要是书家如何去学习古人,那么,创作观则应是书家在独立书写过程中,如何将已有的书写经验自觉合理地诉诸笔端,从而表现个人的情志、才学及审美追求等。关于书法"创作"一词,虽然在古代书家口中很少直接提及,但是,与之接近或相似状态的陈述和主张,在汉魏以后历代书家的书论中,诚有颇多之精义至理,涉及的层面也比较广泛,既有比较具体之笔法、结体、章法、墨法、审美要求等,也有对书写状态进行概括而富隐喻性的经验感悟式描绘。

一 重视法度而从心所欲不逾矩

祝允明虽然于书学一道尊古、学古,师法极广,且能博采众长,以"神"访之,避免了形式上的泥古主义,然而客观来说,祝氏之思想深处并不排斥创新,只不过强调了革新须与继承辩证统一,其间显然已经体现了他的部分创作观念。除此之外,在日常的书写创作过程中,祝允明还有哪些比较具体的主张呢?这些主张与上述祝氏诸种思想有无关联呢?祝氏曾在《跋赵书韩诗》中指出:

> 韩公山石句,浩烂豪擅,非细软笔墨能发之,而学士(赵孟頫)此笔亦复襟襆跌荡,情度浓至,脱去平常姿媚百倍,譬如圣后封岳,省方德容正大,琚衮和博,傧相明习,仪履安闲,所谓从心所欲不逾矩,可望而不可学也。[①]

[①] (明)祝允明:《怀星堂集》卷二十六,《文渊阁四库全书》电子版,上海人民出版社1999年版。

下编 地域、风尚与祝允明的书学

祝允明对赵孟𫖯的书法一直十分推崇,就此件作品而言,他一方面盛赞其能将胸中"襟宇跌荡"之情怀显于笔端,与韩诗"浩烂豪擅"相应,堪谓书文合辙,同时又指出赵氏在纵情挥洒的过程中,能"从心所欲不逾矩"。"矩"即规矩,在书法中基本等同于法度。书法中的"法"是创作过程中的基本法则和规律,主要以笔法、字法、章法、墨法等组成大纲,缀结着难以数计的法之纲目。书法之"法"也是古代无数杰出的书家通过不断实践和总结,才积累出来的宝贵经验,所谓"从心所欲不逾矩",亦即在随心所欲、挥洒自如的书写过程中,处处又皆暗合古人的法度,此应为祝允明个人在书法创作方面十分推重的一种境界。

前文有论,由于受祝颢、徐有贞内外两位祖父的影响,祝允明自幼即浸淫于晋唐古法当中,同时他又意识到明代前期台阁时风的流弊,故促使其于书法方面既反对墨守成规、束缚个性的台阁体书法的倾向,也反对片面强调个性、不尊重晋唐传统的极端追求。王世贞评祝允明书法时称:"书之古,无如京兆者;文之古,亦无如京兆者。"[1] 王氏此处所言的"古",很大程度上应是指祝允明书法中所蕴藏之严谨的"古法"、深厚的"古意"。祝允明一生曾创作了许多的楷书作品,其中有部分作品乃是仿唐人笔意,如弘治十八年(1505)书《招风辞卷》、嘉靖四年(1525)《秋风辞》是仿唐欧阳询的风格特征,弘治八年(1495)为友人朱尧民楷书《千字文册》是拟唐颜真卿的风格特征,而欧、颜本身皆为唐代书坛尚法队伍中的代表人物。祝允明对唐人楷法的深入学习,应是其于书学比较注重古法的一个重要侧影。文徵明在跋《祝希哲草书赤壁赋》中云:

> 今世观希哲书,往往赏其草圣之妙,而余尤爱其行楷精绝。盖楷法既工,则稿草自然合作。若不工楷法,而徒以草圣名世,所谓无本之学也。余往与希哲论书颇合,每相推让,而余实不及其万一也。[2]

---

[1] (明)王世贞:《祝京兆诸体法书跋》,载《弇州四部稿》续稿卷一百六十三,《文渊阁四库全书》电子版,上海人民出版社1999年版。

[2] 周道振辑校:《文徵明集》补辑卷二十三,上海古籍出版社1987年版,第1341页。

第五章 祝允明的书学思想

文徵明作为祝允明生平中一位重要密友,无疑对祝氏之书学思想极为了解。文徵明在此讲"尤爱其行楷精绝",并非不欣赏祝氏的草书创作,而是要告诉世人祝允明草书乃为其精研楷法之后的"合作",非率意之无本之学。对古法的重视,也是他们两人之间比较一致的艺术主张。文徵明次子文嘉跋该卷则曰:

> 枝山此书点画狼藉,使转精神,得张颠(张旭)之雄壮、藏真(怀素)之飞动。所谓屋漏痕、折钗股、担夫争道、长年荡桨等法意咸备,盖其晚年用意之书也。①

上述屋漏痕、折钗股、担夫争道、长年荡桨等皆为唐宋时期书家从自然生活中深悟笔法之后隐喻性描述。北宋黄庭坚曾言"古人工书无他异,但能用笔耳"②。对笔法的探究可以说是历代书家孜孜不倦的悉心追求,祝允明当然也不例外。文嘉在此盛赞祝允明法、意咸备,应指祝氏对前贤探索总结的笔法、笔意特征的合理自觉运用与传承,足见其学古之深。正因如此,谢肇淛评祝允明书法时也有语云:"国初能手多粘俗笔,如詹孟举、宋仲温、沈民则、刘廷美、李昌祺辈递相模仿,而气格愈下,自祝希哲、王履吉出,始存晋唐法度。"③沈德潜称:"枝山草书,人赏其豪纵,我爱其谨严,如太白古乐府,随意所之,无笔不入规矩。"④

祝允明自己评述前人书法时,亦每每表现出对法度问题的高度重视,以及对法度严谨一类作品的激赏。如祝氏在《跋米书天马赋》中称:"此天马帖为梁溪钱氏世藏,其孙昌言出示,舒玩未终,第觉法度森出,与寻

---

① (明)文嘉:《跋祝允明草书赤壁赋》,载《祝枝山书法精选》,当代中国出版社1995年版,第204页。
② (宋)黄庭坚:《题绛本法帖》,见《山谷题跋》卷四,上海远东出版社1999年版,第106页。
③ (明)谢肇淛:《评书》,载《佩文斋书画谱》卷十,《文渊阁四库全书》电子版,上海人民出版社1999年版。
④ (清)沈德潜:《跋祝允明草书自作诗词》,今藏南京博物院,载中国古代书画鉴定组编《中国古代书画图目》第7册苏24-0038。

常之论大异，高阳冯几之口，不几于误人邪？"① 宋代苏、黄、米书风虽以尚"意"为主，但不为无法。一般人观米芾之书多注意其率真自然、潇洒不羁之外在体势，容易忽略隐于其间的法度，因而祝允明在此特意指出米芾《天马赋》的"法度森出"，并批评寻常所论有误人之嫌。他在《跋赵书团扇赋》中又云："子昂书团扇赋，近来顿见两本，此小字者先出，精微妙丽，所谓不能赞一辞。"② 此处的"精微妙丽"实际上也是用笔法度严谨的一种表现。赵孟頫的书法以重"古法"、"古意"为要旨，晚明董其昌曾批评其"虽已意亦不用矣，此必为宋人所诃，盖为法所转也"③。但祝允明全然没有这样的看法，而是以极度完美之语来赞之。另若祝允明在《题顾司封藏旧人画卷》中还曾说：

> 旧人笔虽有高下，必走法度中，其下者凡耳。今人纵佳者，多以脱略法度，自为高沈，眭灭径指，作意外境，直愚！凡可也，愚不可也！④

祝氏此语虽未论画，然其对画中之法度问题的重视，诚可与其论书作同一观照。

当然，祝允明在书法创作中对法度的强调注重，并不意味着其僵守法度，亦步亦趋盲目地照搬古人。他在《跋东坡草书千文》中云：

> 北鄙之夫，居邻大阅之场，旬朔见大将军帅数百士入场校猎，数骑张弓发矢，驰马回旋，几匝鼓进而金退，顷刻而止曰，战陈如是已甚，则弯桑折柳效之，自以为不大相远。一旦此将军统十万众人出

---

① （明）祝允明：《怀星堂集》卷二十五，《文渊阁四库全书》电子版，上海人民出版社1999年版。
② （明）祝允明：《怀星堂集》卷二十六，《文渊阁四库全书》电子版，上海人民出版社1999年版。
③ （明）董其昌：《容台别集》卷二《书品》，南京图书馆古籍部藏。
④ （明）祝允明：《怀星堂集》卷二十六，《文渊阁四库全书》电子版，上海人民出版社1999年版。

第五章 祝允明的书学思想

塞，横行匈奴，中鱼丽鹤列噞忽开阖变化，若神戈矛弓矢之具，击刺向背之法，与向来故步如不相关者。鄙夫见之，然后魄陨魂越，始知兵法乃如此。今之学坡书者，故未尝见其稿法，使观此帖，其陨越失措何可免也！①

祝氏在此以兵法喻书法，堪谓智者之识。洞悉并掌握古法之后，能否在实际创作中灵活运用，临阵制宜，心手相应，也颇为关键。就祝允明个人的书法创作而言，他显然做到了这一点，并为后人所肯定。若王世贞论其书云："晚节变化出入，不可端倪。"② 莫云卿亦言："京兆此卷虽笔札草草，在有意无意，而章法结法，一波一磔皆成化境，自是我朝第一手耳。"③

二 在创作过程中崇尚主体情性的充分发挥

书法艺术创作过程中，若能真正做到临阵制宜，随机变化，除了技巧的娴熟，个人情性所起到的主导作用着实不可忽视。而抒写个人情性，甚至可视为书法艺术创作的极为重要的旨趣，否则书家的艺术创作即与匠人无别。历代书家亦多强调重视此点，若南朝王僧虔曾言作书："必使心忘于笔，手忘于书，心手达情，书不忘想，是为求之不得，考之即彰。"④ 唐孙过庭论情更多，尝云："岂知情动形言，取会风骚之意；阳舒阴惨，本乎天地之心。"又论王羲之"写《乐毅》则情多怫郁，书《画赞》则意涉瑰奇，《黄庭经》则怡怿虚无，《太师箴》又纵横争折。暨乎兰亭兴集，思逸神超；私门诫誓，情拘志惨。所谓涉乐方笑，言哀已叹"⑤。唐张怀瓘则

---

① （明）祝允明：《怀星堂集》卷二十五，《文渊阁四库全书》电子版，上海人民出版社1999年版。

② （明）王世贞：《艺苑卮言》附录三，载《弇州四部稿》卷一百五十四，《文渊阁四库全书》电子版，上海人民出版社1999年版。

③ （明）陆时化：《吴越所见书画录》卷二之莫云卿《跋祝京兆张体自诗卷》，载卢辅圣主编《中国书画全书》第八册，上海书画出版社1994年版，第1014页。

④ （南朝宋）王僧虔：《笔意赞》，载《历代书法论文选》，上海书画出版社1979年版，第57页。

⑤ （唐）孙过庭：《书谱》，载《历代书法论文选》，上海书画出版社1979年版，第124页。

云:"人面不同,性分各异,书道虽一,各有所便。顺其情则业成,违其衷则功弃,岂能成大名者哉!"① 元代陈绎曰:"喜则气和而字舒,怒则气粗而字险……情有重轻,则字之敛舒险丽亦有浅深,变化无穷。"② 从历代书家所论可以看出,只有充满情感内容的书法才能真正获得艺术的生命和价值。

祝允明在书法创作过程中对法度的重视及灵活运用,是其主观上精研古法之后的理性反映,也是对当时书坛陈陈相因、不察本源、盲目强调创新等不当趋向的锐意反拨。然而,祝允明并未因注重法度而忽视个人情性在书法创作过程中所发挥的作用。前文所引祝氏《跋赵书韩诗》,其赞赵孟頫该作"襟宇跌荡,情度浓至,脱去平常姿媚百倍",即已彰显祝氏对主体情性问题的关注,而"从心所欲不逾矩"一语本身亦蕴涵此旨。

祝允明另外尚有一些对前人书法的评论,亦每如此,若其评《米拓兰亭》曾云:"老米此本全不缚律,虽结体大小亦不合契,盖彼以胸中气韵,稍步骤乃祖而法之耳!"③ 此处所言之"胸中气韵",当为创作主体的个人情性的另外一种说法。又,祝允明在《跋张长史四诗帖》中曰:

> 余居都门,锦衣金仲信持此帖相示,因忆山谷云长史工肥,然濯烟、春草二帖,余皆见之,濯烟与此固多肥矣,若春草则纯于瘦,岂奇怪百出?肥瘦之评,尚未尽其神妙耶!东坡云:"短长肥瘦各有态,玉环飞燕谁敢憎。"二语真得书家三昧!书法至得意处,墨龙飞舞,安得肥瘦拘之?拜观之余,聊识此,以致敬仰之私。④

---

① (唐)张怀瓘:《六体书论》,载《历代书法论文选》,上海书画出版社1979年版,第212页。
② (元)陈绎曾:《翰林要诀》,载《历代书法论文选》,上海书画出版社1979年版,第479页。
③ (明)祝允明:《跋米拓兰亭》,载《怀星堂集》卷二十五,《文渊阁四库全书》电子版,上海人民出版社1999年版。
④ (清)卞永誉:《式古堂书画汇考》卷七,《文渊阁四库全书》电子版,上海人民出版社1999年版。

第五章　祝允明的书学思想

"短长肥瘦"作为书法的外在形质表现，某种程度上也是书家在创作过程中主观风格追求的一种折射。苏东坡"短长肥瘦各有态，玉环飞燕谁敢憎"一语，本为针对杜甫评书之"书贵瘦硬方通神"一片面观点有感而发，其以汉代赵飞燕、唐代杨玉环相拟，说明评论书法之神采意蕴不应以外在形质为标准，本质上乃是从另一个角度强调其书学一道的尚"意"主张。而东坡书学尚"意"的一个重要内涵，即为注重发挥书家主观情感的作用，这一点显然为祝允明所深为认同，故赞其"真得书家三昧"。祝氏进而言之"书法至得意处，墨龙飞舞"，实亦即书写过程中将情性发挥到极致的一种书写状态。除了书法，祝允明在《姜尚公自别余乐说》中论及文学创作时也称：

> 情从事生，事有向背，而心有爱憎，繇是欣戚形焉，事表而情里也。①

其在《与谢元和论诗书》中又云：

> 大抵仆之性情，喜流动，便舒放，而恶僄捷，故所契于古者亦然。征自所得，亦有以验者。故得之汉魏如《络纬吟》、《庭中有高树》等数十篇而已。循是以观，则诗之本于情，岂不然哉？②

上述虽为论诗文，然其于书又何尝不如此呢？祝允明在文学创作上虽力倡"古文辞"，然又反对盲目囿于古人藩篱，规规模拟，强调情从事生，事表而情里，诚与其论书主张有颇多一致之处，把能否表现个人思想感情作为艺术创作过程中一个重要的价值判断标准。

闲窗散笔，乘兴而为，抒情写心，是祝允明在日常生活中比较常见的

---

① （明）祝允明：《祝枝山全集》之《文集》卷下，台北：汉声出版社1972年版，第64页。
② 转引自陈麦青《祝允明年谱》，复旦大学出版社1996年版，第86页。

下编 地域、风尚与祝允明的书学

一种艺术创作状态,若其在嘉靖四年(1525)所书《和陶饮酒诗册》中记述:"向得旧纸,久藏笥中,兴至则随意作数行,乃生平之戏耳!观者勿谓,老翁更多儿态也。"① 另外,笔者在前文曾指出祝允明从中年后半阶段开始草书作品逐渐增多,并有相当一部分作品是在酒后挥洒完成的,个中缘由,很大程度上恐是因其随着人生心态的改变,利用草书这一书法艺术中最畅情达意的书体,借助酒力一吐胸中郁郁不平之气。晚明莫云卿评价祝允明书法时云:

> 国朝如祝京兆希哲,师法极古,博习诸家,楷书骨不胜肉,行草应酬,纵横散乱,精而察之,时时失笔,当其合作,遒爽绝伦。②

莫云卿在对祝氏书法一般的应酬之作有所訾议的同时,又不得不承认其"合作"之时的遒爽绝伦。那么,何谓"合作"呢?③ "合作",若简而言之,其实就是书家创作时的主观情绪与客观条件达到了一种相互契合的理想状态,唐人孙过庭在《书谱》中有"五合交臻,神融笔畅"之说即为论此。孙过庭还曾言书法创作时"得时不如得器,得器不如得志",其所谓"志"者,乃指书家主体之个人情志。莫云卿所赞祝氏之"合作",当然也应有这个层面的含义。金陵友人顾璘在跋祝氏所书《古诗十九首》中言:

> 书法初见笔阵图,至孙过庭、姜白石尽矣,大抵拘则乏天趣,纵则无法度,加之矜持,又生俗气,不可观。须完字具于胸中,则下笔

---

① (明)祝允明:《和陶饮酒诗册》,载何炎泉编辑《毫端万象:祝允明书法特展》,台北故宫博物院 2013 年版,第 172 页。
② (明)莫云卿:《评书》,载崔尔平选编《明清书法论文选》,上海书店出版社 1994 年版,第 213 页。
③ 丛文俊先生曾就古代书法的"合作"问题作比较详尽的考察,并指出古人书作的"合作"类型有有意求工、无意于佳、抒写性情三类,参阅丛文俊《古代书法的"合作"问题及其介入因素》,载《中国书法》2006 年第 9 期。

第五章 祝允明的书学思想

之际自然从容中道。今人惟祝枝山、文衡山得此法，知音者希也！[1]

作为祝、文二人的挚友，顾氏之评论难免会有一定程度的主观感情色彩，亦属情理中事。但是，顾璘在此所点破的祝氏书法创作过程中的一个重要特征，即下笔之际的自然从容，法度与个性情趣的完美融合，当为不虚之论。

我们今日纵观祝允明传世的不同时期的书法作品，不难发现其一直都在努力于晋唐传统和抒写情性二者之间寻求一个合适的度，也正是在这样一种正确理念的主导下，祝氏才能最终形成既具深厚传统色彩，又有鲜明个性风格的遒古纵逸之书风。祝允明的许多作品往往呈现出一种奇怪面目与沉静自省相互交融的景象，有着震人心魄的力量和耐人寻味的烂漫天真，而这样的烂漫天真，无疑是其书写过程中能够直抒胸臆的直观表现。

---

[1] （明）顾璘：《跋枝山书古诗十九首》，载《顾华玉集·息园存稿文》卷九，《文渊阁四库全书》电子版，上海人民出版社1999年版。

第六章　祝允明书法的来源、风格特征及传承

祝允明的书艺范围极其广泛，涉及正书、行书、草书三大类别，且每个阶段的风格特征也不尽相同，面貌众多，加之其传世作品的真伪夹杂，这些众多问题的共存，无疑给我们今天的研究者带来很大的难度。关于此，亦为当前学界的一种普遍共识。本书在此对祝允明书法作品的分析，无意着眼于作品本身真伪的讨论，所选祝氏的作品亦大多有明确纪年，这些作品或为明清两代重要著录性文献所记载，或为世人所公认且无太多争议之极具代表性的书作。下文即针对祝允明三大类别之书作，考察其不同的来源及风格特征，借此对祝氏多变之书风能有比较全面的了解。

第一节　正书

祝允明的正书创作应涵盖楷书、隶书、篆书三个领域，然而今日能见到的祝氏篆隶书迹极少，时人及后世对祝氏的篆隶书迹亦几无评骘。《石渠宝笈》卷三十一曾著录有祝允明于弘治四年（1491）三十二岁时所作隶书《谯楼鼓声记》，惜其间并未对该作的风格特征有所描述，以致我们无法了解祝氏隶书的庐山真面目。至于祝允明的篆书手迹，今日可见者如苏州博物馆藏祝氏于弘治十一年（1498）三十九岁时所书《明罗良臣妇魏墓

第六章 祝允明书法的来源、风格特征及传承

葬铭并序》之篆盖（图6-1），书体为小篆，结体工稳而修长，承"二李"之脉，没有明显的个人风格特征，也可以看出祝氏的篆书并未轶出时代的局限性。鉴于祝氏篆隶作品传世甚少，故本书关于祝允明正书创作的讨论对象，主要为其一生不同阶段所书写的小楷与大楷作品。

图6-1　祝允明《明罗良臣妇魏墓葬铭并序》（苏州博物馆藏）

陆粲曾称祝允明"五岁作径尺字"[①]，但是，祝氏幼时的楷书习作早已不传。王世贞尝言"京兆少年楷法自元常、二王、永师、秘监、率更、河南、吴兴"[②]。在王世贞的描述中，除了吴兴为元代的赵孟頫外，其余诸人皆为魏晋至唐的诸名家，而祝允明对赵孟頫书法的学习，实已是其中年以

---

① （明）陆粲：《祝先生墓志铭》，载《陆子余集》卷三，《文渊阁四库全书》电子版，上海人民出版社1999年版。
② （明）王世贞：《艺苑卮言》附录三，载《弇州四部稿》卷一百五十四，《文渊阁四库全书》电子版，上海人民出版社1999年版。

下编　地域、风尚与祝允明的书学

后之事。又,《石渠宝笈》卷三又著录祝允明二十七岁时"楷书临萧子云、薛稷书三则"①。由此可知祝允明早期楷法的学习对象尚远不止王世贞上述所列之晋唐诸家。文彭亦曾称祝允明"少时于书无所不学,学亦无所不精"②。其实,祝氏何止是少时于书无所不学,正如前文所论,取法广博、集众所长应是贯穿其一生的重要书学理念,祝氏于楷书方面的学习和创作无疑也是遵循着这样一种理念。

笔者纵览祝允明不同时期的楷书手迹,可谓面貌多样、涉猎广泛、不拘一格而又能不失个性特色。仔细探究祝氏传世的诸多楷书作品,根据其不同来源及风格特征,又应大体归纳为力追魏晋钟王之遒古朴厚、规模唐人之法度谨严、融汇诸家之清雅率真三类。

一　力追魏晋　遒古朴厚

台湾学者何炎泉曾在研究祝允明书法时指出,祝氏传世作品中最稳定的风格应该算是钟繇体的小楷作品③,此论虽稍有偏颇,但仍不失为颇有见地之语。祝氏对魏晋楷法的研习,尤其是对钟繇、王羲之书作的取法拟效,在其一生不同阶段创作的楷书作品中皆占有非常大的比重,传世最多且对后世影响最大的应该也是此类风格的作品。故明人彭年言:"祝京兆无所不诣,独于钟、王尤为苦心,世但称其草法之工,不知正书最为绝代。"④

在祝允明传世的楷书作品中,受钟繇风格影响较深的皆为小楷。早期作品主要有成化二十二年(1486)的《拟古诗》《千字文》,成化二十三年(1487)《唐宋四家文卷》(图6-2),弘治二年(1489)的《洛中会昌

---

①　见《石渠宝笈》卷三之"明祝允明临帖"一册,《文渊阁四库全书》电子版,上海人民出版社1999年版。

②　(明)文彭:《跋祝枝山书东坡记游》,载(清)卞永誉《式古堂书画汇考》卷二十五,《文渊阁四库全书》电子版,上海人民出版社1999年版。

③　何炎泉:《祝允明的书法、书论与鉴赏》,载何炎泉编辑《毫端万象:祝允明书法特展》,台北故宫博物院2013年版,第8页。

④　(明)彭年:《跋祝允明小楷自书诗》,载中国古代书画鉴定组编《中国古代书画图目》第6册之苏1-031,文物出版社1993—2000年版。

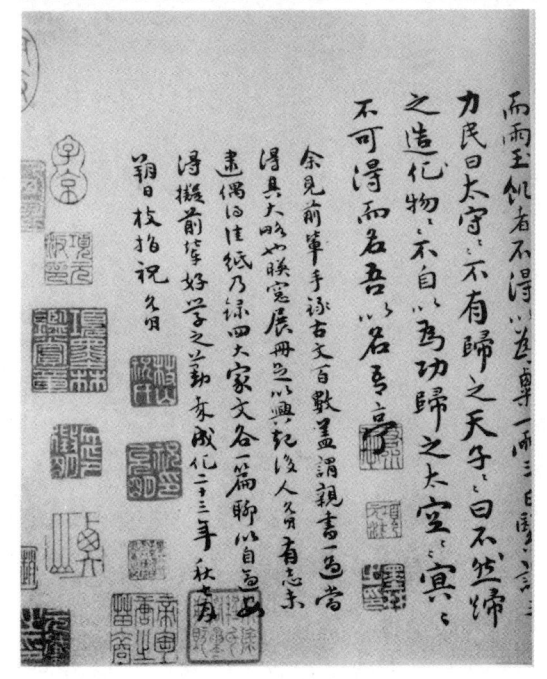

第六章 祝允明书法的来源、风格特征及传承

图 6-2　祝允明《唐宋四家文卷》（故宫博物院藏）

九老会序》及弘治三年（1490）的《和题倪瓒秋林远岫图》等；中期作品则主要有弘治六年（1493）《楷书诗词》、正德二年（1507）《刘基两鬼诗册》、正德八年（1513）《东坡记游》（图6-3）、正德九年（1514）《前后出师表》等；晚期比较有代表性的偏重钟繇风格的作品及手迹则有正德十五（1520）《小楷跋临王羲之尺牍》（图6-4）、嘉靖四年（1525）《和陶渊明饮酒二十首》及《洛神赋》等。

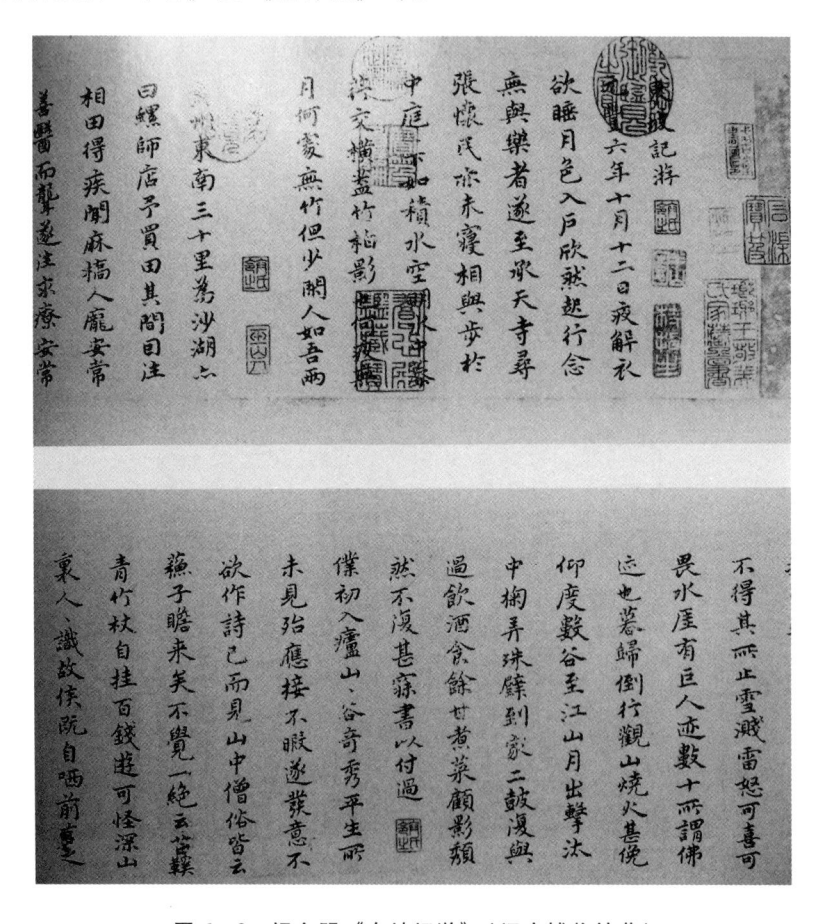

图6-3 祝允明《东坡记游》（辽宁博物馆藏）

与稍晚于钟繇的王羲之楷书相较，钟楷则更加高古淳朴，其纵画短促，横画舒展，转折处多弧形一拓直下，结构扁方，饶富隶意。而对钟繇

· 194 ·

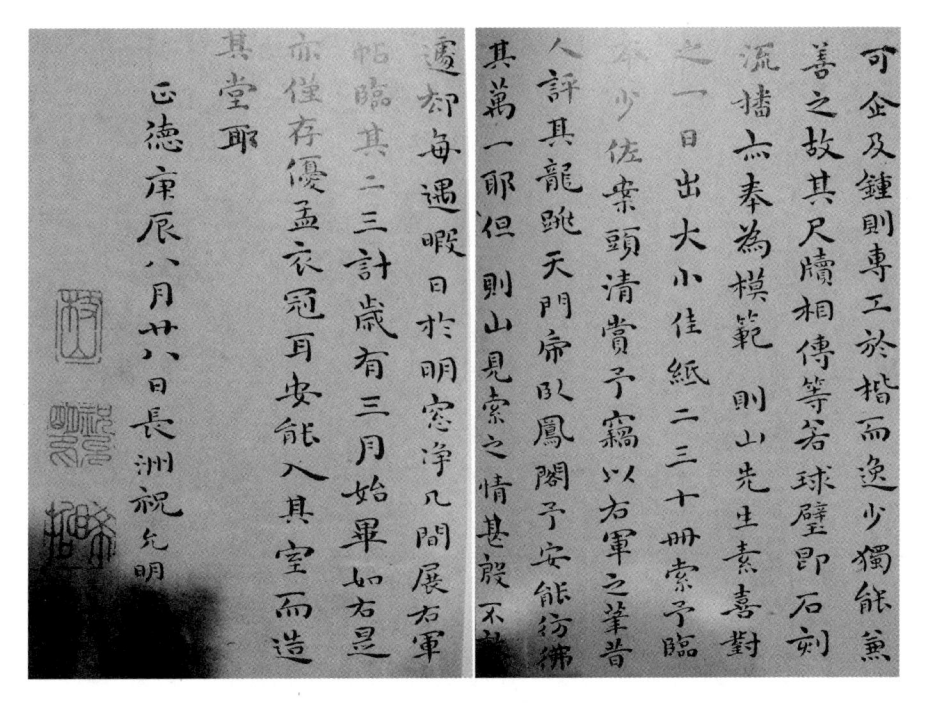

第六章　祝允明书法的来源、风格特征及传承

图 6-4　祝允明《小楷跋临王羲之尺牍》（台北故宫博物院藏）

楷书的取法亦应是元代书学复古思潮影响下的一种风尚，元初书坛领袖赵孟頫即曾学过钟繇，其在《哀鲜于伯机》诗中云："我时学钟法，写君先墓石。"① 元代中后其学钟者则当以倪瓒、宋克等为代表。倪、宋等人学习钟繇楷法，某种程度上也是他们远离赵孟頫学习二王典雅平正一路书风的自觉选择。从风格上看，倪瓒学钟书得其古淡苍润，喜出波磔而彰显隶意，在轻松明快的书写节奏中又不乏姿媚，故徐渭评其曰"古而媚，密而散"②；宋克的小楷以《七姬权厝志》为代表，其书得钟体之遒丽疏朗，笔笔精到且又能显淳朴古质之意。历代论者一般认为，宋克取法钟繇楷法之途径及风格，对祝允明影响最大。如王世贞论曰："（吴门）书盛于希哲

---

① 任道斌辑集：《赵孟頫文集》卷三，上海书画出版社 2010 年版，第 28 页。
② （明）徐渭：《评字》，载崔尔平选编《明清书法论文选》，上海书店出版社 1994 年版，第 129 页。

下编 地域、风尚与祝允明的书学

（祝允明）、徵仲（文徵明），而启之则仲温（宋克）。"① 清人翁方纲亦言："有明一代，小楷宋仲温第一，仲温小楷《七姬帖》第一。吾题《七姬帖》云：东吴生楷有明冠，儿视枝山孙孟津。盖祝京兆尝以天授推仲温也。承元人之隽逸，变宋人之雄奇，可以问津羊、薄矣。"翁氏又云："祝京兆以小楷为上乘，有明一代小楷书能具晋法者，自南宫生开其先，惟有枝指生得其正脉也。"② 我们若将祝允明的部分小楷作品与宋克相比较，其在体势及一些具体点画特征，如竖向点画的曲状表现等，确实曾受到宋克很大影响。

与倪瓒、宋克等人相类，祝允明学习钟书的对象应该依然是《荐季直表》《宣示表》《力命表》诸帖，但是，纵观祝氏不同时期书写的钟体楷书作品，较宋克而言实质上又有很大不同。祝允明的早期作品如《唐宋四家文卷》《和题倪瓒秋林远岫图》等，笔调稍显轻灵秀逸，而中晚期的《前后出师表》《和陶渊明饮酒二十首》等作品，在用笔上率真厚重，结体也更加接近钟繇的朴拙之趣，故整体的气息比宋克小楷更加淳古。钟体楷书的宽博、圆厚、古雅等诸种艺术特征，在祝氏笔下运用得随心所欲而无不如意。故文徵明曾在《祝京兆临宣示表》中赞叹："元常《宣示表帖》，乃钟书最上一乘，非等闲可拟。自逸少后，嗣响者寥寥，今京兆所临，直逼晋、魏，移神手也。"③ 王世贞称祝氏楷书"纯质古雅，隐然欲还钟、索风"④，赵宧光曰："祝允明通古，其学钟体尤融通入妙。"⑤ 清人梁同书则盛赞祝允明楷书云："京兆楷法为胜国名家第一，直入元常室。"⑥ 曹溶则

---

① （明）王世贞：《有明三吴楷法二十四册》之第一册跋，载《弇州四部稿》续稿卷一百六十四，《文渊阁四库全书》电子版，上海人民出版社1999年版。
② （清）翁方纲：《复初斋论书集萃》，见崔尔平选编《明清书法论文选》，上海书店出版社1994年版，第721页。
③ 周道振辑校：《文徵明集》补辑卷二十四，上海古籍出版社1987年版，第1377页。
④ （明）王世贞：《跋三吴楷法十册》之第四册，载《弇州四部稿》卷一百三十一，《文渊阁四库全书》电子版，上海人民出版社1999年版。
⑤ （明）赵宧光：《寒山帚谈》附录一，见崔尔平选编《明清书法论文选》，上海书店出版社1994年版，第346页。
⑥ （明）陆时化：《吴越所见书画录》卷二之梁同书《跋祝京兆小楷孙过庭书谱卷》，载卢辅圣主编《中国书画全书》第八册，上海书画出版社1994年版，第1014页。

第六章 祝允明书法的来源、风格特征及传承

言:"京兆正书力追魏晋乃尔,可谓颓波一柱。"[1]

王羲之楷书则是祝允明追踪魏晋楷书意趣的另一重要取法对象,祝氏对传为王羲之的楷书及其一脉之作品皆深为叹赏,其论及楷书学习时云:

> 当以二王及虞《东方画赞》、《乐毅论》、《洛神赋》、《破邪论序》为则。《乐毅论》像端人正士不得意;《黄庭经》像飞天仙人;《洛神赋》像凌波神女;《东方画赞》和易逍遥,写其性情;《曹娥碑》花蕊漂流于骇浪,若幼女捐躯耳。[2]

由此可窥祝允明对王羲之楷书作品风格之熟谙与推崇。而从祝氏本人的传世作品来看,王羲之的《黄庭经》应该是对其影响最大的一件经典作品,其一生曾多次临习该作。根据文献记载及祝允明传世墨迹,目前所知祝氏《临黄庭经》作品至少有六件,分别为成化丙午(1486)本、弘治庚申(1500)本、正德庚午(1510)本、正德庚辰(1520)本、嘉靖丙戌(1526)本及台北故宫藏无年款本。其中成化丙午本《黄庭经》为祝氏二十七岁时所书,是为传世诸多临本中之最早一件,用笔、结体皆比较忠实于原帖,章法亦然如此,脱字、补漏一概照临,然细察之,笔力似稍有不逮,故祝氏后来于正德五年(1510)自题此本引米芾之语云:"神气虽清,体骨疲甚矣。"[3] 相较而言,弘治庚申本的用笔则要劲健很多,但总体特征仍然比较尊重王氏原本之艺术风貌,并未彰显太多个人情性。台北故宫藏有祝氏《临黄庭经》两种,分别为正德庚午本和无年款本(图6-5),其中正德庚午本笔致轻松稳健,干净利落,结构谨严,气息清雅,而无年款本则用笔圆厚古拙,结构扁方宽阔,《黄庭经》中与钟繇楷书比较接近的一些艺术特征,如圆转肥短的点画在此卷中似被强调,反映了祝氏对钟、王古雅

---

[1] (明)曹溶:《跋祝允明楷书东坡记游卷》,载(清)卞永誉《式古堂书画汇考》卷二十五,《文渊阁四库全书》电子版,上海人民出版社1999年版。
[2] (明)潘之淙:《书法离钩》卷三,《文渊阁四库全书》电子版,上海人民出版社1999年版。
[3] 此本今藏日本澄怀堂文库,载《书道艺术》第八卷,中央公论社昭和五十一年(1976)版。

朴厚类楷书独特偏好。至于祝允明晚期临习的王羲之《黄庭经》作品，则已不单纯为临摹，亦是彰显自己独特的个性与艺术追求的一种手段和契机，故时人及后世评价极高。如王穉登赞叹祝允明临《黄庭经》："独能于矩矱绳度中而具豪纵奔逸之气，如丰肌妃子着霓裳羽衣，在翠盘中舞，而惊鸿游龙，徊翔自若，信是书家绝技也。"[①] 张凤翼则言："祝京兆晚年所书不必点画惟肖，而结构疏密转运，遒逸神韵具足，要非得书家三昧者不能，第令右军复起且当颔之矣。"[②]

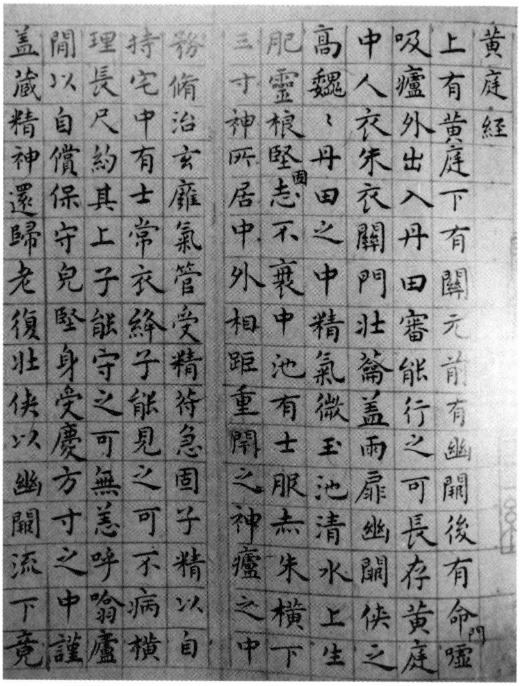

图 6-5　祝允明《临黄庭经》（台北故宫博物院藏无年款本）

需要指出的是，对于钟、王等人魏晋楷法，祝允明并非一直是单纯的

[①] （明）张丑：《清河书画舫》皱字号第十二祝允明《小楷黄庭经》，上海古籍出版社 2011 年版，第 600 页。

[②] 同上。

第六章 祝允明书法的来源、风格特征及传承

风格运用和拟效。在祝氏所书的《前后出师表》《东坡记游卷》《赤壁赋》《雕赋》等中晚期作品中，我们似乎既能感受到钟繇《荐季直表》《宣示表》等作品的趣味，又能找到与王羲之小楷《黄庭经》《乐毅论》《曹娥碑》比较接近的影子，反映出祝氏巧妙融汇钟、王于一体的高超艺术本领。王世贞跋祝允明楷书《成趣园记》中称"吴兴（赵孟頫）遒而媚，京兆（祝允明）遒而古，似更胜之"①。王氏此处的"遒而古"三字，着实道破了祝允明取法魏晋而能自成家数的天机。赵、祝学习魏晋皆能得其遒劲之笔意，赵氏楷法亦并非不古，然因其在风格表现上过于追求典雅平正，加之其本人身上自具一种贵族气息，故其书显得笔法精熟而有媚态。从历史传承来看，赵氏平正典雅的楷书风格应该对明代前期的台阁书风产生过重要影响，而祝允明恐正看到这一流弊，其对钟、王等人的取法学习，更加主动地从用笔、结构上去捕捉追求钟、王书中拙朴雅致之艺术特征，并能参己意而发出，故其书显得既具情性而又更加古雅淳厚，堪谓自元代赵孟頫、倪瓒、宋克等人之后的又一重大突破，并对王宠等晚辈书家产生了积极的影响。

二 规模唐人 法度谨严

晋唐书法传承本为一脉，然唐人又能纳古法于新意之中，生新法于古意之外，陶铸万象，隐括众长，遂成一代"尚法"新风。唐以降，帖学一派之书家几无未受唐人沾溉者。祝允明自幼目接晋唐法帖，故除却钟、王等魏晋书家之外，若虞世南、欧阳询、褚遂良、颜真卿等唐代许多名家对其影响也甚为明显。在其传世的楷书手迹中，有很多独立作品或题跋皆带有浓厚的唐人楷法意味，比较具代表性的有：

弘治元年（1488），《明沈启南妻陈氏墓志铭》，刻本，今藏苏州

---

① （明）王世贞：《祝京兆书成趣园记》，载《弇州四部稿》续稿卷一百六十三，《文渊阁四库全书》电子版，上海人民出版社1999年版。

博物馆。

弘治八年（1495）七月，《千文册》，今藏台北故宫博物院。

弘治十年（1497），《张守中墓志铭》，刻本，今藏苏州博物馆。

弘治十三年（1500），《明张思本墓志铭》，刻本，欧颜风格，今藏苏州博物馆。

弘治十八年（1505），《招风辞》于友人唐寅《南游图》后，今藏美国弗利尔美术馆。

嘉靖三年（1524），《毛珵妻韩夫人墓志铭册》，今藏首都博物馆。

嘉靖四年（1525），《秋风辞》，刻本，今藏故宫博物院。

《宋儒六贤志卷》，无年款，今藏故宫博物院。

《跋赵孟頫书张总管墓志铭》，无年款，今藏故宫博物院。

上述祝氏楷书作品中大、小楷兼有，其中《张守中墓志铭》《招风辞》《秋风辞》《宋儒六贤志卷》《跋赵孟頫书张总管墓志铭》等作品皆主要取法自唐代欧阳询。《张守中墓志铭》是祝允明在弘治十年（1497）三十八岁时用欧体风格所为的一件铭石，该作笔法谨严，点画精致，中宫紧结，字形修长，章法纵横有序，行气疏朗，欧字端肃峭拔之意尽显，而祝允明之所以选择这种风格的书体为之，无疑应出于庄重之需；《宋儒六贤志卷》书写时间不详，是作小楷用笔极其刚劲瘦硬，以欧字为基，然在转折、钩捺等处又稍有颜真卿的用笔特征；《招风辞》《跋赵孟頫书张总管墓志铭》为祝允明在不同时期题跋唐寅画及赵孟頫书法之作，点画没有那么瘦硬，笔调也比较轻松，显示其对欧字风格的驾驭已非常如意自适；《秋风辞》为祝允明六十六岁时所作，应是目前所能见到的祝氏用欧体风格书写的最晚一件作品了，附于其杰作《古诗十九首》之后，这件作品书写得率意自然，能于精谨端严、挺劲峻峭之外别具生趣，饶有意味。

《明沈启南妻陈氏墓志铭》《明张思本墓志铭》《千文册》《毛珵妻韩夫人墓志铭册》等作品为祝允明拟效颜真卿楷法。《千文册》则是祝氏三

第六章　祝允明书法的来源、风格特征及传承

十六时为挚友朱凯所书，该作笔法稳健厚重，结体端肃宽博，颇有颜真卿楷书雄强刚正之气，故清王澍推崇此作为祝书颜楷第一，并认为笔笔用意，朴拙中带遒美，不染俗尘，为祝氏极其用意之作。[①] 故《千文册》实为难得一见的祝氏颜体大楷作品（图6-6）。《明沈启南妻陈氏墓志铭》《明张思本墓志铭》《毛珵妻韩夫人墓志铭册》等为祝允明的颜体小楷作品，其中《明沈启南妻陈氏墓志铭》《明张思本墓志铭》为两件铭石刻本，其书法度严谨，结构平正，趣味稍显不足；《毛珵妻韩夫人墓志铭册》为祝氏晚年六十五时所作的小楷册页（图6-7），体势宽博明显胎息于颜真卿，然细察之，间有许多点画特征又略兼初唐欧虞之笔意，而整体气息又甚自然，别有一种古拙之意。清人梁同书曾跋祝允明颜体小楷《孙过庭书谱》卷云："此卷则全仿《仙坛记》，当是京兆中年之笔。《仙坛记》在颜

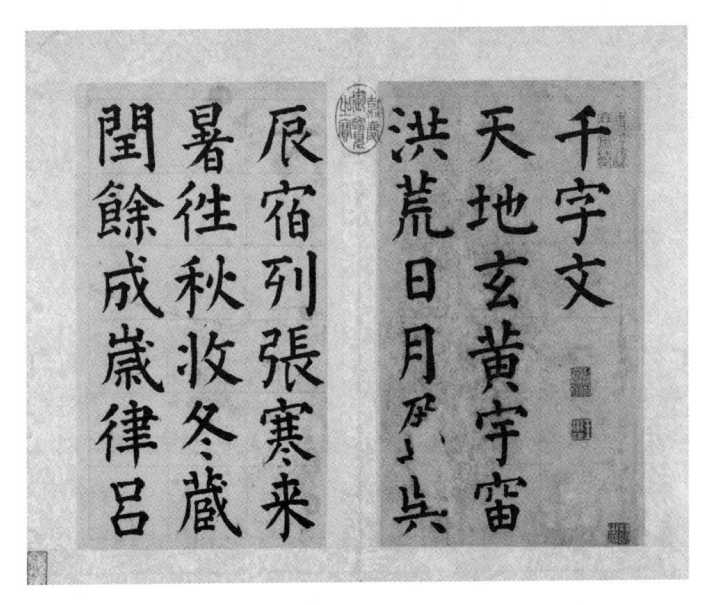

图6-6　祝允明《千文册》（台北故宫博物院藏）

[①] 参阅（明）祝允明《千文册》，载何炎泉编辑《毫端万象：祝允明书法特展》，台北故宫博物院2013年版，第39页。

书中最为高古难学,笔笔从钟王化出,惟京兆能规模之。"① 可惜祝氏所书《孙过庭书谱》今已不能得见,然由梁同书所论,则亦可知祝允明曾于颜真卿楷书杰作《麻姑仙坛记》用心甚多。而我们再观祝允明《千文册》《毛珵妻韩夫人墓志铭册》两件颜体风格的作品,确能从中得窥祝氏师法《麻姑仙坛记》的诸多迹象。因而,祝允明学颜,恐不惟求其法度之严谨,气象之博大,更能于深处追其与钟王相通之古意,此与祝氏对汉魏晋唐书法发展的认识看法相一致,正如其所云"音容少殊,神骨一也"。

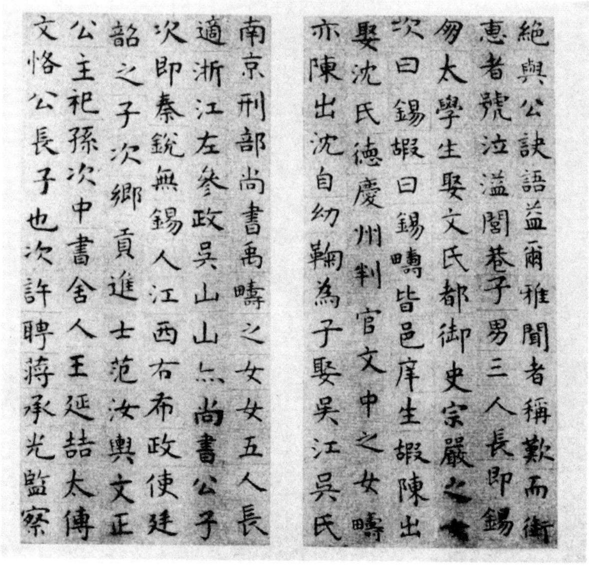

图6-7 祝允明《毛珵妻韩夫人墓志铭册》(首都博物馆藏)

三 融汇诸家 清雅率真

祝允明还有一类楷书作品,初观之,非晋非唐,而细察之,则亦晋亦唐,且又似体兼宋元米芾、赵孟頫诸家之妙,用笔变化多端,或多富行书

---

① (明)陆时化:《吴越所见书画录》卷二之梁同书《跋祝京兆小楷孙过庭书谱卷》,载卢辅圣主编《中国书画全书》第八册,上海书画出版社1994年版,第1014页。

第六章 祝允明书法的来源、风格特征及传承

之意，或率真自然灵动，格调清雅而不乏古意。祝氏具此种风格的楷书作品主要有《蜀前将军关公庙碑》《越台诸游序》《跋欧阳修〈付书局〉帖》《先母陈夫人手状》《饭苓赋轴》等。

《蜀前将军关公庙碑》作于弘治十四年（1501）（图6-8），是年祝氏四十二岁，该作今藏故宫博物院。此幅作品除兼有王书遒媚秀逸与钟书的古拙圆劲外，其用笔及体势似亦兼取欧字的峭挺与颜字的宽博，但总体观之，又无不协调之感，在端严精谨中饶富自然平易之韵趣，极耐品味，可谓祝氏融汇晋唐的典型作品。

《跋欧阳修〈付书局〉帖》（见图3-2）作于正德四年（1509），今藏台北故宫博物院。欧阳修此帖为祝氏友人陈沂父亲陈钢所收藏，祝允明从陈沂处获观而写下此跋。跋文小楷笔法精致巧丽，结构端谨，风格典雅，笔端熔铸晋唐王羲之、欧阳询诸家楷法，同时还可窥元人赵孟頫等人小楷之笔意。

《越台诸游序》（图6-9）书于正德十二年（1517）六月，是时祝允明正仕宦岭南，与广东提刑按察佥事顾应祥往游越台、罗浮等地，因有此作。该作用笔活泼灵动，轻松明快，体兼晋唐而不拘一格，行气疏朗而饶有深趣，而最富特色之处还在于字里行间不时夹带若干草法，如其中的"余"、"远"、"可"等字，纯以草法混于其中，然却并不显得十分突兀。祝氏此类小楷的创作手法，在一定程度上应该是受到元人倪瓒小楷艺术的影响。

《先母陈夫人手状》（图6-10）原迹现藏台北故宫博物院，据篇中所述其先母陈夫人病于嘉靖三年甲申（1524）春，殁于是年六月十一日，冬十一月葬于横山丹霞坞先茔之右，谨用后世墓志法例，次第夫人生卒日辰、内外宗属并事行节概而刻石埋冢，可知祝氏此篇应为是年所书，而其时祝氏也已六十五岁高龄。祝氏此作已达融汇诸家而又随心所欲的境界，极富个性特色。其单字结构紧结，大小相间，体势欹侧，似较接近褚遂良与米芾的小行楷，行气错落婀娜，生动活泼。用笔圆熟而精到，点画丰润，仔细察之，可谓融会钟、王、欧、颜、米、赵诸家笔法，无所不备。

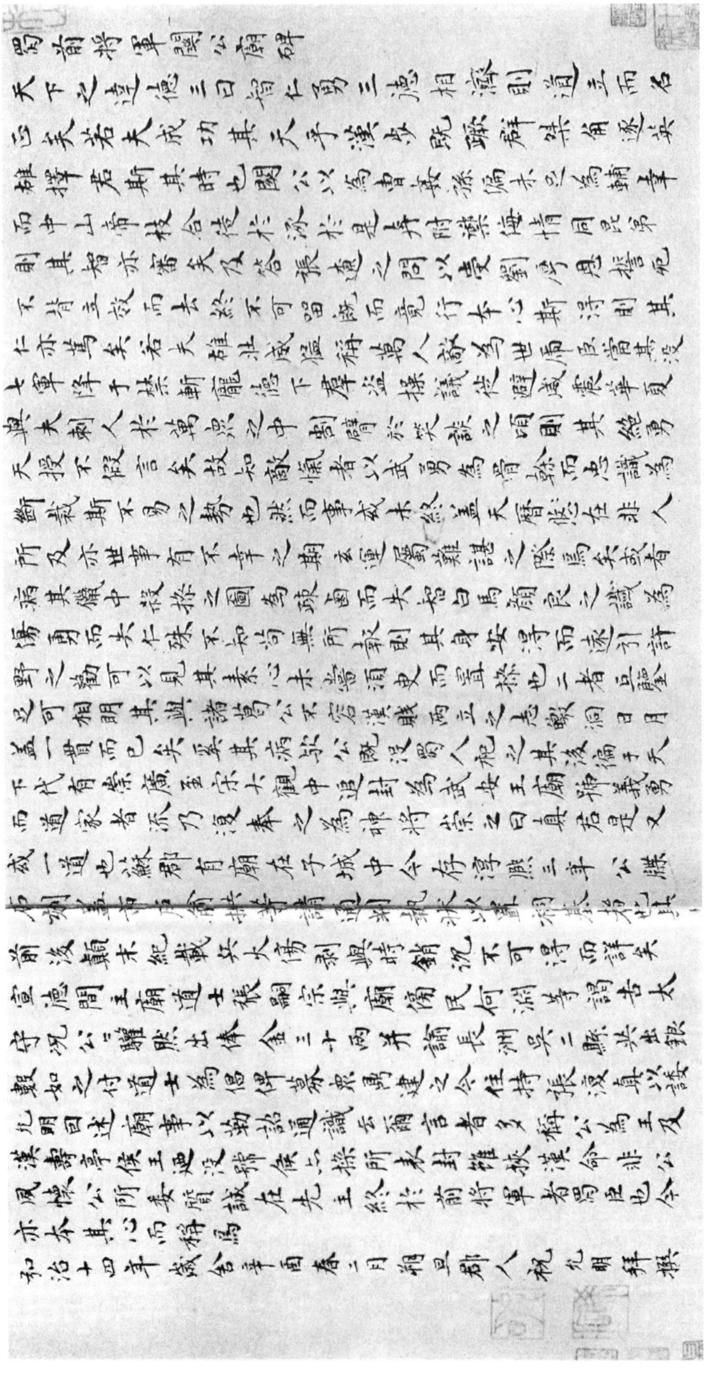

图6-8 祝允明《蜀前将军关公庙碑》（故宫博物院藏）

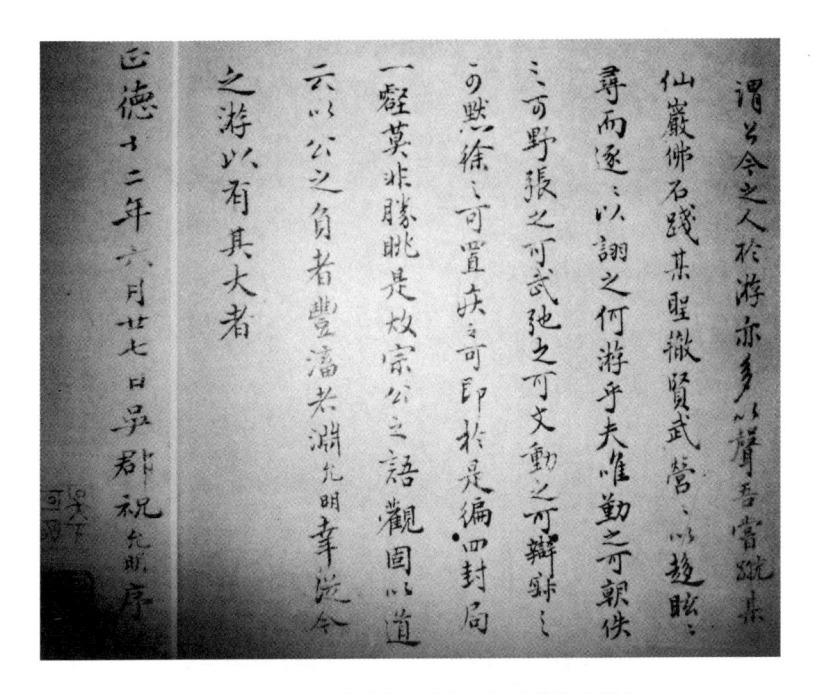

第六章 祝允明书法的来源、风格特征及传承

图6-9 祝允明《越台诸游序》（藏处不明）

著名琴师黄献（号梧冈）于嘉靖四十一年（1562）跋此书称："恬淡古雅，奕奕有笔外之意，如有道之士，粹面盎骨，觌之光彩愈出。"① 又，祝氏尝自论楷书有十：血、骨、肉、筋、圆、直、平、方、结、构、变，并谓"十者备，谓之楷书"②。对照此作，诚颇合也。

《饭苓赋轴》（图6-11）为祝氏传世的另外一件非常难得且极为重要的中大楷作品，一书无年款，然从是作笔致之沉稳及风格之浑厚等角度看，当为其中晚年之力作。陆时化在《吴越所见书画录》卷二中著录此作"字如钱大，以朱丝为栏，仿李北海，精湛出色"③。李北海即盛唐名家李邕（678—

---

① 参阅（明）祝允明《先母陈夫人手状册》，载何炎泉编辑《毫端万象：祝允明书法特展》，台北故宫博物院2013年版，第162页。
② （清）卞永誉：《式古堂书画汇考》卷三《祝京兆论楷书及扇书》，《文渊阁四库全书》电子版，上海人民出版社1999年版。
③ （明）陆时化：《吴越所见书画录》卷二《祝京兆饭苓赋楷书立轴》，载卢辅圣主编《中国书画全书》第八册，上海书画出版社1994年版，第1017页。

下编 地域、风尚与祝允明的书学

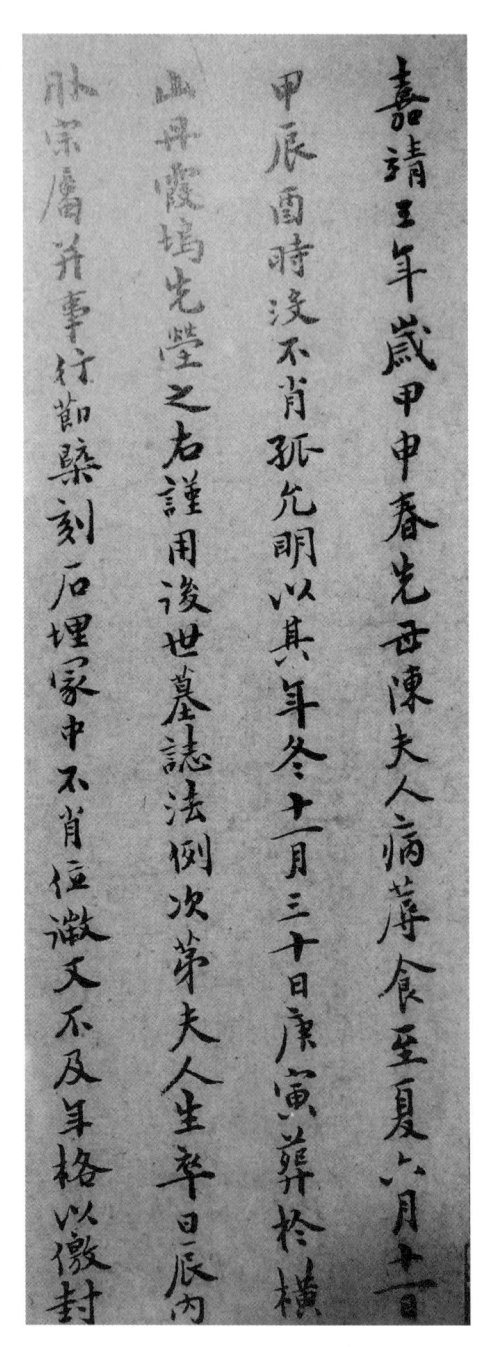

嘉靖三年岁甲申春先妣陈夫人病蓐食至夏六月十一日甲辰酉时没不肖孤允明以其年冬十月三十日庚寅葬于横山舟霞坞先茔之右谨用後世墓誌法例次第夫人生卒日辰内外宗属并事行勤襞刻石埋冢中不肖位激又不及年格以徼封

图 6-10　祝允明《先母陈夫人手状》（台北故宫博物院藏）

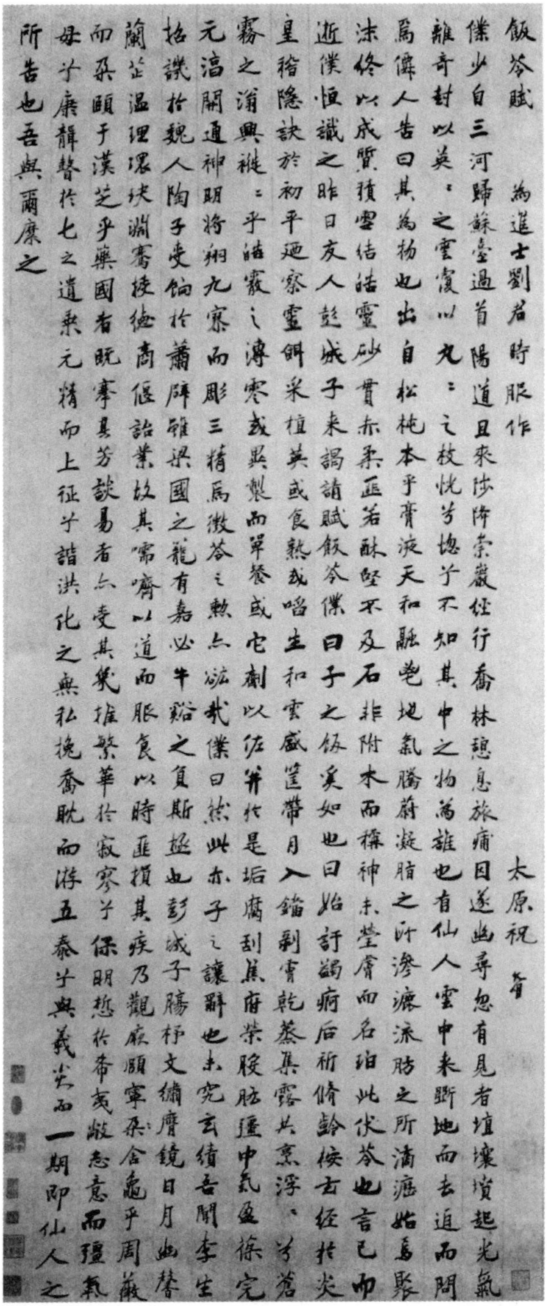

第六章　祝允明书法的来源、风格特征及传承

图 6-11　祝允明《饭苓赋轴》（故宫博物院藏）

747），其书以行楷著称，初学王羲之而后参王献之欹侧之法，又自出机杼，乃成一家，笔势瘦硬，骨力刚健，结体取向背之势而右耸，变晋人风流蕴藉为倔傲。祝允明楷书《饭苓赋轴》中有李邕书法之体势与笔意，然实又不为全仿。又，汪士元在其《麓云楼书画记略》亦述此作"结体疏宕，转折轻圆，笔意似张即之"①。张即之（1186—1263）为南宋后期名家，书学唐人褚遂良及北宋米芾诸家，而祝允明博学诸家，恐以很难说没有从张书中直接汲取养分。细观祝氏《饭苓赋轴》，结构紧结欹侧处应颇受李邕、米芾等人的影响，而平稳处又若褚遂良，笔法朴拙含蓄而又不失灵动，章法上虽界格方严，纵横有序，却无丝毫刻板之俗气，庄重而不失灵动，实为祝氏极具用心而又融汇诸家，并有自家面目之楷书精品。

总而言之，从本书在此所论述的祝允明力追魏晋钟王、规模唐人、融汇诸家之三类风格特征之楷书作品来看，祝氏在楷书方面的探究实践及所体现出的创造精神，一如其行草，广习诸家，博采众长，遒古而不失个性，率真而不失法度。明代中叶祝允明、文徵明、王宠等吴门书家皆善正书，尤其是他们的小楷创作，备为世人所推崇。他们对晋唐楷法的深入研习，某种程度上也应视为元代以降书学复古思潮影响下的进一步发展，并达到一个新的历史高度。祝允明传世之楷书作品，数量上虽不及其行草那么多，然相较于同时期文人书家文徵明、王宠等人而言，祝氏之楷书面貌无疑更加多样化，亦无明代前中期台阁书家圆熟妩媚之气，堪谓元代赵孟頫、倪瓒、宋克等人之后的又一重大突破，故时人及后世对其评价皆给予了高度认可与褒奖。

第二节　行书

行书是祝允明所擅长的另一代表性书体，不同时期的传世作品也较

---

① 转引自《徐邦达集》卷六《古书画过眼要录》，紫禁城出版社2006年版，第896页。

第六章　祝允明书法的来源、风格特征及传承

多。这些作品在形式上可谓涵盖手卷、立轴、尺牍、扇面等多种样式，且面貌众多，精粗不一，真伪掺杂，给后人对祝氏行书风格的正确认识带来诸多难度和困扰。

早在1976年，台湾学者傅申先生即在其所著《祝允明问题》一文中，依据其所建立的祝允明真迹书法的标准，按风格来源及特征将祝氏行书主要分为三类：一为赵体行楷，这是祝允明最优秀的书体之一，点画丰满圆活，舒展自如，尽管并非纯属赵体，但与其他书体相融合，成为祝允明行书体的主要基础；二为行书，这是祝允明最得心应手的书体，在很大程度上体现了他个人的风格特点，但是他兴之所至，也常融入钟繇或赵孟頫风格；三为行草，这一体现个人特点的书体比前一种更为自由一些，更充分地体现出他向草书发展的倾向。[①] 傅申先生的归纳以其严谨的逻辑，摒弃主观的印象及前人流传的结论，为我们构建了一套比较可信的祝氏书法面目，其论述也应是迄今为止对祝允明书法风格最为全面细致的研究。葛鸿桢先生在《中国书法全集·祝允明卷》及《论吴门书派》中论及祝允明书法风格的研究时，基本上承袭了傅申先生之观点，无甚特别创新之处。

很显然，傅申先生的研究方法对我们今天研究祝氏书风特点仍然具有积极的启发与借鉴意义，其于《祝允明问题》一文中对祝允明行书真迹的标准件之选取无太多争议，分析也比较细致。但是，笔者以为，傅先生对祝氏行书作品的风格界定与分类方面略显琐碎模糊，难以令读者从整体上把握了解祝氏行书的创作手法及风格特征。因此，本书希冀能在傅申先生的研究基础上，结合祝允明传世且比较可靠的部分作品、书学观念及明清诸家对其书风的评论，试从以下两个方面对其行书创作进行归纳分析，以期对祝氏的行书创作的类别及特征能有更进一步的认识。

---

① 参阅［美］傅申《祝允明问题》，《海外书迹研究》，葛鸿桢译，紫禁城出版社1987年版，第99页。

下编　地域、风尚与祝允明的书学

一　善举诸家风貌，苏黄米赵居多，疏瘦横放而不求尽合

王世贞言："天下书法归吾吴，而祝京兆允明为最……行草则大令、永师、河南、狂素、颠旭、北海、眉山、豫章、襄阳，靡不临写工绝。晚节出入变化，不可端倪。风骨烂漫，天真纵逸，直足上配吴兴，它所不论也。唯少传世，间有拘局未画者。又一种行草，有俗笔，为人诡写乱真，颇可厌耳。"[①] 由王世贞所论，可知祝允明于行书一体乃取法二王及其一脉之诸多书家，对于其所称赞的"临写工绝"，我们如今亦可从上海博物馆所藏的祝允明于弘治七年（1494）三十五岁时所为之《临魏晋唐宋人书》中得窥一斑，该卷中所临涉真、行、草多体，行书方面临摹的主要是王献之、褚遂良及北宋苏、黄、米、蔡诸家，然不管是临哪一家，其笔法结构皆相当精致准确，且得神气，用惟妙惟肖来形容亦不为过。祝允明自己在《写各体书与顾司勋后系》中说：

今效诸家裁制，皆临书以意构之尔。知者乃或要许为能书，殊用愧恨而已。此在建康为顾司勋所强，《黄庭》、《兰亭》、《急就》章草，二王、欧、颜、苏、黄、米、赵，追逐错离。时迫归程，无暇豫之兴，又乏佳笔，只饶得孺子态耳！[②]

祝氏所谓"以意构之"、"追逐错离"、"孺子态"，实乃自谦之辞。除了上述依样临摹晋唐宋元等历代大师们的书作，祝允明还善于根据其所掌握的这些古代前辈大师们的笔法、笔意特征，直接模仿他们的各自风格特征来创作，而祝氏的这一高超本领，每每为人所赞叹。如祝氏好友文徵明曾感叹：

---

① （明）王世贞：《艺苑卮言》附录三，载《弇州四部稿》卷一百五十四，《文渊阁四库全书》电子版，上海人民出版社1999年版。
② （明）祝允明：《怀星堂集》卷二十六，《文渊阁四库全书》电子版，上海人民出版社1999年版。

第六章 祝允明书法的来源、风格特征及传承

> 余常谓书法不同,有如人面,希哲则不然,晋唐则晋唐矣,宋元则宋元矣。彼其资力俱深,故能得心应手。①

晚明李登亦称:

> 近代书家,唯枝公善拟诸体,非为其兼诸体之为能为,其每作一家便得其神,无事迟回模拟而气韵乃宛相似,此所为不可及也。②

由文、李二人之语,可知祝允明对不同时代众多大师的书艺风格皆很熟谙。在祝氏传世的行书作品中,即有一些作品如《祖允晖庆诞记》《诗翰卷》《跋米芾蜀素帖》《墨林藻海卷》《在山记》《可竹记》《忆摹赵文敏书唐集七十首》《跋赵氏一门法书册》等为仿效那些前辈大师的风格来创作的。

《祖允晖庆诞记》(图6-12)今藏于台北故宫博物院,书于弘治三年(1490)六月,祝允明是年三十一岁,乃祝氏为祝贺友人祖允晖三十岁而撰书。该作用笔结字起初颇为规矩,后渐放逸,笔调轻松优柔,点画秀逸圆润,体兼苏黄,而尤以黄氏为主,整体风格气息也比较倚重于黄庭坚的行书特征。这件作品当为祝氏早期学习效仿宋人行书的重要代表作品,体现其对宋人尚意书风特征的深刻理解及个性诠释。

《诗翰卷》(图6-13)今亦藏于台北故宫博物院。此卷书迹为十幅独立诗文作品表为一卷,其中八幅书作的落款明确说明为其好友沈与文(辨之)所书,整幅手卷亦为沈氏收集成卷并请人作跋,而根据落款,又可知《北邙行》《丹阳晓发》《虞姬曲》《静女叹》《秣陵山馆喜辨之至夜坐漫成二首》等六幅作品分别为弘治九年(1496)、正德二年(1507)秋、正德元年(1506)春、正德二年(1507)六月、正德二年(1507)夏等时间

---

① (明)文徵明:《题祝希哲真草千字文》,载周道振辑校《文徵明集》补辑卷二十四,上海古籍出版社1987年版,第1376页。
② 见(明)祝允明《仿宋四家书卷》,今藏上海博物馆。

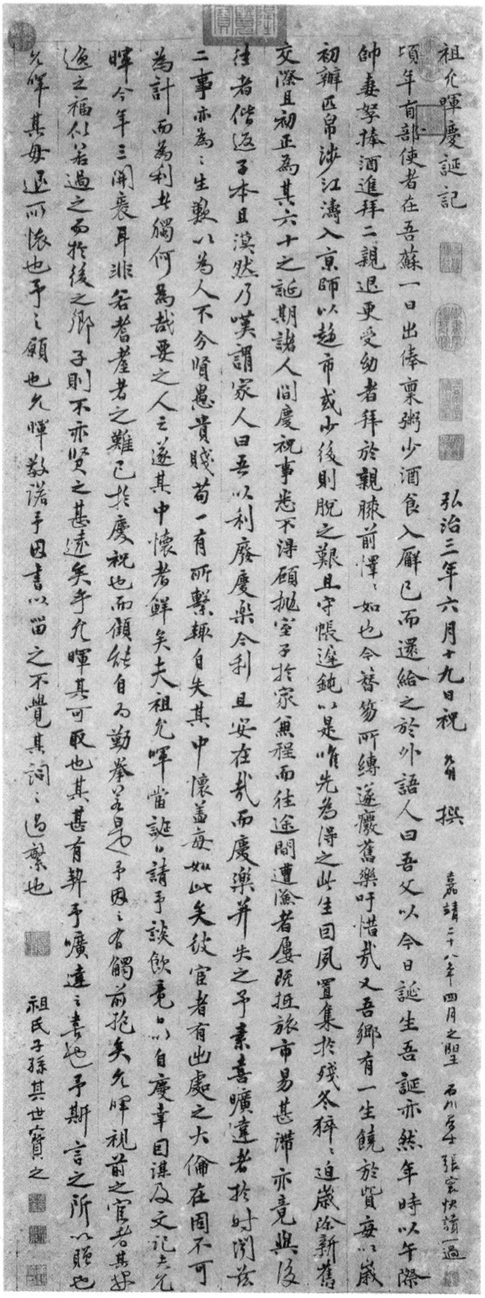

图 6-12　祝允明《祖允晖庆诞记》（台北故宫博物院藏）

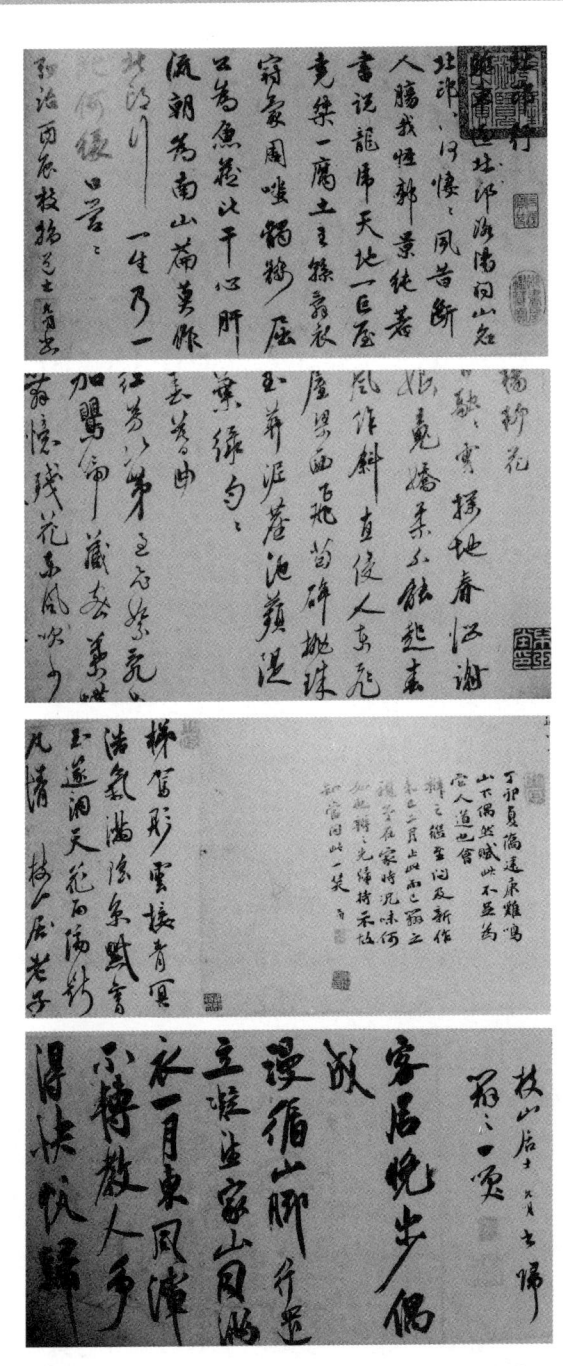

第六章 祝允明书法的来源、风格特征及传承

图 6-13 祝允明《诗翰卷》（台北故宫博物院藏）

所书，因此此卷应是我们目前能够见到的祝氏中年时期比较重要且十分可靠的一件行草手卷。在这卷作品中，祝允明分别效仿参用了苏轼、米芾、赵孟頫诸家笔意而为之。其中《北邙行》为拟效赵孟頫的行书风格，笔致轻松流畅，结体平正，整体风格气韵皆极近赵书，是年祝氏三十七岁，由此可知在此前后祝允明已开始比较深入地研究或者学习赵书，并能熟练把握其风格。《静女叹》一作正文主要为拟米芾，而落款又转换成苏轼的行书风格，笔力雄健。当然，这卷作品最主要也最引人注目的还是《丹阳晓发》《虞姬曲》《眼儿媚词》《秣陵山馆喜辨之至夜坐漫成二首》等偏重米芾风格的作品，祝氏书写时的笔法正似米南宫之风樯阵马、沉着痛快之趣，结构亦多欹侧，笔势外拓，摇曳多姿，神采飞扬。这些作品皆为祝允明四十七八岁左右所书，故风格相对比较统一，反映其在此阶段对米字的偏爱。祝允明曾跋《跋米芾蜀素帖》，未署年款，但整体笔调及风格与上述《眼儿媚词》《秣陵山馆喜辨之至夜坐漫成二首》等作品都非常接近，皆为比较明显的模仿米字之作。

《墨林藻海卷》（图6-14）书于正德十一年（1516）秋，祝允明时在岭南兴宁任上，是为当时挚友河源县令郑敬道所书。祝允明在卷尾款识曰："莆阳郑明府与允明为同寅，蒙教受爱，谊款日深。尝有鄙诗往复，君既过为袭藏，复粘缀素纸盈卷，索拙笔满墨之，且请举各家体貌为之。"从中可知这件作品的由来，祝允明先与郑氏有诗文互答，郑氏复又将祝之稿书并它纸一起连缀为长卷，再请祝允明为其仿诸家体满之。故该卷前两篇为祝允明专门为郑氏所撰诗文，以偏米字风格为之，之后则为祝氏自己其他诗文，书写风格则有钟繇、王羲之、王献之、欧阳询、虞世南、颜真卿、苏黄米蔡、赵孟頫等十多位历代大家的真、行、草多体，更加有意味的是，每仿一体，祝氏都在诗文篇名下注名所仿的对象，此种形式在祝氏之前的书史上似乎是前所未有。从篇幅内容看，祝允明模仿苏黄米及赵孟頫的行书风格的内容占据了该卷整体的大半之多，用笔得心应手，轻松自如而又不拘小节，东坡之雄秀、山谷之峭拔、襄阳之飞扬、子昂之典雅，皆能极具神似，体现了祝氏晚期对这些前辈大师书体风格的把握已达非常高的境界。

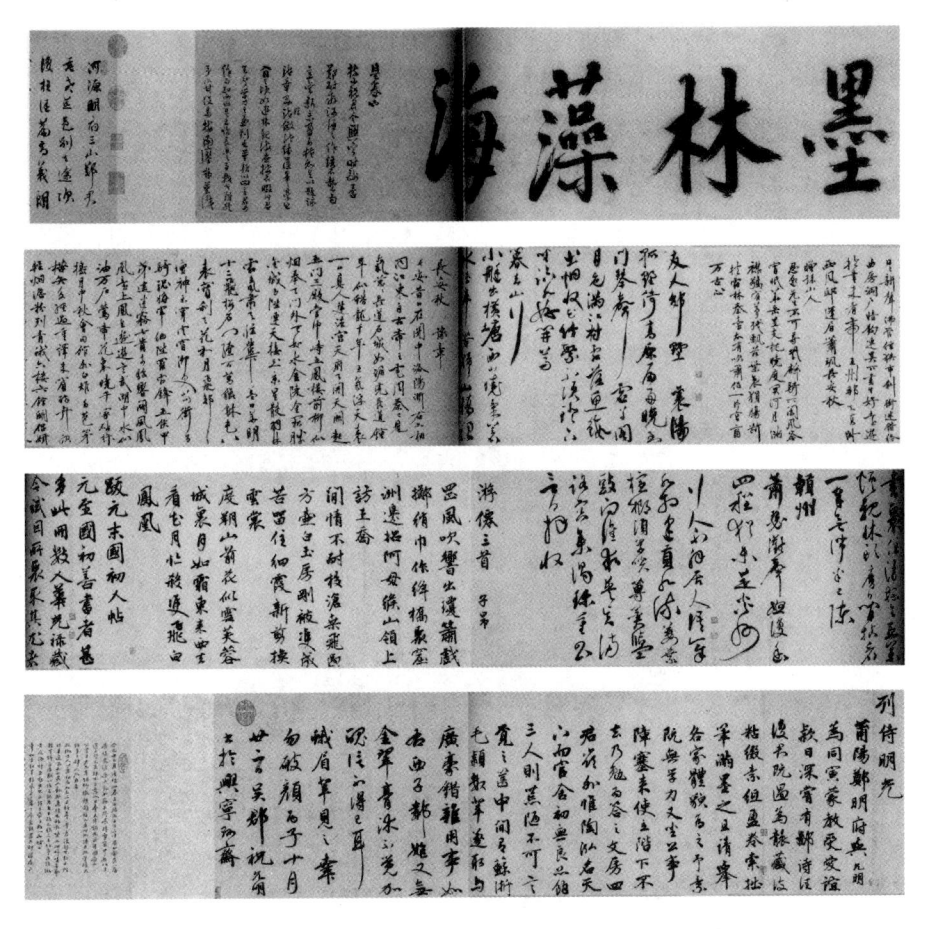

第六章　祝允明书法的来源、风格特征及传承

图 6-14　祝允明《墨林藻海卷》（台北故宫博物院藏）

《在山记》（图 6-15）、《可竹记》、《忆摹赵文敏书唐集七十首》等分别书于弘治八年（1495）、弘治十年（1497）、正德二年（1507），《跋赵氏一门法书册》（图 6-16）未有署款年月，但根据祝跋后面之吴门另一位贤达杨循吉于弘治十六年（1503）的跋语，傅申先生推断祝氏此跋可能也书于是年或更早。① 上述几件书作皆为祝允明中年时期仿元代赵孟頫风

---

① 参阅［美］傅申《祝允明问题》，《海外书迹研究》，葛鸿桢译，紫禁城出版社 1987 年版，第 94 页。

格书写的比较有代表性的作品。虽然祝允明尝自言,"余不专师赵,素无三日集功"①,其早期因遵其前辈之庭训,未尝多多染指赵书,而中岁以后每每以赵体行书风格来创作,即表明其对赵孟頫书中蕴藏的清雅气息及有羲献之妙的笔法特征是比较激赏的。本书在此列举的祝允明仿赵行书作品,风格虽小有差异,或流畅,或端谨,然皆用笔精致,点画秀润,结体稳健,气息渊雅,颇得赵书之神髓,而非同一般习赵者流于圆熟姿媚。

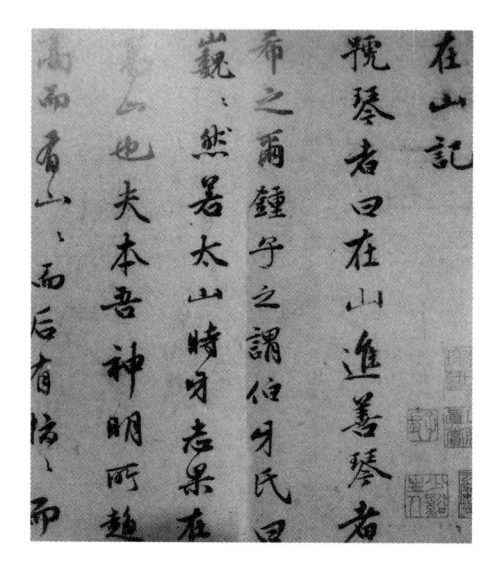

图 6-15 祝允明《在山记》(台北故宫博物院藏)

清人《垂裕阁法帖》中还曾收有祝书《魏文帝芙蓉池诗、曹植五言五古册》(图6-17),为其晚年的作品,书仿宋苏轼、米芾诸家,祝氏在卷尾中称:"旧尝戏仿各体书,久不为之,适为子钟所强,而休承从臾之,不置聊复尔耳。观者勿谓老翁更多儿态也。"②

在明清相关著录文献所载以及祝允明于今传世的作品中,类似于上面的书作还有很多,本书在此无法一一列举。但是,从祝氏这类仿效古代大

---

① (明)祝允明:《书与王希贤秀才写卷后跋》,载《怀星堂集》卷二十六,《文渊阁四库全书》电子版,上海人民出版社1999年版。
② 见何炎泉编辑《毫端万象:祝允明书法特展》,台北故宫博物院2013年版,第358页。

第六章 祝允明书法的来源、风格特征及传承

图6-16 祝允明《跋赵氏一门法书册》（台北故宫博物院藏）

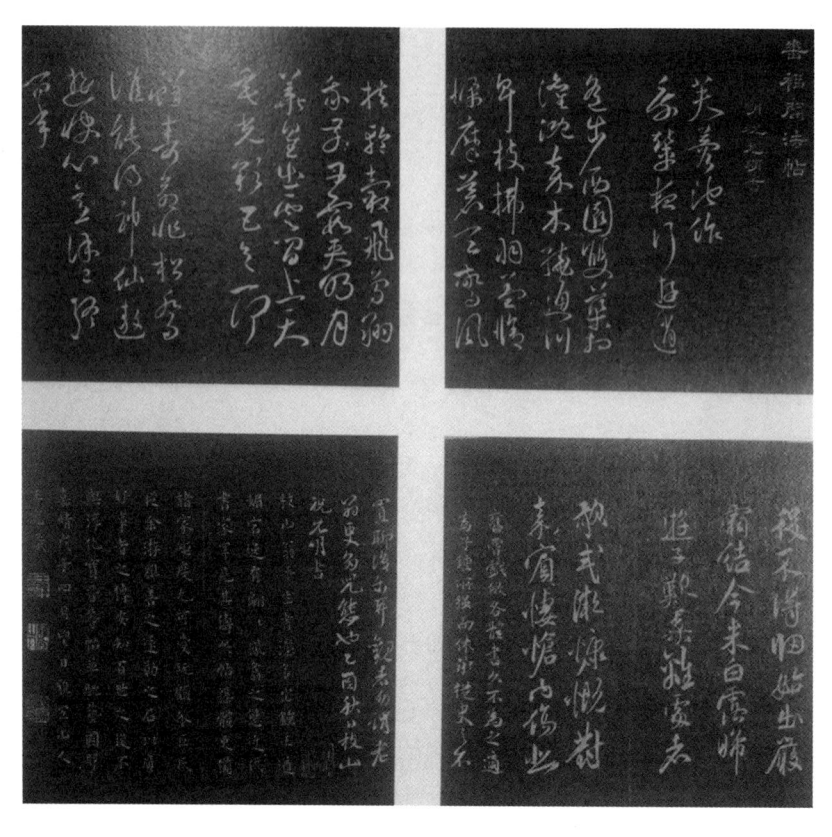

图6-17 祝允明《魏文帝芙蓉池诗、曹植五言五古册》（垂裕阁法帖）

师风格的作品中可以发现一个共同的重要特征，即北宋苏、黄、米及元代赵孟頫对祝允明的行书创作有着至深的影响。关于此，明人也早有认识，并给予了积极评价，如王世贞有论"祝书成趣园记，颇出赵吴兴，然吴兴遒而媚，京兆遒而古，似更胜之"[①]；"此希哲中年书，虽不无出入，然往往自杨少师、豫章、襄阳来，而疏瘦横放不求尽合，所以可重也"[②]。孙鑛亦云："京兆书大约得之苏、黄、米、赵者多，气格亦略相上下。拟南宫

---

① （明）王世贞：《祝京兆书成趣园记》，载《弇州四部稿》续稿卷一百六十三，《文渊阁四库全书》电子版，上海人民出版社1999年版。
② （明）王世贞：《祝京兆卷》，载《弇州四部稿》卷一百三十二，《文渊阁四库全书》电子版，上海人民出版社1999年版。

第六章　祝允明书法的来源、风格特征及传承

谓不欲为韩干似，果然。"[①]　王、孙二人之论颇有些一语道破天机之感，其间所谓"疏瘦横放不求尽合"、"拟南宫不欲为韩干似"，即点明了祝允明在仿效众多前辈大师笔法、笔意及风格来创作的同时，又能不为形模所拘，以追求前辈大师们风格背后的意趣和神气为主，从而与古人有一种不合而合的精神境界。

祝允明为什么会对苏黄米等人的行书表现出如此浓厚的兴趣，屡屡直接效仿他们的风格来创作呢？难道真的是为了显示自己的博学，或高自许可而意在惊人吗？笔者以为其间原因至少有二：一者，祝允明虽曾自述幼承庭训，"绝其令学近时人书，目所接皆晋唐帖也"[②]，但其时吴门前辈书家若徐有贞"行笔似米南宫"[③]，沈周"书法涪翁，遒劲奇倔"[④]，吴宽"规模于苏，而多所自得"[⑤]，对北宋诸家的取法，实为当时吴门文人书家有别于明代前中期台阁风尚的重要审美趣尚，而由于这些前辈们的长期熏染，祝氏年龄稍长复而学习宋人法书，亦属情理中事，祝允明三十岁前后既能把握苏黄的风格来创作，即为明证；二者，如祝允明在《跋米书天马赋》中云："南宫与眉山、豫章、莆阳擅声宋室，近时学者寡，师王氏宗祖，必先事四家。"[⑥] 可见祝氏对北宋苏、黄、米等人书风的仿效，本质上乃是欲借宋人之径而进一步上攀晋唐，以达借古开新之目的。

[①]（明）孙鑛：《书画跋跋》续卷一《祝京兆诸体法书》，《文渊阁四库全书》电子版，上海人民出版社1999年版。
[②]（明）祝允明：《写各体书与顾司勋后系》，载《怀星堂集》卷二十六，《文渊阁四库全书》电子版，上海人民出版社1999年版。
[③]（明）王世贞：《艺苑卮言》附录三，载《弇州四部稿》卷一百五十四，《文渊阁四库全书》电子版，上海人民出版社1999年版。
[④]（明）王鏊：《石田先生墓志铭》，载《震泽集》卷二十九，《文渊阁四库全书》电子版，上海人民出版社1999年版。
[⑤]（明）王鏊：《资善大夫礼部尚书兼翰林院学士赠太子太保谥文定吴公神道碑》，载《震泽集》卷二十二，《文渊阁四库全书》电子版，上海人民出版社1999年版。
[⑥]（明）祝允明：《怀星堂集》卷二十五，《文渊阁四库全书》电子版，上海人民出版社1999年版。

下编　地域、风尚与祝允明的书学

二　变化不拘　圆道苍秀

祝允明擅于拟效众多古代大家的笔意及风格特点来创作，这种创作手段既是对传统创作模式的一种突破和创造，也反映了当时书家对经典解读的变化、对个性认识的加强、对创作观念的进一步自觉等一系列问题，且对其身后的书家产生了积极深远的影响，在书法史上皆具有极为重要的意义。当然，以祝允明洒脱不羁且好深湛之思的个性来说，一味仿古创作显然非其最终目的，亦非是个人艺术创造力的真正体现，否则他于书史只能算是一个拟古主义者，而非开一代风气的大师级人物。祝允明对古代大师风格的广泛学习和仿效，不过是其通会古人的一个手段，祝氏在与古人的长期对话中，一方面正确、客观、深入地认识了晋唐宋元历代书法的本质，另一方面也在这个过程中不断寻绎熔铸自己的艺术语言，从而形成不悖于古又有个性面目的风格特征。那么，祝允明行书的个性化风格特征究竟是怎样的呢？王世贞所称祝氏"晚节出入变化，不可端倪"，其于行书一体究竟是怎样变化创新而形成个性面目的呢？毋庸置疑，要想认识这些问题，我们首先还是应从祝允明现今传世的比较可靠的行书作品中去寻找答案。

今藏于故宫博物院的《北禅寺募修雨花堂疏》（图6-18），为祝允明在正德元年（1506）四十七岁时所书的一件行书作品。这件作品在既往的祝允明书法研究中不太被关注，香港林霄先生根据同卷文徵明、唐寅、陈淳、黄姬水、张凤翼等多位吴门名士手迹的相互印证，推断为比较可靠的祝氏行书真迹，笔者亦深表认同。[①] 我们如果仔细考察，该作与前文介绍的《诗翰卷》中正德初期的几件手迹在笔调上也有很多接近与相通之处，而与《诗翰卷》中正德初期的几件手迹有比较明显的模仿北宋米芾的笔意风格有所不同，《北禅寺募修雨花堂疏》一作似乎看不出祝允明在模仿

---

① 参阅林霄《祝允明书法真伪标准讨论》，载《美术史与观念史》XII，南京师范大学出版社2011年版，第135页。

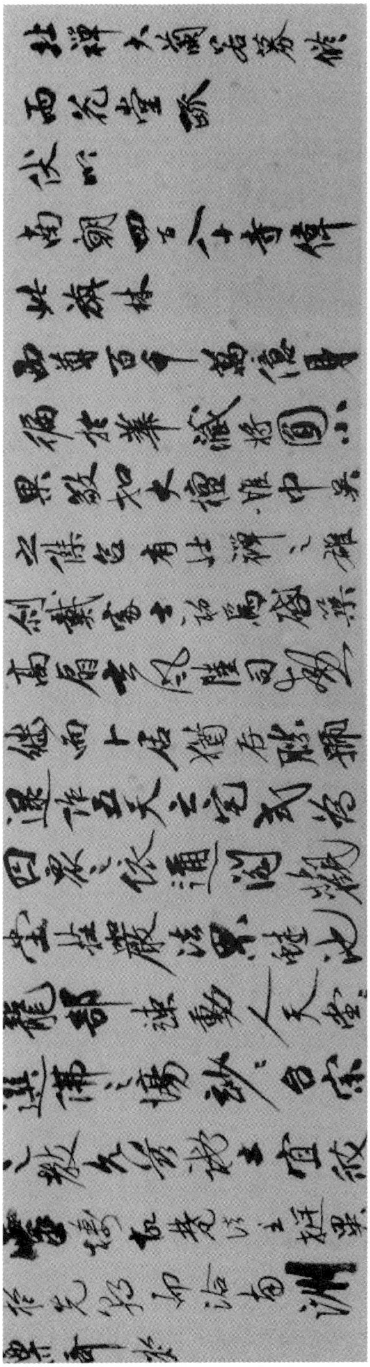

第六章 祝允明书法的来源、风格特征及传承

图6-18 祝允明《北禅寺募修雨花堂疏》(故宫博物院藏)

宋元时期哪一家的风格路数来创作，该作更多体现的是祝允明在晋唐楷法的基础之上随机变化之自运特征。其中很多字如"杰"、"戴"、"陆"、"代"、"因"等，结构偏长，中宫收紧，笔势外拓，似从欧体变来，而有些字如"圆"、"宗"、"洲"等，其用笔厚重处及内抑之势，且兼颜字之趣。又，笔者还发现苏州博物馆藏有祝允明于正德二年（1507）冬书写的行书《芝庭记》（图6-19），亦与唐寅等人手迹连成一卷，而这件作品与《北禅寺募修雨花堂疏》相比较，无论是笔法结构，还是整体风格，两者皆十分接近，笔者仔细对照了两件作品中的一些共同字如"疏"、"焉"、"为"等，书写方式几乎完全一样。仔细考察这两件作品，"失笔"及散乱处亦皆较多，但因都是比较可靠的真迹，故应该能比较客观地反映祝允明在正德初年时期于行书方面出入变化的真实状态。

《梦草记》《梨谷记》《九愍九首》三件行书作品皆为祝允明在正德五年（1510）五十一岁时所书。《梦草记》与《梨谷记》为后世藏者合为一卷相连，前者偏于行楷，后者偏行草。《梦草记》（图6-20）整体严谨工整，笔法坚挺方峻，结构偏长，笔势外拓，亦是从欧字化出。如果仔细对照台北故宫所藏祝氏《诗翰卷》中多件作品及从正德元年（1506）以来四五年间的其他书作，便不难发现其间许多笔法的出入、点画的形态特征及结构所融入的晋唐宋元之法，都有着十分亲近的联系。《梦草记》中表现的爽利坚挺的笔法及笔调，与其四五年前所作的行草书中的笔致是相通的，而此卷在结构与布白方面显然表现得更加严谨端正，其以欧体为基础，兼而融入米芾、黄庭坚的欹侧特征，整体的视觉效果却又非常和谐统一，显示出祝氏善于融通变化的高超本领。《梨谷记》的用笔则以清遒圆润为主，因近草书，故笔调亦更加流利飞动，从个别字的结构及体势特征看，我们亦可发现与《梦草记》中的一些字有接近类似之处，整体而言，这一件作品实已看不出祝氏是以晋、唐、宋、元的哪位大师为主要宗法或效仿对象，尽管其中有若干钟繇笔法的痕迹，也有欧、赵乃至米芾的成分，但祝氏并未有意模仿上列大师，而是体现出在吸收消化了这些大师笔法特征的基础上，融会贯通后形成的个性化面目。故而傅申先生将这类风

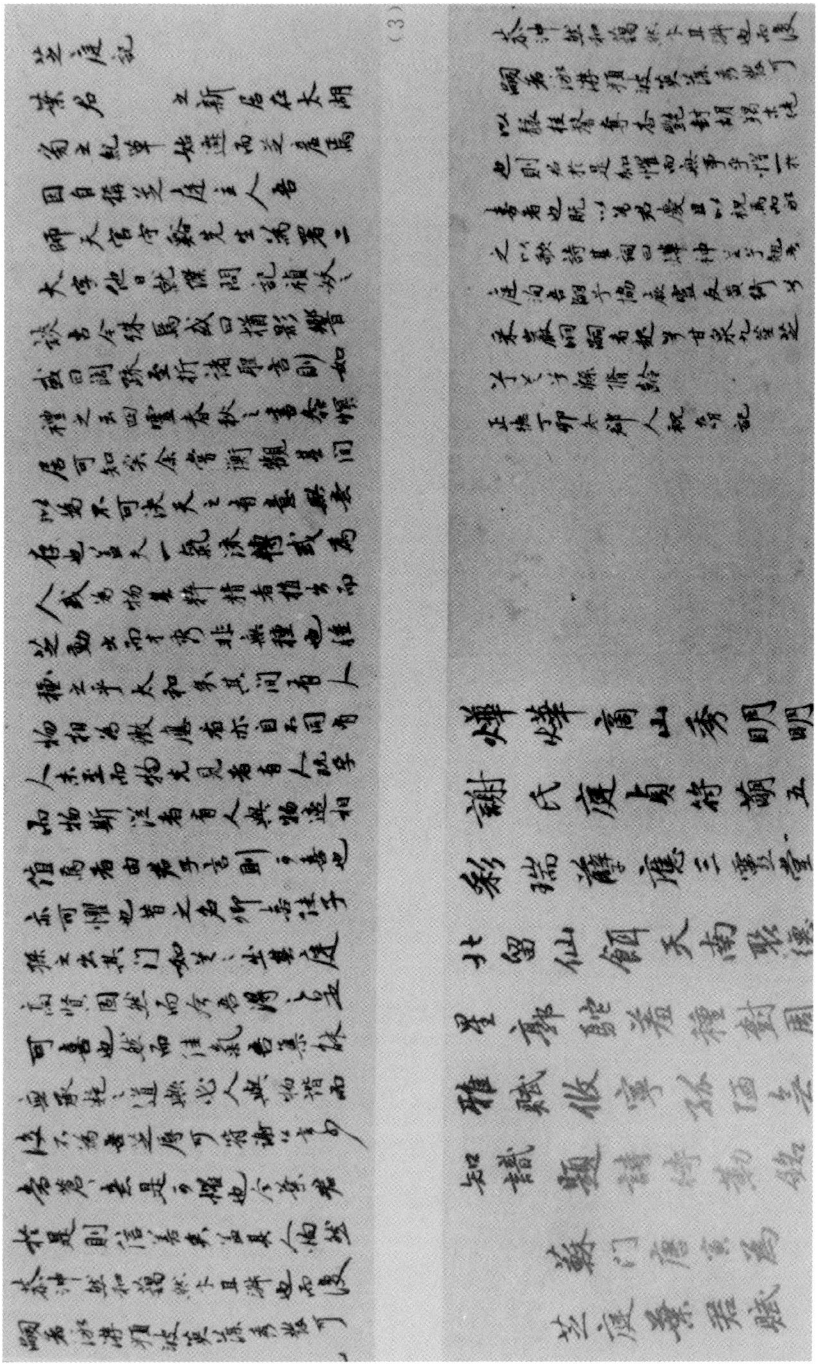

第六章 祝允明书法的来源、风格特征及传承

图6-19 祝允明《芝庭记》（苏州博物馆藏）

格视为祝允明"个人"风格的代表作,当为真知灼见。① 《九愍九首》(图6-21)与《梦草记》《梨谷记》为同年所书,因此,其风格特点亦与二者十分接近,其间用笔、结构工稳处,颇类《梦草记》,至若飞动激扬处,则与《梨谷记》如出一辙,别无二致。

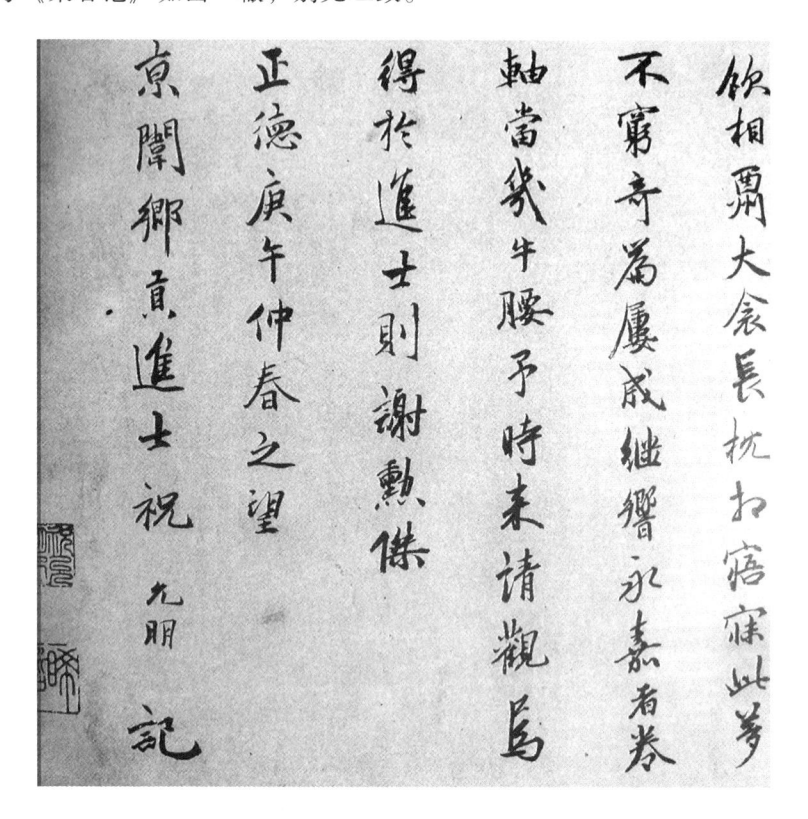

图 6-20　祝允明《梦草记》(美国后真赏斋藏)

今藏于故宫博物院的《牡丹赋卷》(图 6-22),书于嘉靖三年(1524),祝允明时年六十五岁,该作应是祝氏晚年行书作品中具自家面目之代表。相较于正德年间五十岁左右所书的《梨谷记》《九愍九首》等作品,《牡丹赋

---

① 参阅 [美] 傅申《祝允明问题》,《海外书迹研究》,葛鸿桢译,紫禁城出版社 1987 年版,第 103 页。

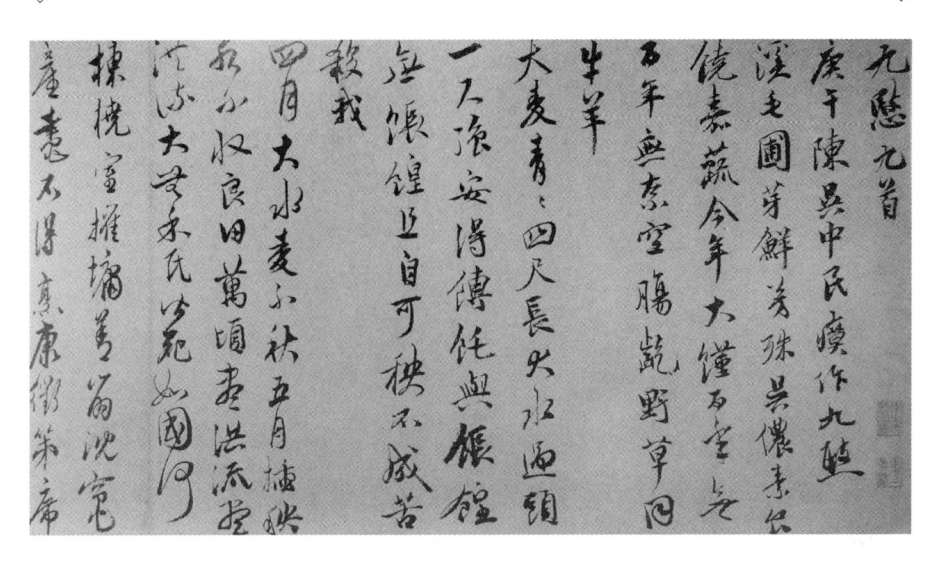

第六章 祝允明书法的来源、风格特征及传承

图 6-21 祝允明《九愍九首》（苏州博物馆藏）

图 6-22 祝允明《牡丹赋卷》（故宫博物院藏）

卷》之笔致更显圆厚老劲，笔势之外拓与内擫的融合也更加和谐自然，流宕处与晚年今草更是一脉相通，整体气息亦具苍秀浑穆之趣，个性鲜明。徐邦

达先生评此卷:"端凝中有飞动之意,真所谓人书俱老,比其他狂纵之作,大不相同,纸墨相发,更是一合。"① 值得注意的是,后人所伪作之祝允明的行书作品,有很多即为拟仿祝氏这类风格笔意而为的,故须识者明鉴。

祝允明行书《杨季静像赞》(图 6-23)与都穆、唐寅、文彭、皇甫冲、王守、王宠等众多吴门才子的手迹一样,都是题写给当时苏州著名琴师杨季静的,今一同附于文伯仁嘉靖五年(1526)作《杨季静小像》后面,藏于台北故宫博物院。据何炎泉先生考述,因杨季静与祝允明、文徵明、唐寅等人皆友善,唐寅亦曾作《南游图卷》与《琴士图卷》图其貌,祝允明约六十四岁即约嘉靖二年(1523)间作此赞,原应为《琴士图卷》的题跋,不知何故又被人移至文伯仁作《杨季静小像》之后。② 祝氏这件作品的用笔爽利劲健,一拓直下,有魏晋钟王古法,点画亦多呈"楔形"特征,很多字的结构如"学"、"履"、"井"、"盟"、"愿"等,皆保留有祝氏从早年到晚期一贯皆有的个性化特点,但笔势更为开张外拓,奔放之势与其晚年的草书气象亦尤为互通,充分体现了随心所欲而不逾矩的本家面目。

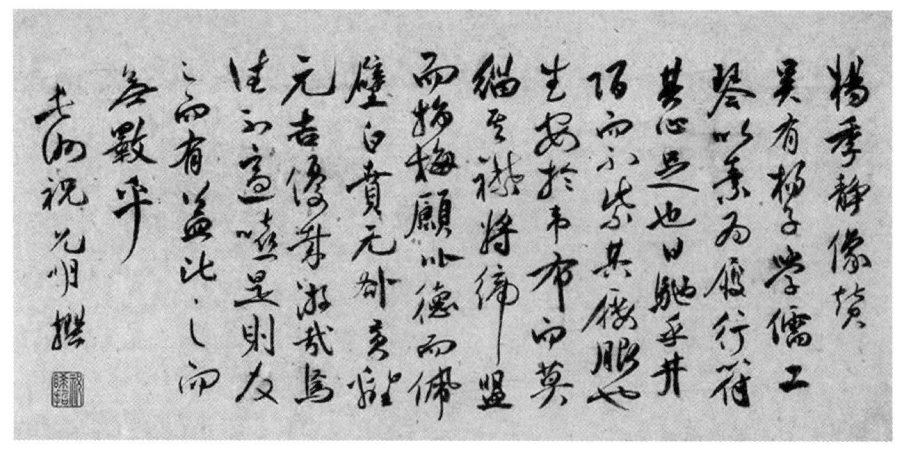

图 6-23 祝允明《杨季静像赞》(台北故宫博物院藏)

---

① 《徐邦达集》卷六《古书画过眼要录》,紫禁城出版社 2006 年版,第 890 页。
② 参阅何炎泉编辑《毫端万象:祝允明书法特展》,台北故宫博物院 2013 年版,第 372 页。

第六章 祝允明书法的来源、风格特征及传承

《寿砺庵诗轴》（图6-24）是祝允明于嘉靖二年（1523）六十四岁时所书写的一件大字行书立轴作品，整幅纵114.7cm，宽60.9cm，今藏于故宫博物院。砺庵即毛珵（1444—1525），时任南京都察院右副都御史，如前文有引，祝氏还曾于次年（1524）为其妻楷书墓志铭，风格类颜书（参阅图6-7）。祝允明的这件大字行书作品，一如其晚年另外一些变化自如而有个性面目的小字行书作品，我们似乎很难一眼就能明确判断其具体来源，充分体现祝氏"无所不学，无所不诣"之后融通变化以己意出之的高超本领。如第三行"播"、"岩"、"廊"等字体势略存由欧字变来的迹象，

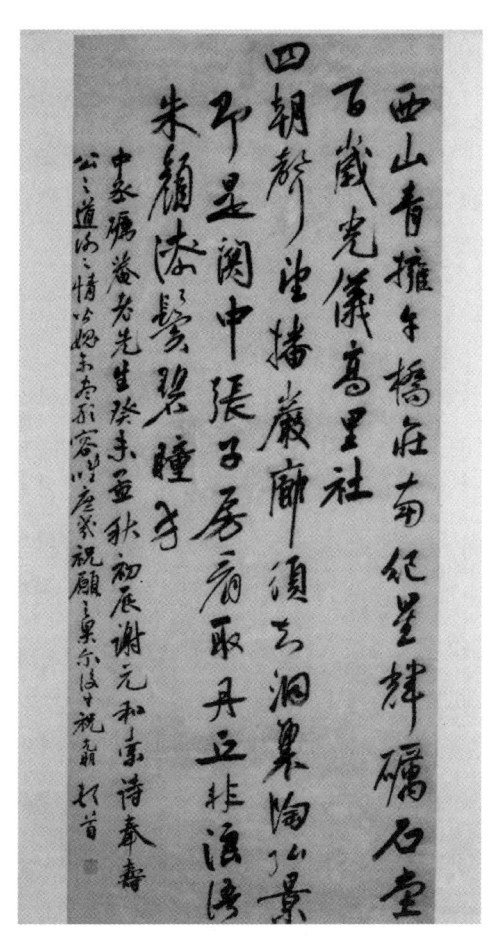

图6-24 祝允明《寿砺庵诗轴》（故宫博物院藏）

下编　地域、风尚与祝允明的书学

然该行墨字"景"则又偏于黄庭坚，而第四行的"丹"显然又存米老之趣。此作整体节律比较平稳，无甚特别夸张处，颇有点不激不厉、风规自远的意味，然细品其气韵及精神流露处，似又可窥元代赵孟頫、张雨等人的大字行书对其的影响。至若落款小字中"愧"、"尽"、"味"、"愿"等，则与祝氏其他小字作品中的手法别无二致了。这件作品是颇为难得又比较可靠的祝允明大字行书真迹，对于正确认识祝氏大字行书的面目有着极为重要的参照意义。

尺牍书法是魏晋以降文人书家作品流传于世的一个重要类别，因该类作品一般皆为书家在日常生活中的率意书写之作，故多具潇洒自然之趣，书体也往往以行书为主。祝允明传世的尺牍作品亦甚夥，今故宫博物院、荣宝斋、台北故宫博物院等机构均有庋藏，书体多为行书。这些手迹无疑又能为进一步深入了解祝氏行书风格提供了另外一途径及可靠依据。若清人梁同书论祝允明尺牍书法："祝京兆一札，仆所至爱，用笔圆遒苍秀，可以见其行书大概，有明一代，独京兆力追晋人，不肯落唐以后一笔。"①梁同书所评祝氏哪一幅手札，我们已无从得知，但是，从今故宫博物院所藏《致元和札》《致款鹤札》及台北故宫博物院藏《致廷璧札》《致元和道义札》等祝允明的尺牍作品中，确乎可观梁同书所称赞祝氏"用笔圆遒苍秀"之艺术特征。祝允明的这些尺牍作品在自然率意的用笔和结构分布中，既可看出其对书法传统的继承与突破，也充分表现了他灵活多变的行书风格及率性任情的个性之美。

《致元和札》《致元和道茂札》二札均为祝允明致其挚友谢雍（1464—？）所作。其中《致元和札》（参阅图3-3），又称《降顾帖》，似用秃笔为之，整幅作品笔势豪迈流畅，点画随意而又顾盼生情，整篇中"行"、"奉"、"拜"等字随势拉长，而"可也"等字又纵笔取横势，纵横挥洒而豪气自溢，宽博圆厚处可见颜行之意，萧散间又有黄庭坚的法乳，其他所

---

① （清）梁同书：《频罗庵论书》，见崔尔平选编《明清书法论文选》，上海书店出版社1994年版，第687页。

第六章 祝允明书法的来源、风格特征及传承

融合的前贤书法已不易找出端倪，颇多生拙之趣。我们虽不知此札之具体书写时间，但从祝氏挥洒自如的用笔特征及字里行间透露出之气象，亦可推断该作多为其晚年手迹，当代鉴藏大家徐邦达先生评是作"书字较大，极为雄畅，手札中佳作"[1]，诚不虚语。《致元和道茂札》（图6-25）用笔亦潇洒苍劲，书风似并无刻意学习古人之意，然依然可以发现颜真卿及苏轼对其的深厚影响。此作恐多为短锋硬毫书之，下笔较重，故书写过程中有较多飞白，偶有笔锋开叉处，然祝允明凭借其过人的书写技巧，依旧随意操纵此笔，并无明显失误之处，别有一番浑厚自然之韵。

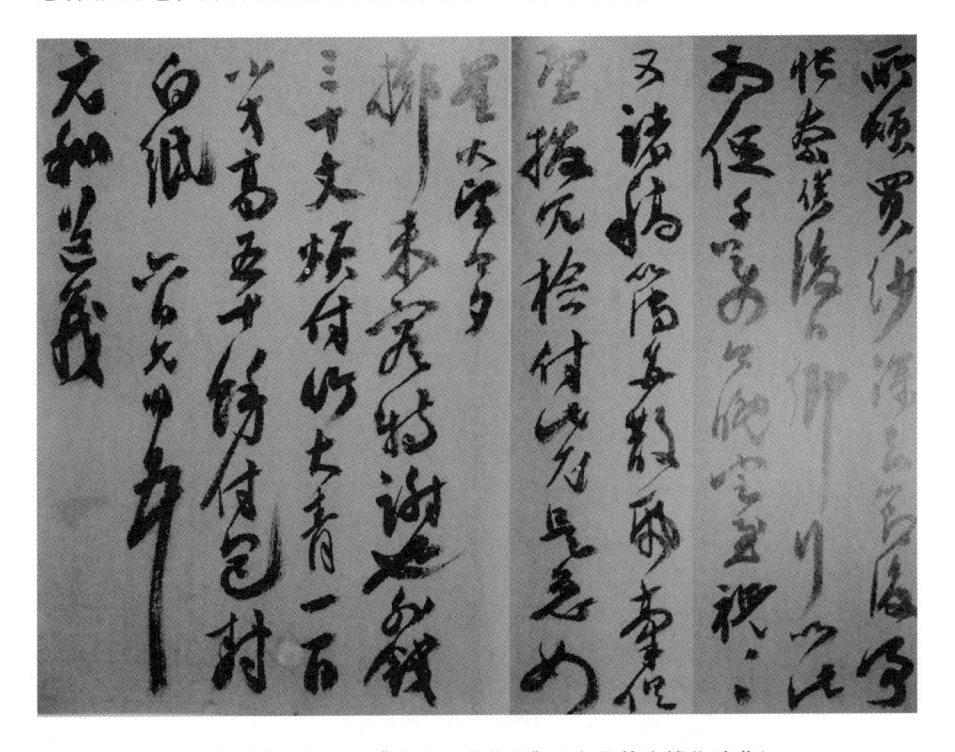

图6-25 祝允明《致元和道茂札》（台北故宫博物院藏）

《致廷璧札》（图6-26）用笔跌宕纵逸，笔势飞扬，字形结构变化丰

---

[1] 《徐邦达集》卷六《古书画过眼要录》，紫禁城出版社2006年版，第902页。

富，姿态横溢，字里行间气脉通畅而相互呼应，神采上比较接近米芾的书风，然因是日常的自然随意书写，故并无刻意模仿米书的痕迹，"锡"、"要"、"将"等字用笔浑厚处，颇多圆遒之美。《致款鹤札》为祝允明致其亲家王观之作，该作用笔草草而老劲，破笔处与上述《致元和道茂札》有接近处，而此作中"进取"、"鼓舞"、"西察院"诸字的用笔体势显然可见米芾对祝氏行书的影响，整体气象则完全又是自家本性之流露，不受前人之羁绊，"胜"、"后"、"并"等字的结构也充分体现祝氏行书一以贯之的结构特征。

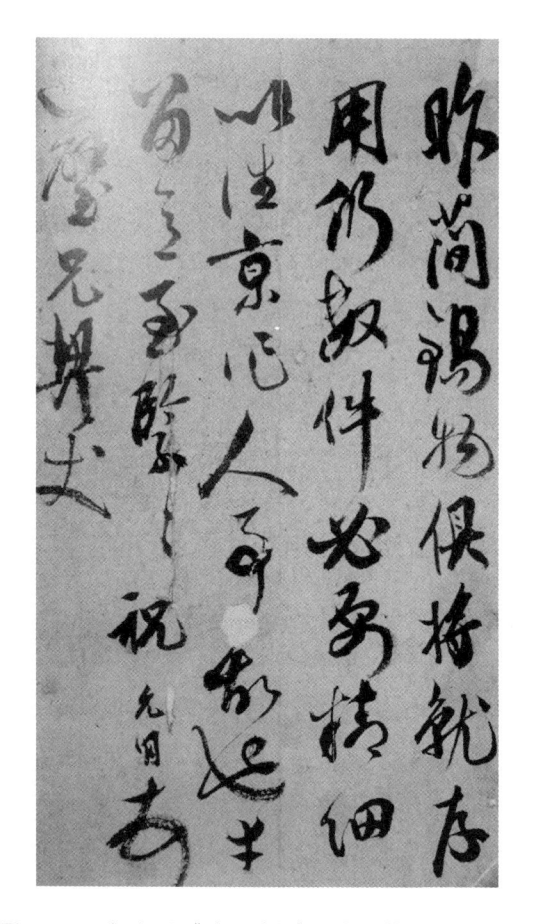

图6-26　祝允明《致廷璧札》（台北故宫博物院藏）

第六章　祝允明书法的来源、风格特征及传承

相较于大草甚至小楷创作，祝允明行书的个性风格特征可能的确稍弱一些，加之有一类行草作品为人伪写淆乱，赝作较多，每有令人生厌处，遂造成后人对祝氏行书面目的深入认识，产生了很多障碍甚至误读。但是，从本书在此所列举的祝氏中晚年时期比较有代表性的出入变化后的行书作品看，我们认为其个性化特征显然还是比较突出的。具体而言，至少有以下三个方面总体特点值得关注：其一，变化对象广泛，上述祝允明晚年的行书皆不以晋、唐、宋、元时期的某位具体大师为宗法或效仿对象，而是融汇诸家，更多体现一种"书到熟来，无心于变，自然触手尽变者也"的艺术状态；其二，笔法结构上，其用笔多以魏晋钟王一拓直下古法为之，下笔迅疾，善用侧锋，结构体势亦能融魏晋钟王楷书之萧散内联与唐人欧阳询等人楷法的严谨紧结为一体，其中诸多外拓的笔势在其不同的作品中皆用一以贯之的惯性手法为之，极具个性特征，而其笔致爽利及圆遒苍劲处，与其晚年大草更是多有共通；其三，在气息格调方面，祝氏虽旨在直追魏晋，然又不可避免地会时常显示其出所曾学习的宋代苏、黄、米及元代赵孟頫等人对其深远的影响，故孙鑛称"京兆书大约得之苏、黄、米、赵者多，气格亦略相上下"[1]，恐又不惟仅仅针对其效仿古人笔意之书。

第三节　草书

祝允明在草书方面的探索创作也涉及章草、今草及狂草三个类别，除章草外，其今草与狂草传世作品皆很多，且个性面貌突出。下文即分别对祝氏三类草书的来源及风格特征进行探讨解析。

---

[1] （明）孙鑛：《书画跋跋》续卷一《祝京兆诸体法书》，《文渊阁四库全书》电子版，上海人民出版社1999年版。

下编　地域、风尚与祝允明的书学

一　章草：古雅深趣　微涉仲温

草书之产生，最初乃萌芽于篆书草写的草篆之中，而随着草篆嬗变为古隶，草书又继续在古隶的快写中发展。章草正是在古隶的俗体中衍变而出，其大约在汉隶（即指八分）成熟的西汉中晚期形成，并渐趋成熟，至东汉蔚然成风。在长期的书写实践中，这种原为简易、急速的写法，逐渐约定俗成，形成有法度的草书，再经文人书家的加工美化，章草由实用走向艺术化。大约从东晋开始，为了跟当时的新体草书相区别，称汉代的草书为章草，新体草书相对而言称今草。章草的用笔沿着篆隶的笔法发展，在解散篆隶结构严整的同时，减省笔画，用连笔法加快书写的速度，字形方扁端正，书写时以字字独立为主，大多字仍然保留了隶字收笔的波挑法。

元代赵孟頫的出现，使得元代书风发生巨大转折，复古潮流占据朝野。赵孟頫全面回归古典书风中，注意到了"章草"一体，其本人多次临写皇象《急就章》。在赵孟頫影响下，元代邓文原、康里子山、俞和、饶介诸家均擅章草，使得元代出现了"章草"体的复苏景象。元代赵孟頫等人的章草往往从文人书法角度视之，除去了刻帖中的呆板和僵化，变朴拙为灵动，而赋予"雅化"之用笔，更显文雅生动。到了元末明初的宋克，则在有元一代诸家涉猎章草基础上倾注更多心力，成就卓著而名声甚重，其更能创章草与今草相混的"糅合体"草，面貌之新似前无古人。如果说赵孟頫是元代复苏章草的第一人，宋克则可谓这种复苏以后将章草写得最好的一位，若言汉晋之后论及章草大家，宋克当名列榜首，似不为过。宋克作为明代前期书坛的重要代表人物，对明中期吴门书家群体之崛起有着深远积极的影响，有学者讨论吴门书家的作品时认为文徵明承袭了宋克刻露爽利的用笔，而祝允明则在体势上受宋克的影响最为明显，甚至稍晚一辈的王宠早年书作在用笔及体势都有明显的宋克印记。[①] 本书前面有论宋

---

① 参阅薛龙春《雅宜山色——王宠的人生与书法》，上海书画出版社2013年版，第148页。

第六章 祝允明书法的来源、风格特征及传承

克的小楷艺术曾经影响到祝允明,其实章草及今草等亦然,而明清时期的诸多书家对祝允明的章草也往往给予了相当积极的评价:

> 古言一跋拟章草,跋及古调亦然,而微涉仲温,然皆古雅有深趣。[1]

> 章草书前朝惟宋仲温得张、索遗意,而过于放佚,枝山继之,体兼众家,故为明书家第一。[2]

> 祝京兆《急就》得索征西笔意,更有别韵。世人多不知其妙好处,正不在彼之真、行、草书也。[3]

于章草一体,祝允明自己曾经提出:"章草须有古意乃佳。下笔要重,亦如真书,点画明净,有墙壁,有间架。学者当以索靖、张芝、皇象、韦诞《月仪》、《八月帖》、《急就章》为模范也!"[4] 由此可窥祝氏对章草的取法对象、书写要领及审美指归等皆有比较鲜明的主张。遗憾的是,祝氏传世之独立章草书迹并不多见,目前能见之最具代表性的章草作品,当为其嘉靖五年(1426)所书并被刻入文徵明《停云馆帖》的《书述》(参阅图 5-1),王宠尝跋此作"尤为精绝,骎骎与钟、索抗衡"[5]。我们今日观该作用笔利落,结构活泼多姿,体势时兼今草之趣,其间甚至有多处夹杂行楷字,若"守"、"洎"、"幡"、"冒"等字的写法,却并不突兀,着实饶有意味。除了《书

---

[1] (明)王世贞:《祝京兆诸体法书跋》,载《弇州四部稿》续稿卷一百六十三,《文渊阁四库全书》电子版,上海人民出版社1999年版。

[2] (清)姜宸英:《湛园书论》,见崔尔平选编《明清书法论文选》,上海书店出版社1994年版,第462页。

[3] (清)陈玠:《书法偶集》,见崔尔平选编《明清书法论文选》,上海书店出版社1994年版,第579页。

[4] (明)潘之淙:《书法离钩》卷三,《文渊阁四库全书》电子版,上海人民出版社1999年版。

[5] (明)缪曰藻:《寓意录》卷三《祝枝山书述》,载卢辅圣主编《中国书画全书》第八册,上海书画出版社1994年版,第926页。

· 233 ·

述》，祝允明在同样书于嘉靖五年（1426）的小楷《和陶饮酒诗册》中令人意外以章草书写了一小段，该作用笔更加沉稳，结体疏密有致，字形变化错落，行气摇曳，元人及宋克等人章草对其笔端影响似已甚微，纯为无意间之佳构。祝允明还在晚年另外一幅今草杰作《古诗十九首》后之余纸，以颇为浓厚的章草趣味书写了一首《榜柂歌》（图6-27），风格特征与其在《和陶饮酒诗册》中所为亦大体相类，率意自然又不乏古意。

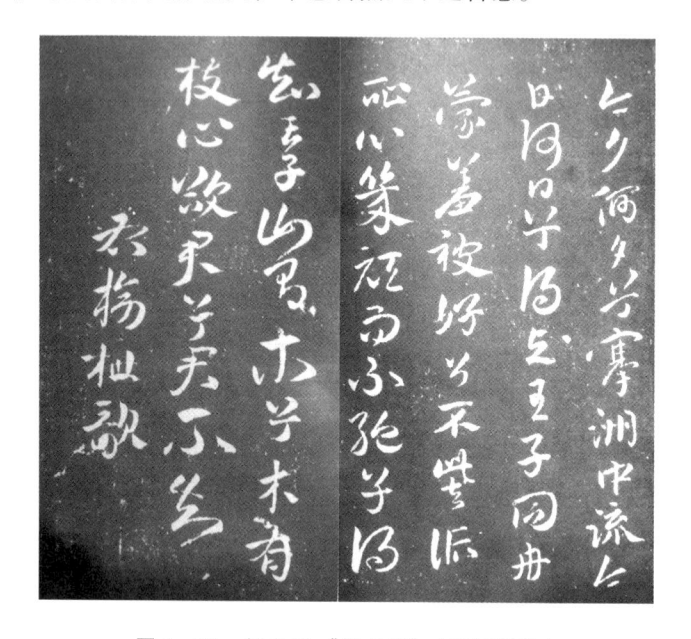

图6-27 祝允明《榜柂歌》（停云馆帖）

虽然祝允明传世的章草作品较少，但是，我们从其晚年所书的《书述》等章草手迹看，似已在一定程度上反映出祝氏对章草古法的推重。同时，在祝允明众多传世的今草和狂草作品中，其众多表现手法及艺术特征，也透露出受到章草影响的迹象，此恐又不惟是在明初宋克所创"糅合体"草书基础上的进一步发展和突破。

二　今草：追踪大令　清圆秀媚

与章草有别，今草作品在祝允明传世作品中占有很大的比重，且个性

第六章　祝允明书法的来源、风格特征及传承

鲜明，傅申先生曾称这一类作品在质量和形体表现出广阔范围的变化。①对于祝氏今草书风的来源及风格特征，明清诸家亦述之甚夥，大多给予了极高的评价，兹先列举若干如下：

> 李（应桢——引者注，下同）楷法师欧、颜，而徐（有贞）公草书出于颠、素。枝山先生，武功外孙，太仆之婿也，早岁楷笔精谨，实师妇翁，而草法奔放出于外大父。盖兼二父之美，而自成一家者也。②

> 祝京兆书落笔辄好，此卷尤为精绝，翩翩然与大令抗衡也。③

> 京兆草书纯仿孙过庭，而时作李怀琳笔意。④

> 予素喜祝书，虽片纸只字不惜重购得之，今观此卷《秋水篇》，笔势飞逸，天真烂然，深入大令之室，诚稀世之珍也。⑤

> 枝山先生以书法名世，名重宇内……正锋回腕，纵横飘逸，深得大令风格，披阅一过不胜神往。⑥

---

① 傅申先生曾将祝允明的草书分为自由草书与狂草，笔者不知傅先生为何要用"自由草书"这一概念，然而从傅先生的举证看，其所谓的祝氏"自由草书"，既然有别于狂草，那么实质上当属"今草"一类。参阅［美］傅申《祝允明问题》，《海外书迹研究》，葛鸿桢译，紫禁城出版社1987年版，第99页。
② （明）文徵明：《跋祝枝山草书月赋》，载郁逢庆《书画题跋记》卷十，《文渊阁四库全书》电子版，上海人民出版社1999年版。
③ （明）王宠：《跋祝允明古诗十九首》（停云馆帖本），见何炎泉编辑《毫端万象：祝允明书法特展》，台北故宫博物院2013年版，第347页。
④ 文彭语，（明）缪曰藻《寓意录》卷三《祝枝山书述》，载卢辅圣主编《中国书画全书》第八册，上海书画出版社1994年版，第926页。
⑤ 文彭语，（明）陆时化《吴越所见书画录》卷二《祝京兆草书秋水篇卷》，载卢辅圣主编《中国书画全书》第八册，上海书画出版社1994年版，第1016页。
⑥ （明）文嘉跋祝允明《古诗十一首卷》，载卢辅圣主编《中国书画全书》第七册佚名撰《十百斋书画录》，上海书画出版社1994年版，第672页。

· 235 ·

下编　地域、风尚与祝允明的书学

京兆此书，清圆秀媚，而风骨不乏，在大令下，李怀琳、孙过庭上。①

清圆秀润，天真烂然，大令以还，一人而已。②

敬美谓此诗草法从怀琳《绝交书》中出，看其风行草偃势，果类之。③

今观云江记，笔意潇洒，心手相师，宛大令而伯仲之，此京兆挂冠后，得山林之兴而作者，宜宝而藏，勿同诸书视也。景凤喜而跋之。④

京兆草书多从大令、河南来。⑤

祝京兆学褚河南草书《阴符经》。⑥

前明祝京兆草书诗卷，笔意夭矫，波折圆劲，腕间灵气勃勃，是深于晋法者。⑦

祝枝山自写所作诗长幅，文徵仲评其规模襄阳，而其书法原出于

---

① （明）王世贞：《枝山十九首帖》，载《弇州四部稿》卷一百三十六，《文渊阁四库全书》电子版，上海人民出版社 1999 年版。
② （明）王世贞：《文氏停云馆帖十跋》之第十卷"祝京兆允明书古诗十九首"，载《弇州四部稿》卷一百三十三，《文渊阁四库全书》电子版，上海人民出版社 1999 年版。
③ （明）孙鑛：《书画跋跋》卷二上《文氏停云馆帖十卷》，《文渊阁四库全书》电子版，上海人民出版社 1999 年版。
④ 见（明）祝允明《草书云江记》詹景凤跋，天津博物馆藏，载中国古代书画鉴定组编《中国古代书画图目》第 9 册之津 7 - 0085，文物出版社 1993—2000 年版。
⑤ （明）王世懋跋祝允明《谢庄月赋卷》，见故宫博物院编《徐邦达集》卷六《古书画过眼要录》之"元明清书法二"，紫禁城出版社 2006 年版，第 892 页。
⑥ 董其昌跋祝允明《谢庄月赋卷》，见故宫博物院编《徐邦达集》卷六《古书画过眼要录》之"元明清书法二"，紫禁城出版社 2006 年版，第 892 页。
⑦ 袁览语，见（明）祝允明《草书自书诗卷》，今藏故宫博物院，载《中国法书全集》卷十三明 2，文物出版社 2009 年版，第 24 页。

第六章　祝允明书法的来源、风格特征及传承

王氏父子,可谓曲尽枝山之蕴。然祝书尤深入大令阃域,惜伪书纷出,非具眼不能辨也。①

枝山笔法,本于王大令而博采张、索,以高情逸韵游行纵放,遂使精神焕发,结体奇隽,压倒一代。②

弇州、月峰、雅宜皆以大令品祝书,此不易论也。……此云江记是其三十六岁所书,正弇州所谓中年作也,真趣横溢,亦竟仿佛米老,而目空诸家时耳。③

祝京兆书,在闽中见一手卷,乃丧中与人一札,上可追踪大令,下可配享素师,生平所见无出其右。④

从上述诸家的评论可以看出,论者大多认为祝允明草书的来源出自晋人二王以降的众多晋唐名家,其笔意夭矫、波折圆劲处,尤为接近王献之(大令)的书风,深得晋人之法。王献之的草书风格,前人曾将之与其父王羲之相比,"殊相拟类,笔迹流怿,宛转妍媚,乃欲过之","父子之间又为今古"⑤,"子敬草书,逸气过父","及其业成之后,神能独超,天资特秀,流便简易,志在惊奇,峻险高深,起自此子"⑥。均指出王献之行草能够突破其父之法,书风更加纵逸妍媚而具新奇神骏之致,故其书虽"时

---

① (清)姜宸英:《湛园书论》,见崔尔平选编《明清书法论文选》,上海书店出版社1994年版,第462页。
② (清)陈奕禧:《跋祝允明楷书诗词卷》,载中国古代书画鉴定组编《中国古代书画图目》第1册之京1-013,文物出版社1993—2000年版。
③ (清)翁方纲语,见(明)祝允明《草书云江记》,天津博物馆藏,载中国古代书画鉴定组编《中国古代书画图目》第9册之津7-0085,文物出版社1993—2000年版。
④ (清)杨宾:《大瓢偶笔》,见崔尔平选编《明清书法论文选》,上海书店出版社1994年版,第462页。
⑤ (南朝宋)虞和:《论书表》,载《历代书法论文选》,上海书画出版社1979年版,第49页。
⑥ (唐)张怀瓘:《书估》,载《历代书法论文选》,上海书画出版社1979年版,第151页。

有败累"处，唐张怀瓘仍称赞其"笔法体势之中，最为风流者也"①。王献之草书的另一大特色是不拘于行、草之形体，而能以笔端纵放之势统摄之，行草夹杂而流便自如，故面貌一新，后人又往往称之为"破体"。而这一艺术特征，正为祝允明所继承并在创作中大量使用，时人及后世之所以每每认为祝氏草书从王献之处得法较多，此亦当为一重要原因。

当然，除了王献之，其父王羲之及有唐褚遂良、孙过庭、李怀琳、张旭、怀素等也为祝允明草书的重要师法对象。王羲之是汉末至魏晋历史舞台上真正集书法之大成者，仅就草书而言，王羲之的今草风格是草书发展史上的一大转折点，其草书在继承张芝等前辈草书家的基础之上，既保留了一部分章草用笔及结构的古意，同时又加强笔势的放纵连属，利用"字群组合"加强气脉的贯通流畅，笔法中侧兼施，体势纵横开阖，显得比章草更加纵逸，草书的结构美及连绵笔势魅力得到充分表达，展现出前所未有的艺术面貌。祝允明在其所著《书述》中开篇即言"书理，极乎张、王、钟、索，后人则而象之，小异肤泽，无复改变，知其至也"②。可谓极其肯定而又言简意赅地表达了自己对王羲之及其他三位书家的推崇。另，今台北故宫博物院藏有祝允明六十一岁时的《临王羲之册》，所临书体基本为草书，用笔遒劲，法度谨严，体现了祝氏对王羲之草书笔法及风格的谙熟。褚遂良为初唐继欧、虞之后执书坛之牛耳者，宋米友仁曾盛赞其书"在唐贤诸名世士书中为秀颖，得羲之法最多者"③。前文有引董其昌语称"祝京兆学褚河南草书《阴符经》"，而褚氏草书《阴符经》据记载为贞观年间奉敕书，字法步骤二王而微带章草，风神瞖映，机致流转，甚至有人认为孙过庭的《书谱》亦脱胎于此。④ 孙过庭是初唐草书名家，其草书专

---

① （唐）张怀瓘：《书估》，载《历代书法论文选》，上海书画出版社1979年版，第149页。
② （明）祝允明：《怀星堂集》卷二十四，《文渊阁四库全书》电子版，上海人民出版社1999年版。
③ （宋）米友仁：《唐文皇哀册褚遂良墨迹》，载（明）汪砢玉《珊瑚网》卷一，《文渊阁四库全书》电子版，上海人民出版社1999年版。
④ （清）孙承泽《庚子销夏记》卷六中著录《褚遂良草书阴符经》云："河南草书《阴符经》，字法步骤二王而微带章草，风神瞖映，机致流转，孙虔礼《书谱》脱胎于此。"上海古籍出版社2011年版，第110页。

第六章　祝允明书法的来源、风格特征及传承

学二王，并得峻拔遒劲之美，后世评价极高，米芾有语称"凡唐草得二王法无出其右"①。从祝允明传世的一些今草作品看，其用笔之果敢，点画结构之形态体势，诚可发现深受孙过庭草法的影响。至于唐初的李怀琳，因好作魏晋人伪迹，史载其"《大急就》称王书，及《七贤书》假云薛道衡作叙，及《竹林叙事》，并卫夫人，咄咄逼人"②。而最有名者，当属伪作嵇康《绝交书》。李氏因其人品在书史上被人广为诟病，故其书在明中叶以前并不太为人所留意，学之者更鲜。然而祝允明却抛弃了前人因人废书的看法，极力赞叹李氏书中所深蕴的古法，并誉之为"唐时书法宗匠"③，每每拟效，体现了一种比较开放的书学观念，而这一行为本质，实仍是出于追踪晋法之需。另若张旭、怀素对祝允明对草书创作的影响，则应主要体现在狂草方面，且待下文再作探讨，此处暂不赘言。

当我们了解祝允明于今草一体的主要师法对象之后，再来观其今草作品，对于笔法、风格等问题的认识自然也就更加清晰。祝允明传世的今草作品甚夥，创作时间多为其中晚年时期，能够充分体现其个人风格的代表性作品主要有正德五年（1510）书《闲居秋日等诗卷》，正德十二年（1517）书《琴赋》，台北故宫博物院藏《诗帖卷》，嘉靖二年（1523）书《苏台八咏小词》、《千字文卷》（台北故宫博物院藏），嘉靖四年（1525）书《和陶饮酒二十首卷》《古诗十九首》等。

祝允明草书《闲居秋日等诗卷》（图6-28），书于正德五年（1510），时年五十一岁，今藏于美国普林斯顿大学美术馆。从该卷作品看，体势摇曳多姿，以单字独立为主，间以三两字之连属，偶夹行书于其中，也并无突兀感，气脉仍十分自然通畅，用笔中侧兼施，使转时以圆势为主，平稳处能窥唐孙过庭精巧之意，流宕处又得王献之"破体"之韵，总体虽节律沉稳，然神采外耀，个性鲜明，祝氏特有的草书风格特征已渐趋成熟，故

---

① （宋）米芾：《书史》，《文渊阁四库全书》电子版，上海人民出版社1999年版。
② （唐）窦蒙：《述书赋注》，载《历代书法论文选》，上海书画出版社1979年版，第254页。
③ （明）祝允明：《草书琴赋卷》，载《中国法书全集》卷十三明2，文物出版社2009年版，第18页。

此作是祝氏正德初年的一件草书精品。至于祝允明在正德十二年（1517）所书的《琴赋》长卷（图6-29），今藏故宫博物院，祝氏在卷尾款识称"少假怀琳腕下布置，虚拟古人用意所在"，以祝氏此作与李怀琳书做比较，即可知祝氏自言不虚，整卷书作的笔法体势皆深受李怀琳影响，用笔虚灵稳健，点画干净利落，结构偏长而稍加侧势，既具古意而又不失自我之媚态。又，该卷后有吴宽跋文，然祝书于正德十二年（1517），吴则于弘治十七年（1504）已卒，故吴宽之跋显然为题祝氏另一早期《琴赋》，后被拆配至此。

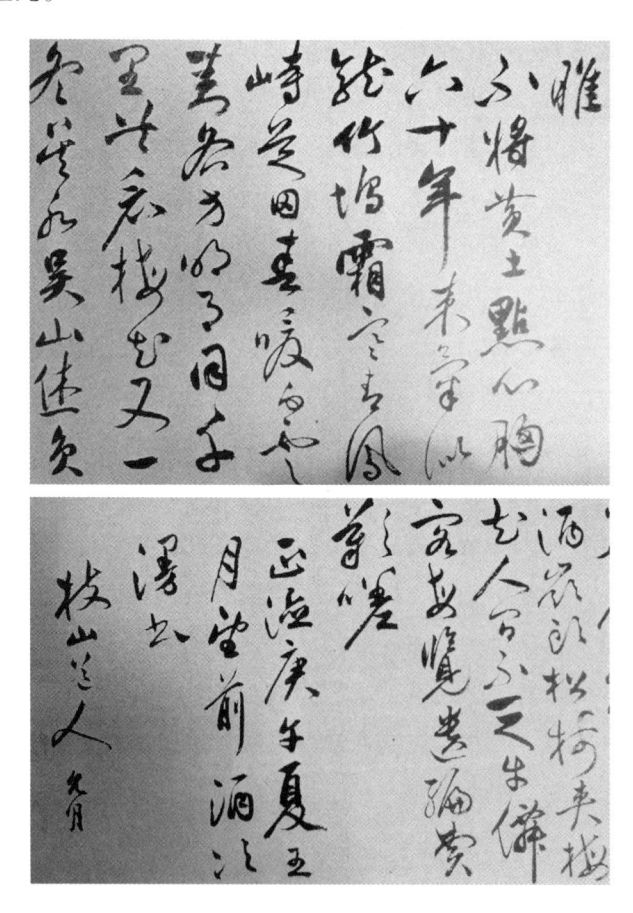

图 6-28　祝允明《闲居秋日等诗卷》（美国普林斯顿大学美术馆藏）

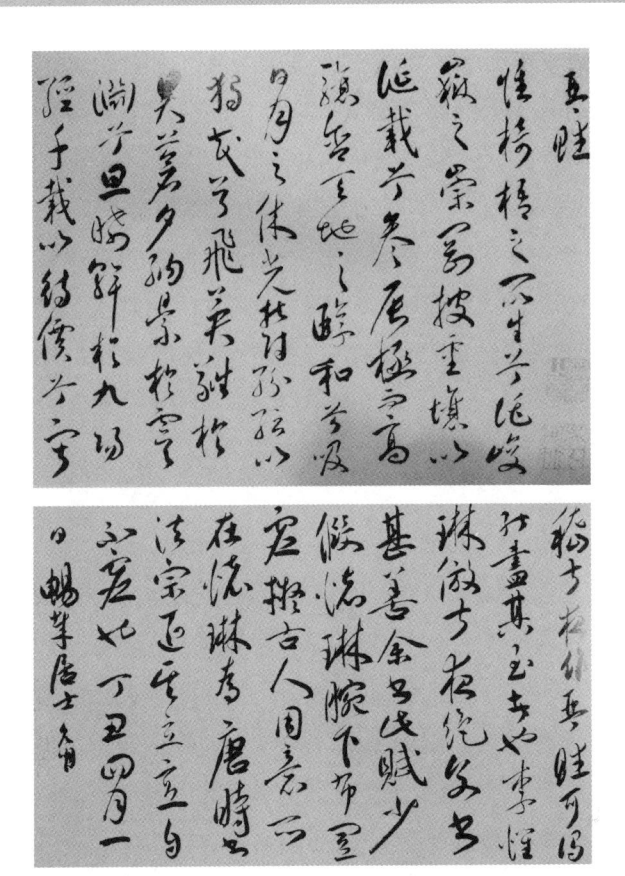

第六章　祝允明书法的来源、风格特征及传承

图6-29　祝允明《琴赋》（故宫博物院藏）

　　今台北故宫博物院所藏的祝允明《诗帖卷》无书写时间款（图6-30），所用纸张为北宋金粟山藏经纸，从风格来看应为祝氏中晚年时期的一件今草精品。该卷内容则是祝氏自作七言律诗九首，其中有几首如《虎丘》《太湖》《包山》等在上述正德五年的《闲居秋日等诗卷》中即有书写，祝允明的草书作品中屡次书写一些比较熟悉的自撰诗歌，此恐也出于草书创作迅疾之需要。该作用笔极其果敢，笔势飞扬，毫芒毕现，无论是空间布白，还是用笔的轻重徐急，莫不蕴涵着丰富的变化，深得晋人一拓直下笔法之精髓。台北故宫博物院所藏的另一件祝允明草书《千字文卷》亦同样书于金粟山藏经纸上（图6-31），时间是嘉靖二年（1523），乃祝氏于

· 241 ·

下编　地域、风尚与祝允明的书学

宴饮中为挚友谢雍所书。本卷草书的书写亦字字独立，偶掺杂行体，与正德五年的《闲居秋日等诗卷》相交，这件作品的用笔更加厚重稳健，结体安稳，字距行间紧凑。因为是今草，故全作不讲求过度狂放纵意，而是以点画取态，以使转取势，行气贯通，神气内敛而沉着。而祝允明于嘉靖二年（1523）所书的另外一件草书《苏台八咏小词》以及嘉靖四年（1525）所书的《和陶饮酒二十首卷》，不论是用笔及结构特征，还是风格气息，都与《千字文》一作十分接近，是其晚年比较规矩而不太奔放一路今草的典型风格。

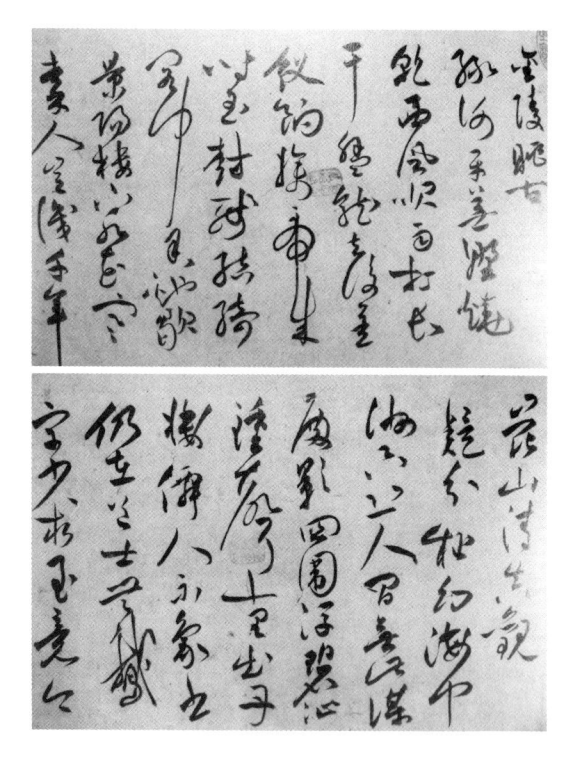

图6-30　祝允明《诗帖卷》（台北故宫博物院藏）

如果要说祝允明晚年今草作品中最具代表性最著名的杰作，那自然是非《古诗十九首》莫属（图6-32）。祝氏《古诗十九首》书于嘉靖四年（1525），其在卷后自识书写缘由："暇日过休承读书房，案上墨和笔精，

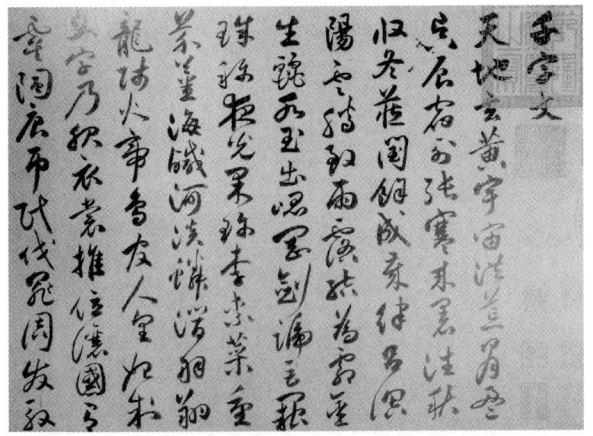

第六章 祝允明书法的来源、风格特征及传承

图 6-31 祝允明《千字文卷》（台北故宫博物院藏）

粘纸得高丽茧，漫写十九首，遂能终之，亦恐不负伤蚕之诮也。"所谓笔墨精良自是人生一乐，祝氏忽遇佳笔良纸，书兴骤起而有此合作精品，"不负伤蚕之诮"一语无疑也透露了祝允明自己对该作的高度满意之情。遗憾的是，这件作品的真迹恐已不存于世，今日能观者唯有文徵明父子所辑的《停云馆帖》卷十之刻本了。通观祝氏此作，似得力于王献之甚多，同时又能集晋唐诸家笔意与体势于笔端，而以己意出之，用笔看似轻盈而实矫健，势巧形密，姿媚中不乏逸气，爽爽中有一种风神遥接晋人之韵。与祝允明同时代的好友顾璘、王宠、陈淳以及稍晚的王世贞等人对这件作

· 243 ·

品皆给予了极高的评价,其中王宠赞其"翩翩然与大令抗衡也"①,王世贞则称"清圆秀润,天真烂然,大令以还,一人而已"②。盛誉之下稍有过美之嫌,然而不用怀疑的是,该作确实能够充分反映祝允明晚年于今草创作方面的高超艺术水准。

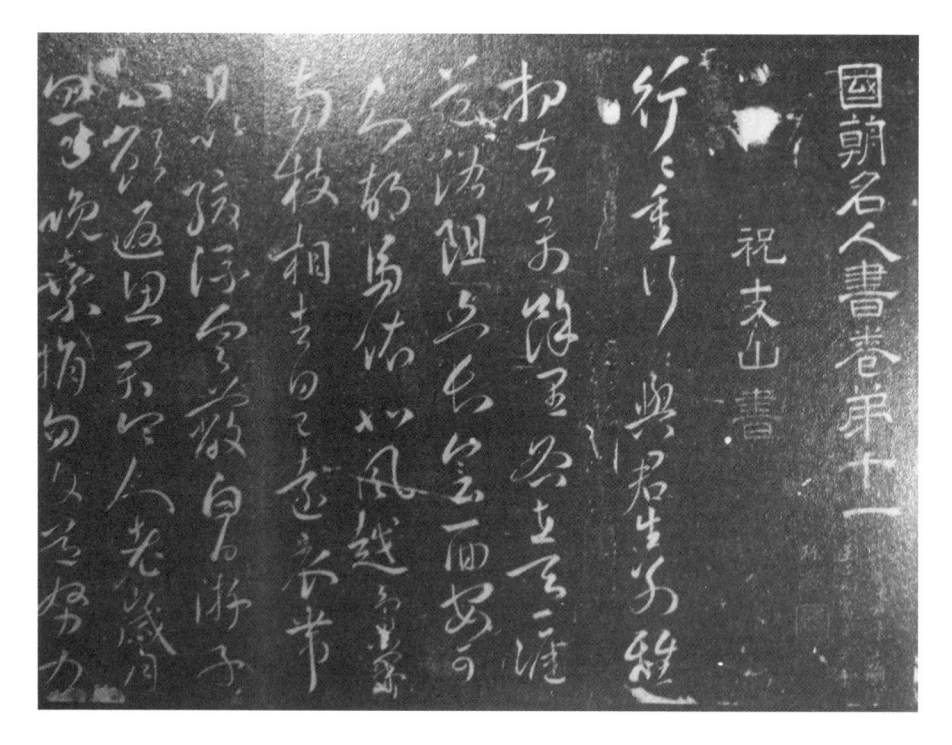

图6-32 祝允明《古诗十九首》(停云馆帖)

三 狂草:本作旭素参双井 神追晋韵更奇纵

狂草又名大草,其应主要滥觞于晋人王献之今草一脉之"一笔书",

---

① 顾璘、王宠、陈淳等人跋文在文氏父子辑刻的《停云馆帖》第十一卷时皆有收录,可参阅何炎泉编辑《毫端万象:祝允明书法特展》,台北故宫博物院2013年版,第346页。
② (明)王世贞:《文氏停云馆帖十跋》之第十卷"跋京兆允明书古诗十九首",载《弇州四部稿》卷一百三十三,《文渊阁四库全书》电子版,上海人民出版社1999年版。

第六章 祝允明书法的来源、风格特征及传承

而至盛唐张旭、怀素辈出，方成风范。狂之本义实即狂放不羁，较之今草而言，狂草的部首省减及字形之抽象程度更高，书写时最为自由奔放，其已完全脱离实用目的而升华为纯艺术观赏的领域，能集各种书体的技法于一体，笔法变化也最为丰富。正因为狂草的书写难度最高，故自唐代旭、素以降，能在这一领域取得很高成就并有突破者，可谓寥寥无几。整个宋元时期，在狂草创作领域，真正能与张旭、怀素鼎足而立者，恐也只有北宋黄庭坚一人而已。

笔者在前文有论，在元代书学复古的潮流之中，元末明初的江南吴中等地区有一部分隐逸书家为突破赵氏书学藩篱，尚意率情，重新诠释传统而彰显自我之个性。而对唐代旭、素大草书风的学习，追求一种气势奔放、酣畅淋漓而更加抒情率意的书风表现，也正是这一背景下的一种风尚，其中尤以宋克之成就为最高。除宋克外，明初擅大草的书家尚有宋广［生卒年不详，活动于洪武年间，曾官沔阳（今湖北沔阳）同知］、宋璲（1344—1380）、陈璧（生卒年不详，洪武间秀才，曾官解州判官）等人，这些人的大草皆取法旭、素，承元人余绪，得劲健圆熟之美而个性略显不足。另者，明代前期的台阁书家中若解缙（1367—1415）、沈粲（1379—1453）等人亦擅旭、素类大草，但是他们的草书由于受到台阁时风的影响，比之宋克、宋广、陈璧等人则更加端庄雍容、圆熟遒美，台阁体书法缺乏个性的审美特点被表现得淋漓尽致。至明成化年间，江南松江地区出一草书家张弼（1425—1487），其草书初受宋广影响，而后上追怀素求本源——"自言早学宋昌裔，晚向怀素逃形踪"①，狂书醉墨而生动海内，对三宋及台阁书家圆熟的草书之风有了较大突破，然惜其草书作品因过分追求情性而显用笔单薄，结体亦时时失之空疏，故后世王世贞、孙鑛等人对其多有訾议。从宋克到张弼的大草创作，体现了明代前期草书审美流变的基本脉络，他们在

---

① （明）李东阳：《刘户部所藏张汝弼草书》，见《怀麓堂集》卷九，《文渊阁四库全书》电子版，上海人民出版社1999年版。

下编　地域、风尚与祝允明的书学

狂草方面的积极探索，一定程度上也可视为明代中后期祝允明、徐渭等人烂漫纵逸大草书风的前奏。而祝允明的出场，方真正将明代狂草创作这出大戏推向高潮，似有与唐之旭、素，宋之黄庭坚等分庭抗礼之意。

祝允明晚年创作了大量的狂草作品，对于其狂草的来源，从时人及后世的评述可知他仍与许多前辈书家一样，主要得力于唐之张旭或怀素，例若："枝山此书点画狼藉，使转精神，得张颠（张旭）之雄壮、藏真（怀素）之飞动。"①"以大令笔作颠史体，纵横变化，莫可端倪，书道过此则牛蛇神矣。"②"京兆于颠史不近，狂僧稍近，然取姿处多，要非的派也。"③"京兆草书，擅颠素之奇，宋元以后，罕与颉颃者。"④ 但是，除了张旭、怀素，祝允明还从黄庭坚的大草中汲取了诸多法乳，此恰巧又是其与明代前期诸多草书家的不同之处。关于此，祝氏曾自述：

> 予旧草书不甚慕山谷（黄庭坚），比入广，诸书帖皆不挈，独《甲秀堂》一卷在，朝夕相对甚熟，略不曾举笔效之也。昨归吴，知友多索书，因戏用其法。得者辄谓之近，亦大可笑也。此为抑庵写，写过自视，殊不佳。然而抑庵亦且以为好也，知如之何。时为辛巳（1521）六月一日，在天津官舟雨中。⑤

史载《甲秀堂帖》是宋时庐江李氏所刻，"前有王颜书，世多未见，后继

---

① 文嘉跋上博藏本祝允明《草书前后赤壁赋》，跋文亦见故宫博物院编《徐邦达集》卷六《古书画过眼要录》之"元明清书法二"，北京紫禁城出版社 2006 年版，第 891 页。
② （明）王世贞：《跋祝京兆季静园亭卷》，载《弇州四部稿》卷一百三十二，《文渊阁四库全书》电子版，上海人民出版社 1999 年版。
③ （明）孙鑛：《祝京兆秋兴八首为王明辅题》，载《书画跋跋》卷一，《文渊阁四库全书》电子版，上海人民出版社 1999 年版。
④ 铁保跋上博藏祝允明草书《宿罗浮诗》，载中国古代书画鉴定组编《中国古代书画图目》第 2 册之沪 1-493，文物出版社 1993—2000 年版。
⑤ （明）祝允明：《题草书后》，载《怀星堂集》卷二十六，《文渊阁四库全书》电子版，上海人民出版社 1999 年版。

第六章 祝允明书法的来源、风格特征及传承

以宋名人书"①，今已不传。据祝氏所言可以肯定，其于正德十年（1515）远赴岭南时所携带的一卷肯定是刻有黄庭坚的草书。其实，仔细品读祝允明的这番话，尚另有一些玄机，祝氏在此自己首先交待其早年不甚慕黄庭坚草书，然此次入广时为何又只携带此有黄庭坚草书的一个书帖呢？个中情况虽已不得而知，但是有两点原因可能性最大，一者是此《甲秀堂帖》比较难得且刻工精良，其间恐尚有其他前贤的重要笔迹，故祝氏带在身边学习观摩；二者就是祝氏此时或已对黄庭坚的草书产生浓厚的兴趣。后来的事实也证明，由于在岭南几年时间的朝夕相对，《甲秀堂帖》中所载之黄庭坚草书对祝氏晚年的草书创作带来了极为重要的深远影响，其由岭南归吴后即戏用黄庭坚大草之法进行创作并应友人之请索，也得到了大家的认可。祝允明为什么在晚年又对黄庭坚的草书发生兴趣并积极学习呢？我们再来观其对黄庭坚草书的评论：

> 双井之学，大抵韵胜，文章诗学书画皆然。姑论其书，积功固深，所得固别，要之得晋人韵，故形貌若悬，而神爽冥会欤！此卷神驰骤藏真，殆有夺胎之妙，非有若象孔子之类也。其故乃是与素同得晋韵然耳。②

至此，问题似乎就昭然若揭了，原来在祝允明眼中，黄庭坚的草书与怀素一样，虽与晋人草书形貌有别，但实际上都能得晋人之韵。此亦当为祝氏后来重新习黄庭坚草书并向其取法的深层原因。王世贞对祝允明晚年狂草的认识比较洞透，其曾跋祝氏大草《月赋》言：

> 希哲生书法波靡时，乃用素师铁手腕，参以双井逸趣，超千载而上之，尤可贵。余尝谓希哲书如王谢门中佳子弟，虽偃蹇纵逸不使人

---

① （清）王澍：《淳化秘阁法帖考证》卷十一，《文渊阁四库全书》电子版，上海人民出版社1999年版。
② （明）祝允明跋《黄太史草书李白忆旧游寄谯郡元参军》，载（明）汪砢玉《珊瑚网》卷五，《文渊阁四库全书》电子版，上海人民出版社1999年版。

下编 地域、风尚与祝允明的书学

憎,跳荡健斗如祭将军而有雅歌投壶味。①

这段评论应该是比较客观地切中了祝允明晚年大草创作之肯綮,与祝氏自身的书学追求亦颇吻合。祝氏晚年之大草正是充分汲取了旭、素及黄庭坚等人的草书的诸多优点及特征,同时又能集二王一脉诸家之综合,不为一家所缚,出入变化,故体现在其作品中,不论是偃塞纵逸还是跳荡健斗处,皆能与晋人多有接近相通之神韵,欲迈唐宋而入汉魏。

在祝允明晚年狂草杰构中,能充分反映其艺术水准且目前学界对其真伪亦无太多争议的作品主要有:贵州博物馆藏《草书济阳登太白酒楼诗卷》、上海博物馆藏《草书前后赤壁赋》、故宫博物院藏《草书自书诗卷(歌风台等)》、南京博物院藏《草书自书词卷》、台北故宫博物院藏《草书七言律诗卷》及《杂书诗帖卷》等。

贵州博物馆藏祝允明《济阳登太白酒楼却寄施湖州》(参阅图3-5),凡二十七行,纵24.5cm,横84cm,无年款,葛鸿桢先生疑为正德九年(1514)自京师南返途中所作。②然依笔者拙见,若从书风方面判断,此作已多黄庭坚草书笔意,应为祝氏自岭南北归后所作。正德十五年底至正德十六年(1521)初,祝允明当由吴门赴京觐见,应吏部之任期考察并待新授,后得迁南京应天府通判南归,故此诗很有可能作于此次赴京或南还途中。该作笔底已颇兼黄庭坚大草笔意,然整体书写又显得轻松自然,用笔果敢而不事雕琢,一任天真而又法度严谨,意趣横生而酣畅痛快,祝氏晚年狂草变奏的个性面目在这幅作品中已有初步显现。

故宫博物院藏祝允明《草书自书诗卷(歌风台等)》作于嘉靖二年(1523)闰四月(图6-33),根据祝氏自己在款识中所言:"夏日过王婿酒边,忽云庄至,数句后袖出数扇,王氏笔墨皆精良,既书,又已展纸在

---

① (明)王世贞:《希哲草书月赋》,载《弇州四部稿》卷一百三十二,《文渊阁四库全书》电子版,上海人民出版社1999年版。
② 参阅葛鸿桢《中国书法全集·祝允明卷》之作品考释,荣宝斋出版社1993年版,第345页。

第六章 祝允明书法的来源、风格特征及传承

案,虽颇以酒倦,奈纸复佳,不觉笔之跃跃,但苦纸长,未能满云庄八诵。"云庄乃祝允明挚友谢雍,可知此作乃为祝允明为谢氏书扇后,又乘兴以佳纸而为,所录内容也分别为《歌风台》《登太白酒楼却寄施湖州》《将归行》等旧诗作,更因纸张原因未能尽书谢雍所诵。此作因为书扇后作,故恐祝氏手感正热,又得遇佳纸,因而纸墨相发,心手相应,落笔雄健而气畅如虹,激越处宛若旭、素,萧散流宕处更有大令风韵,神采飞扬,满纸峥嵘,多家笔意尽显腕底而又不失自我。诚若清人曾可前在该作后所跋:"尝闻京兆行草源自大令、永师,兼以狂素、颠旭,本朝第一手也。今观此卷,骨力最遒,纵横入妙,似非师辈赝手可及。"吕图南则赞此作:"老笔纷披,蹁跹自如,真堪照乘。"[①]

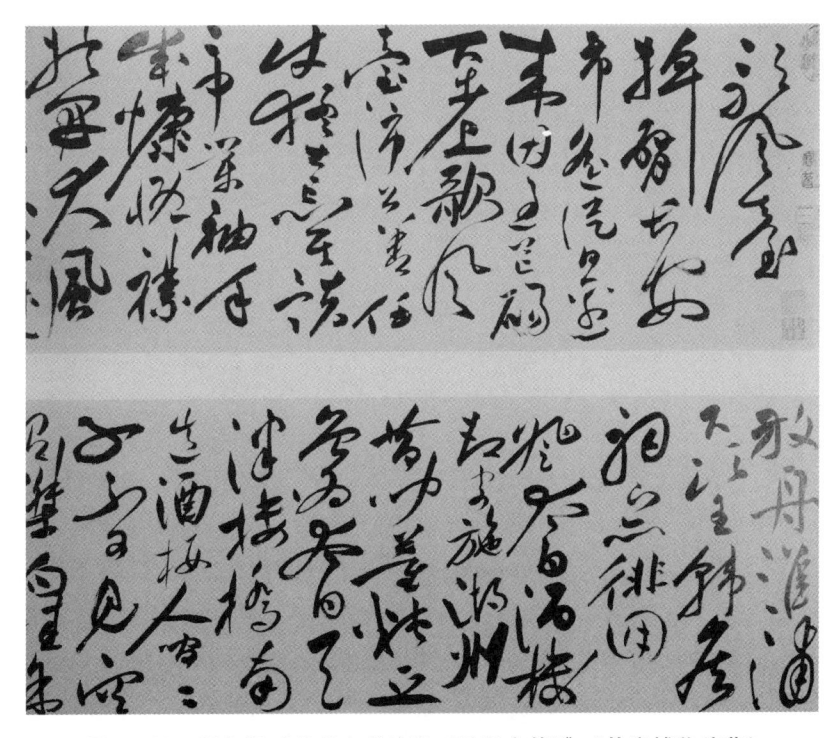

图 6-33 祝允明《草书自书诗卷(歌风台等)》(故宫博物院藏)

---

① (明)祝允明《草书自书诗卷(歌风台等)》今藏北京故宫博物院,曾可前、吕图南跋文均可见《中国法书全集》卷十三明2,文物出版社2009年版,第40页。

下编　地域、风尚与祝允明的书学

上海博物馆藏祝允明《草书前后赤壁赋》一作未知具体的书写年份（图6-34），但从该作的笔法及风格的成熟程度看，应是祝氏晚年辞官归吴后的一件狂草精品代表作。《草书前后赤壁赋》所用的书写纸张为金粟山藏经纸，纵31.3cm、横1001.7cm，前赋八十六行，后赋六十三行，识语七行。该卷后同纸有祝允明好友黄省曾、文徵明跋，另纸相接分别有文嘉、文从简、文震亨等人跋，诸家所跋之大意也称赞祝氏此作得力于唐之张旭、怀素，法意咸备而为其晚年用意之作。当代学者傅申先生则曾称此作是"祝允明的重要作品，对他的草书的一切讨论都应将这一件作品考虑在内，因为这种质量的书法作品体现了他的艺术高度，形成他作为草书家赢得极高声誉的基础"①。对于傅先生的观点，笔者亦深表认同。《草书前

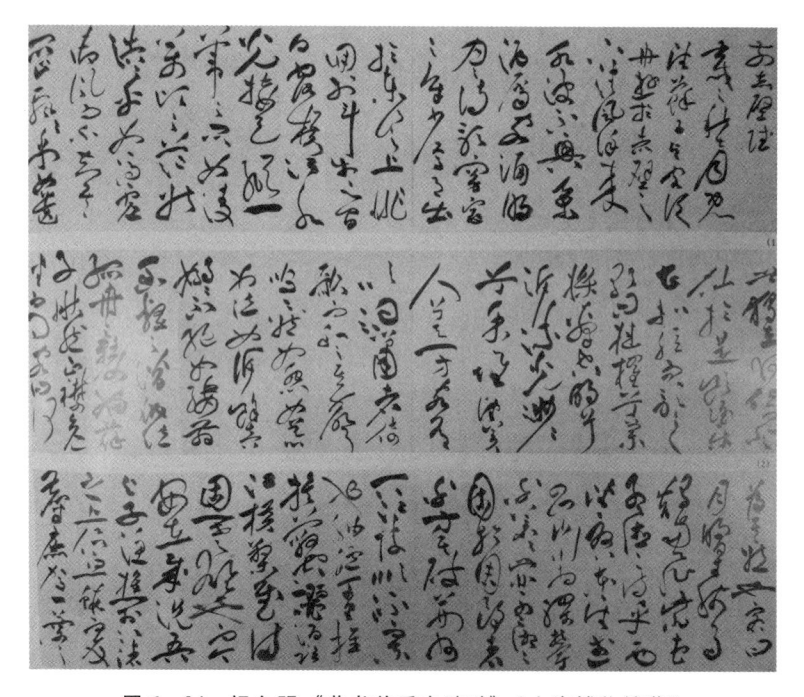

图6-34　祝允明《草书前后赤壁赋》（上海博物馆藏）

---

① 参阅［美］傅申《祝允明问题》，《海外书迹研究》，葛鸿桢译，紫禁城出版社1987年版，第98页。

第六章 祝允明书法的来源、风格特征及传承

后赤壁赋》一作充分展现了祝氏大草创作的个性特点,通览全篇,可知祝氏在书写过程中的速度气势确若唐之张旭、怀素,然与他们不同的是,字与字连属又不若旭、素那般缠绵不绝而几不可辨。笔者大约统计了一下,在全篇一百五十多行的书写过程中,祝允明用三字以上相连不断的书写总共不足十分之一,祝氏更多采用的是以单字相对独立而笔断意连之法,通过字的大小欹侧变化,并将黄庭坚草书中"点法"进行充分夸张,但又不似其书写速度之优柔舒缓,而是以极其果敢迅疾的笔法来表现,故整体依然呈现出一种气势如虹、大珠小珠落玉盘之独特美感。祝氏此作是法度与情性的完美结合,同时又反映出其在学习旭、素、黄庭坚等人大草以及二王一脉诸家草书的基础上,能以己意完全化之,风格之鲜明诚于书史独树一帜。

南京博物院藏祝允明《草书自书词卷》亦在陆时化《吴越所见书画录》中曾有著录(图6-35),所书诗词均为自作,有《春日醉卧》《宝剑

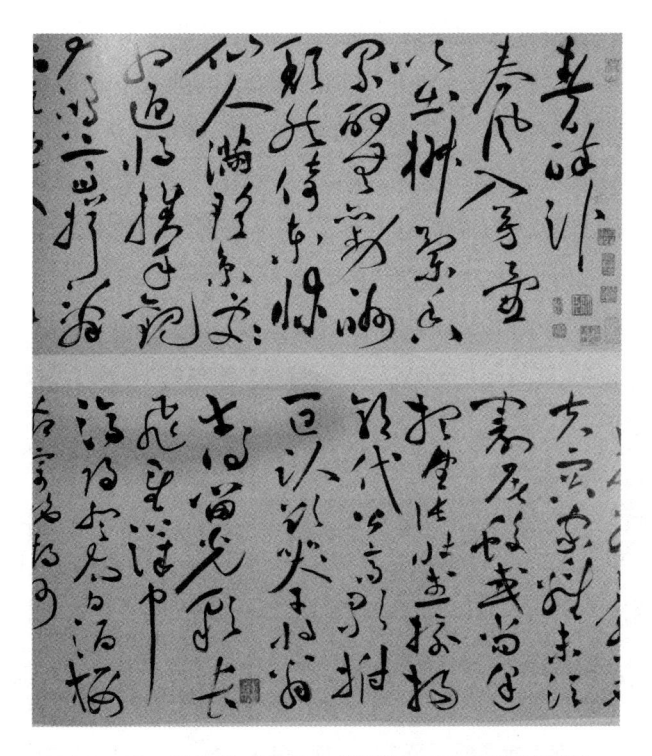

图6-35 祝允明《草书自书词卷》(南京博物院藏)

篇》《济阳登太白酒楼却寄施湖州》《夏日城南郊行》《过林头看修竹数里不断》五首,卷后有莫是龙、张凤翼、王穉登、陆士仁、张孝思、沈德潜诸家跋语。该作虽也未署年款,然整体之书写手法及风格特征均与《草书前后赤壁赋》极为相近,笔力雄健,恣肆而不失矩度,墨色鲜活,笔锋散乱处几可窥短锋硬毫之书写特征,豪迈自溢,故与《草书前后赤壁赋》的书写时间也应大致相仿,皆为晚年得意之作。

台北故宫博物院所藏《草书七言律诗卷》及《杂书诗帖卷》是祝允明晚年的另外两件极为重要的狂草代表作品。《草书七言律诗卷》书于嘉靖四年(1525)秋日,即祝氏去世前一年,时已六十六岁(图6-36)。而与上博藏《草书前后赤壁赋》等作稍有不同的是,该作用笔并未特别强调"点"的夸张运用,运笔速度却又更加迅疾,笔致更加狂放,笔势更加连绵,然能狂而不乱,点画处处仍比较合乎规矩法度,展现出高超的用笔技巧和深厚的书学内涵。《杂书诗帖卷》则兼有《草书七言律诗卷》与《草书前后赤壁赋》二者之趣(图6-37),通篇用笔利落,锋势锐尽,芒角毕现,轻重徐疾一任自如,结体奇正疏密变化多端,点画粲然,以简驭繁,笔势的使转纵横中,变化丰富而又极有节奏感,狂放的外观下又隐藏者书家创作时感性与理性完美融合的智慧,真正达到了一种神融笔畅的高超艺术境界。

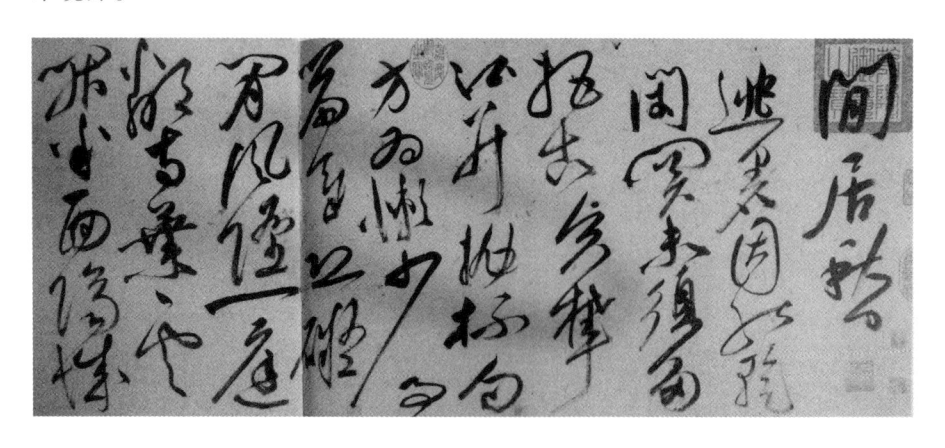

图6-36 祝允明《草书七言律诗卷》(台北故宫博物院藏)

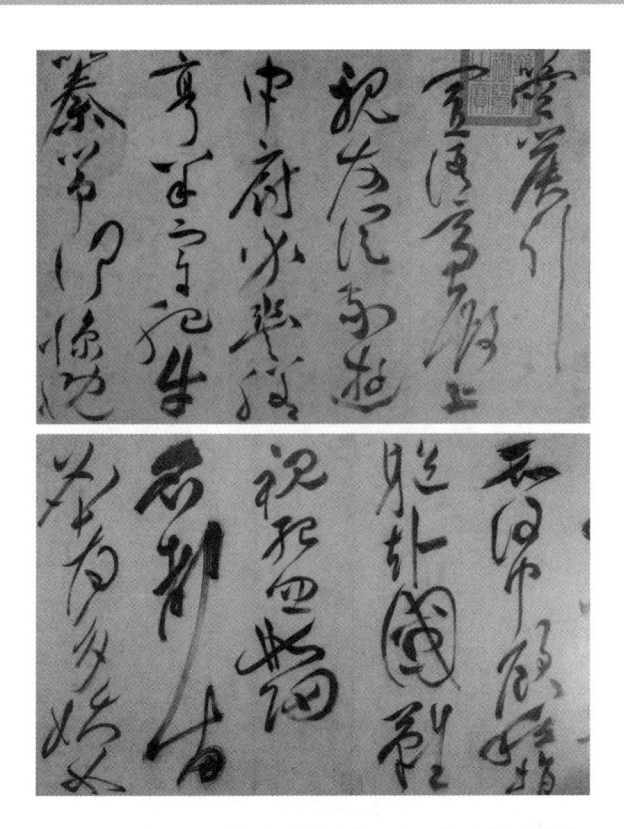

第六章 祝允明书法的来源、风格特征及传承

图6-37 祝允明《杂书诗帖卷》（台北故宫博物院藏）

除了上述作品，祝允明晚年时期比较重要的优秀狂草还有《谢庄月赋册》[嘉靖四年（1525）《垂裕阁法帖》]、《和陶饮酒二十首》[正德十五年（1520），藏处不明，载中田勇次郎编《书道全集》卷十二]、《草书七律诗轴》（辽宁博物馆藏）（图6-38）等很多作品。综观祝氏的狂草创作，与前人相较，大致又有以下几个方面的总体艺术特征需要特别注意。

其一，在整体气势上以豪放纵逸取势，此亦为世人对祝氏狂草的一致看法。诚若莫是龙（云卿）所称："祝京兆书不豪纵不出神奇，素师以清狂走翰，长史用酒颠濡墨，皆是物也。"[1] 祝允明的狂草因豪纵而得奇趣，

---

[1] （明）陆时化：《吴越所见书画录》卷二之莫云卿《跋祝京兆张体自诗卷》，载卢辅圣主编《中国书画全书》第八册，上海书画出版社1994年版，第1014页。

· 253 ·

下编　地域、风尚与祝允明的书学

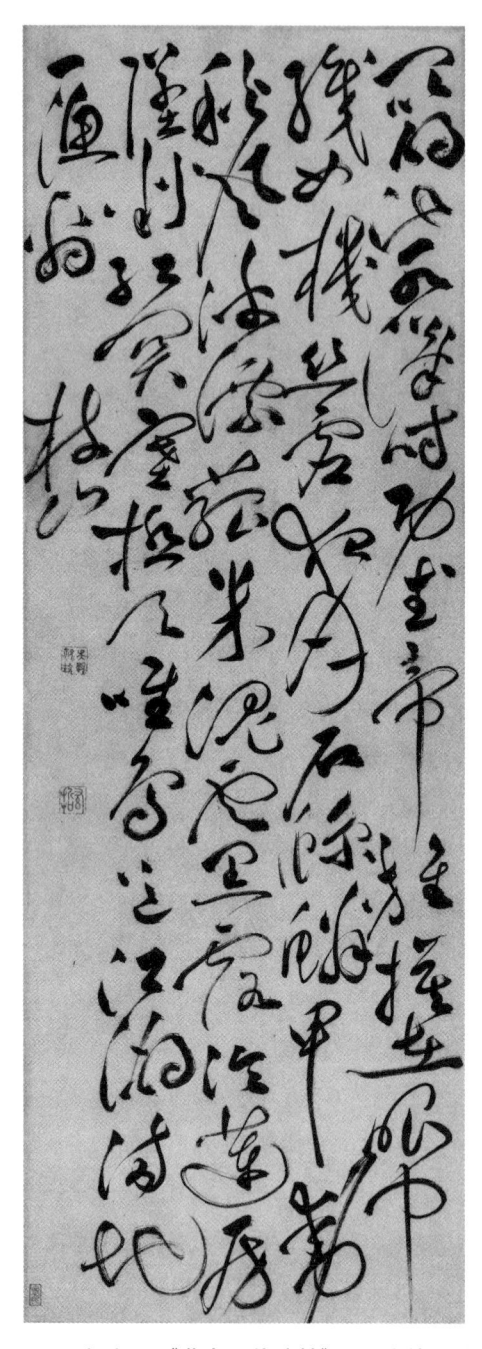

图 6-38　祝允明《草书七律诗轴》（辽宁博物馆藏）

第六章　祝允明书法的来源、风格特征及传承

其笔势得力于唐之旭、素，宋之山谷诸多前辈大师，在风格上与元末明初宋克及台阁诸家学习怀素大草所呈现的圆熟之美有着明显的不同，而较之比其稍早的松江张弼的狂草创作，祝允明于情性和法度层面的把握似又更加合理，个性面貌突出的背后又更具古法，故当更胜一筹。

其二，自元人康里巎巎到明初宋克，即有开章草与今草、狂草相融合之风气，但在宋克的"糅合体"大草创作中，仍多采用怀素等人的缠绕连绵之法，其取章草笔法更有"波险太过"之失。祝允明在充分吸收前人优点的基础之上，能真正将章草、今草与狂草巧妙结合而混融无迹，其在狂草创作过程中比较合理地利用了章草与今草的笔法结构，以气贯之，并去前人大草为求狂放之意的一味缠绕手法，删繁就简而笔断意连，用笔一拓直下，笔致更加简洁，更具古韵。祝允明在自己的狂草作品《杂书诗帖卷》后称："冬日烈风下写此，神在千五百年前，不知知者谁也？"此语作为其内心深处极为真切而又颇自负的表达，无疑可以反映出祝氏在狂草艺术方面所追求的高古境界及终极关怀。

其三，祝允明狂草作品中点画表现达到一个新的高度。唐人孙过庭在《书谱》中论及真、草二体时曾云："真以点画为形质，使转为情性；草以点画为情性，使转为形质。"[①] 可谓一语道尽书中三昧。在汉字诸体中，篆书有画无点，隶书八法稍具，而真体以点画为汉字结构的基本构成，书写过程中之规矩亦益加严谨，使转则在其中起着贯通笔势与气韵之功，而在草体的快速书写中，因以使转为主，点画则成了因势而发的情性表现，可大可小，可重可轻，可长可短。祝允明的狂草创作，因为其在取势上比较简约凝练，也必然促使其笔下之点画表现须更加丰富方可耐观，而祝氏正是这一点上较前人有了进一步的突破。祝允明的狂草在圆势使转的书写过程中，能积极利用点画形态的各种变化，尤为着意经营点、画、线的穿插变化与和谐统一，使作品的整体画面韵律十足，似若狼藉而实真气弥漫，开前人未到之境。

---

① （唐）孙过庭：《书谱》，载《历代书法论文选》，上海书画出版社1979年版，第124页。

下编　地域、风尚与祝允明的书学

总而言之，祝允明晚年的狂草创作，既是其博学古人、肆力创造的结果，恐也与其人生历经坎坷之后自我心态发生转变有着莫大的关系。祝氏晚年在洞透人生而颓然自放之后，时常利用狂草这一最为抒情达意的书体，来宣泄心中的各种情绪，而其个性、书学思想及艺术创造才能，在这一艺术领域无疑也得到了最大程度的表现和展示。因而，其晚辈好友王宠曾言"枝山翁书为当代第一，然质性豪爽，不耐拘检，故其书作多狂草大帧"[①]。祝允明狂草之风骨烂漫、天真纵逸，其气势既得力于唐代张旭、怀素诸位古代大师，而其用笔点画、结字更为集二王一脉诸家之综合，有论者曾言其狂草"有不可以素旭拟者"[②]，即谓其胜过了这一书体的鼻祖张旭和怀素，想若旭、素复生得听此论，定会疾呼许之太过！然而客观言之，从祝氏一些代表性的大幅长卷作品看，其笔法之精熟、气势之豪迈，变化莫测而又个性鲜明，奇纵豪放，完全跳出了师辈及时人的笼罩，成为明代前中期，甚至是北宋黄庭坚之后最具开创性与创造力的一位狂草艺术大师，同时，祝氏晚年的狂草创作也为其书名赢得了更高的盛誉，为世人所广泛推崇，正所谓"枝山草书天下无，妙洒岂独雄三吴"[③]，故誉之为明代草书之冠，当不为过。

第四节　祝允明书法的传承及受其书风影响的书家

王世贞曾称："吾吴中自希哲、徵仲后，不啻家临池而人染练，法书之迹，衣被遍天下而无敢抗衡。"[④] 祝允明作为引领吴门文人书家群体崛起

---

① （清）卞永誉：《式古堂书画汇考》卷二十五《枝山书偕美赋并叙》，《文渊阁四库全书》电子版，上海人民出版社1999年版。

② （明）汪砢玉：《珊瑚网》卷十六《枝山诗草诸迹》，《文渊阁四库全书》电子版，上海人民出版社1999年版。

③ （明）陆时化：《吴越所见书画录》卷二之张凤翼《跋祝京兆张体自诗卷》，载卢辅圣主编《中国书画全书》第八册，上海书画出版社1994年版，第1014页。

④ （明）王世贞：《艺苑卮言》附录三，载《弇州四部稿》卷一百五十四，《文渊阁四库全书》电子版，上海人民出版社1999年版。

第六章 祝允明书法的来源、风格特征及传承

的重要主帅和领袖,其独立的书学观念及博采众长、遒古纵逸的豪放书风,不仅跳出前人藩篱,一洗台阁时弊,使吴中书法发展重新回到文人书法的正轨,同时也对明代中后期的许多书家产生极为深远的影响。

一 祝氏生前的门生及追随者

祝允明生前为人豪爽,喜延奖后进甚至折辈而交,当时年岁小于祝氏或者晚一辈的吴门书家中,有很多人于书学一途或入其室得之亲授,或受其思想沾溉颇多,其中主要以张灵、王宠、陈淳、陆治、文彭、文嘉、王榖祥、黄姬水、朱日藩等人为代表,另外若嘉靖年间的著名文学家唐顺之的书法也深受祝氏熏染。

张灵,字梦晋,吴县人(江苏苏州),生卒不详。张灵与唐寅家本为邻居,关系甚为友善,后又为同学,其出生年龄与唐氏理应大致相仿,又,徐邦达先生根据明王元祯《挥麈诗话》中所载都穆诵张灵临终时诗"垂死尚思玄墓麓,满山寒雪一林松"推断,都穆卒于嘉靖四年(1525),所以张灵当在此之前。[①] 依此也可知,张灵殁时至少比祝允明要早一两年。徐祯卿《新倩籍》中载其:"性聪明,善习技巧,家本贫窭,而复挑达目恣,不修方隅,不为乡党所礼,惟允明嘉其才,因受业门下,尝作文以励之。"[②] 可知张灵因聪慧而又不羁之个性,深得祝允明的赏识。张灵从祝允明游,当以攻古文辞为主,然因其常侍笔砚于祝氏左右,故其书法亦自当深受祝氏熏染。遗憾的是,张灵留下的书迹并不多,今只有《念及帖》等少量作品传世,另外在祝允明弘治三年(1490)所书的《楷书诗词卷》后(图6-39),有一段亦为张灵所跋,观其笔法体势之古拙生动,祝允明的影响显而可见。

王宠(1494—1533),字履仁,后更字履吉,号雅宜子、雅宜山人等。

[①] 参阅故宫博物院编《徐邦达集》卷六《古书画过眼要录》之"元明清书法二",北京紫禁城出版社2006年版,第936页。
[②] (明)徐祯卿:《新倩籍》,载范志新编年校注《徐祯卿全集编年校注》,人民文学出版社2009年版,第794页。

下编　地域、风尚与祝允明的书学

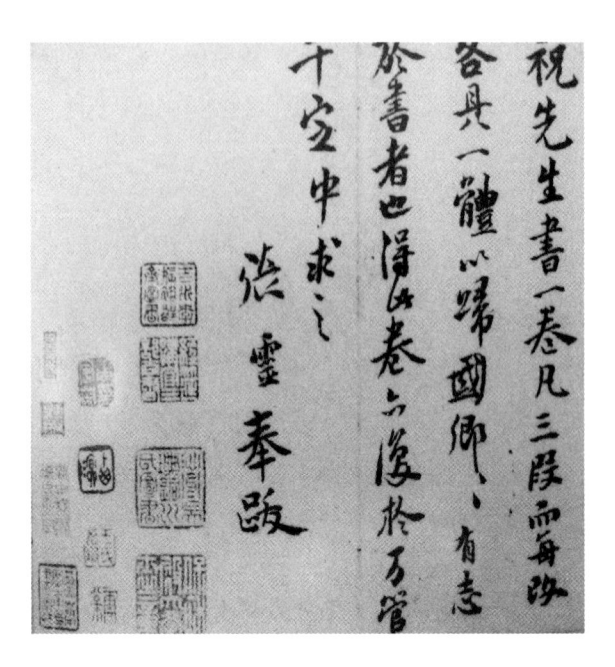

图6-39　张灵跋祝允明《楷书诗词卷》（故宫博物院藏）

王宠小祝允明三十四岁，然祝氏与其忘年折辈相交，且对之甚为推重，二者友谊深厚。王宠虽终生于功名无所成就，但却以其过人的艺术天赋，在书法一途厕身祝允明、文徵明、陈淳之间，与他们并称"吴门四家"，而究其书学理念、取法途径甚至审美趣味，祝允明对他的影响可谓至深。祝允明与王宠的交往过程中，王宠对祝允明的书法尤为服膺，每每由衷赞誉祝氏书法，如"枝山翁书为当代第一"[1]，"运颖之妙，八法具足，而转折波撇，更多天趣……有枝山一人，而书学之传得其大统"[2]，"祝京兆书落笔辄好，此卷尤为精绝，翩翩然与大令抗衡"[3]，"吴中称京兆书为当今海

---

[1]　（明）王宠跋祝允明《偕美赋并叙》，载（清）卞永誉《式古堂书画汇考》卷二十五，《文渊阁四库全书》电子版，上海人民出版社1999年版。

[2]　《秘殿珠林》卷六《祝允明书圆觉经四卷》，《文渊阁四库全书》电子版，上海人民出版社1999年版。

[3]　王宠跋祝允明草书《古诗十九首》，跋文在文氏父子辑刻的《停云馆帖》第十一卷中有收录，可参阅何炎泉编辑《毫端万象：祝允明书法特展》，台北故宫博物院2013年版，第346页。

第六章　祝允明书法的来源、风格特征及传承

岳,此卷尤为精绝,骎骎与钟索抗衡"①。王宠后来为祝允明所撰《祝公行状》中称祝氏"书法上轨钟、王,下视近代,晚岁益出入变化,莫可端倪,酒酣纵笔,神鬼怪幻"②。其实,在审美意趣上,受祝允明的熏染,王宠走的也是一条宗法晋唐的学书之路,祝氏于书学十分着意的钟繇、二王、虞世南、李怀琳、孙过庭等晋唐诸家,同时也是王宠自己的取径范围。不仅如此,王宠甚至还每每直接临摹祝允明的作品,若其曾在跋祝氏行草《离骚经》中言:"吴中书家首称祝京兆、文内翰二公,予每见其手书,辄临摹数过,方始弃去。"③祝氏晚年的今草力作《古诗十九首》,王宠即从文嘉处借得后,临摹数过,留案上三阅月,"几欲夺之,以义自止"(图6-40)。另外,文徵明之侄文伯仁也曾在《石湖草堂图》款识中记述:"雅宜先生书法特妙,尝临祝枝山所书《送杨侯入觐序》,以俾元宾,元宾入京携以自随,闲属余补写小图。"④ 可见王宠直接临摹学习祝允明的书法,在当时吴门文人的眼里也并不是什么秘密,而王宠自己心中更是把这种行为当作对前辈祝允明书学成就的极度尊崇和钦慕,故言语之间毫不隐讳。

陈淳(1483—1544),字道复,后以字行,更字复甫,号白阳山人,苏州大姚人(今苏州吴县),其书法与祝允明、文徵明、王宠等并称"吴门四家"。陈淳曾遵父命受业于文徵明,而又因其父辈与祝允明相友善,故亦当时从祝氏游。陈淳曾回忆与祝氏的交往:"枝山先生,余少时常侍笔研,有师道焉。往往见其书札,如接其谈论,今逝去已久,无复领其教益。"⑤(图6-41)陈淳对祝允明的书法极为推崇,其跋祝书《书述》云:

---

① (明)缪曰藻:《寓意录》卷三《祝枝山书述》,载卢辅圣主编《中国书画全书》第八册,上海书画出版社1994年版,第926页。
② (明)王宠:《明故承直郎应天府通判祝公行状》,载《雅宜山人集》卷十,见《四库全书存目丛书》集部之79册,齐鲁书社1997年版。
③ 王宠跋祝允明行草《离骚经》,见(明)李日华《味水轩日记》卷六,上海远东出版社1996年版,第426页。
④ 文伯仁为金用作《石湖草堂图》,今藏苏州博物馆,载中国古代书画鉴定组编《中国古代书画图目》第6册,文物出版社1993—2000年版,第42页。
⑤ 陈淳跋祝允明行楷书《海外西经》,载《中国嘉德2013秋季拍卖会预览(中国书画)》,第25页。

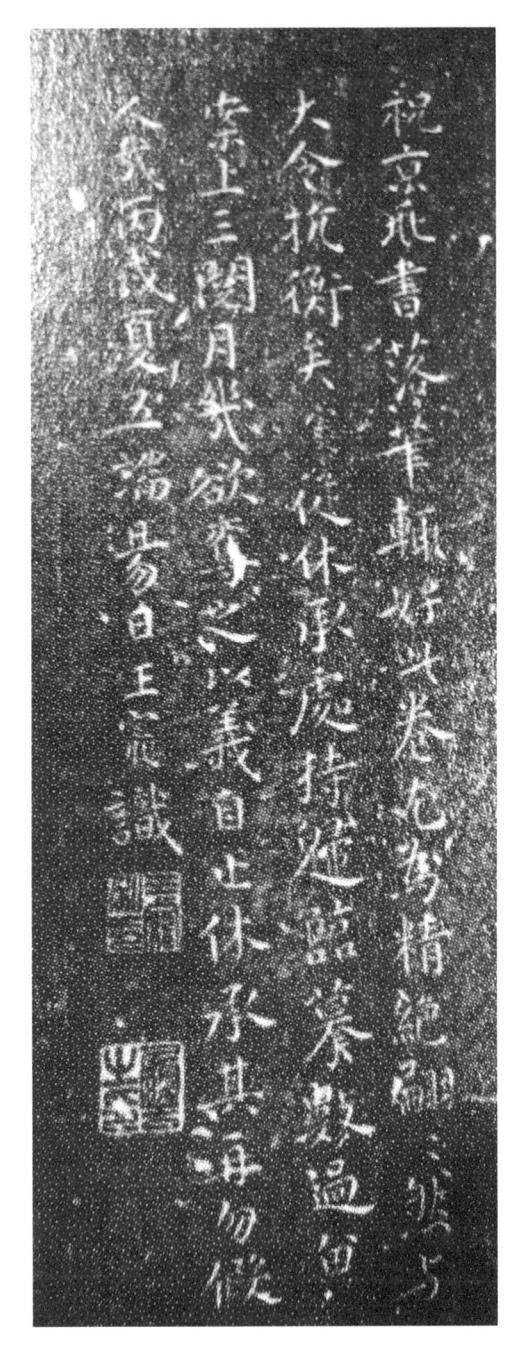

图6-40 王宠跋祝允明《古诗十九首》(停云馆帖)

第六章 祝允明书法的来源、风格特征及传承

"余尝观诸家书法，知古人用心于字学者亦多矣！余虽不敏，受教于吾师衡山先生之门，间语笔意辄称枝山书为不可及，则吾辈其何能望其什一也。"① 此语可谓既含蓄而又明确，陈淳在此一方面讲自己为文徵明弟子，借文氏语称祝书不可及，其实从另一方面也就表明文徵明的书法不如祝允明，而他更加崇拜的对象当然也就是祝允明了。陈淳个性放荡不羁，狎妓嗜酒，诚与祝允明颇为相类，而其晚年狂草之纵逸，则更与祝氏一脉相承。王世懋评其书法："晚好李怀琳、杨凝式，率意纵笔，不妨豪举，而临池家尤重其体骨。"② 前文曾论祝允明于草书曾学习效仿唐人李怀琳的笔意，并推其为唐时"书法宗匠"，而陈淳亦取法李怀琳、杨凝式诸家，很有可能是受到祝氏的影响。当然，祝允明对陈淳的影响绝不是其所临习取法的诸家，更多的应是其回归晋唐的书学理念以及遒古奇纵的审美趣尚。

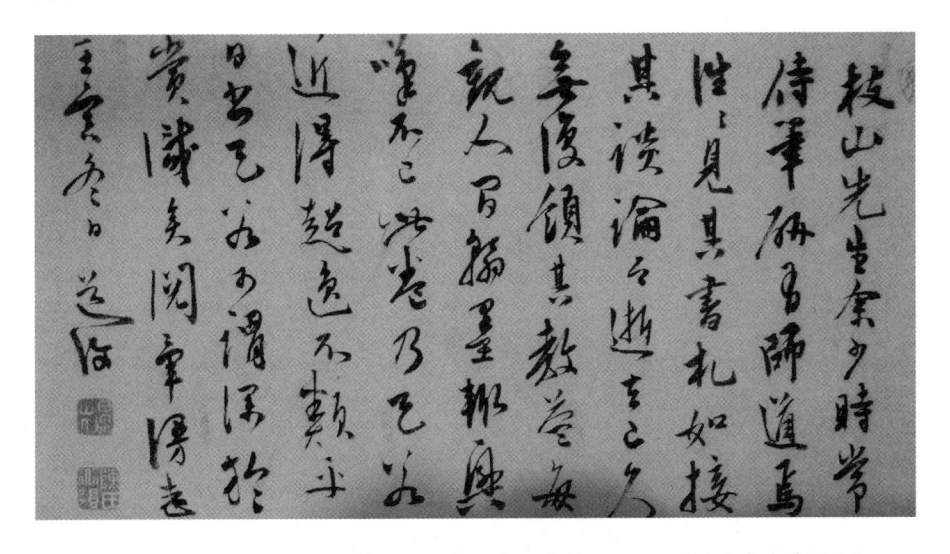

图6-41 陈淳跋祝允明《海外西经》（中国嘉德2013秋季拍卖会预览图录）

---

① 陈淳跋祝允明草书《古诗十九首》，跋文在文氏父子辑刻的《停云馆帖》第十一卷中有收录，可参阅何炎泉编辑《毫端万象：祝允明书法特展》，台北故宫博物院2013年版，第346页。
② 马宗霍：《书林藻鉴 书林记事》，文物出版社1984年版，第179页。

陆治（1496—1576），字叔平，长洲人，居于包山，因号包山子。陆治为人倜傥豪义，以孝友闻名，精绘画，亦善书。其因好书画而从祝允明、文徵明等游，书风亦兼有二者之趣。今台湾兰千山馆藏有陆治《大吴歌草书卷》（图6-42），书于嘉靖十二年（1533），陆氏是年三十八岁，该作为其早年今草之作，笔势流畅，草法娴熟，整体节律平稳，字势变化也不大，然不乏古意，且可窥祝、文诸家笔意之影响。

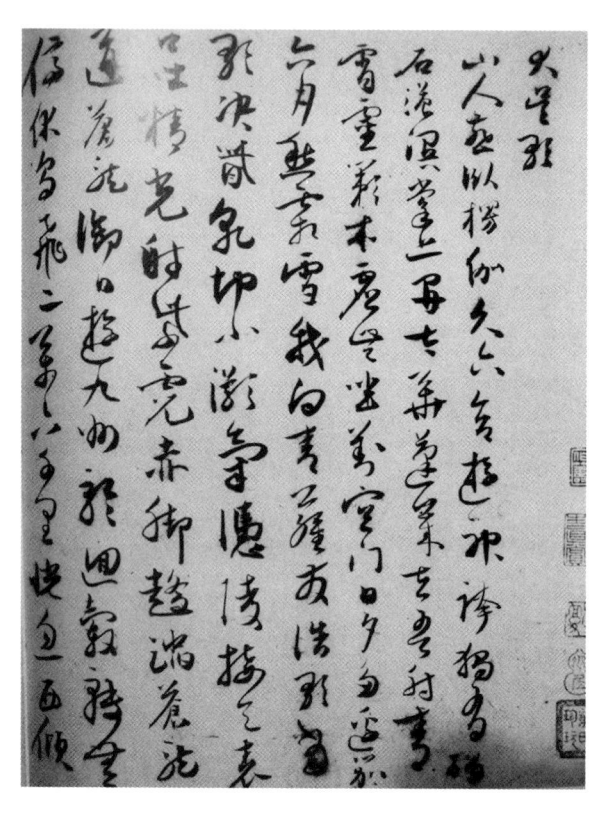

图6-42　陆治《大吴歌草书卷》（台湾兰千山馆藏）

文彭、文嘉分别为文徵明的长子与次子，他们于书法一途一方面承家学训导，另一方面也曾受到其父挚友祝允明的教诲和影响。文彭（1497—1573），字寿承，号三桥、渔阳子等。以诸生而久次贡生，后授秀水训导，擢国子监博士，故世又称文国博。文彭书法"字学钟、王，后效怀素，晚

第六章　祝允明书法的来源、风格特征及传承

年全学孙过庭,而尤精篆隶"①。詹景凤认为他"真、行、草并佳,体体有法,并自成家,不蹈父迹"②。将文彭的书法与其父文徵明相较,功力虽有不及处,然其字里行间所透露出的才情风韵,似又胜过其父。文彭的草书得法于唐孙过庭、怀素较多,而其笔法体势之纵逸处,又与祝允明更为接近(图6-43),其曾言:"予素喜祝书,虽片纸只字不惜重购得之,今观此卷《秋水篇》,笔势飞逸,天真烂然,深入大令之室,诚稀世之珍也。"③文彭还评祝允明草书"纯仿孙过庭,而时作李怀琳笔意"④。可见其对祝允明草书的来源非常清楚,而受祝氏影响深研孙过庭,实亦为情理中事。文嘉(1499—1582),字休承,号文水,以诸生而久次贡生,授乌程训导,擢和州(今安徽和县)学正。与其兄文彭相比较,文嘉的艺术成就主要体现在绘画上,然其于书法一途,少时亦曾经受教于祝允明,文嘉尝言:"王西室(王穀祥)少与余同学书于枝山先生,后乃弃去,专意赵文敏。"⑤到了晚年,文嘉的书法颇有进境,亦得到了时人的认可,若王世懋在《文嘉书古诗十九首》后称:"休承晚年书奇进,几不减(京兆)。"⑥

王穀祥(1501—1568),字禄之,号西室,苏州人。嘉靖四年(1525)应天乡试中举,八年(1529)进士,曾官至吏部员外郎,后辞官居家,屡召不出。祝、王二家本为世交,根据祝允明为王穀祥父亲王观所撰《款鹤王君墓志铭》中记述,可知其为王观次子,而其兄王穀祯则为祝允明之女婿,故祝、王两家又因姻亲而显得关系特别亲密。⑦ 王穀祥于嘉靖四年(1525)领乡举而将赴第二年的会试前,曾拜别祝允明,祝氏为之作

---

① 马宗霍:《书林藻鉴　书林记事》,文物出版社1984年版,第179页。
② 同上。
③ (明)陆时化:《吴越所见书画录》卷二《祝京兆草书秋水篇卷》,载卢辅圣主编《中国书画全书》第八册,上海书画出版社1994年版,第1016页。
④ (明)缪曰藻:《寓意录》卷三《祝枝山书述》,载卢辅圣主编《中国书画全书》第八册,上海书画出版社1994年版,第926页。
⑤ (清)孔广陶:《岳云楼书画录》卷五《明王西室行书前文真迹卷》,上海古籍出版社2011年版,第524页。
⑥ 马宗霍:《书林藻鉴　书林记事》,文物出版社1984年版,第179页。
⑦ 参阅(明)祝允明《款鹤王君墓志铭》,《吴都文粹续集》卷四十,《文渊阁四库全书》电子版,上海人民出版社1999年版。

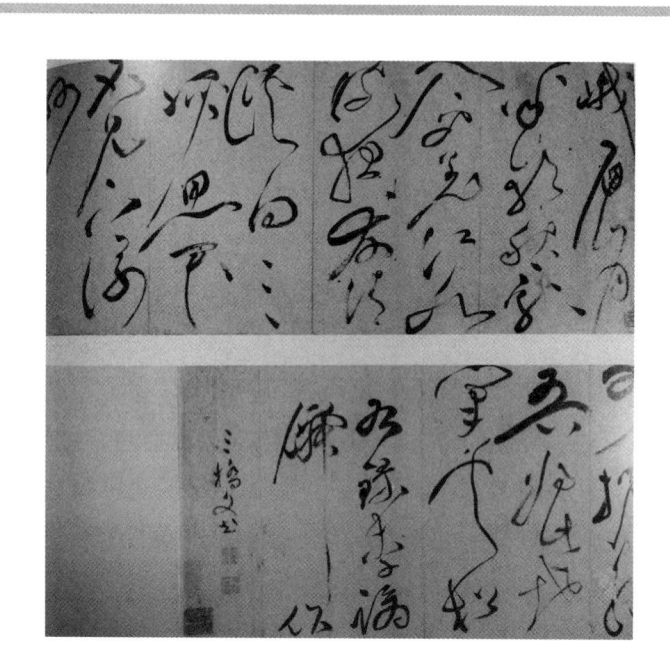

图 6-43 文彭《草书李白诗卷》(上海博物馆藏)

《送王禄之会试诗叙》,并对其才识及古文辞倍加赞誉,并期以厚望,祝氏诗云:

> 丹丘有彩凤,紫庭有神龙。龙飞御乾极,威凤乃来从。阿阁览垂衣,蒲宫听笙镛。五文离焕烂,七始叶韡韡。翊帝宣文化,四海扇薰风。沧洲有鹏运,观尔盛遭逢。①

王毅祥亦善书法,且为士林所重。前引文嘉语,知其少时曾与文嘉等一同学书于祝允明,后又专攻赵孟頫(图 6-44)。王世贞《艺苑卮言》评其书"正行法赵吴兴,虽老健而乏雅致"②。明皇甫汸《司勋集》中则

---

① (明)祝允明:《怀星堂集》卷二十七,《文渊阁四库全书》电子版,上海人民出版社 1999 年版。

② (明)王世贞:《艺苑卮言》附录三,载《弇州四部稿》卷一百五十四,《文渊阁四库全书》电子版,上海人民出版社 1999 年版。

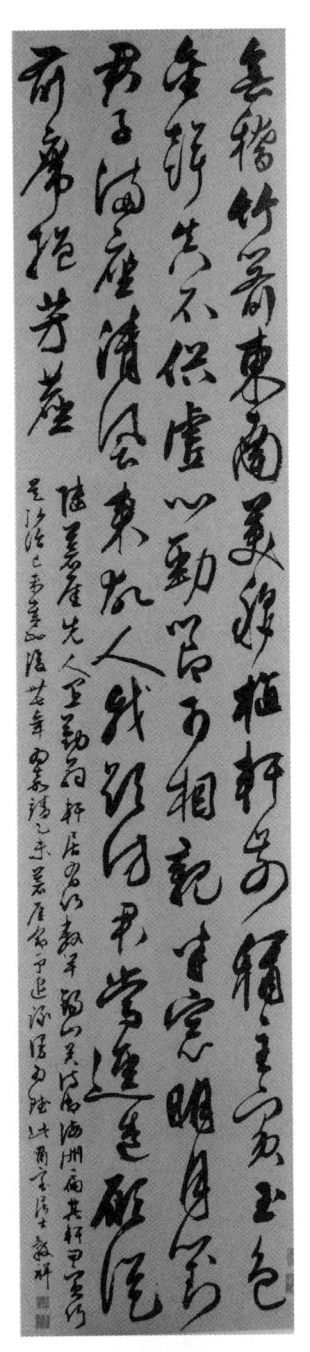

第六章 祝允明书法的来源、风格特征及传承

图 6-44 王穀祥《行书诗轴》（故宫博物院藏）

言："穀祥书仿晋人，不坠右军、大令之风，篆籀八体，并臻妙品。"① 王穀祥亦曾从文徵明、王宠为师，从其传世作品看，笔底似乎明显深受二者尤其是文徵明的影响较多，但是，因其曾入祝允明之室，再加之两家特殊的姻亲关系，故祝氏对王穀祥的影响也是不应忽视的历史事实。

黄姬水（1509—1574），初名道中，字致甫，后更名姬水，字志淳，又字淳父，苏州吴县（今吴中区）人。黄姬水之父黄省曾为祝允明挚友，钱谦益《列朝诗集》中记载："五岳（黄省曾）拙于书，命淳父学书于祝京兆，遂传其笔法。"② 黄姬水后来曾回忆少时观祝氏作书的情形："每见枝翁，则豪兴满筵，醉后信笔大书，与素师五分高下。"③ 今故宫博物院藏祝允明《草书李白诗卷》后也有黄姬水自称"门人"之楷书跋，其赞祝书："逼真二王，深得书家三昧。"④ 黄姬水后来的书法也受到王宠的影响，故王世贞在《艺苑卮言》中云其"正书初宗虞永兴，行笔本主王履吉（王宠），而晚节加率"⑤。因知其书曾得祝允明、王宠两家法，而今观其书若《行草读升庵太史过射陂客部诗卷》（图6-45），行草相杂，萧散跌宕，颇有晋韵，既不似祝允明之狂放，又不若王宠之枣木气，可窥其由祝、王再上追晋唐的轨迹。

朱曰藩，字子价，号射陂，宝应人，生卒不详，嘉靖二十三年（1544）进士，为乌程令，终九江知府。朱曰藩父亲为朱应登，明代中叶金陵文坛"四大家"之一，与祝允明、文徵明、王宠等吴中文人多有交往。朱曰藩若其父亦以文章名家，隽才博学，亦工笔札，当时持缣素登门求其翰墨者甚重。⑥ 王世贞《艺苑卮言》中称其"颇临晋法书，绝喜祝希哲，而以己意出之，婉秀

---

① （明）皇甫汸：《明吏部文选清吏司员外郎王君墓表》，载《皇甫司勋集》卷五十六，《文渊阁四库全书》电子版，上海人民出版社1999年版。

② （清）钱谦益：《列朝诗集小传》丁集第七《黄秀才姬水》，上海古籍出版社1982年版，第318页。

③ （明）李日华：《味水轩日记》卷七，上海远东出版社1996年版，第440页。

④ 参阅故宫博物院藏祝允明《草书李白诗卷》，载《中国法书全集》卷十三明2，文物出版社2009年版，第46页。

⑤ （明）王世贞：《艺苑卮言》附录三，载《弇州四部稿》卷一百五十四，《文渊阁四库全书》电子版，上海人民出版社1999年版。

⑥ 马宗霍：《书林藻鉴 书林记事》中引欧大任云："子价（朱曰藩）素工笔札，门外持缣素求翰墨者，纚纚不绝。"文物出版社1984年版，第183页。

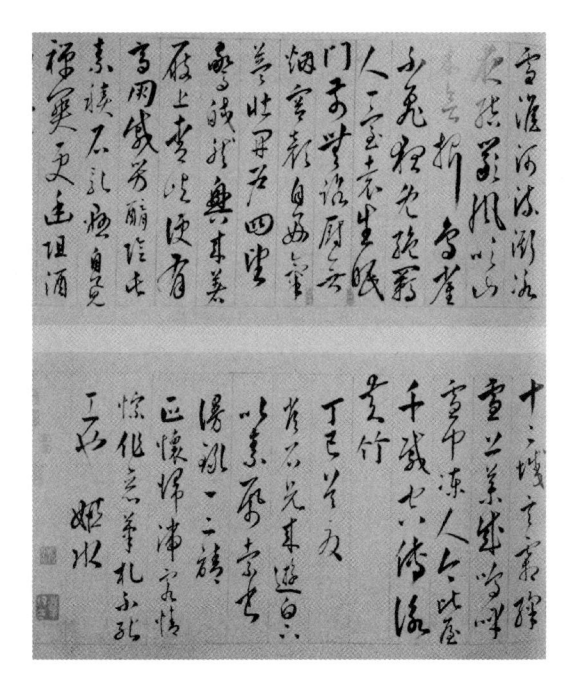

第六章　祝允明书法的来源、风格特征及传承

图 6-45　黄姬水《行草读升庵太史过射陂客部诗卷》（上海博物馆藏）

潇洒，绝有姿态，而结法失之疏"①。今故宫博物院藏有朱曰藩《致长谷札》（图 6-46），观其点画之朴厚，结体之奇倔，饶有趣味而多祝允明书风遗韵。

唐顺之（1507—1560），字应德，号荆川，常州武进人。嘉靖八年（1529）进士，历任兵部主事，转吏部，入翰林，后曾被罢官入阳羡山中，读书十年。倭寇蹂躏江南北，复以郎中视事浙江，屡破之，遂擢御史，巡抚凤阳。唐顺之是明中叶嘉靖年间著名的古文学家，"唐宋派"的领袖人物。其亦工书法，善草书，书风受吴门祝允明、文徵明等人的影响甚显。今上海博物馆藏有其《为射陂先生草书卷》（图 6-47），乃为其友也是当时金陵文坛主将朱曰藩所书，该作点画圆劲而有弹性，字势绵密，整体潇洒自然而无任拘束，颇具风流之意。

---

① （明）王世贞：《艺苑卮言》附录三，载《弇州四部稿》卷一百五十四，《文渊阁四库全书》电子版，上海人民出版社 1999 年版。

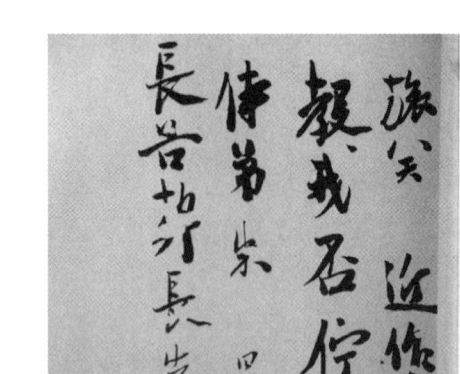

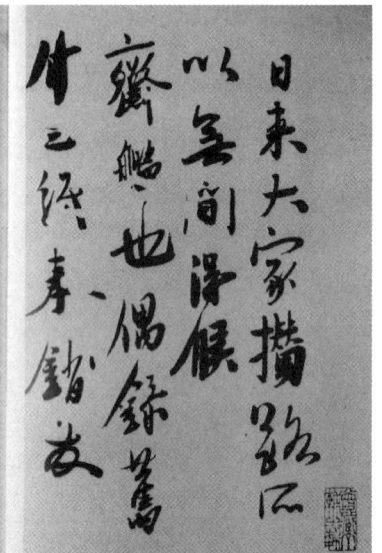

图 6-46　朱曰藩《致长谷札》（故宫博物院藏）

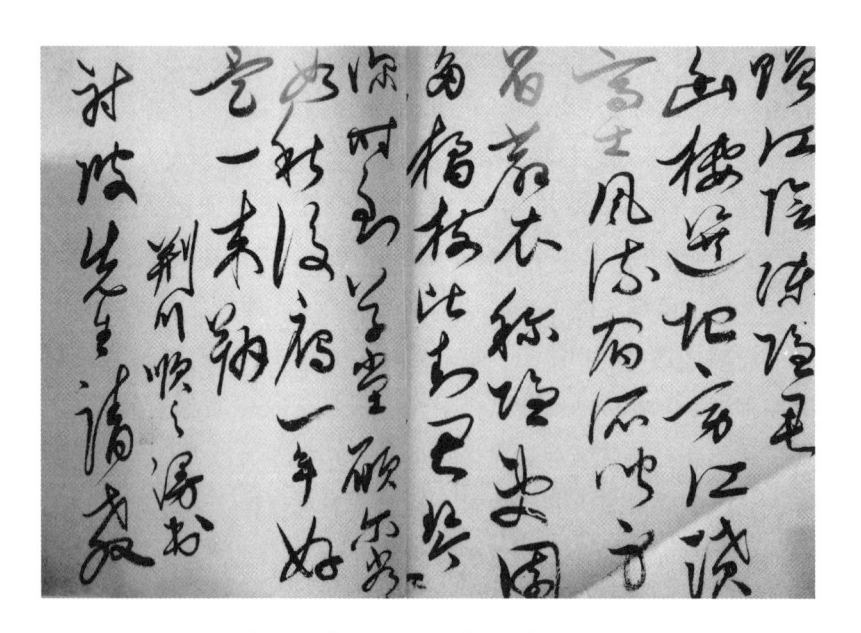

图 6-47　唐顺之《为射陂先生草书卷》（上海博物馆藏）

第六章 祝允明书法的来源、风格特征及传承

以上所举诸家，除唐顺之外，他们在书法师承的渊源方面或多或少都与祝允明有着比较直接的关系。尽管上述书家在书学方面所取得的成就不尽相同，但是，祝氏书学曾对他们产生重要的影响，也应是历史的客观存在。

二 祝允明书风对晚明部分书家的浸润

晚明书家的代表性人物，若徐渭、张瑞图、黄道周、倪元璐、董其昌、王铎等人，书风各异，个性突出，他们的师承、用笔、结字、章法皆不相同，开帖学发展之新境。但是，祝允明作为明代中叶书坛成就最高的杰出代表，其书学及书风亦自然会对晚明的部分书家多有浸润，其中主要有詹景凤、徐渭、张瑞图、陆应阳等人。这些书家一方面皆对祝氏的书法比较倾慕推崇，另一方面，其个人的书风表现和审美趣尚也与祝氏有着不同程度的接近之处。更有甚者，若吴应卯、文葆光之流，一边直接学习祝允明书法，一边恐又出于谋利等多种目的，制造了很多祝氏书法赝品，从而又导致后世对祝允明书风真面目的认识产生不少困扰。

詹景凤（1532—1602），字东图，号白岳山人、中岳山人、天隐子等，徽州休宁人。隆庆元年（1567）进士，初为江西南丰教谕，后改南京翰林院孔目，迁吏部司务，在金陵七年，与当时的吴门文人王世贞等多有交往。詹景凤性豁达，负豪侠，喜收藏，精鉴书画，工书法，尤以草书见长（图6-48）。王世贞《弇州续稿》中记其"于文章师二京，时出入《庄》《左》，于书师右军父子"[①]。然观詹氏传世草书之狂放，实多出于唐之旭、素且受到明代前中期张弼、祝允明等人的影响，且有失之疏野之弊。故朱谋垔《续书史会要》中又称詹景凤"深于书学，用笔不凡，如冠冕之士端庄可敬，狂草若有神助，变化百出，不失古法，论者谓可与祝京兆狎主当代"[②]。詹景凤对祝允明的草书甚为推许，曾赞祝氏草书："笔意潇

[①] （明）王世贞：《弇州四部稿》续稿卷九十一，《文渊阁四库全书》电子版，上海人民出版社1999年版。

[②] （明）朱谋垔：《续书史会要》，《文渊阁四库全书》电子版，上海人民出版社1999年版。

下编　地域、风尚与祝允明的书学

图 6-48　詹景凤《草书杜诗轴》（吉林省博物院藏）

洒，心手相师，宛大令而伯仲之。"① 又言："今代草书，则吴人以祝京兆为圣，走谓雄俊天下可耳，以为圣未可也。圣无不合，祝能字字笔笔合

---

① 见（明）祝允明《草书云江记》，天津博物馆藏，载中国古代书画鉴定组编《中国古代书画图目》第 9 册之津 7-0085，文物出版社 1993—2000 年版。

第六章 祝允明书法的来源、风格特征及传承

乎？虽功力未造极致，其才之所运，足盖一世也。"① 由此可观，詹景凤对祝允明草书的看法还是比较理性中肯的。

徐渭（1521—1593），初字文清，更字文长，号天池山人、青藤道人等，山阴人（今浙江绍兴）。徐渭是晚明书坛极富传奇色彩的人物，其从二十一岁到四十一岁，八次应举皆名落孙山。三十八岁时又从当时抗倭名将、浙闽总督胡宗宪作幕僚，其为胡宗宪抗倭的军事行动出谋划策，屡建奇功，后，又因杀妻案身陷囹圄六年。晚年的徐渭又被精神病及其他疾病纠缠达二十年，并以诗文书画糊口，纵情山水。可以说，徐渭一生所遭遇之各种坎坷，比之明中叶祝允明、文徵明、王宠的崎岖人生，实远过之而无不及。人生的挫折，使得徐渭在书画艺术创作方面的精神表现和审美取向，自亦有了非同寻常的纵放。徐渭的传世书法以行草为主，其笔法得力于米芾较多，而结体、取势亦更多是诸家之综合而又能自成一格。袁宏道赞其书云："笔意奔放如其诗，苍劲中姿媚跃出。予不能书，而谬谓文长书决当在王雅宜（王宠）、文徵仲（文徵明）之上，不论书法而论书神，先生者诚八法之散圣，字林之侠客也。"② 又，徐渭曾评元代倪瓒书"古而媚，密而散"③。而此六字实也他自己书风的写照。观今上海博物馆藏徐渭《草书杜甫七律诗轴》（图6-49），用笔使锋之爽劲，行间之茂密，气势之豪迈纵逸，多与祝允明有一脉相承之趣。徐渭《跋停云馆帖》中言："祝京兆书乃今时第一，王雅宜次之，京兆十七首书（疑为十九首之误——引者注），固亦纵然，非甚合作。"④ 徐渭在此推举祝允明为"今时第一"的同时，对祝氏晚年的小草杰作《古诗十九首》似又略有微词，认为非祝氏之"合作"，个中原因，恐怕还是由于徐渭更喜欢祝允明狂放奇纵一路的大草书风，而其

---

① （明）詹景凤：《詹东图玄览编》之附录题跋《题沈仲亨虞部所藏祝京兆草书》，载卢辅圣主编《中国书画全书》第四册，上海书画出版社1994年版，第56页。
② （明）袁宏道：《徐文长传》，载《文章辨体汇选》卷五百四十一，《文渊阁四库全书》电子版，上海人民出版社1999年版。
③ （明）徐渭：《评字》，见崔尔平选编《明清书法论文选》，上海书店出版社1994年版，第129页。
④ （明）徐渭：《跋停云馆帖》，载汪砢玉《珊瑚网》卷二十四下，《文渊阁四库全书》电子版，上海人民出版社1999年版。

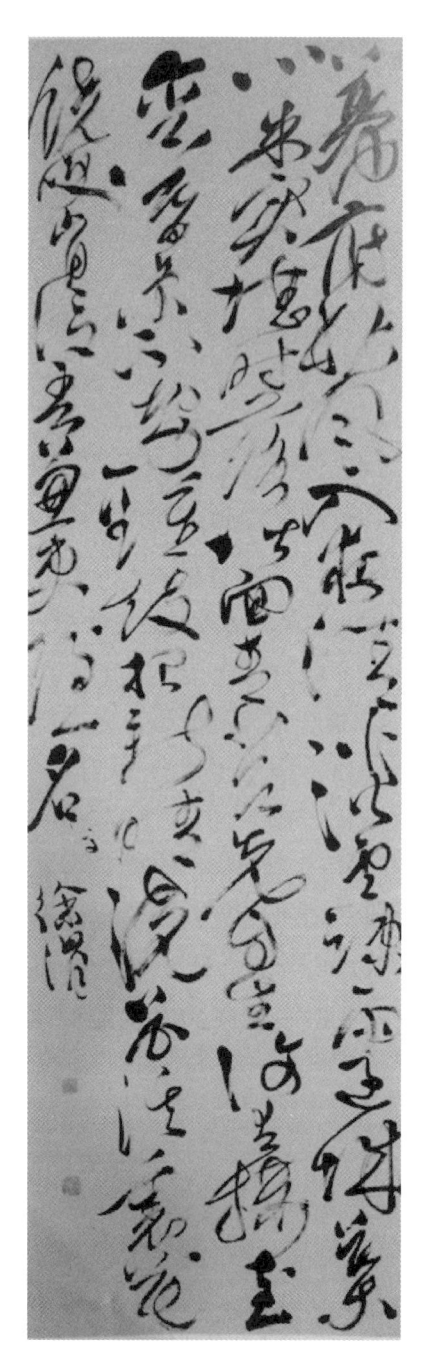

图 6-49 徐渭《草书杜甫七律诗轴》（上海博物馆藏）

第六章 祝允明书法的来源、风格特征及传承

眼中若《古诗十九首》这类作品则非祝氏本性面目。

张瑞图（1570—1641），字长公，号二水，别署果亭山人、芥子居士、白毫庵道者等，晋江人（今福建泉州）。张瑞图的书法楷、行、草兼善，且都有鲜明的个人特色，其行草一改历代书家之圆转取势，多以翻折为之，故显方峻峭利，可谓于钟、王之外另辟蹊径而富奇趣，是明末书坛变革潮流中对传统反叛的重要例证。清人梁巘赞其"独标气骨，虽未入神，自是不朽"[1]。今辽宁博物馆藏有其早期草书《杜甫渼陂行诗卷》（图6-50），书于万历二十四年（1596），张瑞图是年方二十七岁，这件作品自署为临作，然未注明范本为何人所作，但从其用笔结体特点以及整体风格特征看，明显与祝允明的草书风格十分接近。由此可知，张瑞图的草书在没有形成个人风格之前，亦曾对吴门祝允明等人的书法极为关注，甚至作为其直接学习的对象。

陆应阳（1542—1627），字伯生，号片玉山人，江苏青浦人，后移居松江。少不礼于其乡，后受知于首辅申时行，故人又称"相门山人"。陆应阳能诗善书，书风受吴门祝允明、王宠、文徵明等书家的影响甚为明显，而其草书之狂放处，尤近于祝允明。今辽宁博物馆藏有陆氏《草书峨眉行等二首卷》（图6-51），书于万历十八年（1590），陆应阳时年四十九岁。该作用笔娴熟而顾盼有姿，墨色变化较大，气势奔放，其间许多字的结体取势若"边"、"飞"、"虚"、"露"等，与祝书书写习惯十分接近，作品的整体气息亦颇类祝允明、王宠等吴门书家。

吴应卯，字三江，无锡人，生卒年不详。传为祝允明外孙，字学祝允明，可以乱真，刘九庵先生认为传世祝允明之伪作，恐有部分多出吴氏之手笔。[2] 然据王宠为祝氏所撰行状及陆粲所撰《祝先生墓志铭》中所载[3]，皆未提及祝氏另有一女嫁与吴姓族人之说，则不知吴应卯之生母实为祝家何人

---

[1] （清）梁巘：《评书帖》，载《历代书法论文选》，上海书画出版社1979年版，第576页。

[2] 刘九庵：《祝允明草书自书诗与伪书辨析》，载葛鸿桢《中国书法全集·祝允明卷》，荣宝斋出版社1993年版，第11页。

[3] 参阅（明）陆粲《祝先生墓志铭》，载《陆子余集》卷三，《文渊阁四库全书》电子版，上海人民出版社1999年版。

下编　地域、风尚与祝允明的书学

也？唯王宠所撰行状中言及祝允明去世时有孙女三人①，则吴应卯是否为祝允明孙女所生就不得而知了。吴应卯传世作品今可见天津历史博物馆藏《为初阳先生草书卷》（图6-52），书于万历五年（1577），此作用笔流宕飞扬，取势结体多与祝允明十分接近，然因功力所限，故笔法亦显得较为轻浮，较之祝书用笔的果敢劲健尚有不少差距。

文葆光，生卒年不详，字停云，长洲人（今苏州），为文徵明五世孙，文彭孙文从龙之子。能书，且多伪作祝允明的草书。刘九庵先生认为，传世一种大字草书伪祝书，其形式多为高头大卷，所书内容大多《梅花诗》《梅花咏》《兰花诗》《秋兴诗》《饮中八仙歌》等，书风效仿祝允明晚年参用黄庭坚草书笔法的体势，每行一至四字不等，行笔狂纵，锋芒毕露，全卷用笔大体千篇一律，缺少变化，这类作品大多为文葆光所伪。② 根据刘先生的举证推断，我们再来看文葆光传世作品如上海博物馆所藏其《七绝行草诗轴》（图6-53），可知刘语诚为真知灼见。观文葆光之书，用笔单调且不说，其虽学习祝书之豪放，然气格过于粗俗，与祝书遒古之意相去甚远。

除了上述书家，根据相关文献记载，晚明时期学习祝书的还有王泰，字仲嘉，世业古董，狂士也。涉猎经史，讲究超人，善摹祝枝山行楷，可以乱真。③ 周叔宗，名祖，松陵人，活动于明万历年间，初喜希哲，复学漫仕，又进学颜，晚年遂一意山阴父子，书名大噪，然不轻为人作。④

祝允明于嘉靖五年（1526）殁后，因其挚友文徵明主盟吴门艺坛长达三十三年之久，尾随文氏者实远超祝允明，甚至原为祝氏弟子的黄姬水等人，后亦拜于文氏门下。故而长期以来，既往史家在对明代中叶吴门书家

---

① 参阅（明）王宠《明故承直郎应天府通判祝公行状》，载《雅宜山人集》卷十，见《四库全书存目丛书》集部之79册，齐鲁书社1997年版。

② 刘九庵：《祝允明草书自书诗与伪书辨析》，载葛鸿桢《中国书法全集·祝允明卷》，荣宝斋出版社1993年版，第11页。

③ （明）吴其贞：《书画记》卷一，载卢辅圣主编《中国书画全书》第八册，上海书画出版社1994年版，第28页。

④ 马宗霍：《书林藻鉴　书林记事》，文物出版社1984年版，第189页。

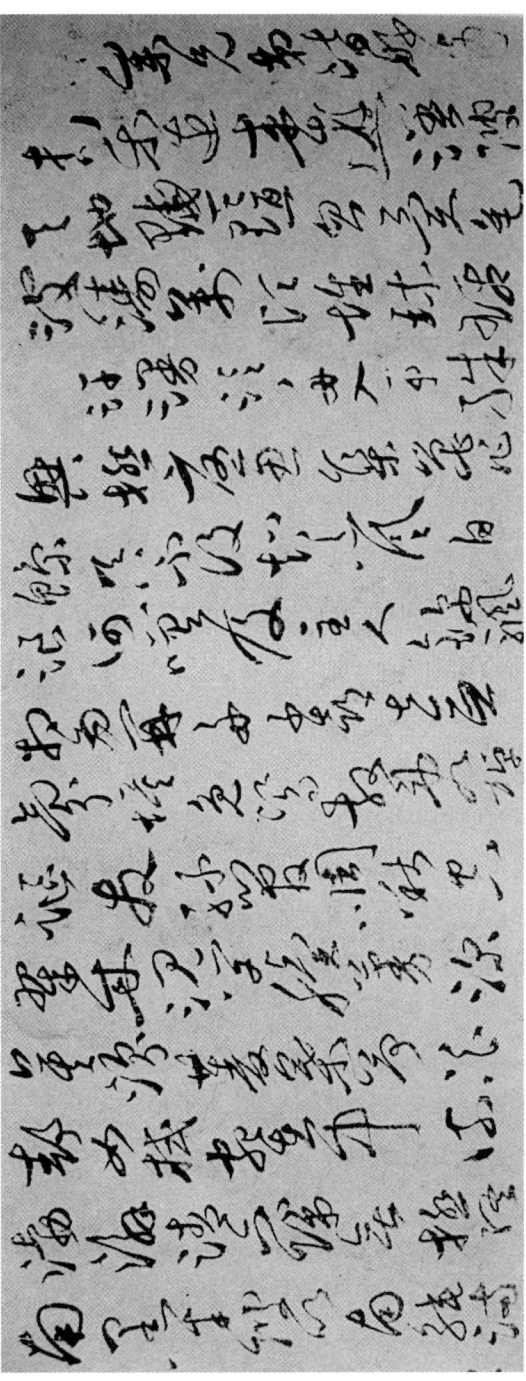

第六章 祝允明书法的来源、风格特征及传承

图6-50 张瑞图《杜甫渼陂行诗卷》（辽宁省博物馆藏）

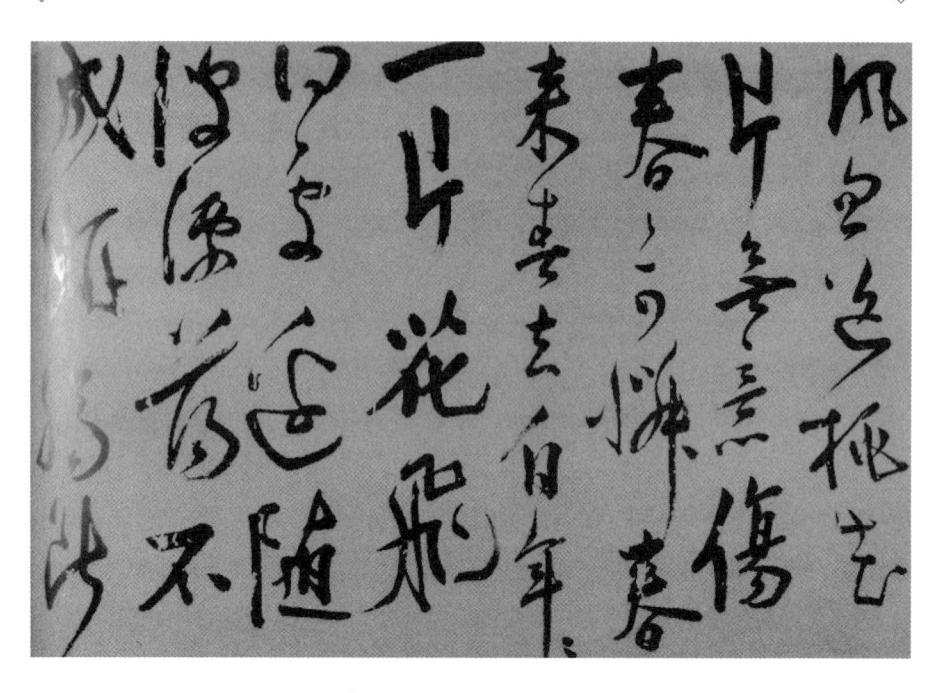

图 6–51　陆应阳《草书峨眉行等二首卷》（辽宁省博物馆藏）

群体的继响研究中，多侧重于文氏弟子门生的研究，以此来涵盖吴门书派后期的发展，对祝允明影响的研究则显得非常不足。本书在此对祝允明书学传承影响的钩稽描述，尚有一些不足，有待于史料的进一步开掘来加以补充。但是，笔者亦想借此说明，在吴门四家祝允明、文徵明、陈淳、王宠中，祝允明不仅年龄最长，书学成就最为突出，其对王宠、陈淳等同时期书家的影响至深，而且吴门四家对后世的影响，在很多时候也并非完全独立，而应是立体综合的，祝氏本人豪纵任情的书风更是为晚明浪漫个性书风的兴起有着启迪和先导作用。因此，如果以文氏一门来涵盖整个吴门书派的发展延续，显然不能完全符合历史之原貌。

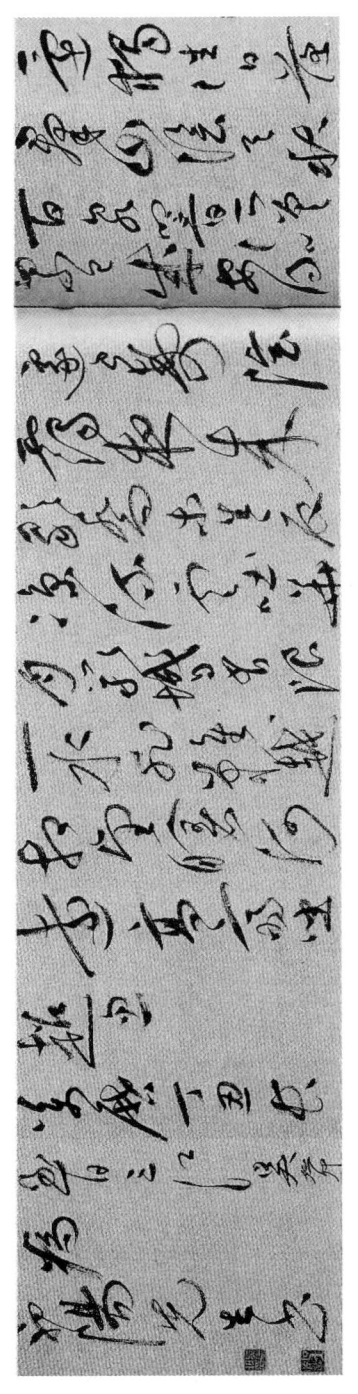

第六章 祝允明书法的来源、风格特征及传承

图6-52 吴应卯《为初阳先生草书卷》(天津历史博物馆藏)

图 6-53 文葆光《七绝行草诗轴》(上海博物馆藏)

第七章　余论:由时人及后世评价的异同重新审视祝允明书学的贡献及历史地位

由出身于一个魁儒世家,年少时即以诗文书法声隆吴中,继而远播海内,到中年的科举不顺、晚年的放浪任情,最后生活窘迫以致其殁时几无入殓之资,人生旅途之坎坷及个人抱负的不能如愿,加上出之本性的狂放不羁,祝允明最后留给世人的印象就是一介疯癫狂士,同时也让人对这样一位风流才子的命运唏嘘不已。但是,祝允明一生在书学甚至诗文领域所取得的杰出成就,使其不仅成为那个特定时代的领袖与先行者,也更从另一层面为其人生画上了一个比较完美的句号。

第一节　时人较为一致的高度推崇与赞誉

祝允明在世时,其身边的友人不管是长辈、同辈,还是门生及追随倾慕者,大多对其书法表示了极大的推崇赞誉,此固有情感及当时吴门文士尚相互推重的风气多方面因素,但更多的恐怕还是出于对祝氏本身书学成就的充分肯定。

祝允明早年个性书风尚未成熟之时,其岳父李应祯亦曾比较客观地评价"祝婿书笔严整,但少姿态"[1],然而沈周、吴宽等长辈每每邀请祝氏为

---

[1] (明)文徵明:《题祝枝山草书月赋》,载周道振辑校《文徵明集》补辑卷二十四,上海古籍出版社1987年版,第1375页。

他们作书题跋，无疑又体现他们对祝氏书学才华的高度称许。吴宽后来更是感叹祝允明书法"卓荦不凡，起前人于今日当不为过，是余齿长矣，自愧笔法已定，展此徒深望洋之叹耳"①。至于祝允明的挚友文徵明，其虽在祝氏殁后主吴中艺坛风雅三十余年，然他每每论及祝允明的书法时皆是由衷地佩服，文徵明后来曾回忆："余往与希哲论书颇合，每相推让，而余实不及其万一也。自希哲亡，吴人乃以余为能书，过矣! 若余则何敢望吾希哲哉!"②他还曾赞誉祝氏书法"出自钟、王，遒媚宕逸，翩翩有凤鸶之态，近代书家，罕见其俦"③。"资力俱深，故能得心应手。"④又称"呜呼! 先生已矣! 吴中乃以予为善书，正所谓无佛处称尊也!"⑤言语之间既有文氏的高度自谦，以及对祝允明的无比敬重，同时也比较能反映时人对祝允明书学的客观评价。

至于祝允明的晚辈好友王宠，更是对祝氏楷、行、草诸体都表达了十分崇拜的心情，如其跋祝允明小楷书《偕美赋并叙》："枝山翁书为当代第一……此卷结构精密，而笔力矫健，微测其里，似从卫夫人发源，真不愧逸少矣。"⑥跋祝氏行书《圆觉经》："运颖之妙，八法具足，而转折波撇，更多天趣，非寻常可得而拟。……至正迄兹未三百年，吴兴之与茂苑（文嘉）若此，其近纵横上下，有枝山一人，而书学之传得其大统。"⑦跋《古诗十九首》："祝京兆书落笔辄好，此卷尤为精绝，翩翩然

---

① （明）吴宽跋祝允明草书《琴赋》，载《中国法书全集》卷十三明2，文物出版社2009年版，第18页。
② （明）文徵明：《跋祝希哲草书赤壁赋》，载周道振辑校《文徵明集》补辑卷二十四，上海古籍出版社1987年版，第1340页。
③ （明）文徵明：《跋祝京兆洛神赋》，载周道振辑校《文徵明集》补辑卷二十四，上海古籍出版社1987年版，第1376页。
④ （明）文徵明：《题祝希哲真草千字文》，载周道振辑校《文徵明集》补辑卷二十四，上海古籍出版社1987年版，第1376页。
⑤ （明）文徵明：《跋祝枝山手书古文四篇》，载周道振辑校《文徵明集》补辑卷二十三，上海古籍出版社1987年版，第1366页。
⑥ （清）卞永誉：《式古堂书画汇考》卷二十五，《文渊阁四库全书》电子版，上海人民出版社1999年版。
⑦ 《秘典珠林》卷六《明祝允明书圆觉经四卷》，《文渊阁四库全书》电子版，上海人民出版社1999年版。

第七章 余论:由时人及后世评价的异同重新审视祝允明书学的贡献及历史地位

与大令抗衡矣。"① 跋祝氏章草《书述》:"吴中称京兆书为当今海岳,此卷尤为精绝,骎骎与钟、索抗衡。"② 从王宠的各种描述看,其对祝氏书法可以说从来都不吝极尽赞颂之情,而这种赞颂也正是来源于其内心对祝氏书学十足的敬重与服膺。值得注意的是,除了祝允明,王宠并没有把他的这种服膺之至之情,加诸吴门其他前辈书家若文徵明等人的身上。

文徵明的两个儿子文彭及文嘉,既曾从祝允明学书,对祝氏书学亦自是屡加颂扬。文彭曾言其:"素喜祝书,虽片纸只字不惜重购得之",并赞祝书"笔势飞逸,天真烂然,深入大令之室,诚稀世之珍也"③。又称"我朝善书者不可胜数,而人各一家,家各一意,惟祝京兆为集众长","用笔遒劲伟丽,出入清臣、诚悬间,盖能用太傅指于大令腕者也"④。文嘉则称:"枝山此书点画狼藉,使转精神,得张颠(张旭)之雄壮、藏真(怀素)之飞动。所谓屋漏痕、折钗股、担夫争道、长年荡桨等法意咸备。"⑤ "每每书之即飘逸放纵,得旭素遗法。"⑥ "我朝称草圣者,惟有祝京兆为第一。"⑦ 从二人的评价看,其字里行间所透露出的对祝书的钦佩之情,应是超过了他们对父亲文徵明的褒奖。另观文嘉后来为其父所撰的《先君行略》中,其间谈及书法者,也仅称文徵明小楷"温纯精绝",隶书"独步

---

① (明)王宠跋祝允明草书《古诗十九首》,跋文在文氏父子辑刻的《停云馆帖》第十一卷中有收录,也可参阅何炎泉编辑《毫端万象:祝允明书法特展》,台北故宫博物院2013年版,第346页。
② (明)缪曰藻:《寓意录》卷三《祝枝山书述》,载卢辅圣主编《中国书画全书》第八册,上海书画出版社1994年版,第926页。
③ (明)陆时化:《吴越所见书画录》卷二《祝京兆草书秋水篇卷》,载卢辅圣主编《中国书画全书》第八册,上海书画出版社1994年版,第1016页。
④ (明)文彭:《跋祝枝山书东坡记游》,载(清)卞永誉《式古堂书画汇考》卷二十五,《文渊阁四库全书》电子版,上海人民出版社1999年版。
⑤ 文嘉:《跋祝允明草书赤壁赋》,今藏上海博物馆,跋文亦可见《祝枝山书法精选》,当代中国出版社1995年版,第204页。
⑥ 文嘉跋祝允明《草书李白五古诗卷》,今藏上海博物馆,载中国古代书画鉴定组编《中国古代书画图目》第2册之沪1—0488,文物出版社1993—2000年版。
⑦ 文嘉跋祝允明行草《离骚经》,见(明)李日华《味水轩日记》卷六,上海远东出版社1996年版,第427页。

下编　地域、风尚与祝允明的书学

一世"①，对行草则一字未提，个中缘由颇为耐人寻味，是不是文嘉认为其父的行草成就还不足以许之祝书那样的讴歌呢？还有，在文氏父子辑刻的私家刻帖《停云馆帖》中，同朝书家中唯有祝允明与文徵明各为独立一卷，而这一行为本身所透露出的讯息，显然即在向世人昭示着他们对祝书的高度推崇。

其他的吴门文人，如祝氏好友谢雍非常肯定地说"祝京兆草书为国朝第一，此定论也"②。黄省曾跋祝允明《草书前后赤壁赋》中赞其"神契求和，时以三昧妙作旭素"、"龙回凤骞，幻变奇化，尤多前彦所未发"③，甚至夸张地说即便羲献更生，亦当信其所言不诬。晚辈书家袁袠（1499—1548）跋祝书："枝山先生，法书之师也。所书左盘右蹙，真可以走蛟龙、惊神鬼者，海内称独步也。"④ 文徵明的学生彭年称祝允明小楷书："笔法出元常《荐季直表》，波画转掣，无纤毫失度，信临池之射雕手也。近世学钟王者，不为墨猪，便作插花美女耳，如此卷者，岂诸人之所梦见哉。"⑤ 周天球赞祝氏草书："雄劲遒逸，即起醉旭狂素相角长技，恐不能出其上。"⑥ 祝允明的金陵好友顾璘则评祝氏："书学精工，自急就以逮虞赵，上下数千年变体，罔不得其结构，若羲献真行，怀素狂草，尤臻笔妙。"⑦ 表达了对祝氏书法之博学而又能精工的赞叹。与文、祝等吴门文人大致生活于一个年代的浙江书家丰坊（1494—

---

① 周道振辑校：《文徵明集》附录二，上海古籍出版社1987年版，第1618页。
② 谢雍跋祝允明行草《离骚经》，见（明）李日华《味水轩日记》卷六，上海远东出版社1996年版，第426页。
③ 黄省曾跋祝允明《草书前后赤壁赋》，今藏上海博物馆，跋文亦可见《祝枝山书法精选》，当代中国出版社1995年版，第200页。
④ 袁袠跋祝允明行草《归田赋》，载《中国法书全集》卷十三明2，文物出版社2009年版，第73页。
⑤ 彭年跋祝允明《小楷自书诗》，今藏苏州博物馆，载中国古代书画鉴定组编《中国古代书画图目》第6册之苏1-031，文物出版社1993—2000年版。
⑥ 周天球跋祝允明《草书李白五古诗卷》，今藏上海博物馆，载中国古代书画鉴定组编《中国古代书画图目》第2册之沪1-0488，文物出版社1993—2000年版。
⑦ （明）顾璘：《国宝新编》，载倪涛《六艺之一录》卷三百六十七，《文渊阁四库全书》电子版，上海人民出版社1999年版。

第七章　余论：由时人及后世评价的异同重新审视祝允明书学的贡献及历史地位

1565）亦佩服祝允明"天才绝出，至于作字亦兼备诸体，岂可谓天吴紫凤者耶！"①

总而言之，祝允明书学成就极高，加上时人较为一致的推许赞颂，致使祝氏在世时声名之隆即已不减元代赵孟頫，而盛名之下，其书也必然有着广泛市场需求，故当时四方墨客辇金帛填其门者接踵。皇甫汸在《祝氏集略序》中描述，每当祝允明写完一件东西，很快被人持去，因此，祝氏后人在给其编辑诗文集时，家中竟遍寻不得他的亲笔手泽。② 当然，祝氏豪义散财，不问生产，且好声色六博，使得晚年的生活又颇为困顿，则为另外一个层面的事情了。祝氏殁后，射利者更多伪其书以欺世，遂使祝书赝品亦遍天下，此无疑会影响到一些人对祝氏书学的客观评价，毁誉掺杂亦洵属自然。

第二节　晚明书家对祝允明书学的四种不同评价声音

与明代中期对祝允明书学成就较为一致的赞誉相较，晚明文人在书学方面对祝允明的批评渐次多了起来，出现了不同的声音。在这些批评声音中，有的褒奖，有的中肯，有的苛刻，有的甚至接近荒诞。

其一，在明代中期的评论中，大多数人甚至包括文徵明的儿辈及门生，都认为祝允明的书学成就是在文徵明之上的。但是，到了晚明，首先有一种声音即祝允明的书学成就不及同时期的文徵明，其中甚至有人认为"枝山之成名，繇于衡山先生（文徵明）之推让"③，真不知此种说法有何依据，让人禁不住为祝氏鸣不平。何良俊则在《四友斋丛说》中指出：

---

① 丰坊跋祝允明《诗翰卷》，载何炎泉编辑《毫端万象：祝允明书法特展》，台北故宫博物院2013年版，第72页。

② 参阅（明）皇甫汸《祝氏集略序》，载《皇甫司勋集》卷三十八，《文渊阁四库全书》电子版，上海人民出版社1999年版。

③ （明）安士凤：《墨林快事》卷十一《祝月赋》，见《四库全书存目丛书》子部之118册，齐鲁书社1997年版。

下编　地域、风尚与祝允明的书学

"祝枝山……皆以书名家,然非正脉。至衡山出,其隶书专宗梁鹄,小楷师《黄庭经》,为余书《语林序》全学《圣教序》。又有其《兰亭图》上书《兰亭序》,又咄咄逼右军。乃知自赵集贤后,集书家之大成者衡山也。世但见其应酬草书大幅,遂以为枝山在衡山上,是见其杜德机也。枝山小楷亦臻妙,其余诸体虽备,然无晋法,且非正锋,不逮衡山远甚。"① 在何良俊眼中,祝允明不仅书非"正脉",而且除了小楷可臻妙处外,其余书体之成就皆远不逮文徵明,文氏才是真正的集大成者,此说可谓与前文所引文彭、文嘉等人的说法截然相反。如果说何良俊对祝允明小楷还算基本肯定的话,那么谢肇淛又在《五杂组》极力鼓吹文徵明的楷书:"古无真正楷书,即钟、王所传《季直表》《乐毅论》皆带行笔。洎唐《九成宫》《多宝塔》等碑,始字画谨严,而偏肥偏瘦之病犹然不免。至国朝,文徵仲先生始极意结构,疏密匀称,位置适宜。如八面观音,色相具足,于书苑中亦盖代之一人也。"② 谢氏吹捧文氏楷书乃"盖代之一人",魏晋钟、王尚无真正楷法,唐人欧阳询、颜真卿等又有偏肥偏瘦之病,皆不能与文氏相提并论,遑论祝允明乎?应该说,谢氏此论实在是溢美过甚了。

其二,祝允明晚年的书风尤其是大草偏于豪纵,然有时或出于应接不暇,或乃任性自放甚至是纸笔难称、心境不调所为,使得有部分作品诚有纵横散乱、点画不精、荒率粗糙之弊,加上许多赝品流传欺人眼目,遂使一些评论者站在道统的角度对祝氏进行了比较严肃的批评。如项穆(约1550—1600),在《书法雅言》中言:"希哲、存理,资学相等。初范晋唐,晚归怪俗,竟为恶态,骇诸凡夫,所谓居夏而变夷,弃陈而学许者也。"③ 邢侗(1551—1612)则评价祝允明:"资才迈世,第颓然自放,不无野狐。"④ 所谓"怪俗"、"恶态"、"野狐",项、邢二人将这些词汇加诸

---

① (明)何良俊:《四友斋丛说》卷二十七,中华书局1958年版,第252页。
② (明)谢肇淛:《五杂组》卷七,上海书店出版社2001年版,第127页。
③ (明)项穆:《书法雅言》之《资学》附评,载《历代书法论文选》,上海书画出版社1979年版,第520页。
④ 马宗霍:《书林藻鉴　书林记事》,文物出版社1984年版,第178页。

第七章 余论:由时人及后世评价的异同重新审视祝允明书学的贡献及历史地位

祝氏身上,未免有点过于苛刻之嫌。与他们类似的声音还有如娄坚评祝氏草书:"笔力非不矫矫,求之伯高藏真尚多乖少合,况于晋人之远韵乎?"①归庄(1613—1673)称:"世之称祝京兆书者,多取其草书,余尝怪之,京兆草书最著者如十九首之类,不免失之太熟,至于狂草,纵横全无法度,或大误后生。"②董其昌门人倪后瞻又言:"祝允明书从二王草书得手,下笔最为圆劲有力,纵横如意,但每露俗气,又不善真行。即草书中亦能作数家体,其怀素一种类为世人借径,遂堕恶道。甚至如请仙笔,遂使名手蒙讥,真前辈罪人也。"③上述诸家对祝允明晚年草书的狂放多难以认同,并给予了不同程度的讥讽。

其三,有部分晚明书家在对祝允明的书学进行批评的同时,也有一些比较中肯的意见。例若詹景凤在每每称誉祝氏书才的同时,也指出其"病于用才太过,以纵乖法"④。还将其与文徵明、丰坊等同时期的书家相较:"祝希哲有书家之才而无其学,丰人翁(丰坊)有书家之学而无其韵,文徵仲有其韵有其才有其学而未大,然均之未化。或谓希哲化矣,予谓才劲爽而笔剽捷然耳,彼功力未就于闲。"⑤詹氏所语虽未尽客观,然其意见亦尚属中肯。赵宧光也曾对祝允明等吴中诸家作了比较,并指出各自得失所在,其云:"近代吴中四家并学二王行草,仲温得其苍,希哲得其古,徵仲得其端,履吉得其韵;一于苍则芜,一于古则野,一于端则时,一于韵则荡,四者皆过也。"⑥莫云卿则在批评祝允明"楷书骨不胜肉,

---

① (明)娄坚:《评书》,见崔尔平选编《明清书法论文选》,上海书店出版社1994年版,第399页。

② 归庄跋祝允明《临黄庭经卷》,载何炎泉编辑《毫端万象:祝允明书法特展》,台北故宫博物院2013年版,第103页。

③ (明)倪后瞻:《倪氏杂著笔法》,见崔尔平选编《明清书法论文选》,上海书店出版社1994年版,第443页。

④ (明)詹景凤:《詹东图玄览编》附录题跋之《题沈仲亨虞部所藏祝京兆草书》,载卢辅圣主编《中国书画全书》第四册,上海书画出版社1994年版,第56页。

⑤ (明)詹景凤:《詹东图玄览编》附录题跋之《题丰人翁临逸少六帖后》,载卢辅圣主编《中国书画全书》第四册,上海书画出版社1994年版,第57页。

⑥ (明)赵宧光:《寒山帚谈》法书七,见崔尔平选编《明清书法论文选》,上海书店出版社1994年版,第331页。

下编 地域、风尚与祝允明的书学

行草应酬，纵横散乱，精而察之，时时失笔"的同时，又不得不承认祝书"当其合作，遒爽绝伦"①。他还称赞祝允明书法："虽泛滥诸家，而心匠尤妙，当其纵意合撰，高古卓绝，有钟、王之轨焉。"② 晚明另一成就卓然的书法大家董其昌言："学书在十七岁时……凡三年，自谓逼古，不复以文徵仲、祝希哲置之眼角。"后又悔己"于书家之神理，实未有入处，徒守格辙耳。……方悟从前妄自标许"③。董氏为了推举其"云间书派"的书家，还称"文、祝二家，一时之标，然欲突过二沈（沈度、沈粲），未能也，以空疏无实际故"④。他还曾极力赞许同乡书家张弼而批评祝允明：

> 若有意无意，或矜庄如礼法之士，或潇洒如餐霞之人，虽与希哲同学醉素，而狂怪怒张希哲不免，翁是无也。⑤

从董氏对二沈、张弼与祝允明的比较看，诚有颠倒是非、混淆视听之嫌，真的给人一种"月是故乡明"的感觉！但是，当他看到祝允明优秀的真迹时，又由衷赞叹祝书："如绵裹铁，如印印泥，方是本色真虎。"⑥ 以董氏自视甚高之个性，能以此等语言评价祝允明，可知其后来对祝氏之书学还是持认可意见的。

其四，晚明的更多书家，对祝允明的书学才华及成就，表示了积极认可的态度，他们颂扬的高度，甚至一点也不亚与祝氏同时代的师友及追随者们的评价。如王世贞每每高呼："国朝书法，当以祝希哲为上，文徵仲、

---

① （明）莫云卿：《评书》，载崔尔平选编《明清书法论文选》，上海书店出版社1994年版，第213页。
② 莫云卿跋祝允明《六体杂书诗文》，载故宫博物院编《徐邦达集》卷六《古书画过眼要录》之"元明清书法二"，紫禁城出版社2006年版，第887页。
③ （明）董其昌：《画禅室随笔》卷一《评法书》，上海远东出版社1999年版，第29页。
④ 同上书，第47页。
⑤ （明）董其昌：《容台集·别集》卷二《书品》，南京图书馆古籍部藏。
⑥ （明）董其昌：《容台集》之《论书》，见崔尔平选编《明清书法论文选》，上海书店出版社1994年版，第256页。

第七章 余论：由时人及后世评价的异同重新审视视允明书学的贡献及历史地位

王履吉、宋仲温、宋仲珩次之，陆子渊、丰道生、沈华亭、徐元玉、李贞伯又次之，余似未入品"，"天下书法归吾吴，而以祝京兆允明为最"①，"吴中如徐博士昌穀（徐祯卿）诗，祝京兆希哲书，沈山人启南（沈周）画，足称国朝三绝"②。屠隆（1542—1605）在《考槃余事》中论述："国朝书家，当以祝希哲允明为上。今之人不啻家临池而人染翰，然无敢与希哲抗衡也。"③ 此语基本上为蹈袭王世贞之观点。陆士仁也像文彭那样的赞叹祝允明：

> 合诸家之秘，为集大成。盖其出入放纵，自不出于绳墨之外也……天真烂漫，周旋规矩，使二王复生，未必不为之敛手矣。其得徐、李之资，而天纵以神采者耶。④

董其昌的门生周之士重新给明代前中期诸家排座次：

> 国朝书家自京兆而后，当推徵仲，擅代楷法出于右军，圆劲古淡，雅不落宋、齐蹊径，法韵两胜人也；王履吉、宋仲温、宋仲珩次之，陆子渊、丰考公、沈华亭、徐元玉、李祯伯又其次者也。⑤

周之士在推重文徵明楷法的同时，并未像何良俊那样贬低祝允明，而是依然将祝氏置于诸家之首。其他如米万钟（1570—1628）也认为："我朝初

---

① （明）王世贞：《艺苑卮言》附录三，载《弇州四部稿》卷一百五十四，《文渊阁四库全书》电子版，上海人民出版社1999年版。
② （明）王世贞：《艺苑卮言》卷六，载《弇州四部稿》卷一百四十九，《文渊阁四库全书》电子版，上海人民出版社1999年版。
③ （明）屠隆：《考槃余事》之《学书》，见华人德《历代笔记书论汇编》，江苏教育出版社1996年版，第211页。
④ （明）陆时化：《吴越所见书画录》卷二《祝京兆张体自诗卷》，载卢辅圣主编《中国书画全书》第八册，上海书画出版社1994年版，第1014页。
⑤ （明）周之士：《游鹤堂墨薮》之《论元明书家》，见崔尔平选编《明清书法论文选》，上海书店出版社1994年版，第385页。

推云间二沈,得正衣钵者唯枝山先生一人而已。"① 李日华观祝书甚多,其称:"服其渊博。盖胸中酝酿诸家妙处,不觉变现出没如是耳。"② 陆时化亦评:"祝希哲书力追二王,趋向既高,兼之天资超卓,学力深沉,遂为有明书家第一。"③ 而对于被晚明书家屡有诟病的祝氏狂草,朱谋垔又在《续书史会要》给予肯定:"祝允明……而狂草为本朝第一。"④ 有了以上这么多晚明书家对祝氏书学成就的不吝褒奖与高度赞誉,祝氏在天之灵若能感知,自当足以欣慰,而相比之下,邢侗、项穆等人不太客观甚至带有偏激的苛刻讥讽之声,似又显得并非那么特别重要了!

第三节 清人的评价及其与明代其他书家的比较

明末清初的顾复在其《平生壮观》中云:

> 祝希哲为徐武功之甥,李太仆之婿,书法亲炙两公,而耳提目触,不须构思。九势八法,所得已过半矣。况乎加之以力学,五古不师,见其楷书学《季直表》《力命帖》,章草学《急就》,狂草学《自叙》,行书学二王,间以唐宋,落笔沉着,气韵恢弘,当日声名迈三宋,而上接欧波,洵不虚矣。不百年而董宗伯挺出云间,希哲声价减其五六,再数年而王相国继起孟津,希哲声价顿减七八。⑤

这段话对祝允明的书学经历及成就进行了非常确切的评价,同时,与董其

---

① 米万钟跋祝允明《古诗十一首卷》,载卢辅圣主编《中国书画全书》第七册佚名撰《十百斋书画录》,上海书画出版社1994年版,第672页。
② (明)李日华:《味水轩日记》卷七,上海远东出版社1996年版,第439页。
③ (明)陆时化:《吴越所见书画录》卷二《祝京兆行书古诗十九首册》,载卢辅圣主编《中国书画全书》第八册,上海书画出版社1994年版,第1017页。
④ (明)朱谋垔:《续书史会要》,《文渊阁四库全书》电子版,上海人民出版社1999年版。
⑤ (清)顾复:《平生壮观》卷五《祝允明》,上海古籍出版社2011年版,第166页。

第七章　余论：由时人及后世评价的异同重新审视祝允明书学的贡献及历史地位

昌、王铎等明末书家相比，顾复所描述的祝允明在此际的影响力，应也比较符合历史的客观事实。明万历年间，随着以董其昌为核心的"云间书派"的崛起，整个时代书坛的格局也发生重大的变化。吴门书派的后续在晚明因追随文徵明者众多，且于书学多陈陈相因，无一二雄秀杰出者，衰落甚至一蹶不振则是必然之规律，而王世贞所言的"天下书法归吾吴"，更多乃出于对文、祝那个年代的自负表彰，自董其昌等人出现，即已不是那么回事了。与董氏同时或稍后的书家，若河南籍王铎、福建籍张瑞图与黄道周、浙江籍倪元璐等人又相继崛起，欲与董氏领衔的云间众多书家相抗衡，掀晚明个性书风变革的狂飙，祝允明的影响渐趋式微洵属自然。

但是，到了清人眼里，他们又能比较客观地看待祝允明以及晚明诸家的书学成就，其中有很多观点更是不失为真知灼见。清代许多书家站在比较公允的立场上，对祝允明书法的诸体成就皆给予了相当积极的评骘，如陈奕禧、程瑶田跋祝允明《楷书诗词卷》称：

> 明时书家，自宋仲温父子开之，至京兆而大畅其学，雅宜王宠与之颉颃，三百年间无过二公者。[1]

> 祝希哲书在有明中叶推为第一，今观之实有涵盖一切之妙。[2]

而清初王澍在看到祝氏大楷《千文册》则惊叹"以为鲁公（颜真卿）复生，应无以过"，并亲笔以篆书题"祝京兆颜鲁公书千字文第一楷迹"于该卷首。[3] 对于最能体现祝允明个性特征的行草、狂草类作品，清人则更加认可，例如：

---

[1] 陈奕禧跋祝允明《楷书诗词卷》，今藏北京故宫博物院，亦载中国古代书画鉴定组编《中国古代书画图目》第1册之京1-013，文物出版社1993—2000年版。

[2] 程瑶田跋祝允明《楷书诗词卷》，今藏北京故宫博物院，亦载中国古代书画鉴定组编《中国古代书画图目》第1册之京1-013，文物出版社1993—2000年版。

[3] 参阅（明）祝允明《千文册》，载何炎泉编辑《毫端万象：祝允明书法特展》，台北故宫博物院2013年版，第39页。

下编 地域、风尚与祝允明的书学

京兆草书，擅颠素之奇，宋元以后，罕与颉颃者，此卷书游罗浮诸诗，云影山光，飘飘有仙气从指出，尤为生平得意之作。①

前明祝京兆草书诗卷，笔意夭矫，波折圆劲，腕间灵气勃勃，是深于晋法者。②

真趣横溢，亦竟仿佛米老，而目空诸家时耳。③

祝京兆为三百年中第一人，然余止见其丧中一札，几可上接献之。④

祝京兆书，在闽中见一手卷，乃丧中与人一札，上可追踪大令，下可配享素师，生平所见无出其右。⑤

此卷真行草书，随意挥洒而气韵淡雅，脱尽平时窠臼，吾尝谓前明若无香光，则希哲自当独步，观此种书乃信。⑥

枝指生书，明代一人也，出手多由晋、魏，不染唐法，别具隽永淡远风味。⑦

---

① 铁保跋祝允明草书《宿罗浮诗》，上海博物馆藏，载中国古代书画鉴定组编《中国古代书画图目》第2册之沪1-493，文物出版社1993—2000年版。
② 袁鉴跋祝允明《草书自书诗卷》，今藏故宫博物院，载《中国法书全集》卷十三明2，文物出版社2009年版，第30页。
③ 翁方纲跋祝允明《草书云江记》，天津博物馆藏，载中国古代书画鉴定组编《中国古代书画图目》第9册之津7-0085，文物出版社1993—2000年版。
④ （清）杨宾：《大瓢偶笔》卷五《论祝允明书》，见崔尔平选编《历代书法论文选续编》，上海书画出版社1993年版，第534页。
⑤ 同上。
⑥ 王文治跋祝允明《三体书杂诗卷》，今藏故宫博物院，载《故宫博物院藏文物珍品大系：明代书法》，上海科技出版社2001年版，第130页。
⑦ （清）陈奕禧：《绿阴亭集》之《题枝山梅花咏》，见崔尔平选编《明清书法论文选》，上海书店出版社1994年版，第385页。

第七章　余论:由时人及后世评价的异同重新审视祝允明书学的贡献及历史地位

有明一代,独京兆力追晋人,不肯落唐后一笔。①

甚至对于祝氏传世作品并不为多的章草作品,有些清代书家也认为其是明人章草中之杰出者,如姜宸英谓:"章草书前朝惟宋仲温得张、索遗意,而过于放佚。枝山继之体,兼众家,故为明书家第一。"②陈玠言:"祝京兆《急就》得索征西笔意,更有别韵。世人多不知其妙好处,正不在彼之真、行、草书也。"③当然,除了赞誉,也有个别的清代书家对祝允明晚年狂草仍然抱有不知认可的意见,如杨守敬批评祝氏及其他明代书家:"明人大抵工行楷,解大绅、张东海、祝枝山所谓草书者,皆旭、素末流,未足语晋人距度也。"④

另外,若王澍、梁巘、杨宾等人在评论祝允明书法的同时,也将祝允明与宋克、文徵明、董其昌、王铎等同朝书家作了适当的比较,指出他们各自的长短所在。

如清初王澍一方面称祝允明:"为书涵泓淳滀,无所不有。……自赵吴兴以来,二百余年,至此乃始一变。虽以文待诏之秀劲,犹循吴兴故辙,未如京兆独挺流俗,较然自名一家也。"⑤一方面又论:"有明一代书法,祝京兆变化不拘,董宗伯天才超逸,二公于三百年来足可笼罩。然京兆虽能尽变,而骨韵未清;宗伯骨韵虽清,而又未能尽变。"⑥此论虽颇有可商榷之处,然仍不失公允,并且王澍还是承认祝允明书法为"有明第

---

①　(清)梁同书:《频罗庵论书》,见崔尔平选编《明清书法论文选》,上海书店出版社1994年版,第687页。

②　(清)姜宸英:《湛园书论》,见崔尔平选编《明清书法论文选》,上海书店出版社1994年版,第463页。

③　(清)陈玠:《书法偶集》,见崔尔平选编《明清书法论文选》,上海书店出版社1994年版,第580页。

④　(清)杨守敬:《学书迩言》,见崔尔平选编《历代书法论文选续编》,上海书画出版社1993年版,第711页。

⑤　(清)王澍:《虚舟题跋》之《明祝允明小行楷》,见崔尔平选编《历代书法论文选续编》,上海书画出版社1993年版,第644页。

⑥　(清)王澍:《虚舟题跋》之《明祝允明兰亭并文徵明图》,见崔尔平选编《历代书法论文选续编》,上海书画出版社1993年版,第663页。

一"的,但又批评其用笔"往往纵逸处多,肃括处少,不免为沿门擿黑者开先路,此则京兆之病"①。这个批评应主要还是针对祝允明晚年狂草的纵放,与晚明项穆诸家的论调又较接近。梁巘在《评书帖》中又将祝允明与文徵明、董其昌相较:

> 祝、文、董并称,董蕴藉醇正,高出余子。祝气骨过董,而落笔太易,运笔微硬,逊董一格。文书整齐,少嫌单弱,而文雅圆和,自属有养之品。②

> 枝山古诗十九首刻停云馆帖中,古劲超逸,真堪倾倒徵仲,余书学怀素,离奇怪异,而无奇瘦硬,距度不及徵仲远甚。③

梁氏在指出祝允明逊董一格的同时,似乎又更为推崇文徵明的书法,认为其属"有养之品",然其又言祝允明学怀素草书而离奇怪异,法度规矩远不及文徵明,则有点失却公道了。杨宾也将祝允明与明初的宋克作比较,认为宋克在祝允明面前应退避三舍,并赞祝书"实为三百年中第一人"④。又将他们二人与董其昌等相比:"宋仲温、祝希哲自在董思白上,文待诏、丰考功、王孟津虽天资少逊,而学力皆过之,何以董思白贵至数百倍,真不解也。"⑤杨宾在此强调宋克、祝允明的书法应是明显高于董其昌的,即便文徵明、丰坊、王铎诸家也有董书不可及处。然而,真实的历史背景是,董其昌的书法在清初因为康熙皇帝玄烨的喜爱而倍加风靡,几有一家独尊之势,致使董书在当时的市场价格方面也自然远高于明代文、祝等明

---

① (清)王澍:《竹云题跋》,见崔尔平选编《历代书法论文选续编》,上海书画出版社1993年版,第630页。
② (清)梁巘:《评书帖》,见《历代书法论文选》,上海书画出版社1979年版,第576页。
③ 同上书,第583页。
④ (清)杨宾:《大瓢偶笔》卷五《论祝允明书》,见崔尔平选编《历代书法论文选续编》,上海书画出版社1993年版,第533页。
⑤ (清)杨宾:《大瓢偶笔》卷八《偶笔识余》,见崔尔平选编《历代书法论文选续编》,上海书画出版社1993年版,第593页。

第七章　余论:由时人及后世评价的异同重新审视祝允明书学的贡献及历史地位

代众多书家的作品,故而杨宾在此又颇为祝允明等人所遭遇的不公正待遇鸣不平了。

第四节　祝允明书学贡献及其历史地位的重新审视

通过对祝允明的书学思想、书风的来源、特征以及传承影响,还有时人及后世各种评价的了解,我们对祝允明于书学方面的贡献及历史地位也极有必要进行重新审视。这里的重新,不是完全推翻前人的一些看法,更不是对祝允明书学乃至书法史的发展作纯粹而全新的现代阐释,乃是希望能站在客观公允的立场上,尽量揭示历史的真实,给以正确的判断。综合祝允明的书学成就及各类史料的分析,祝氏在书法方面的贡献至少有以下几个方面值得我们特别关注,笔者在此姑且为之名曰"三功一导"。

第一"功",祝允明于书法遍学历代书家,集所众长,并将以复古为革新的传统创作理念演绎得淋漓尽致。自元初赵孟頫高举书学"复古"大旗以来,书史发展的复古潮流一直占据主流地位,元、明两代的江南文人书家多受赵氏思想沾溉,祝允明当然也不例外,而祝氏本身对赵孟頫的推崇以及对其书法的学习,也更能说明这一问题。祝允明于书法一途,本质上也是走的一条"上攀晋唐"的复古之路,其尊古、学古、师法极广,但是在他之前、同时代甚至身后的众多书家中,像祝氏如此涉猎广泛,而又成就杰出者,应是并不多见。也正因如此,当时吴中文人若王宠等才以善于集古、"盖取诸长处"与之相喻,并称之为"当今海岳"[1]。

第二"功",勇于突破前人及时辈的笼罩,一扫元人旧习及明代前期台阁体书法之弊端,引领吴门书派在明中叶强势崛起,使得书法的发展重新回到文人化的正轨,书史发展遂亦为之一变。明代初期以宋克、宋广、

---

[1] (明)缪曰藻:《寓意录》卷三《祝枝山书述》,载卢辅圣主编《中国书画全书》第八册,上海书画出版社1994年版,第926页。

下编 地域、风尚与祝允明的书学

宋璲等为代表的文人书家非不佼佼，然察其书风实多元人余绪，而之后以沈度、沈粲等为代表台阁书家，既承元人风气，更将书法引向端庄雍容、婉丽遒美的贵族审美趣味，甚而多有庸俗之态。祝允明的师辈若徐有贞、沈周、吴宽、李应祯于书法方面实亦欲矫时弊，他们学习取法宋代苏、黄、米诸家，注重文人情性的抒发，然而，由于功力、天赋甚至囿于一端之偏激思想等多种原因，未能使书学在他们身上得到真正广大。祝允明自幼受到这些长辈的教导，他们所强调的扎根传统及其创新等书学理念，更是在其身上得到了比较完美的体现。

第三"功"，祝允明的书学理念及实践使得时辈乃至后人知道于书法一途必须要取法晋唐。明代前中期的书坛，虽有很多人也高喊"复古"口号，然在实际的书学实践上皆陈陈相因，受时风浸染太多，并未能真正的接近古人。祝允明发觉这一现状后，即指出很多人学书时不察"祖宗面貌"的错误所在，甚至直接批评其岳父李应祯"既远群从，并去根源，或从孙枝中翻出己性……乃其胸怀自喜者也"[1]。祝允明的这一功劳也得到后人的承认，如沈德符也称："国初能手多粘俗笔，如詹孟举、宋仲温、沈民则、刘廷美、李昌祺辈，递向模仿而气格日下。自祝希哲、王履吉二君出，始存晋、唐法度。"[2] 即便若晚明项穆在严厉斥责祝氏书法"晚归怪俗"的同时，也不得不承认祝允明"然令后学知宗晋唐，其功岂少补邪！"

"一导"，即指祝允明的书学思想及其晚年所形成的遒古奇纵、豪放任情的书风特征，皆为晚明文人书家浪漫书风变革潮流起到了启迪和先导作用。任何事物的发展变革，都不会是一夜之间突然发生的，晚明时期在思想、文化、艺术等多个领域发生的丕变，实际上于明代中叶即已悄然开始，书法的发展当然也不例外。晚明的许多书家由于在哲学层面受到了王阳明"心学"、李贽"童心说"及禅宗等多种思想的交叉影响，在书法创作方面则有着极其强烈的主体表现欲望，崇尚个人情性的发挥，而这些现

---

[1] （明）祝允明：《书述》，载《怀星堂集》卷二十四，《文渊阁四库全书》电子版，上海人民出版社1999年版。

[2] 崔尔平选编：《历代书法论文选续编》，上海书画出版社1993年版，第419页。

第七章 余论:由时人及后世评价的异同重新审视祝允明书学的贡献及历史地位

象在祝允明身上已经有所体现。祝允明本性豪放,中年以后随着科举的屡屡失利则变得更加任诞不羁,崇尚佛道,隐逸思想浓厚,其思想深处与徐渭等晚明文人亦多有相通之处,而其纵逸之狂草更为其洞透人生之后强烈排遣与真实写照。从这个层面说,祝允明虽然于书学一途崇古、学古,同时也是重真情、重个性的时代先行者。

基于以上几点的归纳总结,我们可以比较确定地说,在明代中期吴门文人书家群体中,祝允明的书学成就及贡献肯定是最大的,可谓无人能出其右。再如清代中期帖学的代表人物张照(1691—1745)对祝允明评价:"香光(董其昌)未出世,执书坛牛耳,宜哉!"[1] 张照指出在董其昌未于晚明书坛称雄之前,祝允明应为明代书坛执牛耳之第一人。如果综合前文所列晚明至清代众多书家的评论来看,张氏的这一观点应该说还是能被大多数人所接受的。但是,更为重要的是,世人若能对祝允明书学的杰出成就及其贡献有着比较一致的认可和共识,那么,祝氏之书名与地位伴随着历史时事的变迁所出现的一时沉浮,诚又何足道哉!

---

[1] (清)张照:《天瓶斋书论》之《跋祝京兆书三则》,载崔尔平选编《明清书法论文选》,上海书店出版社1994年版,第580页。

参考文献

一 古代文献

（明）董其昌：《容台集》，《文渊阁四库全书》电子版，上海人民出版社1999年版。

（明）顾璘：《国宝新编》，《四库全书存目丛书》，齐鲁书社1996年版。

（明）顾璘：《顾华玉集》，《文渊阁四库全书》电子版，上海人民出版社1999年版。

（明）顾复：《平生壮观》卷五，上海古籍出版社2011年版。

（明）顾起元：《客座赘语》，中华书局1987年版。

（明）顾宪成：《泾皋藏稿》，《文渊阁四库全书》电子版，上海人民出版社1999年版。

（明）黄省曾：《吴风录》，《续修四库全书》史部地理类，上海古籍出版社2002年版。

（明）何乔远选编：《皇明文徵》，《四库全书存目丛书》，齐鲁书社1997年版。

（明）何良俊：《四友斋丛说》，中华书局1959年版。

（明）何良俊：《何翰林集》，《四库全书存目丛书》，齐鲁书社1997年版。

（明）焦竑：《献征录》，上海书店1987年版。

（明）陆容：《菽园杂记》，中华书局1985年版。

（明）李梦阳：《空同集》，《文渊阁四库全书》电子版，上海人民出版社

1999年版。

（明）李贽：《焚书 续焚书》，中华书局1975年版。

（明）李日华：《味水轩日记》，上海远东出版社1996年版。

（明）郎瑛：《七修类稿》，上海书店出版社2001年版。

（明）刘凤：《续吴先贤赞》，上海商务印书馆1938年版。

（明）李诩：《戒庵老人漫笔》，中华书局1982年版。

（清）钱谦益：《列朝诗集小传》，上海古籍出版社1982年版。

（明）沈德符：《万历野获编》，中华书局1959年版。

（明）吴宽：《家藏集》，《文渊阁四库全书》电子版，上海人民出版社1999年版。

（明）王宠：《雅宜山人集》，《四库全书存目丛书》，齐鲁书社1995年版。

（明）王世贞：《弇州山人四部稿》，《文渊阁四库全书》电子版，上海人民出版社1999年版。

（明）王世贞：《弇州山人续稿》，《文渊阁四库全书》电子版，上海人民出版社1999年版。

（明）王锜：《寓圃杂记》，中华书局1984年版。

（明）文震孟：《姑苏名贤小纪》，《四库全书存目丛书》，齐鲁书社1996年版。

（明）汪砢玉：《珊瑚网》，《文渊阁四库全书》电子版，上海人民出版社1999年版。

（明）文徵明：《甫田集》，《文渊阁四库全书》电子版，上海人民出版社1999年版。

（明）徐渭：《徐渭集》，中华书局1981年版。

（明）徐中行：《天目先生集》，《四库全书存目丛书》，齐鲁书社1997年版。

（明）谢肇淛：《五杂组》，上海书店出版社2001年版。

（明）袁宏道著，钱伯城笺校：《袁宏道集笺校》，上海古籍出版社1986年版。

（明）袁中道：《坷雪斋集》，上海古籍出版社1989年版。

（明）阎秀卿：《吴郡二科志》，《四库全书存目丛书》，齐鲁书社 1996 年版。

（明）郁逢庆：《书画题跋记》，《文渊阁四库全书》电子版，上海人民出版社 1999 年版。

（明）祝允明：《怀星堂集》，《文渊阁四库全书》电子版，上海人民出版社 1999 年版。

（明）祝允明：《祝子罪知录》，见《四库全书存目丛书》，齐鲁书社 1995 年版。

（明）祝允明：《祝枝山全集》，大道书局 1935 年版。

（明）祝允明：《浮物》，《四库全书存目丛书》，齐鲁书社 1995 年版。

（明）祝允明：《读书笔记》，《四库全书存目丛书》，齐鲁书社 1995 年版。

（明）张廷玉等：《明史》，中华书局 1974 年版。

（明）张丑：《真迹日录》，《文渊阁四库全书》电子版，上海人民出版社 1999 年版。

（明）张丑：《清河书画舫》皱字号第十二，上海古籍出版社 2011 年版。

（明）朱谋垔：《续书史会要》，《文渊阁四库全书》电子版，上海人民出版社 1999 年版。

（明）朱存理：《楼居杂著》，见《四库明人文集丛刊》本之倪岳撰《青溪漫稿》外三种，上海古籍出版社 1991 年版。

（明）朱应登：《凌溪先生集》，《四库全书存目丛书》，齐鲁书社 1997 年版。

二　近现代著作（含文献资料汇编）

白谦慎：《傅山的世界——十七世纪中国书法的嬗变》，生活·读书·新知三联书店 2006 年版。

白谦慎：《傅山的交往与应酬》，上海书画出版社 2003 年版。

曹宝麟：《中国书法史·宋辽金卷》，江苏教育出版社 1999 年版。

陈建华：《中国江浙地区十四世纪至十七世纪社会意识与文学》，学林出版社 1992 年版。

陈麦青：《祝允明年谱》，复旦大学出版社 1996 年版。

参考文献

陈宝良：《明代社会生活史》，中国社会科学出版社 2004 年版。

陈江：《明代中后期的江南社会和社会生活》，上海社会科学院出版社 2006 年版。

陈智超：《钱镜塘藏明代名人尺牍·释文考证》，上海古籍出版社 2002 年版。

崔尔平编校：《明清书法论文选》，上海书店出版社 1994 年版。

崔尔平选编：《历代书法论文选续编》，上海书画出版社 1993 年版。

朵云编辑部：《董其昌研究文集》，上海书画出版社 1998 年版。

范志新编年校注：《徐祯卿全集编年校注》，人民文学出版社 2009 年版。

方爱龙：《南宋书法史》，上海古籍出版社 2008 年版。

范景中、曹意强等主编：《美术史与观念史》XII，南京师范大学出版社 2011 年版。

葛鸿桢：《论吴门书派》，荣宝斋出版社 2005 年版。

葛鸿桢主编：《中国书法全集·祝允明》，荣宝斋出版社 1992 年版。

葛荃：《权力宰制理性：士人、传统政治文化与中国社会》，南开大学出版社 2003 年版。

葛兆光：《禅宗与中国文化》，上海人民出版社 1986 年版。

华人德主编：《历代笔记书论汇编》，江苏教育出版社 1996 年版。

华人德等主编：《明清书法史国际学术研讨会论文集》，上海古籍出版社 2008 年版。

何炎泉编辑：《毫端万象：祝允明书法特展》，台北故宫博物院 2013 年版。

黄仁宇：《中国大历史》，生活·读书·新知三联书店 1997 年版。

黄宾虹、邓实辑：《美术丛书》，江苏古籍出版社 1986 年版。

黄惇：《中国书法史·元明卷》，江苏教育出版社 2002 年版。

蒋兆成：《明清杭嘉湖社会经济史研究》，杭州大学出版社 1994 年版。

李国祥等编：《明实录类纂》，武汉出版社 1993 年版。

李孝悌主编：《中国的城市生活》，台北：联经出版公司 2005 年版。

林利隆：《明人的舟游生活》，明史研究小组印行，台北：乐学书局有限公司 2005 年版。

卢辅圣主编:《中国书画全书》,上海书画出版社1998年版。

刘莹:《文徵明诗书画艺术研究》,台北:蕙风堂笔墨有限公司1995年版。

马宗霍辑:《书林藻鉴 书林记事》,北京文物出版社1984年版。

南京博物院编:《南京博物院藏扇面书画集》,人民美术出版社1997年版。

潘存厚辑:《明清画苑尺牍》,台北:中华书局1971年版。

彭国翔:《良知学的展开——王龙溪与中晚明的阳明学》,生活·读书·新知三联书店2005年版。

蒲慕州主编:《台湾学者中国史研究论丛——生活与文化》,中国大百科出版社2005年版。

启功、王靖宪主编:《中国法帖全集》,湖北美术出版社2002年版。

钱存训:《中国纸和印刷文化史》,广西师范大学出版社2004年版。

钱杭、承载:《十七世纪江南社会生活》,浙江人民出版社1996年版。

容庚:《丛帖目》,香港中华书局1981—1982年版。

石守谦主编:《经济史、都市文化与物质文化》,台北:"中研院"史语所,2002年。

石守谦:《风格与世变》,北京大学出版社2008年版。

上海书画出版社、华东师范大学古籍整理研究室选编校点:《历代书法论文选》,上海书画出版社1979年版。

唐力行等:《苏州与徽州——16—20世纪两地互动与社会变迁研究》,商务印书馆2007年版。

台北故宫博物院:《故宫历代法书全集》,1989年。

台北何创时基金会编:《明末清初书法展》,台北何创时基金会,1996年。

万明主编:《晚明社会变迁:问题与研究》,商务印书馆2005年版。

王春瑜:《明清史事沉思录》,陕西人民出版社2007年版。

王春瑜主编:《明史论丛》,中国社会科学出版社1997年版。

王尔敏:《明清时代庶民文化生活》,岳麓书社2002年版。

吴承学:《晚明小品研究》,凤凰出版社1999年版。

谢国桢选编:《明代社会经济史选编》,福建人民出版社2004年版。

谢国桢选编：《明史资料丛刊》，江苏人民出版社1982年版。

熊月之等编：《明清以来江南社会与文化论集》，上海社会科学院出版社2004年版。

徐邦达：《古书画鉴定概论》，文物出版社1981年版。

徐复观：《中国艺术精神》，华东师范大学出版社2001年版。

徐茂明：《江南士绅与江南社会（1368—1911）》，商务印书馆2004年版。

徐茂明：《互动与转型：江南社会文化史论》，上海人民出版社2012年版。

薛龙春：《雅宜山色：王宠的人生与书法》，上海书画出版社2013年版。

叶德辉：《书林清话》，辽宁教育出版社1998年版。

杨永安：《吴中四才子——祝允明之思想与史学》，香港：先锋出版社1987年版。

印顺：《中国禅宗史》，江西人民出版社1999年版。

余英时：《士与中国文化》，上海人民出版社2003年版。

周道振、张月尊纂：《文徵明年谱》，百家出版社1998年版。

周道振辑校：《文徵明集 补辑》，上海古籍出版社1987年版。

周道振、张月尊辑校：《唐伯虎全集》，中国美术学院出版社2002年版。

张德建：《明代山人文学研究》，湖南人民出版社2005年版。

张海鹏、王廷元主编：《明清徽商资料选编》，黄山书社1985年版。

张嘉昕：《明人的旅游生活》，明史研究小组，台北：乐学书局有限公司2004年版。

张鲁泉、傅鸿展主编：《故宫藏明清名人书札墨迹选》（明代二），荣宝斋出版社1993年版。

中国古代书画鉴定组编：《中国古代书画图目》，文物出版社1993—2000年版。

庄申：《扇子与中国文化》，台北：东大图书股份有限公司1992年版。

左东岭：《王学与中晚明士人心态》，人民文学出版社2000年版。

中国古代书画鉴定组编：《中国法书全集》，文物出版社2009年版。

［美］傅申：《海外书迹研究》，葛鸿桢译，紫禁城出版社1987年版。

［英］柯律格：《雅债：文徵明的社交性艺术》，邱士华、刘宇珍、胡隽译，台北：石头出版社2009年版。

［美］高居翰：《山外山：晚明绘画（1570—1644）》，王嘉骥译，上海书画出版社2003年版。

［美］牟复礼、［英］崔瑞德编：《剑桥中国明代史》，中国社会科学出版社1992年版。

三　论文

戴立强：《祝允明书法作品辨伪九例》，《中国古代书画艺术国际学术讨论会论文汇编》，辽宁省博物馆编，2004年。

戴立强：《〈祝允明草书自诗卷〉辨伪》，《中国文物报》2006年7月5日第7版。

戴立强：《再谈祝允明草书辨伪问题》，《中国文物报》2006年8月2日第7版。

邸晓平、胡璟：《明中叶吴中文人的才士风度形成探析》，《北京科技大学学报》2007年第2期。

邸晓平：《简论明中叶吴中文人集团的形成》，《北京科技大学学报》2005年第4期。

董舒展：《祝枝山书法》，硕士学位论文，中国美术学院，2010年。

李双华：《论明中叶吴中士人的生活态度》，《北方论丛》2005年第6期。

李振松：《祝允明诗文研究》，硕士学位论文，暨南大学，2006年。

刘久庵：《祝允明草书自书与伪书辨析》，《收藏家》1999年第6期。

潘深亮：《祝允明书法辨伪面面观》，《中国名家书画鉴识》，万卷出版公司2005年版。

邱澎生：《物质文化与日常生活的辩证》，（台湾）《新史学》2006年第4期。

商传：《近年来明史研究管见》，《中国史研究动态》1997年第4期。

王卫民：《祝允明狂草艺术研究》，硕士学位论文，河南大学，2006年。

肖燕翼：《祝允明赝书的再发现》，《故宫博物院学术文库·古书画史论鉴赏文集》，紫禁城出版社 2005 年版。

徐楠：《新思潮萌生新的进取与彷徨——祝允明思想评述》，《北方论丛》2004 年第 6 期。

杨坤衡：《祝允明书法思想与实践研究》，硕士学位论文，首都师范大学，2007 年。

张爱国：《高堂大轴与明人行草》，《浙江艺术职业学院学报》2003 年第 3 期。

邹振环：《日记文献的分类与史料价值》，《复旦史学集刊》第一辑《古代中国：传统与变革》，复旦大学出版社 2005 年版。

附录　祝允明年表

编写说明：（1）本年表编写主要据陈麦青《祝允明年谱》，葛鸿桢《中国书法全集·祝允明》，周道振、张月尊《文徵明年谱》及《唐伯虎年表》，江兆申《文徵明与苏州画坛》等相关资料综合去取而成，在简单反映祝允明生平重要事迹的同时，又主要以祝氏的书事活动为主；（2）本年表所收入的各类文献已经著录或者目前藏于中国及海外各大博物馆的祝氏纪年作品，暂不涉及真伪考订。

天顺四年（1460）　　　　庚辰　一岁

十二月初六（1461年1月17日），祝允明生。时祖父祝颢官山西布政使右参政任上。

天顺五年（1461）　　　　辛巳　二岁

天顺六年（1462）　　　　壬午　三岁

天顺七年（1463）　　　　癸未　四岁

天顺八年（1464）　　　　甲申　五岁

此时应在山西，得长辈教导临池学书，能作径尺大字，目接皆晋唐法帖。又，读书一目数行。

祖父祝颢甫六十，致仕归里，与徐有贞、刘珏、沈周等游。

成化元年（1465）　　　　乙酉　六岁

在苏习字读书。

李应祯得授中书舍人。

成化二年（1466）　　　　　丙戌　七岁

常侍祝颢左右，因聪颖早慧，得吴宽、沈周等前辈赏识，且以欧阳文忠子相喻，料其日后必成才。

成化三年（1467）　　　　　丁亥　八岁

祖母六十寿诞，徐有贞、吴宽、汤瑄等人撰文绘图以贺。

成化四年（1468）　　　　　戊子　九岁

已能作诗，寝处有古诗，遍和之，有奇语，名声隐起。

出胎疡，愈后拜师受业（《与谢元和论诗书》）。

成化五年（1469）　　　　　己丑　十岁

祖父祝颢与沈周、刘珏、陈述等雅集于吴门魏昌家园，沈周作《魏园雅集图》并赋五律诗歌，诸公作跋。

友陈沂生。

成化六年（1470）　　　　　庚寅　十一岁

二月初四，友唐寅生。

十一月初六，友人文徵明生。

成化七年（1471）　　　　　辛卯　十二岁

夏，外祖父徐有贞夜访沈周，沈作诗《徐天全先生夜过》。

成化八年（1472）　　　　　壬辰　十三岁

七月十五日，外祖父徐有贞卒，吴宽撰行状，沈周、史鉴有祭文。

是岁，祖父祝颢友刘珏卒，祖父为之撰墓志，并有诗哭之。

吴宽登进士第。

文林登进士第。

王守仁生。

李梦阳生

成化九年（1473）　　　　　癸巳　十四岁

成化十年（1474）　　　　　甲午　十五岁

祖父祝颢七十寿诞，沈周有诗《祝大参七十》贺之。

是岁，王鏊二十五岁，中乡试第一。

成化十一年（1475）　　　　　乙未　十六岁

生母徐夫人卒，年岁不详。

有诗赠雍熙寺僧，载《祝子集略》卷二十二。

王鏊会试第一，庭试第三，得授编修。

钱同爱生。

成化十二年（1476）　　　　　丙申　十七岁

友文徵明7岁，因生而外椎，时方能立。

友顾璘生。

成化十三年（1477）　　　　　丁酉　十八岁

友文徵明犹未能语，人多疑其不慧，文父不以为然而独器重之，认为晚将长成。

友宝应朱应登生。

成化十四年（1478）　　　　　戊戌　十九岁

是岁，娶李应祯之女为妻。

十一月，妹夫史臣生。

友施儒生。

成化十五年（1479）　　　　　己亥　二十岁

入学为生员，力攻古文辞，为御史司马垔等赏识，并得其礼遇。

七月三日，子祝续生。

父祝瓛娶陈玉清为继室，为安福丞陈绅之女，吴县人。

友徐祯卿生。

成化十六年（1480）　　　　　庚子　二十一岁

秋，第一次赴应天乡试，不第。

祖父祝颢撰《重修文正书院记》。

继母陈氏生妹。

成化十七年（1481）　　　　　辛丑　二十二岁

与唐寅结交，时唐寅十二岁，闭户读书。

附录　祝允明年表

成化十八年（1482）　　　　　壬寅　二十三岁

成化十九年（1483）　　　　　癸卯　二十四岁

与都穆以古文辞名吴中，为人所重，秋，赴应天乡试，不第。

七月，父祝瓛卒。

十二月，祖父祝颢卒，李应祯为之撰墓志铭。

友顾璘生。

成化二十年（1484）　　　　　甲辰　二十五岁

友唐寅15岁，为生员，张灵与之同学。张灵性聪明，然挑达目恣，不修方隅，不为乡党所喜，祝允明嘉其才，令受业门下。

两年来作诗赋、杂文六十三首，汇成手稿，多年后，友文徵明为之作跋。文徵明《甫田集》有载。

友杨循吉登进士第。

成化二十一年（1485）　　　　　乙巳　二十六岁

在家居祖父、生父之丧，将读书之得，汇为《读书笔记》。

行书《庄子·秋水》篇，今藏故宫博物院。

十二月，祖姑祝妙清卒，为之撰墓志铭。

友人文徵明随父返乡里，与祝允明、唐寅订交，从吴县都穆学诗。

成化二十二年（1486）　　　　　丙午　二十七岁

仲夏，应吴宽之请，作小楷《林酒仙诗》，沈周、唐寅等并有题咏。裴景福《壮陶阁书画录》卷九有载。

仲夏望日后二日，临萧子云、薛稷书，并书《高唐赋》。《石渠宝笈》卷三有载。

六月十六日，临《黄庭经》。日本山本悌二郎《澄怀堂书画目录》卷三有载。

七月，试沈仲贤笔书《千字文》。张大镛《自悦怡斋书画录》卷九有载。

行书《登春台赋三首》，今藏济南博物馆。

行书为沈周撰书《秋轩赋》，今藏上海博物馆。

楷书《拟古诗》，今藏山东栖霞县文物管理所。

是岁，外祖母蔡妙真卒。代母舅作墓志铭。

与友人潘崇礼订交。

成化二十三年（1487）　　　　丁未　二十八岁

七月朔日，行楷书《唐宋四家文卷》，今藏故宫博物院。

八月，明宪宗朱见深卒，九月，太子朱祐樘即位。明年改元弘治。

十二月初六，生辰有感而作《丁未年生日序》。

为王鏊题《壑舟园图》，是图为沈周写，并有唐寅、涂瑞等题。

编定所著《浮物》一卷。

代母舅作《显妣武功伯夫人蔡氏附葬志》。

为祖姑作《王府君妻祝氏硕人墓志》（王彦刚妻）。

弘治元年（1488）　　　　戊申　二十九岁

正月上日，作古体诗《笃初》篇。

立夏，题沈周为乡人郑景顺绘《训子图》，是图方濬颐《梦园书画录》卷九有录。允明题诗云："侍奉公爹日日间，不将身教却将言。只缘身教有时尽，不是公爹苦难烦。""未将大理细论量，吃著公爹也莫当。一度味诗须一饱，公爹吃著一何长。""二十四张还未休，公爹吃紧为孙谋。儿孙要识公心事，识得公心尽赘疣"。

十一月，楷书李应祯为沈周妻撰《沈启南妻陈氏墓志铭》。

是岁，编著《苏材小纂》六卷，作文《义虎传》。文名盛吴中，求者甚重，门户常为之满。

跋魏钟繇《荐季直表》。

著《蚕衣》一卷。

行书《离骚经》，今藏故宫博物院。

行书《和诗六首》，今藏上海博物馆。

文徵明是岁从滁州还吴，为邑诸生，岁诗时因字不佳，被宗师置之三等，遂精研书法，刻意临学。

弘治二年（1489）　　　　己酉　三十岁

夏，常与都穆、杨循吉、史经、朱凯等人过朱存理儗松轩，赋诗饮

· 308 ·

酒，品书鉴画。

秋，赴应天府乡试，住李应祯家。八月三日，不慎染风寒之病，甚重，后未能赴试而归苏就医，历五十日方愈。沈周作诗慰之，允明有答。

九月二十日，友人周庚下葬，允明因病未能前往，赋诗《哭周院判原己》。

楷书《洛中会昌九老会序》，今藏上海文物商店。

是岁，文徵明、唐寅等友人追随祝允明、都穆共倡古文辞，俨然一古人自期，探奇摘异，穷日不休。文氏日临智永《千字文》数本，书艺大进。

弘治三年（1490）　　　　庚戌　三十一岁

五月十八日雨夜，闻谯楼鼓声有感，因作《谯楼鼓声记》。

六月十九日，撰书《祖允晖庆诞记轴》，《石渠宝笈》卷三十七有载，今藏台北故宫博物院。

八月晦日，行书《离骚经》，日本山本悌二郎《澄怀堂书画目录》卷三有载。

十月，有小楷诗和吴宽所题倪瓒《秋林远岫图》，今藏台北故宫博物院。

十二月初六，生辰，赋诗《庚戌初度》。

与文徵明等题唐寅写《对竹图》。

是岁，乡人王观汇整重刻其先人之文为《王著作文集》，又重刻《震泽纪善录》，允明为之作序文。

是岁，友人谢晸年五十，友人黄省曾生。

弘治四年（1491）　　　　辛亥　三十二岁

正月九日，外祖父陈绅卒。明年葬，允明为撰墓志铭。

三月晦日，有书《畸崖记》《谯楼鼓声记》《魂游曲林记》等文，书体分别为楷书、隶书、行书，《石渠宝笈》卷三十一有载。

四月十一日，友人谢恺卒，为撰《钱公像赞》。

六月五日，于友人王锜处得观宋李公麟《图史卷》，允明为文记之。

· 309 ·

八月一日，应友人谢昺之请，序其父谢会遗稿。稍后，吴宽亦曾为之作序，皆倡古文辞。

九月，为谢会及其妻卢妙定撰合祔志。

秋，长洲县令邢缨召拜御史，离任去吴。允明与友人王锜等赋诗送行，并作诗册之序。

十月二日，为友人朱凯书旧作《苏武慢十二篇追和虞韵》词。

十二月六日，生辰，有诗《辛亥初度》记之。

是岁，有徽人远道至吴门乞书，允明赋诗并书《题徽人扇》应之。

允明著《金石契》一卷。

李应祯升南京太仆寺少卿，在仆甫两日，以贺万寿节谐阙下，遂力陈致仕。秋，还吴门。

文徵明从李应祯学书。

弘治五年（1492）　　　壬子　三十三岁

三月望日，与友人祖允晖寻芳共饮，书杜甫诗赠之。蒋光煦《别下斋书画录》卷二有载。

秋，举应天乡试。王鏊时任主考，得允明卷赞不绝口，置列优等。

九月，书录《米颠小史》。关冕钧《三秋阁书画录》有载。

友王锜建燕翼堂，允明应请作《燕翼堂记》。

是岁，蔡羽始与乡试，未举。此后凡十四试，皆不售。

文徵明娶昆山吴愈第三女为妻。

弘治六年（1493）　　　癸丑　三十四岁

正月二十四日，作《慕萱记》以配沈周《慕萱图并题诗赋卷》。

春，当北往会试，未付。

仲春，为友人国卿楷书《杨柳花》《春莫曲》《投钗吟》《沈先生西山雨观图》四篇。

五月，外叔祖母高妙安卒。及其葬，为撰墓志铭《徐府君妻孺人高氏祔葬志铭》。

七月，妇翁李应祯卒，年六十三。

八月，有诗题沈周所摹《米敷文大姚村图》，卞永誉《式古堂书画汇考·画考》卷二十五有载。

楷书《诗词》，今藏故宫博物院。

弘治七年（1494）　　甲寅　三十五岁

春，苏州府城隍庙新井凿成，允明撰文记其事，是年《苏州府城隍庙新井碑》制成。

六月，与洪子等多次往游福昌寺，甚乐，有《游福昌寺入佛殿后记》《再游福昌寺谈卧记》等文记之。

七月，友人陆容卒，允明有诗哭之。

中秋，以《临古册》赠友人彭昉。梁章钜《退庵金石书画跋》卷八有载。

十月二十四日，冒寒过访沈周，沈周因作《林壑幽深图卷》并题诗为谢。《石渠宝笈》卷三十三有载。

是岁，行楷临唐宋人书，今藏上海博物馆。又，草书《山水障歌》卷，今藏天津历史博物馆。

友王宠生，陆粲生。

弘治八年（1495）　　乙卯　三十六岁

七月，为尧民孝廉书《千文册》，今藏台北故宫博物院。

九月重阳，临赵孟頫楷书《过秦论》，《石渠宝笈》卷三有载。又撰并行书《在山记》，今藏台北故宫博物院，卞永誉《式古堂书画汇考·书考》卷二十五有载。

秋，应友人请撰文并草书《云江记》。方濬颐《梦园书画录》卷十有载。今藏天津艺术博物馆。

是岁，王鏊改侍读学士，充日讲官。

弘治九年（1496）　　丙辰　三十七岁

元日，道经扬州，未入城，有诗记之。二月，在京会试，不第。

五月，书自作诗《三畅咏》。

九月朔日既望，于日新堂书《离骚》首篇，《石渠宝笈》卷三十一

· 311 ·

有载。

秋，过友人南沙处，爱其所藏宋拓智永《真草千字文》，遂临一过。邵松年《古缘萃录》卷五有载。

十一月，为友人吴廷用撰文并书《钓月亭记》。沈周为之绘图并题诗，允明与文徵明等，又有题咏之作。缪日藻《寓意录》卷三、吴升《大观录》卷二十有载。

是岁，书自作诗《北邙行》，今藏台北故宫博物院。又，行草书《诗词》，今藏湖南省图书馆。

友人顾璘登进士，友人史后登进士。

弘治十年（1497） 丁巳 三十八岁

是岁，常与文徵明、唐寅、徐祯卿等相从谈艺，四人之才皆为时推服，苏人号为"吴中四才子"。

五月，友人谢晁卒。及葬，为撰文《谢君记》。

十月既望，行书《可竹记》，今藏台北故宫博物院。

友人钱同爱以所得善本《文选》示同里友人，杨循吉、祝允明等各为题记，唐寅记名，张灵附名允明文末。

友人唐寅虽从父命习科举，且为生员，然犹落落不屑事场屋。允明规劝其早定取舍之计。

弘治十一年（1498） 戊午 三十九岁

苏州府新置太仓州之主事，重允明之名，请撰并书石《镇洋山碑》。

四月甲午，姑父汤瑄卒，允明为撰墓志铭。又，同月望日，岳母王氏卒。及其葬，允明为撰《墓志铭》。

冬，表弟蒋焘卒。家人刻其遗文为《东壁遗稿》，允明为之作后序。

冬闰月，追和元倪瓒《江南春》，吴中沈周、文徵明、唐寅、徐祯卿、蔡羽等先后均有咏和之作。

是岁，友人唐寅赴应天府乡试，举第一。

弘治十二年（1499） 己未 四十岁

春，赴京会试不第，友人都穆、朱应登登进士第，唐寅则因徐经科场案连累下狱，寻罢黜为吏。

十月，为汤文奂自号宜轩作记并书；同月，友人王锜卒，吴宽为之撰墓表之文。

手录宋洪迈《夷坚丁志》，裴景福《壮陶阁书画录》卷九有载。

撰并书《和陶渊明饮酒二十首》。

弘治十三年（1500）　　　庚申　四十一岁

正月上日，序新安罗惟善重刻十二世祖端良之《鄂州小集》。

正月十七日，书《黄庭经》，陆心源《穰梨馆过眼录》卷十九有载。

三月既望，撰书《椿树秋霜序》于唐寅《椿树秋霜图》卷后，陆心源《穰梨馆过眼录》卷十六有载。

八月既望，书《仰山堂铭》，《石渠宝笈》卷七有载。

十一月冬至，为故友王锜所著《寓圃杂记》作序。

是岁，王鏊进吏部右侍郎，仍兼日讲官。

弘治十四年（1501）　　　辛酉　四十二岁

二月望日，跋方岳顾氏所藏唐怀素《千字文》

二月朔旦，撰书《蜀前将军关公庙碑》，今藏故宫博物院。

三月，撰文《重浚湖川堂记》，述苏州府重浚湖川堂之役竣工。

三月甲子，撰书《太仓州儒学记》。

八月既望，于嘉禾途中，有《小楷诗文卷》。邵松年《古缘萃录》卷五有载。小楷《自书诗》，今藏苏州博物馆。

是岁，友人徐祯卿举于应天乡试，友人王榖祥生。

弘治十五年（1502）　　　壬戌　四十三岁

春，赴京会试，不第。

二月，母舅徐世良卒。及葬，为撰墓碑《昭武将军上轻车都尉锦衣卫指挥使徐公碑》。

七月，吴县令邝璠去任，乡人立碑寄思，允明为撰并书《吴县令邝君遗爱碑》。

八月，在南京为黄璋夫妇作《偕美赋》，并书之。卞永誉《式古堂书画汇考·书考》卷二十五有载。

小楷《一江赋》，今藏上海博物馆。

是岁，友人沈云鸿卒。

弘治十六年（1503）　　　　癸亥　四十四岁

正月甲午，姑父刘汝大继室王妙庆卒，允明为撰《孺人王氏墓志铭》。

九月，常往南京汪宗道家，赏玩品鉴其所藏法书名画，允明跋其所藏《黄山谷书释典卷》《赵子昂林山小隐图卷》等，卞永誉《式古堂书画汇考》有载。允明还曾跋汪氏所藏《蜀素帖》，未署年月。

跋《米南宫草书九帖》，卞永誉《式古堂书画汇考·书考》卷十一有载。

友人朱存理六十寿辰，允明有诗为贺。

是岁，乡人阎起山撰《吴郡二科志》，列允明及杨循吉、文徵明、唐寅、徐祯卿五人为文苑。

弘治十七年（1504）　　　　甲子　四十五岁

二月，允明与文徵明、唐寅等友游东禅寺清溪堂，允明为僧人书《饮中八仙歌》。李日华《味水轩日记》卷八有载。

三月，友人钱腴卒，允明为撰行状并有祭文。

四月，为友人沈润卿刻唐张鷟《龙筋凤髓判》作序文。

七月，吴宽卒于礼部尚书任上，年七十岁。允明有诗三首哭之。

秋，书《咏苏台八景小词》。

行书《离骚》，今藏广州市美术馆。

弘治十八年（1505）　　　　乙丑　四十六岁

春，赴京会试，不第。

四月既望，为亲家王观撰书篆《王氏复墓记碑阴》。

七月，允明应王鏊及苏州知府林世远之聘请，与杜启、浦应祥、蔡羽、文徵明、朱存理、邢参同修《姑苏志》。王鏊因父卒丁忧在家，为此次修志之主事。秋，允明在修志馆，有诗和王鏊《晚秋白莲》，文徵明等亦有诗和之。

与文徵明会于城南，作诗互答。别后不久，允明又寄诗怀之，徵明有答并乞草书。

与沈周、唐寅、黄云等友雅集于桃花庵并赋诗。

行书《育斋记》，今藏上海博物馆。

书《听泉记》，黄姬水《黄淳父先生全集》卷二十二有载。

书《招凤辞》于友人唐寅《南游图》后，今藏美国弗利尔美术馆。

是岁，友人徐祯卿、王韦等登进士第。

是岁五月，孝宗朱祐樘卒，太子朱厚照即位。明年，改元正德。

正德元年（1506）　　丙寅　四十七岁

二月，允明等参修之《姑苏志》初稿成。

春，过友人沈与文处，为书旧作《虞姬曲》，今藏台北故宫博物院。

四月，王鏊被召回朝，以原职供吏部，后迁户部尚书，文渊阁大学士。修《孝宗实录》，充副总裁。唐寅为之绘《出山图卷》，允明与徐祯卿、张灵等题咏其上。

是岁，允明赋《浩歌行》，感叹年华易逝，功名难成。张大镛《自悦怡斋书画录》卷三有载。

有书作《行书诗》，今藏广东省博物馆。

正德二年（1507）　　丁卯　四十八岁

正月十日，作《上阁老座主太原相公书》致王鏊，述《姑苏志》之修订、校刻等情形。

孟春二十日，作《自书诗轴》。

春仲三日，楷书赞友人唐寅《高士图》卷上，裴景福《壮陶阁书画录》卷十有载。

春仲，于庆云真率斋小楷随录《宋玉诗赋》一过，今藏美国小约翰·M. 顾洛阜处。是岁，又有草书《宋玉钓赋》及《兰花咏》，亦藏该处。

夏日，允明于南京小住，有《静女叹》《夜坐漫成》等诗书作赠友人沈与文。今藏台北故宫博物院。

仲夏，作行书《唐寅山水歌》。

六月，于古寺纳凉，小楷刘基《两鬼诗册》以解热，《石渠宝笈》卷二十有载。

秋，复寓南京，并为友人沈与文作书《丹阳晓发》，今藏台北故宫博物院。

仲秋，同东楼老先生游锡山，访钱氏家藏书画卷，见赵文敏书唐集数首，观其书法俊秀，得羲、献之妙，笥中有素纸一卷，舟中寄兴忆摹七十首，今为美国克里斯蒂藏。

秋，与无锡华珵游，啜茗漪兰堂，甚乐，遂趁兴书杜甫《秋兴》诗，陈夔麟《宝遇阁书画录》卷一有载。允明又为之撰书《成趣园记》，王世贞《弇州山人续稿》卷一百六十三有载。

秋日，序友人顾璘父六十寿庆诗画卷，《吟香仙馆明人法帖》有载。

冬，为叶之新作行书《芝庭记》，配文徵明《芝庭图》，前有王鏊引首。今藏苏州博物馆。

十二月六日，作文《丁卯生日记》。

是岁，祝允明为唐寅作《梦墨亭记》，据朱国祯《涌幢小品》。

是岁秋日，允明子续举于应天乡试。

王鏊晋太子太傅，武英殿大学士。

正德三年（1508）　　　　　戊辰　四十九岁

春，赴京会试。时朝廷修《孝宗实录》，当道欲荐其入中书执事笔札，辞不就。

三月，允明过友人文徵明停云馆，题文氏从北京所得王羲之《七月帖》。卞永誉《式古堂书画汇考·书考》卷六有载。

七月，与友人朱存理、邢参等人题赋文徵明《江天别意图一卷》，赠许州通判施文显。《石渠宝笈》卷六有载。

中秋吉旦，与沈周、唐寅、杨循吉，朱存理等三十余人于吴江垂虹桥畔饯别戴昭，允明作《垂虹别意》引首，又行书《赠戴昭诗》；唐寅画《垂虹别意》并另题诗，共32人题，合为一卷。

秋，书《严先生祠堂记》，裴景福《壮陶阁书画录》卷八有载。

316

十一月七日，友人朱应登之父介寿六十，构宜禄堂。友顾璘倩人绘图以贺，允明为之作铭，书于其上。

是岁，子祝续在南京，允明有诗怀之。

允明自书《语怪续编》为册。卞永誉《式古堂书画汇考·书考》卷二十五有载。

是岁，友人文徵明与王宠折辈相交，并引与众人，王宠之名遂大噪。

正德四年（1509）　　己巳　五十岁

仲春，书王鏊所作《天平》《一云》《金山》《南峰》诸诗，《吟香仙馆明人法帖》有载。

三月一日，小楷书《存菊解》，题文徵明为乡人王闻所绘《存菊图》后，唐寅等亦有诗歌，杜启作《存菊堂记》。

三月望后，允明过亲家王观款鹤处，并应其所请，为书杜甫《雕赋》。

暮春三月，于逍遥亭中作草书《赤壁赋》卷，今藏故宫博物院。

初夏，与友人唐寅等泛舟出游，舟次胥关，遂等寅所居之小楼，挑灯饮酒之二鼓，题寅所藏《褚摹兰亭》，《滋蕙堂墨宝》第一有载。

端午，跋祖父祝颢、外祖父徐有贞与友人《雪夜联句》手迹。

十一月，与友人王韦、顾璘、朱应登等雅集宴饮于史后知山堂，允明作《知山堂雅集诗序》，顾璘、朱应登等并有诗记之。

是岁，友人朱应登新拜延平知府，将赴任，文徵明为绘《剑浦春云图》，允明与唐寅、陈沂、王韦等题咏其后，以送其行。友人顾璘由南京吏部郎中出守开封，允明有诗送行。

跋陈沂家藏宋欧阳修《付书局帖》，《石渠宝笈》卷十有载，今藏台北故宫博物院。

是岁，允明回首五十年生涯，感慨有加，遂为《述行言情》诗五十章。

行书《杨柳枝词》《怡晚堂记》，今藏上海博物馆。

草书《自作诗》，今藏故宫博物院。

是岁，友人沈周卒，年八十三。门人黄姬水生。友人王鏊见朝中刘瑾专权，事不可为，数上疏奏请致仕，遂许，回故里后，允明与文徵明、唐寅、陆粲、黄省曾、王宠等相与谈论古今。

是岁，友人王宠以父命诣文徵明，并请字，文则即其名义训之曰履仁。

正德五年（1510）　　　　庚午　五十一岁

正月，吴越间去岁大水，饥馑无收而致民不聊生，允明因有《九愍》之作并赠桐园主人，今藏苏州博物馆。

仲春之望，撰书《梦草记》，裴景福《壮陶阁书画录》卷九有载。今为美国后真赏斋所藏。

四月十八日，小楷《洛神赋》于友人文徵明所绘《洛神赋》图上，缪日藻《寓意录》卷四有载。

五月望前，作草书《秋日闲居赋》卷，今藏美国普林斯顿大学艺术博物馆。

季夏，允明断酒。

六月既望，允明撰书《梨谷记》，裴景福《壮陶阁书画录》卷九有载。今为美国后真赏斋所藏。

立秋日，感淮南之论，作《知秋赋》。

七月中元日，临米芾《龙真行卷》于畅阁，顾麟士《过云楼书画记》卷二有载。

七月，撰文并题友人唐寅所绘《古溪黄翁作寿图》。

八月二日，雨窗独坐临《黄庭经》，后章草款，卞永誉《式古堂书画汇考·书考》卷二十有载，今藏台北故宫博物院。

九月望日，重题成化丙午六月十七日所临《黄庭经》谓："允明少时好书，于书无所不学。至此，不觉羞涩尽露，米老所谓神气虽清，体骨疲甚矣。"日本人山本悌二郎《澄怀堂书画录》卷三有载。

十一月三日，为丹阳孙育（七峰）跋书《重勒宋太学陈公少阳草书石刻》，并为之铭砚，且作《南山小隐记》。

跋朱承爵所藏《眉山六帖》，友人文徵明等并有跋。吴升《大观录》

卷五有载。

三体《杂诗》，今藏故宫博物院。

草书《千字文》、行书《闲情赋》，今藏上海博物馆。

行草《题石田杂花》，今藏苏州博物馆。

行书《怀雪记》，今藏重庆博物馆。

正德六年（1511）　　　辛未　五十二岁

春，允明与子祝续赴京会试，续登进士第，允明再不售。

友人施儒赴京廷试，经吴门，允明作《苏台春望赋》饯其行。

在京，为虞来凤作《东山竹屋记》。

五月初五，由京南返途中经广川城。成周留饮并赠其祖始终所撰《纪行集》，始终为允明祖父祝颢同年进士，允明有文跋其集。

八月既望，在家纂成《九朝野记》并序之。

九月，乡人刘度卒，及其葬，允明为撰《墓志铭》。

秋，在镇江，允明应邀与修其郡志书，寓镇江府道纪司，并为其移建撰记。

冬，与友人文徵明、邢参、朱存理、朱凯、陈淳等雅集于杨循吉宅，诗酒唱和。是岁，杨循吉闭户著述，兼习净业。

是岁，友人徐祯卿卒，年仅三十三岁。

正德七年（1512）　　　壬申　五十三岁

允明与友人文徵明、徐霖、薛章宪、唐寅、陈沂、王韦、陆深、王宠等人追和王冕《墨梅图轴》，是图今藏上海博物馆。

闰五月二十六日，允明有诗纪怀。

季夏十七日，允明断酒两年之后复醉，心绪多有不平。

是岁，杨虎、刘六、刘七于京畿地区起义。允明作《上俞都宪论备贼事宜状》，陈南京守备之事。时刘七等已至镇江、常熟福山岗一带。七月二日，允明又致书陆完，陈平刘六、刘七之事，时陆完以兵部侍郎兼都察院右佥都御史提督军务，率军围剿刘六等诸部。此叛乱事平当在七八月间。

八月十九日，书李白《问月篇》，《萤照堂帖》卷四有载。

十月，游淮楚，寓友人大河卫指挥使王廷瑞处，共欢数日。时廷瑞已染疾，后于下月十日后即卒，允明有辞哀悼之。

十一月，允明为晋书撰《淮阴晋氏先德碑铭》。

冬日，楷书王鏊《尧峰山寿圣寺重建大雄宝殿记》。

楷书《江淮平乱诗什序》，今藏故宫博物院。

是岁，友人唐寅应宁王朱宸濠之聘，与谢时臣、章文等前往，文徵明辞聘。友人都穆致仕归里。

正德八年（1513）　　　　癸酉　五十四岁

二月花朝日，允明临帖并录唐诗六首寄谯郡参军，《石渠宝笈》卷三有载。

六月一日，作《江淮平乱事状》，述刘七等事始末甚详。

七月，避暑山居，友人杨循吉过访，允明跋其所藏《董源、李成、居然、范宽合璧卷》。裴景福《壮陶阁书画录》卷二有载。

八月二十日，步月东禅寺，书《东坡记游》。卞永誉《式古堂书画汇考·书考》卷二十五有载，今藏辽宁博物馆。

允明为江阴友人丁文祥也罢行书《也罢丁君小传》，张丑《真迹日录》二集有载，今藏青岛博物馆。

是岁，友人朱存理卒，文徵明为撰墓志铭。子祝续由翰林院庶吉士得授礼科给事中，友人施儒由山西道监察御史改巡山海关。

正德九年（1514）　　　　甲戌　五十五岁

春，赴京会试，不第。屡试不售，允明此时心生罢念，拟就谒选。友人施儒劝其再试，致书以答并述己之愿。

三月三日，赴友人施儒之宴请，有诗纪之。

允明南返途中，在松江致书朱应登，以所编定之集请序。

四月十二日，无锡华夏至吴门过访允明，允明为书《前后出师表》于其所藏武侯图上，《听帆楼续刻书画记》下有载。

秋，允明再赴京就选，得授广东兴宁知县，并有诗怀施儒。

仲冬，允明自京南返，有诗述怀。途经天津，得遇桐城余珊，珊出其游灵岩院、泰山诸诗请允明为赋，因撰《游灵岩赋》，并和纪游之诗。

行楷题陈淳《湖石花卉》，文徵明、唐寅等友亦皆有和题，今藏台北故宫博物院。

是岁，允明为友人丁文祥作《三也罢说》，述"也罢"二字音训，张丑《真迹日录》二集有载。

是岁，友人华珵卒。

正德十年（1515）　　　　乙亥　五十六岁

初春，允明南下兴宁赴任，沿途经杭州、江西庐陵等地，六七月间，到任兴宁。不久，即获交友人郑敬道。

是岁，大帽山余乱复起，允明即往平之，歼贼党四十余人，得伪造司府县印各一颗。

是岁，友人文徵明重筑停云馆；友人唐寅在宁王邸察觉朱宸濠有反状，于是佯狂而得归吴中。

正德十一年（1516）　　　　丙子　五十七岁

五月二日，偶于县斋独坐，检旧作《拟诗外传》，楷书数篇。顾文彬《过云楼书画记》卷四有载。今藏故宫博物院。

六月，为友人郑敬道作《河源尹郑旌奖政绩序》。

夏日，为中表外甥蒋垕子重书《陶渊明饮酒诗》，拓本《岳雪楼鉴真法帖》卷九有载。

初秋，允明至广州，有文送广东左布政使方良节赴京朝觐。

八月，作草书《米元章论书卷》，安岐《墨缘汇观》卷二有载。今藏故宫博物院。

秋，在广州官舍书《待漏院记》及《秋兴八首》，山本悌二郎《澄怀堂书画目录》卷九有载。

十月二十二日，允明返兴宁，友人郑敬道遣人索书，允明为作真草各体并杂临诸家法帖为一卷赠之。《石渠宝笈》卷十三有载。

十二月，应巡按御史陈言召修《广省通志》再赴广州，于舟中整理所修《兴宁县志》初稿并作序文。

冬暮，允明在广，因拙于催科而致秋税误期，遂被夺俸，心中甚为烦忧，有诗纪之。

是岁，草书《滕王阁序并诗》，今藏苏州博物馆。

正德十二年（1517）　　　丁丑　五十八岁

春，允明在广州修《广省通志》，并摄南海县令。有文送巡按御史陈言归朝。

夏，有文及诗送广东提刑按察司佥事黄昭升任福建提刑按察司副使。

六月，与广东提刑按察佥事顾应祥往游越台、罗浮等地，允明为之作书《越台诸游序》等。邵松年《古缘萃录》卷五有载。

九月，表弟赵二前来广州看望，允明有诗为纪。

九月二十七日，允明登舟归兴宁，于舟中作诗《将归行》。

十二月闰之朔，行草《江行》《钟山》《惠州西湖》等新旧诗作数首赠蓬山韦纶，《采真馆法帖有载》。

行书《秋兴诗》，今藏中国国家博物馆。

行书《连昌宫辞等诗稿》，今藏北京荣宝斋。

草书《太真外传》、《行书诗》，今藏上海博物馆。

草书《琴赋》卷，今藏故宫博物院。

正德十三年（1518）　　　戊寅　五十九岁

四月十九日，允明在潮州独往拜谒韩文公祠，因舟阻于风浪，故未果，因作《望韩》纪之。

是岁初考将盈之际，允明以私钱葺饰兴宁县城隍庙，并撰书碑文。有书致友人郑敬道，述其平生为人之志。

六七月间，借入广考绩之暇，往游罗浮山。

正德十四年（1519）　　　己卯　六十岁

春，允明在兴宁，偶作七律叹怀一首。

三月，跋《徐熙花卉草虫卷》，今藏台北故宫博物院。

秋，因为北上之需，允明先至广州，与新人番禺知县衡準会面，题赋其友人在京所赠诗卷。

冬，允明因家事滞留广州，并于残腊得一子，数日夭折，令其痛心不已。

是岁六月，宁王朱宸濠叛乱，至七月，被王守仁率兵俘获。

是岁，草书《百花诗》卷，今藏美国普林斯顿大学艺术博物馆。

正德十五年（1520）　　　　庚辰　六十一岁

正月，允明在广州得友人张天赋书，致书以答，论为人为文之道。

春二月，离广北归，二十七日，作《庚辰二月二十七日晓官窑舟中口号》。

三月，行至保昌李士元家，至二十四日离去，口占七绝纪之。

七月既望，过梦椿从一堂中，小值杯酒，谈笑久之不觉至醉，作草书《自书诗卷》归之，今藏故宫博物院。

八月二十八日，应友人则山之请，为之临王羲之尺牍二三十册，跋尾小楷称此卷所用时计岁有三月始毕，今藏台北故宫博物院。

十一月十日，在苏新居小楼为谢雍草书旧作《和陶渊明饮酒二十首》，拓本《萤照堂刻明代法书》卷四有载。

是岁，与友人孙七峰、唐寅、杨邃庵、陈石亭、张石川等修禊于石壁之下，题名岩表，镌之纪胜游。

是岁，草书自书诗、唐诗三幅，今藏上海博物馆。

友人黄省曾将有五岳之游，允明为之赋《神游篇》赠行，蔡羽等亦有文送行。

正德十六年（1521）　　　　辛巳　六十二岁

三月十四日，明武宗驾崩，遗诏兴献王长子朱厚熜即位。

四月，嘉靖改元诏书下，允明在京朝觐，阅邸报，对新政充满期待。考毕得迁应天府通判，专督财赋，不久致仕归田。

六月一日，在天津官舟雨中，为抑庵草书诗卷并跋。

秋日，作草书《前后赤壁赋》卷，又作行草《赞辞》附于文伯仁画《杨季静小像》后，今藏台北故宫博物院。

十一月三日，友人谢雍过访索书，勉为呵冻章草书《闲情赋》，今藏苏州博物馆。

十二月既望，跋张旭草书《四诗帖》。

是岁，草书《岳阳楼记》《满江红》，今藏故宫博物院。小楷《九歌》，今藏苏州博物馆。

友人施儒起广东按察司佥事。

嘉靖元年（1522）　　　　壬午　六十三岁

二月往前三日，允明过武林（杭州），寓居昭庆寺，得览赵孟頫《圆觉经》，明处心斋戒，见行箧中偶佳楮，乃闭关月余，敬书《圆觉经》一卷。《秘殿珠林》卷六有载。

三月朔日，仿诸家体作《六体诗赋卷》，今藏故宫博物院。

四月五日，在寒绿堂书庄子《逍遥游》，卞永誉《式古堂书画汇考·书考》卷二十五有载。

长夏，手录文徵明所藏《格古论》并志，《自怡悦斋书画录》卷八有载。

是岁，友人盛应期由四川巡抚改任江西，友人姜龙由建宁府同知迁任云南按察副使，允明均有诗赠其行。

草书《前赤壁赋》，今藏清华大学美术学院。

行书《文赋》，今藏上海博物馆。

嘉靖二年（1523）　　　　癸未　六十四岁

人日，家中新堂构成。

春，友人文徵明被荐于朝，将赴京，允明有诗赠其行。

三月望后，书自作小词《苏台八咏》。

闰四月望后，允明过友人谢雍处，酒次，为之草书《千字文》卷，今藏台北故宫博物院。同月二十五日，过王婿会饮，又逢友人谢雍，为书扇并草书《自书诗卷》，今藏故宫博物院。

暮秋，允明有嘉兴之行。归后，友人唐寅临沈周所画扇以遗，因题答诗其上。《石渠宝笈续编》乾清宫藏《延清荟美》有载。

十二月二日，友人唐寅卒，年五十四。允明悲愤不已，恸哭至再并赋

附录　祝允明年表

诗，又为撰墓志铭。

草书《柳宗元梓人传》，今藏北京市文物商店。

行书《七律诗》，今藏故宫博物院。

楷书《松林记》，今藏上海博物馆。

草书《登太白酒楼诗》，今藏中国文物商品总店。

嘉靖三年（1524）　　　　甲申　六十五岁

春，允明序友人《江阴夏氏新辑族谱》。

三月十一日，王鏊卒于吴门，年七十五。允明有文哭祭。

三月既望，允明撰《所事儒教鬼神解》。

六月十一日，继母陈玉清卒，年七十六。允明为撰行状及墓志铭，行状今藏台北故宫博物院。

秋，夜宴于陈氏山亭，灯下草书《赤壁赋》，邵松年《古缘萃录》卷五有载。

十月二十七日，乡人韩氏卒，允明为撰行状，并为书《墓志铭》，今藏首都博物馆。

冬，无锡华氏主持疏浚庙桥、九里二泾毕，有功农事。允明撰书《无锡华氏浚二泾碑铭》，勒石为纪。

是岁，允明子祝续迁临江府同知。

行草《李白诗》，今藏故宫博物院。

行草《答孙山人寄吟歌》，今藏上海博物馆。

嘉靖四年（1525）　　　　乙酉　六十六岁

正月，书《远游》《访隐》《江洲书屋辞》《龙归辞》等合卷，邵松年《古缘萃录》卷五有载。

春仲，于友人谢雍聘君楼中楷书《离骚》。

三月，补书《黄庭玉景经》于仇英画《老子像》，韩泰华《玉雨堂书画录》卷三有载。

七月，为九畴作草书《月赋》卷，卞永誉《式古堂书画汇考·书考》卷二十五有载；又书《陶渊明饮酒二十首》于新居楼中，日本山本悌二郎

· 325 ·

《澄怀堂书画目录》卷三有载。

八月望后，于新居小楼跋亡友唐寅《仿宋郭河阳山水卷》。

九月，允明过访文嘉处，文嘉知其拮据，遂置笔砚，许酬索书，允明为之作行草书《古诗十九首》，后有余纸，又作行草《榜枻歌卷》。

秋，于丛桂堂酒后，书自作七言律诗四首，又，以旧纸作《和陶渊明饮酒二十首》，今俱藏台北故宫博物院。

十月望日，友人"半闲"过访，对酒夜酌，为书《后赤壁赋》。李日华《味水轩日记》卷二有载。

友人沈与文过访，仿苏、黄、米、蔡诸体赠之，陆时化《吴越所见书画录》卷二有载。

有书答友人施儒，《怀星堂集》卷十三有载。

是岁，楷书《千字文》《常清净经》卷，系书临友人顾璘所藏米芾、赵孟頫之作，今藏故宫博物院。

是岁，登西山晚归抵舍，应廷用命作草书《洛神赋》卷，又，行草书《咏苏台八景词》，今俱藏沈阳故宫博物院。

是岁，友人都穆卒，王韦卒，文森卒。

嘉靖五年（1526）　　　　　丙戌　六十七岁

八月十六日，作文《怀星堂记》。

九月朔越七日，将移继母陈氏牌位入庙，作《祝文》。

九月，草书嵇康《琴赋》中堂，今藏苏州博物馆。

十月朔日，为乡人沈演作《吴郡沈氏良惠堂叙铭》。缪曰藻《寓意录》卷三、《怀星堂集》卷九均有载。

十月望日，以章草小字作《书述》，并录米芾《海岳名言》于卷后余纸，并有王宠、文彭、陈淳等人跋尾。缪曰藻《寓意录》卷三有载，今有拓本藏故宫博物院。

十月，抱病为昆山魏诚甫希明临书《黄庭经》，卞永誉《式古堂书画汇考·书考》卷二十五有载。

仲冬，草书《后赤壁赋》于文徵明《赤壁图》后。

·326·

附录　祝允明年表

是岁，序友人黄省曾所撰《西洋朝贡典录》，《怀星堂集》卷二十五有载；病中作《怀知诗》一组，缅怀平生师友顾兰、钱贵、王宠、葛汝敬、汤玺、谢雍、蒋烨、施儒、朱应登、张天赋、吴宽、王鏊、韩文、沈周、林世远、陆容、朱存理、朱凯。

十二月二十七日，允明卒。又明年戊子冬闰十月十六日，葬横山丹霞坞。王宠为撰行状，陆粲撰墓志铭。

是岁，友人朱应登、史后卒，友人袁袠登进士第，陆粲登进士第，文徵明于翰林院待诏任上数上书乞归，得致仕。

是岁，行书《殷简亭记》《感知己赋》，今藏广东博物馆。

后　　记

　　本书是在我博士学位论文基础之上稍作修改而成。至今仍清晰记得，当初在电脑键盘上敲下结论中最后一个字的时候，除了那种出于本能的如释重负的轻松舒畅外，心中又可谓思绪万千而久久不能平静。读博期间，有过发现新大陆似的惊喜，有过思虑枯竭的迷茫，有过寸步难行的无奈甚至沮丧，在不断体会人生酸甜苦辣咸五味兼具的同时，也深刻感悟到为学须坐冷板凳是永久不变的真理。撰写博士学位论文，不仅使我的学术研究能力得到了极大锻炼，分析事物的思维高度有了提升，更使我愈加理性地认识到学术研究对于艺术创作的重要性及促进作用。此又无疑会促使我将来必须在这条路上坚定不移地走下去。

　　本书的完稿，首先要感谢我的导师晏庐先生。我于2005年硕士毕业后从金陵来到羊城暨南园并在先生身边工作，已是莫大的缘分，而后又能从先生攻读博士学位，更是感觉此乃上天赐予我的一种福分。从我决定攻读博士学位开始，到后来博士学位论文的选题、开题，再到撰写及最终的修改定稿，先生都给予了无尽的关爱并倾注了极大的心力。多年来，先生严谨之学风、精湛之书艺及朴实敦厚之个性，无时无刻不在影响着我，使我于书法及学问一途能够更上台阶。

　　感谢我大学及硕士阶段的导师风斋先生。虽然在十年前即已离开先生身边至暨南大学工作学习，但先生谆谆之教诲一直萦系心间。每每见到先生或者日常电话交流时，先生亦仍像当初在校一样，对我每一步的成长皆给予了密切关注、勉励与无私的指导帮助。师恩浩荡，自觉一时难以为

后　记

报，唯不懈努力矣！

感谢攻读博士阶段为我授课及在论文开题与预答辩阶段给予我教诲指导的蒋述卓教授、饶芃子教授、刘绍瑾教授、张世君教授、黄汉平教授、王列耀教授、苏桂宁教授、宋剑华教授、洪治纲教授、蒲若茜教授、王琢教授、闫月珍教授等诸位老师，此师生之情学生亦自当永远铭记在心！

感谢张铁林院长，先生于我有知遇之恩自不待言，十年来更是对我工作、生活、学习等诸多方面给予了极大的帮助与支持，心永感激！感谢艺术学院的其他领导及所有志同道合的兄弟姐妹们对我的帮助，是你们让我感觉到了这个集体的温暖，让我能够在这里愉快地工作学习！

感谢伍巍教授、祁小春教授对我博士论文的撰写及学术研究给予的种种教诲与建议！感谢昔日黄瓜园同门薛龙春、曹建、李彤、邱世鸿、蔡显良、贾砚农、吴鹏诸兄对我博士学业的关心帮助！感谢上海博物馆黄朋师姐及香港中文大学周成博士分别为我从台湾、香港自费购买与复印了我博士学位论文的相关研究资料！感谢相交已二十余年的同门兄弟李永以及读博阶段的同学池雷鸣、司志武、欧阳光明等人对我的帮助！

感谢我的爱人！我与她在读博阶段相恋相爱，再到携手共同走进婚姻的礼堂并且有了爱的结晶。几年来，在我高兴时，她能激动地与我一起分享喜悦，在我一筹莫展、痛苦迷茫时，她也能耐心地安慰鼓励我，而且，正是因为有她在背后默默地无私奉献并主动承担着许多繁杂的家务，我在这些年能比较安心地工作学习，完成论文的写作！

感谢博士学位论文答辩时诸位专家对本人论文的一致认可，并给予的优秀好评！

最后，在本书即将付梓之际，还要特别感谢暨南大学社科处，以及"暨南社科高峰文库"出版项目的评审专家们对本书的积极肯定，因为你们的厚爱，才使得本书能够顺利与读者见面！

朱圭铭

2019年5月4日于暨南园